국어사용과 국어교육탐구

김경주

도서출판 월인

머리말

국어교육학은 단순히 하나의 교과목에 대한 학문에 그치지 않는다는 것이 국어교육학을 전공하는 묘미이고 또 자부심인 듯하다. 그러나 학위를 한 이후 지난 몇 년간, 나는 이 묘미를 느끼며 자부심을 키워가기보다는 이런저런 일에 매여 여기저기로 바쁘게 뛰어다니기만 했다. 그리고 '일이 아니라 공부를 해야 하는데'라는 생각만으로 마음만 무거웠다. 그러다 지도 교수이신 윤희원 선생님의 권유로 여태까지 공부한 것들을 다시 훑어보면서 이 책을 내게 되었다. 쓰여진 지 오래되기도 하고 워낙 바탕이 변변치 못하여 어설프기 짝이 없는 생각인데도 제대로 다듬지도 않고 그대로 책으로 묶고 있는 것 같아 부끄럽기 짝이 없다. 그렇지만 이 해묵은 논문들을 다시 읽으면서 내가 어떤 과정을 거쳐 지금의 모습이 되었는가를 스스로 되짚어 보게 된 것은 책을 내기로 한 그 때는 예상하지 못한 수확이다.

이 책의 1부는 박사 학위 논문을 쓰기 이전까지 논문 주제를 탐색하는 과정에서 나온 소논문들을 모은 것이다. '독자에 따른 읽기 전략의 활용 양상'은 「국어국문학」 133호(2003)에, '읽기 수업에 나타난 교사의 교수 담화'는 「우리말글」 27호(2003)에, '중학교 '생활국어' 수업에 대한 미시기술적 연구'는 「교과교육학연구」 6-2호(2002)에, '구어적 텍스트의 문체적 특성과 쓰기 교육적 의의'는 「국어교육학연구」 11호(2000)에, 그리고 '한국어 교사의 전문성 신장 방안'은 「국어교육연구」 8호(2001)에 실린 것이다. 이 중 '중학교 '생활국어' 수업에 대한 미시기술적 연구'는 지도교수이신 윤희원 선생님과 당시 동료 연구원이었던 강민경 선생과 함께 쓴 논문인데 두 분의 양해로 여기에 실을 수 있었다. 2부는 2004년 8월에 완성한 박사 학위 논문이다. 박사 논문은 쓰는 과정이 너무 힘들어 거의 최근까지도 들쳐보는 것조차 두려웠는데 다행히 이 책을 준비하면서 그 두려움을 어느 정도 극복한 것 같다.

처음 국어교육학을 제대로 공부해 보겠다는 생각을 굳혔을 때, 나에게 국어교육학에 대한 꿈을 꾸게 하신 이대규 선생님께서는 마음 속 깊이 날카로운 분노를 지니고 있어야 온전히 대상을 다룰 수 있을 것이라 말씀하셨다. 물론 그 이전부터 나에게 내 전공은 단순히 국어 교사가 되기 위한 과정은 아니었다. 적어도 나는 순전히 내 의지로 국어교사가 아닌 국어교육을 선택했고 그 이후로 단 한번도 그 선택에 대해서는 의심한 적이 없었기 때문이다.

그런데 내가 본격적으로 국어교육학을 공부하겠다고 말씀드렸을 때, 왜 선생님께서는 그 '분노'라는 화두를 주셨을까? 공부를 시작한 지 십년하고도 수년이 넘어 가는데 나는 아직도 그 '분노'의 의미를 잘 이해하지 못하는 것 같아 선생님께 송구스럽기만 하다.

오늘도 마흔이 다 된 딸에게 아침저녁으로 '공부 열심히 해라'고 말씀하시는 부모님의 노심초사로 힘을 보태고, 언제나 '힘내'라고 말씀하시며 믿고 지켜봐주시는 지도교수님의 격려로 용기를 더해서 책을 펴고 앉아 있다. 그래도 주위에 기라성 같은 선생님들과 선배들, 또 별처럼 명민한 후배들이 가득한 것이 내게는 참으로 큰 복이다.

2008년 10월, 낙성대 연구실에서

목차

제2부 읽기 교수 학습 과정에 대한 연구

제1부

국어 사용과 국어 교육, 한국어 교육

독자에 따른 읽기 전략의 활용 양상

1. 들어가며

새로운 정보를 이해하는 가장 보편적인 방식은 글을 읽는 것이다. 영상 미디어의 발달로 문자 언어의 역할이 점차 줄어들고는 있다고는 하지만 아직도 우리들이 필요로 하는 대부분의 정보들은 문자 언어 형식으로 전달되고 있다. 초등학생조차도 원하는 정보를 컴퓨터 단말기에서부터 찾기 시작할 정도로 인터넷이 보편화되어 있지만 그래도 정보가 표현되는 방식 자체가 바뀐 것은 아니다. 대부분의 경우 영상 이미지와 음향은 문자로 전달되는 정보를 좀더 효과적으로 드러내기 위한 것에 불과하며 중요한 정보는 글로 표현되어 있기 때문이다. 따라서 문자 언어로 이루어진 정보를 효과적으로 획득할 수 있는 방법을 익히는 것은 정보의 획득과 활용이라는 측면에서도 매우 중요하다.

국어과 교육에서도 문자 언어의 사용 능력을 신장시키려는 것은 중요한 교수 학습 목표이며, 그를 위한 첫 단계는 읽기이다[1]. 국어과의

1) 이것은 국어과 교육의 여섯 영역으로서의 읽기 영역이 아니다. 국어과 교육에서는 학생들에게 가르쳐야 할 국어 교육의 범주를 듣기, 말하기, 읽기, 쓰기, 문학,

여러 하위 영역에 접근하려면 먼저 읽기 활동을 통해 그 영역에서 제공하는 정보를 획득하고 그 정보를 활용하는 방식을 익혀나가야 하기 때문이다. 이것은 국어과가 도구 교과라는 특성에 의해 다른 교과의 교수와 학습에 상당한 영향을 미치고 있는 것과 같은 이치이다.

이렇게 읽기가 인간의 정보 획득과 활용 활동에, 또 교수와 학습으로 이루어지는 교육 활동에 끼치는 영향력은 그대로 읽기에 대한 관심과 연구에 반영되어 왔다. 지금까지 읽기는 표현과 이해라는 측면에서 필자의 생각을 문자 언어로 표현해 놓은 것을 독자가 읽고 이해하는 의사 소통의 한 축으로 이해되어 왔다. 글(텍스트)을 매개로 필자의 생각이 독자에게 전달되는 과정으로 본 것이다. 그런데 이 전달 과정은 눈에 보이지 않는 과정이기 때문에 이 과정을 어떻게 이해하고 해석하는가에 따라 읽기에 대한 관점과 주요 변인이 설정되었다.

대체로 읽기에 대한 관점은 구조주의적인 관점에서 구성주의적인 관점으로 변화되고 있다[2]. 구조주의적인 관점은 곧 읽기를 이루는 세부 요소에 대한 이해가 전체에 대한 이해로 연결될 수 있다고 본다. 따라서 글을 이루는 단어들로부터 전체 글에 대한 이해로 연결되는 과정이 이미 글에 내재하고 있으며, 독자가 그 내재하는 의미에 접근하는 것이 읽기라고 이해한다. 이 경우에 독자는 적절한 과정만 거친다면 항상 같은 결과에 도달할 수 있다.

그러나 실제로는 같은 글을 읽어도 독자에 따라 이해의 결과가 다르므로 글에 이미 내재하고 있는 의미가 있으며, 일정한 방법을 통해 그

국어 지식의 여섯 영역으로 나누고, 각 영역의 중요 내용을 위계적으로 구성하여 국어과 교육의 내용을 설정하여 지도하고자 한다. 이 때의 여섯 영역은 국어과 교육이라는 교과에서 가르치고자 하는 하위 영역이며, 그 영역이 그대로 국어 능력을 이루는 하위 영역이라고 할 수는 없다. 국어 교과로서의 하위 영역과 국어 능력으로서의 하위 영역의 구분에 대해서는 좀더 구체적인 논의가 필요하다.

2) 구조주의와 구성주의에 대한 설명은 이경화(2001: 381-386)에 비교적 분명하게 드러나 있다.

의미에 도달할 수 있다는 설명은 적절하지 않다. 구성주의적 관점은 독자에 따른 읽기 결과의 차이를 독자 개인이 지닌 스키마의 형태와 양, 또 각자가 정보를 이해하고 수용하여 자신만의 정보를 확장해 가는 상황적 특수성과 같은 것으로 설명한다. 독자는 자신이 속해있는 상황 맥락의 영향 하에서 자신이 지니고 있는 스키마와 글의 정보를 상호 작용시켜 가면서 새로운 의미를 형성해 간다. 이런 관점에 서게 되면 읽기란 글에 이미 내재하고 있는 의미에 접근해 가는 것이 아니라 특정 상황 맥락의 영향을 인정하고 개인에 따라 이해의 결과가 다를 수 있다는 것을 인정해야 한다.

이와 같은 읽기에 대한 관점의 변화는 결국 읽기를 행하는 주체, 즉 독자에게 요구하는 읽기 능력과 그의 읽기 행위, 그리고 읽기 결과에 대한 사회적인 수용 가능성을 설명해야 한다. 다른 읽기 결과를 가져오는 독자는 어떻게 다르며, 또 그들은 어떻게 읽기를 해 나가며, 그 읽기의 결과를 어떻게 수용해야 하는가하는 문제도 답해야 한다.

이 연구는 이러한 문제들에 대한 대답을 찾기 위한 과정으로 먼저 독자에 따른 읽기 과정의 차이에 대하여 살펴보고자 한다. 읽기를 수행하는 독자들은 각기 어떻게 다르며, 어떤 방식으로 글을 읽고 이해하는가를 살펴, 읽기의 다양성이 국어 교육이라는 측면에서 어떻게 활용될 수 있을 것인가를 생각해 보려는 것이다. 이를 위해 이 연구는 비슷한 연령의 세 독자를 대상으로 동일한 글을 읽는 읽기 과정을 인터뷰하고 이를 전사하였다[3]. 이 연구는 전사한 내용을 바탕으로 독자의 특성과

3) 이 연구를 위해 선정된 독자는 서울 시내 중학교 1학년 학생 3명이다. 이들은 같은 학교 같은 학급 학생으로 세 학생 중 한 학생(A)은 여학생으로 자기 학교에서 학업 성적이 상위 1% 안에 드는 아주 우수한 학생이었고, 또 한 여학생(B)은 자기 반에서 중상위권의 성적을 유지하는 학생이었다. 마지막 학생(C)은 남학생으로 성적은 반에서 최하위권이었다. 이렇게 능력이 상이한 학생으로 선발한 것은 연구자의 사전 요청에 의한 것으로 독자의 특성과 그에 따른 읽기 전략의 활용 양상 차이, 의미 구성의 차이를 밝혀보고자 하였기 때문이다.

읽기 전략의 활용이라는 측면에서 이 문제들을 다룰 것이다[4].

2. 읽기 과정에서의 읽기 전략

글이 어느 정도 고정적인 의미를 상정하고 있는 것이라 하더라도 모든 독자가 같은 의미를 찾아내는 것이 아니기 때문에 읽기 과정에서의 독자의 활동을 설명할 필요가 있다. 독자는 주어진 의미를 찾아내야 하는 수동적인 존재가 아니라 자신이 처해 있는 사회적 상황을 고려하면서 사회적 존재로서 소통할 수 있는 의미를 스스로 찾아가는 능동적인

인터뷰는 각 학생을 따로 만나 동일한 글을 소리내어 읽게 하고, 그 도중에 연구자가 질문을 하거나, 학생이 질문을 하는 방식을 사용하였다. 인터뷰 대상으로서의 부담감을 덜기 위해서 가능한 격식적인 과정은 생략하였고, 같이 글을 읽으면서 자연스럽게 묻고 답하는 방식을 취하였다.

이 인터뷰에 사용된 글은 최현배의 '사주오 두부 장수'였다. 이 글의 대체적인 내용을 다음과 같다. ㉠시골 출신인 나는 처음 서울에 와서 듣는 행상들의 외침이 신기하였다. ㉡지금 살고 있는 동네 두부 장수 중에는 '사려오'가 아니라 '사주오'라고 외치는 이가 있는데, 그의 단골이 되어 외상으로 두부를 사먹기도 하였다. ㉢그러다 어느 날부터 그 '사주오' 두부 장수가 오지 않아 식구들은 그의 소식을 몹시 궁금해하였다. ㉣여러 달이 지난 후, 나는 길에서 그 두부 장수를 만났고, 또 여러 달이 지나서 마누라도 그를 만나 두부 값을 받으러 오라고 하였지만 그는 다시 오지 않았다.

4) 인터뷰와 같은 질적 연구는 신뢰성을 강조하는 양적 연구와는 달리 연구 내용에 대한 타당성을 강조한다. "양적 연구가 개념을 맥락에서 분리하여 조작적으로 단순화하는 데 비해, 질적 연구는 개념을 맥락의 복잡성 속에서 구체적으로 취급한다. 가령 양적 연구에서는 부부간의 '사랑'과 같은 개념을 다룰 때, 함께 지내는 시간, 대화의 빈도, 하루를 나누는 키스의 획수 등으로 탈맥락화, 객관화, 계량화한다. 반면에 질적 연구에서는 '사랑'의 일상적 행동으로 구체적 맥락과 함께 기록하고 그 행동의 의미를 당사자들의 주관적 세계 속에서 해석한다(조용환, 1995: 14)."고 하였다.

이 연구도 이런 질적 연구의 입장에서 연구 대상과 그들의 읽기 과정을 해석하려고 한다. 이런 해석은 상당히 주관적이며, 또 특정 대상에 한정된 것으로 일반화하기 어려운 점이 있기는 하지만 살펴보려는 현상의 복잡성과 그 과정에 대한 깊이있는 이해를 가능하게 할 수 있다.

존재이다. 독자는 자신이 가지고 있는 스키마를 활용하며, 글의 정보, 즉 의미를 처리하기 위해 여러 인지적인 방법들, 절차들을 사용한다. 독자가 읽기 과정에서 사용하는 인지적 방법과 절차들을 읽기 전략[5]이라고 할 수 있다.

박수자(1995: 45-46)는 읽기 전략을 인지적인 읽기 전략과 상위 인지적 읽기 전략, 독해 전략과 학습 전략, 읽기 전 전략과 읽는 동안의 전략, 읽은 후의 전략, 글 처리 전략과 읽기(행위) 전략 등으로 구분한다. 이렇게 읽기 전략을 구분하는 것은 읽기 전략이 읽기 과정에서 일어나는 사고 활동이기도 하지만, 그 사고 활동을 읽기 교수와 학습에 적용하기 위해서이다. 박수자는 읽기의 전모를 밝히고자 한 근본적인 이유에는 잘 읽지 못하는 이들이 어떻게 하면 잘 읽게 할 수 있을까하는 교육적 의도가 개입되어 있으며 따라서 읽기의 기준과 용도에 유의하여 읽기 전략을 읽기 수업에 도입해야 한다고 한다.

존스 외(Jones et al., 1985)는 읽기가 일어나는 시간대별 사고 활동을 중심으로 읽기 전략을 소개한다[6]. 여기서는 읽기 전에는 주로 예견 활

---

5) 지금까지 프레슬리(Pressley, 1984), 존스 외(Jones et al., 1985), 존스(Jones, 1988), 옥스퍼드(Oxford, 1990), 디바인(Devine, 1991), 플로프(Plopp, 1991), 돌(Dole, 1991), 박수자(1994), 박영목(1996: 133-134), 이경화(2001: 225-258) 등이 이런 읽기 전략들을 분류하여 제시하였다.

6) 읽기 전략을 읽기 과정과 관련하여 설명하는 경우가 많은데 이경화(2001: 392-393)의 경우가 대표적이다. 이경화는 ①읽기 과제와 읽기 목적 분석하기, ②미리보기, ③사전 지식 활성화하기, ④읽기의 목적 설정하기, ⑤예상하기, ⑥질문 생성하기, ⑦중요 개념과 관련 개념 예측하기, ⑧추론하기, ⑨읽기 점검하기, ⑩교정 전략 사용하기, ⑪문맥적으로 낱말 이해하기, ⑫사전 지식과 새 정보 통합하기, ⑬담화에 대해 반응하기, ⑭개념, 사건, 관련성의 재구성하기, ⑮요약하기, ⑯읽기 목적에 관련시켜 반성적 사고하기 등을 읽기 과정과 관련시켜 제시하고 있다. 그런데 이들 전략들이 실제로 읽기 과정에서 순환적으로 또 선택적으로 사용되고 있으며, 이들 각 전략을 사용할 때 관여하는 상위 인지적 요소의 역할이 간과되는 측면이 있다. 이는 읽기 전략을 다루는 대부분의 논의에서 일어나는 현상이다. 이렇게 되는 것은 아마도 읽기 과정에 직접 드러나는 방법들을 설명하는 데 치중하며, 상위 인지적 요소의 역할을 명시적으로 설명하기 어렵다는 데에서

동과 기존 지식(스키마)의 활성화에 초점을 두어 독서의 목적에 따른 문제를 설정하고 그에 대한 답을 예측한다. 즉 이 글에서 무엇을 할 수 있으며, 또 무엇을 할 것인가를 설정함으로써 앞으로의 읽기 행위를 한정하고 구체화한다. 그리고 읽기 과정에서는 자신이 설정한 문제에 따라 읽기를 수행하면서 예측한 내용을 확인하고 문제에 대한 답을 생성하면서 글도 이해하고 자신의 읽기 목적도 수행해 나간다. 그렇게 하여 글을 다 읽은 후에는 글 전체에 대한 이해 정도와 자신의 독서 목적의 성취 정도를 확인하고 적용 혹은 다른 자료로의 확대를 결정함으로써 해당 글에 대한 읽기를 마무리짓게 된다. 그런데 존스 외가 제시한 읽기 전략은 능숙한 독자들의 이상적인 읽기 상황을 상정한 것으로, 실제로 이런 읽기 전략이 읽기 과정에서 그대로 사용되고 있다고 말하기는 어렵다.

이와 달리 옥스퍼드(Oxford, 1990)의 읽기 전략은 언어 학습 전략이라는 측면에서 읽기 전략을 살펴, 읽기를 할 때 어떤 것들이 지도되어야 하는가를 보여준다. 이 읽기 전략 중에서 기억, 인지, 보상 전략은 직접적 전략이고, 상위 인지, 정서적, 사회적 전략은 간접적 전략인데 직접 전략과 간접 전략은 서로를 지원해주며 각 전략의 집합은 서로 연결되어 있다.

<옥스퍼드의 읽기에 유용한 전략들(박수자, 1995: 41-43 재인용)>

(가) 기억 전략

ㄱ. 심적 연결망 구성하기 : 묶음 만들기, 연상하기, 정교화하기, 맥락 속에 새로운 단어를 넣어보기

기인한다.

그러나 여기에 제시하는 존스 외의 읽기 전략들은 읽기 과정 자체를 드러내는 데 치중하였기 때문에 읽기의 목적 달성을 위해 독자가 어떤 활동들을 하는지를 미흡하나마 어느 정도 짐작할 수 있게 한다.

ㄴ. 이미지와 음을 적용하기 : 이미지 사용하기, 의미 지도 그리기(semantic mapping), 핵심어 사용하기, 기억 속에 음을 표상하기

ㄷ. 재검토하기 : 구조적으로 재검토하기

ㄹ. 행동해 보기 : 물리적 반응이나 감각을 이용하기, 기계적인 기술을 사용하기

(나) 인지 전략

ㄱ. 연습하기 : 반복하기, 공식과 패턴을 인식하고 사용하기, 자연스럽게 연습하기

ㄴ. 메시지를 송수신하기 : 아이디어를 빨리 얻기, 메시지 송수신을 위한 자료 이용하기

ㄷ. 분석하고 추리하기 : 연역적 추리하기, 표현을 분석하기, 대조적으로 분석하기, 번역하기, 전이하기

ㄹ. 입출력에 대한 구조 형성하기 : 공책 정리하기, 요약하기, 초점화하기(highlighting)

(다) 보상 전략

ㄱ. 지능적으로 추측하기 : 언어 단서(linguistic clues) 이용하기.

(라) 상위 인지 전략

ㄱ. 학습을 중심화하기 : 이미 배운 글을 검토하고 학습 대상 글과 연결짓기, 주의 기울이기

ㄴ. 학습을 정리하고 계획하기 : 언어 학습에 대해 알기, 조직하기, 목표와 대상을 설정하기, 언어 과제의 목표를 확인하기, 언어 과제 계획하기, 연습 기회 모색하기

ㄷ. 자신의 학습을 평가하기 : 자기 점검하기, 자기 평가하기

(마) 정서적 전략

ㄱ. 불안감을 완화시키기 : 휴식하고 깊은 숨 들이쉬기, 명상하기, 음악 이용하기, 웃어보기

ㄴ. 격려하기 : 긍정적인 말을 하기, 현명하게 위험을 대처해 보기, 자기

보상하기

ㄷ. 감정을 유지하기 : 생체 리듬에 귀기울이기, 목록을 만들어 체크해 보기, 언어 학습 읽기를 써보기, 다른 이와 자신의 감정에 대해 이야기해 보기

(바) 사회적 전략

ㄱ. 질문하기 : 명료화와 증명을 요구하기

ㄴ. 협조하기 : 친구들과 협조하기, 능숙한 언어 사용자의 협조하기

ㄷ. 다른 것들을 강조하기 : 문화적 이해를 증진시키기, 다른 이의 생각과 감정 인식하기

옥스퍼드의 읽기 전략들은 '언어를 통한 학습 전략'에 중점을 두고 있기 때문에 '읽기 전략'과는 차이가 있다(박수자, 1995: 43). 그러나 읽기 과정이 직접적 전략과 간접적 전략의 연결과 지원이라는 관점은 복잡한 사고 활동으로서의 읽기 과정을 좀더 효과적으로 설명할 수 있다. 실제로 읽기 과정에서 이러한 전략이 사용되며, 그런 전략이 과연 효용이 있는가는 읽기 과정에서 활용되는 다양한 방식의 읽기 활동을 관찰함으로써 확인할 수 있다.

3. 독자의 특성과 읽기 전략의 활용

이 장에서는 실제 독자들의 읽기 과정을 자료로 하여, 독자의 특성과 읽기 과정의 관련성, 또 상이한 읽기 능력을 지닌 독자들의 읽기 결과의 차이 등을 살펴보고자 한다[7].

7) 아래에서 R은 인터뷰하는 연구자이며, A, B, C는 인터뷰 대상 학생들이다. 이들의 특성에 대해서는 1장에서 간략히 설명한 바 있다. [ ]가 표시된 부분은 학생들이 글을 소리내어 읽은 부분이며, [ ] 속에 < >로 되어 있는 부분은 실제 글과

3.1 읽기 과정에서 드러나는 독자의 특성

먼저 읽기를 통한 이해에 가장 직접적으로 영향을 미치는 독자 관련 특성에는 독자의 배경 지식과 경험, 동기, 흥미, 어휘력, 다양한 문화적, 언어적 경험 등이 있다(Irwin & Baker, 1995: 5-7). 즉 독자의 배경 지식과 경험이 풍부하고 읽기에 대한 동기와 흥미가 강하며, 어휘력이 풍부하고 문화적, 언어적 경험이 다양하면 훨씬 글을 잘 읽을 것으로 예측할 수 있다. 이 연구의 자료에서도 이런 예측을 확인할 수 있었다.

<자료 1 : 독자의 특성>

R- 아, 그렇구나. 모르는 단어 한번 쭉 불러 봐.

C- 모르는 거요?

R- 응.

C- <u>진, 진경.</u>

R- 진경.

C- <u>이것(조석을 가리킨다.)</u>

R- 조석↘.

C- <u>(한참을 찾은 후) 진풍</u>

R- 진풍? 아, 진풍경? 또?

C- 끝까지요?

R- 아니. 거기까지야? 그럼 내가 좀 물어볼게. '행상들이 외는 소리이다'하는 게 무슨 소리야?.

C- 행상이요?

다르게 읽은 부분이다. ↗나 ↘는 어조를 나타낸다. 가능한 인터뷰 과정에 나온 담화를 그대로 전사하기는 하였으나, 담화 자체의 분석이 아니기 때문에 동시 발화, 읽기 과정을 설명하는 데 필수적이지 않은 비언어적 요소 등을 드러내지는 않았다.

R- 응, 거기 제일 첫 번째 문장을 보면 '서울의 명물, 아니, 진경의 하나는 확실히 행상들이 외는 소리이다'하고 말을 하고 있잖아. 이 행상들이 외는 소리라는 게 무슨 뜻이야?

C- 아, 행상도 모르는데

R- 행상도 몰라?

C- 예.

R- 서울의 명물이라고 하는 그건 또 뭐야?

C- 높은 사람…….

R- 높은 사람?

C- 예.

<자료 1>은 C가 어휘에 대한 지식이 상당히 부족하다는 것을 보여준다. 이 연구에서 관찰한 학생들은 대부분의 한자어를 제대로 이해하지 못하였지만 이 학생은 한자어에 대한 지식뿐만 아니라 어휘의 형태에 대한 지식 역시 부족함을 보여준다. '진풍경'을 '진풍'으로 파악하는 데서, 복합어와 같은 단어에서 의미의 중심이 어디에 있는지를 제대로 파악하지 못하고 있음을 알 수 있다. 또 '명물'을 '높은 사람'이라고 파악하는 것은 글 전체에 대한 이해와 단어에 대한 이해가 분리되어 이루어지고 있음을 보여준다. 이미 '두부 장수'라는 제목이 제시되어 있었고, 미리 전체 내용을 훑어보고 읽기를 시작하였음에도 불구하고 글 전체의 내용과는 전혀 관련성을 가질 수 없는 '높은 사람'이라는 대답을 하고 있다.

<자료 2 : 독자의 특성>

A- [서울의 명물, 아니 진경의 하나는 확실히 행상들이 외는 소리이다.] (그 문장을 다시 한번 눈으로 훑어본다.)

R- 니가 금방 이렇게 (눈으로 훑어보며) 다시 읽었잖아? 왜 다시 읽었어?

A- 진경이라는 말의 뜻을,

R- 진경이라는 말의 뜻을 몰랐어?

A- '행상들이 외는 소리'라는 말도요, 정확한 뜻을 모르겠어요.

R- <u>응, 그렇게 뜻을 모르게 되면 단어를 다시 한번, 머뭇거리게 되니?</u>

A- 예.

R- 그런데 그렇게 머뭇거리면은 무슨 소리인지 좀 분명하게 이해가 돼?

A- <u>단어가요, 처음 읽을 때보다는 좀 분명하게.</u>

R- 어, 그래. 자 읽자.

A- [조석으로 이 골목 저 골목에는 혹은 목소리로, 혹은 타목으로, 또 남성으로 혹은 여성으로 제각기 제 가진 물건들을 사 달라고 외친다.] (또 한참을 머뭇거린다.)

R- 무슨 생각하고 있어?

A- 이 장면에서요, <u>시장이라는 생각을,</u>

R- 시장이라는 단어가 떠올랐어?

A- 예.

그에 비하면 <자료 2>의 A는 C학생처럼 한자어의 의미를 잘 알고 있지는 않지만 모르는 단어의 의미를 어떻게 파악해야 하는지 알고 있다. 또 문장을 읽으면서 관련 스키마(시장)도 활용하고 있다. 글의 첫 부분에서는 읽다가 망설이거나 머뭇거리는 빈도가 높았지만, 글의 뒷부분으로 갈수록 막힘 없이 내용을 읽었다. 연구자의 질문에 대해서도 자신이 확신할 수 있을 때까지는 명확한 답을 하지 않았다. 이것은 A가 글에 대한 나름대로의 이해의 틀을 구성하는 과정으로 계속 자신이 지니고 있는 여러 이해의 틀에 대입시켜보면서 제시된 내용을 이해하는데 가장 적절한 도구를 모색하는 과정이라고 볼 수 있다. 이렇게 글에 대한 이해의 틀을 세운 후에는 A는 거의 막힘없이 글의 내용을 이해하였다.

<자료 3 : 독자의 특성>

R- 이것 한번 읽어보자. 사 주오 두부 장수, 최현배라는 사람이 지었네.

B- 예, [서울의 명물, 아니 진경의 하나는] 하하.

R- 니가 진경이니까 웃기지.

B- 예. [확실히 행상들이 외는 소리이다. 조석으로 이 골목 저 골목에는 혹은 목소리로, 혹은 타목으로, 또 남성으로 혹은 여성으로 제각기 제 가진 물건들을 사 달라고 외친다.] 음, 시장 그런 것 같애요. <중략>

B- [이 주인집에 묵는 학생들은 고향 친척도 있고, 또 영남 학생들이기 때문에, 오는 날 <당장> 그리 설다는 느낌이 일어나지 아니하였다.] '설다는 느낌'이 무슨 말, 무슨 느낌이에요?

R- 모르구나, 계속 읽어봐.

<자료 3>의 B는 단어의 의미 같은 것에는 크게 신경을 쓰지 않는 유형이었다. 이 학생도 앞의 두 학생에 비하여 어휘력이 월등하게 뛰어나다고는 할 수 없었다. 그러나 단어의 뜻을 몰라도 글 전체의 의미를 고려해서 문장 전체로 대략적인 의미를 파악하였고, 그 문장이나 문단이 주는 느낌에 집중하는 편이었다.

C가 처음에는 한자어를 제대로 이해하지 못하고, 내용에 대해서도 거의 파악을 하지 못해 더듬더듬 글을 읽는 데 비하면 A나 B는 나름대로 잘 모르는 단어를 처리하는 방법도 익히고 있고, 또 글의 의미를 파악하려고 노력하고 있으며, 그런 노력은 어느 정도 성공적이기도 했다. 그러나 A와 B도 실제 글을 읽는 과정에서는 다른 양상을 보였다. A가 글이 주는 여러 정보를 꼼꼼히 따지면서 확신이 설 때까지 판단을 유보하면서 읽기를 수행해나가는 것에 비해서 B는 문장을 읽을 때마다

일어나는 감정이나 생각을 중시하고 있었다. 이런 차이는 A가 글을 꼼꼼하고 분명하게 읽기는 하지만 글을 읽는 과정에서 흥미를 느끼거나 어떤 즐거움을 찾는 일을 하지 않는 데 반하여 B는 글을 읽으면서 재미있어 하고, 어떤 부분에서는 자신도 그러고 싶다며 자신의 감정을 서슴없이 표현하는 것으로 나타났다.

A와 B의 이런 특성을 통해 이들이 어떤 방식의 읽기를 수행할 것인가를 예측할 수 있다. 즉 A와 같은 독자는 학습을 위한 읽기, 즉 읽기를 통해 지식과 정보를 획득하고 활용하는 측면에서 강점을 보일 것이다. A는 글이 주는 재미에 상관없이 그 글을 읽는다는 것은 학습의 한 과정이기 때문에 어떤 글이 주어지더라도 열심히 읽을 것이다. 그리고 읽은 결과는 항상 정확하고 체계적으로 정리해 두어야 할 과제가 될 것이다. 그런 A에 비해서 B는 읽기 과정을 즐겁게 수행해 나갈 수 있을 것이다. 글의 내용과 자신의 생각을 비교하고, 필요하다면 감상도 하고 비판도 하면서 글을 다양한 측면에서 접근하며 읽어 나갈 수 있을 것이다. 그러나 B의 경우, 글의 내용이 재미가 없다면 읽기를 쉽게 해나가기 어려울 수도 있다. 흥미를 유발하지 않는 읽기 자료는 B에게 읽기 활동을 따분하고 기계적인 과정으로 느끼게 할 것이기 때문이다. 그러나 읽기 자료의 영향을 크게 받지 않는다면 자발적으로 수행하고, 읽기 과정에서 스스로 의미를 형성해 간다는 점에서는 B가 A보다 좀더 유연한 읽기 능력을 발휘하고 있다고 볼 수 있다.

이런 A나 B와는 달리 C는 어휘력뿐만 아니라 글을 이해하는 것에 대한 기본 지식도 많이 부족한 편이었다. 이 학생에게 읽기는 어느 정도 기계적인 과정으로 연구자의 시각에서 보았을 때에도 읽기를 통해 스스로 의미를 형성해나가고 있는지 궁금할 정도였다. 이런 경우, 교사는 모르는 단어의 의미를 일러주는 방식으로 어휘에 대한 지식을 보강하거나 글의 내용에 대한 직접적인 지식을 제공함으로써 이 학생이 읽기를 좀더 쉽게 수행하게 하려고 시도할 것이다.

그러나 다음 경우를 보면 이런 학생들에게 글에 대한 직접적인 정보를 제공하기보다는 글로부터 글 이해에 필요한 정보를 찾아낼 수 있는 방법을 지도할 필요가 있다는 것을 알 수 있다. 다음의 <자료 4, 5>는 독자들이 잘못된 스키마나 어휘 지식을 가지고 있으면서도 읽기를 계속 진행시켜 나갈 수 있다는 것을 보여준다. 그리고 C가 이렇게 읽은 결과는 정교성은 좀 떨어지지만 그래도 글의 의미를 파악하는 데 크게 부족하지는 않다는 것을 보여준다.

<자료 4 : 잘못된 전제에서 길 찾기>

R- 그래, 그럼 내가 하나 물어볼께. 그만 두라하고, 들여가시라고 하고... 이렇게 나오지, 그지? 거기. 그게 무슨 말인지 이해가 돼?

C- 잘 모르겠는데,

R- 잘 모르겠다고? (그만 두라 하는 것은) 아까 네가 이야기하기는 두부 장수를 회사를 그만 두게 하는 것 그거고.

C- 예.

R- 그거고, 들여가시라는 건, 그러면?

C- 그건 잘 모르겠는데…….

R- 그래, 그럼 또, 다시 한번 물어볼게. 우리 제일 처음부터 여기까지 읽은 내용이 무슨 내용이야?

C- <u>이상한데…….</u>

R- 이상한 이야기가 나와?

C- 예. 두부를,

R- 응,

C- <u>두부 장수가 보면 계속 갖다주니까 두부 받는 장수가 그러니까, 그만 두라고 하고</u>

R- 그만 두라고 하는 거야?

C- 예.

R- 그만두라고, 나하게 갖다주는 것 그만두라고…….

C- <u>(이 때쯤 무슨 뜻인지 이해한 것 같음) 예.</u>

R- 그럼, 회사에서 잘린 것은 아니겠네!

C- 예.

R- 그렇구나. 그러면은 결국은, 다시 생각을 해볼까? 그러면은 결국에는 지금까지 한 이야기를 다시 정리를 하면, 두부 장수가 두부를 파는데, 계속 주니까 그만두라고 한 거야?

C- 예.

<자료 5 : 잘못된 전제에서 길 찾기>

(연구자와 C는 글을 모두 읽었고, 함께 읽은 글에 대한 것과 함께 다른 글의 읽기 과정에 대한 이야기를 나누었다. 그리고 인터뷰를 마치기 직전 단어에 대한 이야기를 잠깐 나누는 중이었다.)

R- 그럼, 지금 너 여기서 알고 싶은 단어 대개 많겠네?

C- 아니요.

R- 그렇지는 않아?

C- 예. 다 알고.

R- 대충 짐작이 가?

C- 예. 모르는 단어는 다 물어보고…….

R- 다 물어봤어? 다 말하고?

C- 예.

R- 응, 난 내가 뜻 안 가르쳐 준 것 같은데…….

C- 근데, 그거는 제가 그렇게 말해도 되는 것 같고

R- 되는 것 같애?

C- 예.

<자료 4>[8]에서는 '그만 두라하고'의 의미를 회사를 그만두는 것으로 생각하고 있다가 연구자가 그 부분을 '들여가시라는' 단어의 의미와 함께 묻자 이제까지의 전제를 고쳐 새로운 의미를 수용하는 과정을 보여준다. 그런데, 연구자는 가능한 학생들에게 단어의 뜻을 직접 가르쳐주지 않으려고 하였기 때문에 <자료 5>에서처럼 학생들은 자신들의 대답을 적절한 것으로 생각하고 사고를 전개하는 경우가 많았다. 그러다 보면 이처럼 뒷부분에 가서 내용 이해에 혼란이 오고, 이것을 정리하면서 글의 의미를 다시 찾아가는 경향이 있었다. 이는 결국 C처럼 어휘력이나 배경 지식이 부족한 경우에도 적절한 의미를 찾을 수 있다는 것으로, 독자들의 읽기 능력을 이루는 요소들과 그들의 상관 관계에 대한 고려가 필요함을 보여준다. 또, 이런 학생들에게 직접적인 정보를 제시하는 것과 글 이해에 사용할 수 있는 전략을 가르쳐 주는 것 중에서 어떤 방법이 좀더 효과적일지도 고려해 보아야 할 것이다.

3.2 독자에 따른 읽기 전략 활용의 차이

앞에서 세 독자는 독자의 특성을 형성하는 여러 면에 있어서 차이가 있다고 하였다. 그렇다면 이들이 활용하는 읽기 전략에 대해 살펴보겠다. 읽기 전략을 가장 다양하고 활발하게 사용한 학생은 A였다. A는 기존 지식을 활성화시키고 의미를 재검토하는 등의 활동을 통해 글의 내용을 이해하였고, 이런 이해 방식이 어느 정도 체계적으로 습득되어 활용되고 있었다.

<자료 6>은 A가 TV 등에서 본 내용을 글의 장면과 연결시킴으로써 글을 이해하는 것을 보여준다.

8) 이 부분은 두부 장수가 두부값을 한꺼번에 갚아준 것에 대한 답례로 그저 주는 두부를 가지고 두부 장수와 주인이 권하고 사양하는 장면에 대한 것이었다.

<자료 6 : 기존 지식 활성화하기>

A- [갓 온 시골내기는 먼저 온 영남 친구더러 그 외침의 뜻을 물어보, 물으면서 서로 보고 웃었다. 이것은 다 지난 옛날 이야기의 한 토막, 이거니와, 서울 거리의 도부 장수[行商]의 외치는 소리는 예나 이제나 별로 다름이 없이 아침마다 저녁마다 거리거리의 공기를, 울려난다.]

R- 응, (한참 있다가, 학생이 계속 읽지 않자,) 그래, 여기까지 읽으면서 특별하게 떠올리거나, 하는 풍경 없이 그냥 글자만 죽 읽어가니?

A- 아니요, TV에서요, 드라마 같은 것하는, 그런 것…….

R- 아, 그런 광경을 떠올려?

A- 예.

R- 그럼 책 같은 걸 읽으면서 그렇게 이미 알고 있는 텔레비전이든, 영화든 이런 데서 본 것들 잘 떠올리는 편이야?

A- 예.

R- 응, 많이 그래?

A- 예.

R- 왜 그래?

A- 제가 집에 컴퓨터가 없어 가지고요, TV를 다른 사람보다 많이 봐요.

R- 어, 하하, 그래서 TV를 통해서 정보를 얻는 게 많아?

A- 예.

R- 그런 것들이 글 읽는 데 도움이 돼?

A- 예. 이런 글을 읽을 때는요, 떠올리는 장면 같은,

R- 어, 니가 읽은 글하고, 니가 텔레비전 같은 데서 본 장면 같은 것들을 관련시키면서 읽는구나.

A- 예.

그런데 여기서 A는 자신이 컴퓨터가 없어서 TV로 정보를 얻는다고

생각하고 있다. 컴퓨터 등을 활용하는 것이 최선인데, 자신은 차선책을 선택할 수밖에 없다고 인식하여, 자기의 읽기 행위를 그다지 긍정적으로 수용하지 못하고 있음을 알 수 있다. 이것은 A가 실제 읽기 과정에서 자신의 지식이 어떤 방식으로 내용을 이해하는 데 도움을 주는지, 또 그런 도움을 얻을 수 있는 지식을 어떤 방식으로 획득하게 되는가에 대하여 바르게 이해하고 있지 못하고 있다는 점을 보여준다.

다음은 A가 글의 의미에 대한 확신이 설 때까지 계속 머뭇거리면서 내용을 다시 읽으면서 의미를 재검토하는 것을 보여준다. 이렇게 의미를 검토할 때 A는 한 문장을 읽고 다시 눈으로 훑으면서 생각하고, 또 한 문장을 읽고 생각하는 모습을 보였다. 이런 모습은 어느 정도 글 전체에 대한 윤곽이 잡히는 행촌동 이야기가 나오는 부분까지 계속되었다.

<자료 7 : 의미 재검토하기>

A- ["생선 비웃들 사려오!"](한참을 머뭇거린다.)

R- (웃으면서) 후후후, 전혀 이해 안 되는 말이 나왔구나.

A- 예. (비웃을 가리킨다.)

R- 비웃? 응, 그래. 그냥 읽어봐.

A- ["무으드렁 사려!"](계속 뭔가 의심스러운 듯)

R- 응.

A- ["마짓는, 새우젓 사오!"](이상하게 생각하고 있다.)

R- 응. '마짓는 새우젓 사오' <u>그것 틀린 말인가 싶은가 보구나?</u>

A- <u>예.</u>

R- <u>어, 그 틀린 말 아냐. 어떤 걸까? 이게 틀린 말이 아니라면 이게 뭐야?</u>

A- <u>(자신없게) 방언</u>

R- (학생의 말을 그대로 받아서) 방언. 그래. 서울 사람들, 서울 방언이

다, 그지? 지금은 거의 듣기 힘든 소리다, 그지?

A- 예.

A- (계속 읽는다.) [어느 소리나 하나 귀에 익은 게 없다. 모두 신기 그 것이다.]

R- 응. (한참이나 글을 보고 있는 학생에게) 무슨 말인가 싶어?

A- 예. 저도 처음 듣는 소리라…….

R- 응, 그래.

A는 이런 과정을 통해서 글의 의미를 조금씩 예측하고 또 그 예측을 평가하면서 글의 의미를 확정해 나갔고, 그렇게 의미를 확정한 후에는 거의 머뭇거림없이 내용을 읽어 나갔다. A의 이런 읽기는 존스 외(1985)가 제시하는 '예언의 확인' 활동에서 새로운 아이디어를 수용하거나 그를 위해 판단을 유보하는 것과 같은 활동이며, 옥스퍼드의 '심적 연결망 구성하기'나 '메시지를 분석하고 추론하기', '자신의 읽기(학습)을 중심화하기'와 같은 읽기 전략에 해당하는 활동이다. 이런 일련의 과정을 거치면서 A는 의미를 찾아가고, 읽기를 진행하면서 자신의 읽기 결과가 틀리지 않았다는 확신을 얻게 된다. 이렇게 되면, 읽기는 좀더 빠른 속도로 진행될 수 있는데, 글의 후반부로 갈수록 A의 읽는 속도가 빨라지는 것이 그런 과정을 보여주는 것이라 할 수 있다.

그런데, A가 한 문장씩 혹은 한 단어씩 꼼꼼하게 글을 읽는 이들의 특성을 잘 보여 주는 읽기 전략을 사용하였다면, B는 글을 문단과 같은 좀더 큰 단위로 읽으면서 의미를 구성하는 전략을 활발하게 사용하였다. <자료 8>에서 B는 대체로 하나의 문단을 읽을 후 그것이 무슨 의미인지를 설명하고자 하였을 뿐만 아니라, 거기에 자신의 느낌까지도 덧붙이며 그 내용으로부터 많은 생각을 도출해냈다.

<자료 8 : 글의 각 단위별 의미 구성하기, 분석하고 추리하기, 느낌 표현하기>

B- [하룻밤을 자고 나서 그 이튿날 이른 아침에 들창 밖에서, 들려오는 각종 행상들의 외치는 소리는 참으로 어린 시골내기의 귀를 찔러 놀라게 하였다. (천천히 낱자를 한자씩 읽는다) "생선 비웃, 비웃들 사려오!", "무으드렁 사려!", "마짓는 새우젓 사오!" 어느 소리나 하나 귀에 익은 게 없다]

R- 왜 천천히 읽어?

B- 이거 너무 웃긴 것 같애요.

R- 그래, 하하.

B- (계속 읽는다) [모두 신기 그것이다. <갓, 온,> 시골내기는 먼저 온 영남 친구더러 그 외침의 뜻을 물으면서 서로 보고 웃었다. 이것은 다 지난 옛날 이야기의 한 토막이거니와, <서울의> 도부 장수[行商]의 외치는 소리는 예나 이제나 별로 다름이 없이 <아침이면, 아침마다 저녁마다 거리거리의 공기를 울려난다.]

R- 응.

B- <u>(좀 생각하다가) 예나 이제나 별로 다름이 없다고 했는데, 요즘에는 이런 일들 별로 볼 수가 없는 것 같아요.</u>

R- 그래.

B- (계속 읽으면서) [나는 서울로 이사온 뒤부터 열 해가 넘도록 이 행촌동(杏村洞)에 살아 온다. 우리 집이 이 동네로 이사온 때로부터 행촌동 거리에는 아침저녁으로 여러 가지의 식료품 파는 도부 장수가 가지가지의 음색으로 가지가지의 어법으로 외치고 지나간다. 그 중에도 두부 장수, 두부 장수 중에도 한 두부 장수가 있어 남다른 어법으로, 또 남다른 어조로 특색있게 아침저녁으로 외치며 <도부친다(행상한다는 읽지 않는다.)>. 여느 두부 장수들은 "두부 사려오!" 라고 하거나 그렇잖으면 "두부나 비지 사려!" 하는 것이 보통인데, 이

특색 있는 한 두부 장수는 반드시 (그 어조를 흉내내려고 애쓰면서) "두—부, 사아 주오!" 라고 외친다. 듣는 사람마다 이상히 여겨 불러서 사준다.] 이거 두부뿐만이 아니라 물건을 살 때, 특이하게 말하면 반응이 좋은 것 같애요.

<자료 8>에서 B는 한 단락을 읽을 때마다 그 단락에 대한 언급을 한다. 그런데, 이 때의 언급은 내용에 대한 요약이라기보다는 내용에 대한 감상이나 평가이다. 또 글을 읽고, 그 내용을 생각하며 웃고, 또 어조를 흉내내며 읽는 것으로 보아 B는 각 장면을 충분히 상상하고 있음을 알 수 있다. 이것은 B가 이 글에 상당히 재미를 느끼고, 논리적으로 분석하거나 글의 의미를 체계적으로 정리하기보다는 내용을 따라가면서 즐겨 읽는데 초점을 두고 있다는 것을 보여준다.

그런데 이 학생은 자신이 한 단락씩 읽으면서 글의 의미를 파악하는 방식으로 글을 읽는 것을 인식하고 있었다(<자료 9>).

<자료 9 : 자기의 읽기 방식에 대해 인지하기 >

R- 그래, 그런데 너 지금 읽는 것 보니까 한 단락쯤 읽고 이게 무슨 말인가 이야기하고 한 단락쯤 읽고 무슨 말인가 이야기하고 그러던데, 일부러 그러는 거야? 그렇게 하는 걸 배웠어?

B- 배웠다기보다는요, 그렇게 하는 게 저한테 맞는 것 같은데요.

R- 응.

B- 그러니까 한 문장 읽고 말하라고 그러면요 생각을 못하겠어요. 그런데 한 문단쯤 읽으면은요 내용이 있잖아요. 아까 그거 한 거 있잖아요. 연습한 것, 그것도요 한 문장만 주니까 주제를 찾기 어려웠거든요. 그런데 여러 문장을 주고 주제를 찾으라고 그랬을 때는요, 주제 찾는 게 더 쉬웠어요.

B는 자신이 글로부터 어떻게 의미를 획득해 나가는지를 명확하게 설명하지 못하지만 자신의 글의 의미는 한 문장으로는 생각해내기 어렵지만 몇 개의 문장을 읽으면 비교적 쉽게 그 내용을 제대로 인식할 수 있었다는 것을 알고 있었다. 따라서 문장 하나하나를 읽고 바로 그 의미를 확정짓기보다는 한 문단쯤을 읽어서 그 내용을 파악하는 방식을 자신의 읽기 방식으로 채택하였다고 말한다. 이렇게 비교적 큰 단위로 의미를 파악하고 있기 때문에 이 학생이 글을 읽는 내내 특정 단어나 문장에 연연해하지 않으면서 자신의 생각과 느낌을 위주로 글을 읽을 수 있었다. 또 그렇게 큰 단위로 의미를 파악하므로, 글의 전체적인 의미를 이해하고, 그로부터 즐거움도 느낄 수 있었던 것이다. 이렇게 자신에게 적절한 읽기 방식을 인식하고, 그 방식으로 읽기를 계속하겠다고 결정하여 읽기 활동을 추진해나가는 것은 일종의 상위 인지 전략이라고 할 수 있다. 좀더 효과적인 읽기에 도달하기 위해서 읽기 과정 자체를 점검하고 평가하여 적절한 방식을 채택하여 추진하는 상위 인지 활동을 할 수 있다는 것은 읽기의 효율성을 높이는 데 매우 중요하다.

<자료 10>의 학교에서 학습하는 읽기 전략에 대해 설명하는 부분에서도 B가 읽기 전략들에 대한 지식을 충분히 지니고 있으며, 그런 전략을 어떻게 사용하는지를 알고 있다는 것을 보여준다. 이런 읽기 전략 자체와 그 사용 조건에 대한 지식을 아는 것, 그리고 그것을 활용하는 과정과 방법을 아는 것은 역시 상위 인지 전략의 하나로 B는 A나 C에 비하여 상위 인지적인 읽기 전략을 좀더 많이 활용하고 있었다고 할 수 있다.

<자료 10 : 읽기 전략을 활용하기>

R- 응, 그래? 거긴 한 문장도 있었고, 여러 문장도 있었잖아……

B- 그러니까 뒤에 갈수록 더 쉬운데, 주제가 잘 드러나지 않는 글이 있잖아요? 그런 글이 있을 때, 주제를 찾는 게 대개 힘들었어요.

R- 주제가 잘 드러나는 글인지, 잘 드러나지 않은 글인지 하는 게 쉽게 구분이 돼?

B- 예

R- 어떻게 해?

B- 글을 읽으면요, 그러니까 어떤 문장이 하나 있잖아요? 그러면 그 문장에 대해서 쫙 얘기를 하잖아요? 주제를 찾을 때, 그 내용을 다 읽어보고, 어떤 내용인가를 보면 그 내용에 대한 주제 있는 문장을 찾기 쉽잖아요. 어떤 내용인지 파악을 하면, 그렇게 해서 주제를 찾는 것 같은데…….

R- 응, 학교에서 배웠어?

B- 아니요? 저 혼자.

R- 그런 것 학교에서 명확하게 가르쳐주고 설명해주면 좋겠니?

B- 혼자서 이해를 못한다면 학교에서 해 주면 좋은데, 혼자서 이해를 못하는 애들이 거의 없는 것 같은데요, 그냥, 거의요, 선생님들이 이런 식으로는 설명을 해 주잖아요? 첫 문장이나 끝 문장이 그 글의 주제문이라고, 그리고 문단이 있으면 첫 문단이나 끝 문단 안에 주제가 숨어있다고, 그런 것을 선생님들이 알려주잖아요? 그러면 웬만하면 아이들이 다 주제를 찾을 수 있는 것 같은데요.

여기에서 B는 글로부터 주제를 찾는 전략을 학교에서 배운 것이 아니라 자기 스스로 알게 되었다고 한다. 그러나 뒤이은 그의 설명에 따르면 이 말은 학교에서 중심 생각 찾기 혹은 주제 찾기에 대한 아주 일반적인 내용을 교사로부터 지도 받았고, 교사로부터 직접 지도받지 않은 구체적인 활용하는 방법은 스스로 깨닫게 되었다는 의미이다. 그런데 이런 설명을 통해 B가 주제를 찾는 행위가 어떤 것이며, 어떤 방식으로 주제를 찾아야 하는지를 제대로 이해하고 있음을 알 수 있다. 그리고 그런 방식이 '왠만하면 아이들이 다 주제를 찾'게 할 수 있다고 읽기 전략의 가치를 평가함으로써 읽기 전략의 효용성도 인식하고 있음을 보여준다.

앞에서 A보다 B가 좀더 유연한 읽기 능력을 발휘하고 있다고 한 것은 읽기 과정에서 B가 보여주는 이런 상위 인지적 활동 때문이다. A가 단조롭고, 꼼꼼한 읽기를 수행하면서 읽기 과정을 학습의 연장으로 보는 데 비해, B는 읽기를 즐기고, 또 좀더 흥미있게 읽기 위해서 자신에게 적절한 읽기 방식을 모색해 나가면서 글로부터 다양한 정보를 찾아내고, 또 그 정보를 즐기고 있는 것이다. 읽기가 학생들에게 흥미롭고 의미있는 활동으로 수용되려면, 읽기 과정을 조절하고 또 그 읽기 과정을 즐길 수 있는 능력이 필요하다.

그러나 항상 이들이 읽기 전략을 제대로 활용하는 것은 아니었다. 어떤 경우에는 자신이 활용하고 있는 전략이 무엇인지, 어떤 방식으로 그것을 선정하여 활용하는가 등에 대하여 제대로 인식하지 못하는 경우도 많았고(<자료 11>). 또 실제 획득한 읽기 전략이 어떤 효용을 가지는지에 대해 미처 이해하지 못하기도 하였다(<자료 12>).

<자료 11 : 읽기 과정에 대한 미인식>

R- 응. 이것 전체 내용은 어때?

A- 두부 장수가요, 두부를 팔다가 바빠서 그만두,

R- 그만 뒀다고? 응. 이건 그렇고, 이것 전체를 우리가 앞에서부터 차근차근 읽어가잖아, 그지?

A- 예.

R- 차근차근 읽어 가면, 앞의 내용이 차근차근 쌓이면서 내용이 정리가 돼, 머리 속에?

A- 예.

R- 지금까지 대체 무슨 이야기였고, 무슨 이야기였고, 다 정리가 돼?

A- 얼만큼.

R- <u>얼만큼. 어떻게 그렇게 돼?</u>

A- <u>(대답이 없다.)</u>

R- <u>의도적으로 네가 그렇게 하려고 하는 거야? 아니면 무슨 이야기고, 무슨 이야기고 하는 것이 저절로 이렇게 정리가 되는 것 같애?</u>

A- <u>저절로 되는 것,</u>

R- <u>저절로 되는 것 같애?</u>

A- 예.

<자료 12 : 읽기 전략의 효용에 대한 미인식>

R- 그런데 문맥이나, 그런 읽어가다 보면 뜻 알게 되고 그렇지 않니?

B- 그런 것도 있어요. 아까 선생님이랑 해본 것도 처음에는 위에서 나온 것은 잘 몰랐는데, 밑에서 <u>읽다 보니까 뜻도 왠만큼 알 수 있는데,</u>

R- 단어를 다, 모든 문장을 다 아는 게 좋을까, 전체적인 내용을 아는 게,

B- <u>전체적인, 아니 단어를 아는 게 좋아요. 그래야지 다른 글을 읽을 때도 알 수 있으니까.</u>

R- 응, 전체적인 내용을 아는 것보다 다른 글을 읽을 때를 위해서 단어를 아는 게 (좋지 않니?)

B- 둘 다.

R- 읽기 잘하면 좋지?

B- 학원에서도 그렇고 학교에서도 그렇고 다들 책을 읽어보라고 하잖아요? 그런데 애들 보는 앞에서 읽으려면은 쑥스럽고 그렇잖아요?

그렇기 때문에 쉽지가 않잖아요? 제가 읽을 때 애들이 읽고 그러면 은 더 그렇잖아요. 하기 싫어지고. 그런데 읽기를 잘하면 제가 스스로 자신감이 생기니까 더 잘할 수 있는 것 같아요.

R- 그러니까 소리내어서 읽는 것을 이야기하는구나. 읽기는 소리내서 읽는 것 말고도 내용을 이해하는 것도 있잖아?

B- 예.

R- 내용 이해하는 것은 어떻게 해? 국어 공부가 다른 과목에도 도움이 된다고 하잖아?

B- 그런 것 같기도 해요.

R- 실제로 도움이 되니?

B- 잘 모르겠어요.

<자료 11, 12>가 보여주는 것처럼 학생들은 실제로는 다양한 읽기 전략을 활용하며 글을 읽으면서도 자신이 그 글의 의미를 제대로 파악하며 읽고 있는지, 또 그 과정에서 사용하는 읽기 전략들이 실제 내용을 이해하는 데 도움이 되는지 등에 대해 잘 알지 못하는 경우가 있다. 이렇게 되면 그들은 자신이 어떻게 그 글의 내용을 이해하게 되었으며, 그 과정에서 사용한 방식들을 다른 글을 읽을 때 다시 활용하거나, 반대로 다른 글을 읽을 때 활용한 방식을 이 글을 읽는 과정에 도입한다거나 하는 전략의 확장적 사용에 이를 수는 없다.

4. 나오며

지금까지 읽기에 관한 관점은 우리가 다루는 지식과 정보의 정체성에 대한 인식에 의해 변화되어 왔다. 읽기에 대한 관점은 읽기를 행하는 주체, 즉 독자에게 요구되는 능력과 그의 읽기 행위, 그리고 그가 읽은 읽기 결과에 대한 사회적인 수용 가능성을 설명할 수 있다. 이런 면에서 구성주의적 관점은 읽기에 참여하는 독자의 특성을 중심으로 이런 점들을 설명한다. 독자는 사회의 한 구성원이며, 사회적 맥락과 개인적 특성 아래에서 주어진 지식으로부터 적절한 정보를 획득하고 지식을 구성해 간다. 이미 어느 정도 확정되어 있는 글의 특성보다는 그 글로부터 새로운 의미를 구성해가는 독자의 특성은 읽기의 결과에 영향을 미치는 매우 중요한 요인이며 독자의 어휘력을 비롯한 배경 지식의 차이, 설정한 목적의 차이, 또 사용한 전략의 차이에 의해서 읽기의 결과가 달라지는 것은 당연하다.

읽기에 대하여 관심을 가지는 것은 읽기가 중요하며, 이렇게 중요한 읽기를 잘 할 수 있는 방법이 존재하며 그 방법은 구체적으로 찾아질 수 있고, 또 가르쳐질 수 있을 것이라고 기대하기 때문이다. 이 연구는 이러한 읽기 교육에 대한 가능성의 하나로 읽기가 어떻게 이루어지는가, 또 독자들이 같은 글을 어떻게 다르게 읽는가에 대하여 설명하고자 하였다.

여기에서 살펴본 세 독자는 같은 학년, 같은 반이었음에도 불구하고 각기 다른 방식으로 글을 읽었으며, 글을 읽은 결과에 도달하는 방식도 달랐다. 이는 이들의 어휘에 대한 지식, 스키마를 활용하는 방식 등이 달랐고, 읽기 과정에서 활용하는 읽기 전략도 달랐기 때문이다. 그러나 이들이 보유한 어휘나 스키마의 양보다는 이들이 자신이 보유한 어휘나 스키마를 활용하는 방식이 읽기 과정에 더 큰 영향을 미친다고 할 수 있다. 즉 읽기의 결과는 어휘나 스키마와 같은 배경 지식보다는 읽기 전략의 활용 방식에 더 많이 의존한다. 이는 읽기 학습자로서 독자에게 읽기를 지도하려는 경우, 어휘 자체의 지식이나 스키마 자체를 다양하게 하는 것 못지 않게 어휘의 의미를 찾아내거나 스키마를 활용하는 방식에 대한 지도가 필요함을 의미한다.

이 연구는 또한 독자들이 사용하는 읽기 전략들이 일정한 원리나 패턴을 가지지 않는다는 것도 확인하였다. 이들이 읽기 전략에 대하여 어떻게 인지하고 활용하고 있는가에 대한 언급으로부터 유추할 때, 읽기 전략 자체에 대한 지식이나 그러한 전략의 활용 방식에 대한 지식이 거의 없다는 것을 알 수 있었다. 읽기 과정에서 읽기 전략을 활용하는 것 못지 않게 자신의 읽기 전략을 확인하고 점검하며 조정해 나가는 것이 읽기를 더 효율적으로 수행하게 할 수 있다. 따라서 자신이 지니고 있는 전략들을 구별하고, 현재의 상황에서 적절한 방식을 선택하거나, 자신이 사용하는 방식을 적절한 방식으로 조정해 나가는 방법을 익히게 함으로써 읽기를 좀더 의미있는 활동으로 수용할 수 있다. 이런 면에서 읽기 전략의 지도 과정에서 상위 인지 전략에 대한 지도가 필요하다[9].

지금까지 국어과 교육에서는 학생들의 언어 사용 능력을 신장시키기 위해서 다양한 하위 영역을 설정하고, 그러한 영역별로 해당 언어 사용 능력이 어떻게 구성되어 있으며, 어떤 방식으로 수행되고 있는가를 분석하여 이를 교수 학습 과정에 적용하고자 하였다. 읽기 영역에서도, 읽기의 본질이 무엇인지, 읽기의 원리가 무엇인지, 또 읽기에 관련된 태도가 무엇인지를 밝히고 그를 신장시키려는 방향으로 교과 지식과 그에 도달하기 위한 방법이 고찰되었고 그 결과들이 실제 교육 과정에

9) 이 연구는 학생들의 읽기 양상을 살펴봄으로써 읽기 교육이 어떻게 이루어지고 있는가를 파악하는 데 중점을 두었다. 그러나 이 연구가 읽기 교육에 기여하려면 실제 학생들의 읽기 과정을 좀더 면밀하게 분석하여, 그 과정에서 사용되는 전략의 유형과 그들의 효용성을 따져보고, 그에 대한 대안을 제시하는 작업이 필요하다. 특히 독자가 자신의 읽기 과정을 점검하고 그 과정에서 사용할 전략을 활용하는 방법과 조건에 관련된 상위 인지 전략에 대한 연구는 필수적이다. 아무리 도구가 많아도 그 도구를 적절하게 사용하려면, 도구를 사용하는 이가 자신이 지니고 있는 도구와 자신의 능력을 바르게 파악하여 활용할 수 있는 능력을 지녀야 하기 때문이다.

반영되어 왔다.

그런데 이 연구에서 드러난 것과 같이 독자들의 특성과 또 그들의 읽기 능력 양상의 실제는 지금까지의 국어과 교육에 대한 이론과 실천 과정에 대하여 재고할 필요가 있음을 보여준다. 이론을 모색하고 그것을 실제에 적용하는 것 못지 않게, 실제 현상이 어떤 방식으로 일어나고 있음을 살펴 우리가 적용하고자 하는 이론이 제대로 펼쳐지고 있는지를 살펴보아야 할 것이다. 이론을 제안하고 설명하는 것만으로는 그것이 널리 잘 전달되지는 않는다. 이론이 올바른 실천을 통해 일정한 성과를 얻기 위해서는 이론을 정립하는 노력 못지 않게, 그 이론이 잘 적용될 수 있는 방법을 마련하고 그것을 실천하는 데에도 노력을 기울여야 한다.

읽기 수업에 나타난 교사의 교수 담화

1. 국어교육의 이론과 실제

국어 교육에서 국어는 중심적인 교수 학습의 대상이자 도구이다. 국어 수업이 다루고 있는 대상이 국어 사용의 결과물이라는 점에서 그러하고, 그러한 대상에 접근하는 도구가 국어라는 점에서 또한 그러하다.

국어 수업에서는 끊임없이 수많은 말들이 교류되며, 교사와 학생은 그에 반응하면서 수업을 구성해 나간다. 국어 수업의 이런 특성은 최근의 지적 경향인 구성주의와 맞물려 있다. 구성주의는 지식의 형성과 습득을 개인의 인지 작용과 사회적 상호 작용의 결과로 본다. 즉 개인은 이미 고정되어 있는 지식을 수동적으로 받아들이는 것이 아니라, 주어진 상황 맥락 속에서 자신이 가지고 있는 지적, 정의적 배경의 영향을 받으면서 새로운 형태의 지식으로 구성하며 받아들인다. 그 때문에, 같은 글을 읽고서도 이해의 정도가 다르며, 또한 읽은 후 기억하는 내용이 다르다는 것이다. 이런 구성주의의 입장은 수업이라는 현상을 다양한 측면에서 살펴보아야 할 필요성을 제기한다.

국어 교육에서 이런 구성주의적 입장을 고려하는 것은 여러 가지 의미를 가진다. 객관적 지식으로 국어 교육을 규정할 경우, 지식의 체계가 중요하고, 그러한 지식에 대한 단계적인 접근, 또 그 지식에 대한 암기 등을 강조하게 된다. 그러나 구성주의적 입장에서는 그러한 것들이 실제로 학생들에게 어떻게 수용되느냐가 중요하게 되어, 학습자의 특성, 교수와 학습이라는 수업이 일어나는 상황에 대해 더 많이 고려해야 하는 것이다.

지식의 구조로서 국어 교육 이론과 실천 방법에 대한 탐구는 매우 중요하다. 지난 80년대 중반 이후, 국어 교육에 대한 이론적 연구는 맹렬할 정도였고, 그 덕분에 국어 교육학은 비교적 짧은 시간 안에 광범위한 연구 성과를 지닌 생명력 왕성한 학적 체계로 성장하였다. 또한 이런 연구의 결과는 이론과 실천이 병행할 수밖에 없다는 국어 교육의 특수성에 힘입어 학교 교육과정에 즉각 반영되어, 국어과 교육과정, 국어 교과서라는 형식으로 수많은 국어 사용자들에게 영향을 미치고 있다.

그러나 이런 이론적 성과들이 실제 국어 교육 현장에서 그 효용성을 온전히 발휘하고 있는가를 생각해보면 지금까지 이론적 연구에 치중한 것에 대해 반성하게 한다. 학문적 연구 대상으로서 국어 교육의 목적, 성격, 하위 영역에서의 본질, 원리 등을 해명하고, 이를 실천할 수 있는 방법들을 연역적으로 규명하고자 하는 노력에 비하여, 실제 국어 교육이 어떤 방식으로 이루어지고 있으며, 지식이 어떻게 전달되고 수용되고 있는가를 설명하려는 노력은 충분하지 못하였기 때문이다. 따라서 지금까지 이루어져 온 연구 성과들이 얼마나 온전히 실천되고 있는지, 그리고 그 결과가 만족스러운, 또 그것이 실제 국어 교육에 적용될 때 무엇이 더 고려되어야 했는지 등에 대해 대답하기란 쉽지 않다.

이와 같은 논의는 실제 국어 수업, 국어 사용 활동 등이 어떻게 이루어지는가를 설명하는 데서부터 문제를 제기한다. 최근에 활발하게 이루어지고 있는 교실 관찰 연구, 수업 담화 분석, 독자의 읽기 과정에 대한 인터뷰와 같은 질적 연구들은 이러한 경향이 더욱 강한 것으로 이론적 체계화 못지 않게 실제 국어 사용, 혹은 국어 교육의 모습에서 연구를 시작한다. 이들 연구는 실제 국어 수업 장면을 분석하고, 교사와 학생들 사이의 대화를 분석하며, 학생들, 혹은 독자, 필자, 화자, 청자 또는 토론자, 토의자로서 국어 사용에 참여하는 언어 사용자들의 언어 사용 과정을 살펴봄으로써 국어 사용 혹은 국어 교육이라는 현상을 좀더 적확하게 이해하려고 한다[1].

이 연구도 국어 교육의 한 하위 영역인 읽기 영역 수업을 대상으로 실제로 읽기 수업은 어떻게 이루어지고 있는가, 또 교육 과정과 교과서로 구체화된 읽기 수업의 목표는 실제 읽기 수업에서 어떤 방식으로 구체화되는가 등을 살펴보고자 한다. 이것은 지금까지 읽기 이론, 읽기 수업 이론 등으로 제시되어 왔던 국어 교육학의 이론적 성과들이 어떻게 실제 수업 장면에서 구체화되고 있는가를 살펴보고자 하는 것일 뿐만 아니라 실제 수업을 통해, 우리가 이론적 체계를 세우느라 간과하고 있는 것이 있다면 그것을 찾아보기 위해서이다.

2. 교수 담화 분석의 이론적 배경

교육과 관련하여 왜 언어가 연구되어야 하는가에 대한 답을 조문현(1987: 37-40)은 다음과 같이 설명한다.

1) 윌킨즈(1980: 209)는 언어 교수의 지식을 객관적으로 확립하는 가장 분명한 방법은 경험적 연구를 통한 것이라고 언급하였다(김상희(1995: 2)에서 재인용).

① 학습은 언어를 통하여 교사, 학생과의 의사 소통이 이루어지는 언어적 환경이다.

② 대부분의 추상적 사고, 논리적 사고, 비판적 사고 등의 고등 정신 기능은 언어와 무관하게 생각될 수 없는데 이 점에서 교육과 언어의 관련성이 추출된다. 이와 관련하여 교육의 실패를 언어의 실패로 설명하고자 하는 주장을 볼 수 있다.

③ 교사-학생 간의 대화는 곧 교육의 과정이며, 적어도 대부분 학생들의 생활이 대화로 이루어져 있다.

④ 언어가 학습 생활의 중요한 부분임에도 불구하고 이제까지 우리는 학습 언어에 매우 무지했거나 소홀했다. 교실의 경험을 누구나 다 했기 때문에 직관적이고, 기억에 의존하는 지식으로는 학습의 활동을 적절히 설명해 내는 데 충분하다고 보기 어렵다.

이는 다소 사회언어학적 입장으로 교육 현상에서의 언어의 역할과 교육 연구에서 언어 현상 연구의 중요성을 강조한 것이라 할 수 있다. 이런 관점에서 본다면 국어 교육에서 언어가 가지는 역할과 중요성은 더욱 강조되어야 한다. 국어 교육이야말로 언어를 대상으로, 언어에 의해 이루어지는 교육이기 때문이다.

이런 관점은 이창덕(1999, 2002)에서도 잘 나타나는데, 이창덕(1999: 52-53)은 국어과 교육의 목표가 "언어 활동과 언어와 문학의 본질을 총체적으로 이해하고, 언어 활동의 맥락에서 목적과 대상과 내용을 종합적으로 고려하면서 국어를 정확하고 효과적으로 사용하며, 국어 문화를 바르게 이해하고, 국어의 발전과 민족의 언어 문화 창달에 이바지할 수 있는 능력과 태도를 기른다(제7차 교육과정의 국어과 교육 목표)."로 정해 놓았음에도 불구하고 국어과의 이념과 성격과 목표를 연관지어 '언어 활동의 맥락과 목적과 대상과 내용을 종합적으로 고려하면서 국어를 정확하고 효과적으로 사용하는 방법'과 '국어 문화'의 실체가 무엇인지, 바람직한 국어 문화는 무엇인지에 대해서 기초 조사도 없고, 구체적으로 파악하고 있는 것이 별로 없다고 비판한다. 그리고 '대화 분석'을 개인 생활에서의 문제를 발견하고 해결할 수 있는 방법, 국어 사용 실태를 밝히고 그 과정에 나타나는 문제를 발견하고 해결하는 방법, 그리고 도구 교과로서의 국어 교과의 위상을 정립하고 강화할 수 있는 방법이 될 수 있다면서, 그 대안으로 제시한다.

언어 현상을 대상으로 연구할 때, 실제 언어 현상이 어떻게 일어나고 있는가를 밝히는 것은 그 현상을 그대로 보여주는 것 이상으로 적절한 방법이 없다[2]. 특히 대화, 수업, 강의, 토의, 토론과 같은 의사 소통 과정이 중시되는 현상이라면 더욱 그러하다. 이 연구가 다루려고 하는 '읽기 수업'이라는 언어 현상도 이와 같다. '읽기 수업'은 무엇인가, 어떻게 일어나는가, 그렇게 되는 것이 적절한가라고 했을 때, 읽기 수업 자체를 보여주며 설명하는 것 이상으로 적절한 방법은 없다고 할 것이다.

2.1 교수 담화 분석의 개념과 방법

담화란 문장(sentence), 혹은 절(clause) 이상의 언어 구조를 가리키는 것으로 이것이 문자 언어의 형태로 나타나는 경우 텍스트(text)라고도 한다. 교수 담화(teaching discourse)는 교실에서 교수 학습 과정에서 교사에 의해 이루어지는 여러 유형의 담화를 의미한다. 교수 담화는 대체로 교실에서 일어나기 때문에 교실 담화(classroom discourse)의 한 부분

2) 그러나 실제로 모든 연구자들이 자신의 관점을 가지고 있기 때문에 연구의 대상을 객관적으로 보여주기는 불가능하다. 그런 점에서 질적 연구들은 연구의 주관성을 숨기려하지 않는다. 오히려 주관성을 드러냄으로써 연구 내용에 대한 타당성과 신뢰성을 획득한다고 할 수 있다.

이라고 할 수 있다.

담화 분석은 문장(sentence) 혹은 절(clause) 이상의 언어 구조를 연구하는 것으로 일련의 회화 또는 (문자화된) 텍스트와 같은 더욱 더 큰 언어 단위를 연구하는 것을 가리킨다. 따라서 담화 분석에서는 사회적 문맥에서의 언어 사용, 특히 화자 간의 상호 작용이나 대화를 다룬다(스터브즈, 1993: 15-18). 교수 담화 분석(teaching discourse analysis)은 이러한 담화 분석의 한 영역이다.

담화를 분석하기 위해서는 객관적 증거물인 담화를 이루는 발화(utterance)를 기록하고, 각 발화의 수행 기능과 발화 연속체의 구조를 밝히는 체계적인 분석이 필요하다. 교수 담화를 분석하는 경우에도 먼저 교수 담화가 일어나는 교실 수업을 기록하고 그것을 밝히는 과정이 따라야 한다. 이창덕(2002: 375)은 수업 대화 분석을 위해 먼저 연구 대상이 되는 수업을 정해진 연구 목적과 기준에 따라 선정하고 그 전개의 전 과정을 녹음과 녹화를 통하여 기록하며 기록된 것을 언어적 자료로 전사(description)하고, 그 다음 전사된 자료의 발화 행위 분석을 통하여 구조 분석을 거친 후에 그 결과를 가지고 수업의 내부 구조나 외부 구조를 진단하는 과정을 거쳐야 한다고 제안한다.

이 연구에서는 2002년 10월에 서울 시내의 한 중학교 1학년의 국어 수업을 대상으로 수업 장면을 녹화, 녹음하였고, 그 후 녹화 자료와 녹음 자료를 이용하여 수업 과정을 전사하였다. 학생들은 대체로 수업 활동에 적극적으로 참여하고 있었고, 교사 역시 성실하고 적극적으로 지도하였다[3]. 해당 수업은 1학년 2학기 <국어> 교과서, '3. 판단하며 읽

3) 담화 분석은 맥락을 중시하기 때문에, 연구 대상인 교사와 학생, 그들이 속해 있는 사회 경제적 상황 등을 중시해야 한다. 이런 맥락들은 그들의 언어 활동에 대해 더 잘 이해할 수 있게 해 줄 뿐만 아니라, 언어 활동의 응집성을 이해하는 데 도움을 줄 수 있다. 이 연구의 대상이 되는 교사는 국립 사범대와 그 대학원을 졸업한 경력 3년 차의 여선생이다. 학생들의 거주지는 그 인근 지역에서도 비교

기' 단원의 2, 3차시에 해당하는 과정이었다. 실제 이 단원은 단원의 길잡이와 두 개의 소단원, 또 보충과 심화 활동으로 구성되어 있고, 시간은 전체 6시간으로 할당되어 있었으나 이 교사는 5시간으로 계획하고 있었다. 이 교사가 계획한 5시간 중 1차시에는 단원의 길잡이를 비롯한 본 수업에 들어가기 위한 준비 활동과 '(1) 훈민정음 완성되다'의 일부분을 수업하였고, 이 연구가 관찰한 2차시에는 '(1) 훈민정음 완성되다'를 완성하고, 3차시에는 '(2) 우리 꽃 산책'의 일부분을 수업하였다.

<table>
<tr><th>단원의 구성</th><th>지도서</th><th>교사의 계획</th></tr>
<tr><td>단원의 길잡이</td><td rowspan="2">1-2</td><td rowspan="3">1-2</td></tr>
<tr><td>(1) 훈민정음 창제되다</td></tr>
<tr><td>학습 활동</td><td>3</td></tr>
<tr><td>(2) 우리 꽃 산책</td><td rowspan="2">4-5</td><td rowspan="2">3-4</td></tr>
<tr><td>학습 활동</td></tr>
<tr><td>생각넓히기</td><td rowspan="2">6</td><td rowspan="2">5</td></tr>
<tr><td>보충 심화</td></tr>
</table>

2.2 읽기 수업에 대한 교수 담화 분석

국어 교육에서는 여러 가지 이유에 의해 수업 담화 분석의 중요성이 논의되어 왔다. 먼저 국어 수업 담화는 국어 수업이라는 현상 자체를

적 사회경제적인 여건이 좋은 지역으로 학부모들의 교육에 대한 관심과 열의가 높은 곳이었다. 이 때문에, 학생들은 학업 성적에 상당히 관심이 많았고 또 열심히 공부하는 편이었다. 이 연구를 위해 연구자는 사전에 교사에게 자신이 하고 있는 자연스러운 읽기 수업 장면을 보여 달라고 요청했었으며 교사는 이미 2001년에도 자신의 수업 장면을 녹화하여 교실 수업에 관한 연구 자료로 사용한 경험이 있었기 때문에 그에 대한 거부감이 없었다. 학생들의 경우에도 처음에는 무엇을 하는 것인가에 대한 호기심을 보이기도 했지만, 이내 수업에 몰두했었고, 시간이 지남에 따라 점차 녹화 장비에는 신경을 쓰지 않았다. 따라서 연구자는 이러한 연구 방법이 실제 교수 학습 과정에 특별한 영향을 미쳤다고 보지 않는다.

살펴볼 수 있게 한다. 즉 국어를 가르치고 배우는 일이 어떻게 이루어지고 있는가를 볼 수 있을 뿐만 아니라 그것을 통해 국어 교육은 실제로 가르치고 배우는 일에 어떻게 다가가야 할 것인가를 살펴 볼 수 있기 때문이다. 또 국어 수업 담화는 국어 교육에 대한 이론적 접근에 대한 반성을 하게 한다. 국어 교육 이론의 실천태로서 교실 수업은 지금까지의 국어교육적 탐구의 성과들을 어떻게 실천하고 있는가를 보여줄 수 있다. 따라서 국어 수업 담화 분석은 그동안 국어 교육이라는 영역 내에서 있어 왔던 수많은 연구와 교육적 노력이 국어 수업이라는 실제 교육 현장에서 어떻게 실천되고 있는가, 또 그것들이 국어 교육 현장이 요구하는 것들에 국어 교육이 얼마나 부응하고 있는가 등에 대해 살펴볼 수 있게 한다.

이 연구는 국어 수업 중에서도 읽기 수업을 대상으로 수업은 어떻게 시작되어서 끝나는 것인가, 교사는 자신의 의도, 즉 학생들에게 전달하고자 하는 수업의 목표를 어떤 방식으로 실현시켜 나가는 것인가, 학생들은 교사의 의도를 어떻게 수용하여 내면화하는가, 수업의 결과물은 교사의 의도와 같은가, 다른가, 그 과정에서 과연 수업이라는 현상은 일어나고 있는 것인가 등에 대한 물음에 답해보려고 한다.

국어 교육학은 듣기, 말하기, 읽기, 쓰기와 같은 국어 사용 영역에서 학습자의 언어 사용 능력을 신장시키기 위한 여러 가지 기능적, 인지적 접근을 시도하였고, 현재에 있어서는 전략 중심의 접근이라는 어느 정도 구체적인 접근법까지 설정되어 있는 상황이다. 이 중 읽기 영역은 국어 교육학의 여러 하위 영역 중에서도 가장 활발한 연구가 이루어져 왔고, 그 연구 성과도 상당하다. 이것은 실제 국어 교과서 등에서 '판단하며 읽기'와 같은 '전략'이라고 명칭되는 특정 언어적 사고 활동을 단원명으로 제시하고, 그 활동 능력을 신장시키기 위하여 관련된다고 생각되는 교수 학습 활동을 조직적으로 제시하는 데에서도 알 수 있다.

이 연구가 관찰한 수업의 경우에도 교과서는 단원의 길잡이를 통하여 '판단하며 읽기'란 어떤 활동이며, 어떤 방식으로 판단하며 읽을 수 있는지를 알려주고, '(1) 훈민정음 완성되다, (2) 우리 꽃 산책'의 두 소단원을 통하여 판단하며 읽는 방법을 익히게 한다. 특히 이런 소단원은 학생들이 지니고 있는 지식의 수준에 따라 이해 정도가 달라질 수 있는 것이기 때문에, 각 소단원에 들어가기 전에 '읽기 전에'라는 활동을 통해, 소단원과 관련된 지식 구조(스키마, schema)를 활성화시킬 수 있도록 돕는다. 그리고 소단원의 읽기 및 이해가 이루어진 후에는 학습 활동을 통해 이해 정도를 확인한다. 특히 학습 활동은 해당 소단원의 내용 이해 정도를 확인하는 '내용 학습'과 해당 단원에서 성취하고자 하는 학습 목표로서의 '판단하며 읽기' 활동을 촉진하는 '목표 학습', 또 그것을 다른 글에 적용하여 보는 '적용 학습'으로 나누어져 있어, 각 소단원이 어떤 방식으로 학생들에게 전달되고 이해될 것인가를 짐작하게 한다. 이렇게 소단원의 학습이 끝나면 '생각 넓히기'라는 활동을 통해 소단원에서 소개된 내용과 관련된 글을 더 읽게 한다. 그리고 나서 각 대단원의 마무리 활동으로 '보충·심화' 활동이 제시되어 있다. '보충 심화'에 제시되어 있는 '자기 점검' 부분은 해당 영역에서 도달하고자 한 학습 목표의 달성 여부를 학생들이 직접 확인하게 되어 있어서, 소단원 내용 자체에 대한 이해보다는 그 소단원들을 통하여 그 단원에서 교수 학습하고자 한 '판단하며 읽기'라는 언어 사용 방식, 즉 전략적 지식을 제대로 획득하였는가를 스스로 점검하게 하고 있다. 이런 절차적 지식(전략적 지식)에 대한 강조는 교과서에 상당히 명시적으로 나타나 있어서 이 단원을 학습하고 나면 학생들이 무엇을 할 수 있어야 하는지를 잘 알 수 있게 해 준다.

학생들에게는 교육을 받는 동안에 지향해야할 교육 목적이 설정되어 있으며, 또 과목마다, 학년마다, 학기마다, 그리고 매 단원마다, 또 그 단원을 이루는 시간마다 도달해야 할 목표가 명시되어 있다. 교육 과정은 이러한 국어과 교육의 목적과 목표를 제시하고 있는 공식 문서이다. 그리고 교과서는 이 교육 과정이 구체화된 것으로 교과서의 각 단원은 그 내용을 확정짓기 이전에 이미 그 단원에서 도달해야할 목표들이 교육 과정으로부터 도출된다. 또 교과서의 단원들은 여러 시간을 통해 지도되도록 되어 있는데, 역시 단위 시간을 통해 도달해야 할 교수 학습의 목표가 설정되어 있다[4].

이러한 교육 과정과 교과서의 틀을 만들고 있는 목표들은 교과서 속의 구체적인 교육 내용들과 함께 각각 씨실과 날실이 된다고 할 수 있다. 그리고 이 씨실과 날실이 교사와 학생들의 교수 학습 행동이라는 구체적인 활동을 통해 그 결과물인 국어 수업을 만들어 낸다. 그렇다면 이제 이런 교과서의 내용은 실제 읽기 수업에 어떻게 실현되고 있는가를 살펴보아야 할 것이다.

3. 읽기 수업의 구조와 교사의 교수 담화 행동

읽기 수업이라면 한 학생 혹은 여러 학생이 일어나서 교재의 해당

4) 교과서 단원의 차시별 목표 등은 교사용 지도서를 통해 확인할 수 있다. 교사용 지도서는 교사가 교과서를 지도하기 위한 보조 교재이지만 교과서를 제작한 주체들에 의해 제작된 것이므로, 교과서의 의도를 가장 잘 실현시킨 것으로 볼 수 있다. 그런데 교육 과정이나, 교과서 등이 일련의 체계적인 목표 구성체이긴 하여도 교육 과정에 제시된 목표들은 다소 고정적이고 폐쇄적인 체계인데 반하여, 교과서 등에 제시된 목표들은 전체적인 방향만 일치한다면 실제 수업을 계획하고 실천해 나가는 교사들에게 개방되어 있다는 차이는 있다. 즉 교사는 전체적인 흐름을 벗어나지 않는 선에서 교과서의 해당 단원을 지도하면서 교사용 지도서가 제시하고 있는 목표와는 다른 목표를 설정하는 것이 가능한 것이다. 이 때문에 같은 교과서로 지도하더라도 교사에 따라 다른 교수 학습 장면이 만들어진다.

단원 전체를 읽고 나머지 학생들은 앉아서 듣다가, 읽기가 끝나면 교사가 다시 그 내용을 읽어가면서 구구절절 설명해주고, 학생들은 열심히 받아쓰고 가끔씩 빨갛고 파란 별도 그리고 물결이며 화살표를 멋있게 그리던 것을 떠올리기 일쑤이다. 실제로 이런 방식의 읽기 수업은 현재도 많은 국어 교실에서 여전히 존재하고 있다.

그런데 이 연구에서 살펴 본 읽기 수업에서 교사는 해당 단원을 다양한 방식으로 접근한다. 이미 교과서에서 해당 단원에 대한 다양한 활동을 제시하고 있기 때문에, 교사는 교과서가 요구하는 활동을 그대로 옮김으로써 수업을 진행해 나갈 수도 있었다. 이 연구가 관찰한 교사는 본격적인 읽기 수업에 들어가기 전에 관련된 내용에 관해서 사전 조사도 시키고, 학습지(혹은 교재에 제시된 질문들)도 풀게 한다. 또 해당 단원과 관련된 이야기 혹은 관련 없는 여러 가지 이야기를 한참이나 하기도 한다. 거의 수업이 3분의 1정도가 지난 시점에서 본격적인 교재의 내용으로 들어가기도 하였다. 그러나 이 때도 교사는 책에 나오는 내용 자체를 가르치는 것은 아니었다. 책에 나오는 내용은 그야말로 읽기 수업을 하기 위한 대상일 뿐 교사는 그 시간의 수업 목표에 맞추어서 학생들에게 사전에 이런저런 활동에 대한 지시를 하고, 그 활동을 하기 위한 요령, 혹은 체계적인 전략을 지시한다. 뿐만 아니라 인터넷과 연결된 대형 텔레비전으로 해당 제재와 관련된 내용을 보여주어 제재에 대한 이해를 돕기도 하고, 수업의 일부분을 그런 동영상으로 대신하기도 한다. 이런 과정이 일어나는 교실은 무척 산만해서 그런 수업에 익숙하지 않은 이들에게는 수업이 들떠 있다는 느낌을 주기도 하지만, 분명히 수업은 이루어지고 있다. 즉 교사는 분명히 가르치고 있었으며, 학생들은 열심히 학습하고 있었다.

3.1 읽기 수업의 전체 구조

수업의 구조는 각 차시별로 수업이 어떻게 진행되고 있는가를 통해 살펴볼 수도 있고, 해당 단원이 시작되어 끝나는 과정을 통해 살펴볼 수도 있다. 수업의 형식적인 틀을 이해하는 데에는 차시별로 수업을 살펴보는 것이 도움이 되지만, 실제 수업이 어떻게 이루어지는가를 살펴보려면 한 단원이 어떻게 진행되는가를 살펴보는 것이 더 적절하다[5].

실제 수업 활동	
1	단원의 길잡이-목표 확인하기(내용 판단하기, 사실과 의견 구분하기) '훈민정음 창제되다'를 기사문으로 이해하기
2	동영상을 통한 제자 원리 이해하기 <자료 1, 2, 3> 훈민정음에 대한 반대 상소와 조정 입장에 대한 비교- 두 입장을 비교하는 표를 이용하여 학생들이 직접 내용을 읽고 판단하기<자료 1-1, 4, 5> 학습 활동하기(105, 106쪽만 한 후 마침)
3	108쪽-꽃 이름 알아보기 꽃에 관한 이야기하기 우리꽃 산책 읽기 -학생들이 읽고 교사는 간단하게 설명하기
4	우리꽃 산책 읽고 전체 설명하기 학습 활동하기
5	생각넓히기 보충심화

5) 차시별로 수업을 살펴본다면 1차시의 수업은 대체로 시간 전개상으로 볼 때, 도입, 전개, 정리의 형태로 진행된다. 도입은 교사가 수업 개시를 알리고, 인사를 하는 것을 시작으로 하여 전 시간에 무엇을 배웠는가를 확인하거나 이번 시간에 어떤 것을 배우게 될지를 안내하는 부분이라고 할 수 있다. 그리고 전개는 본격적인 수업을 진행하는 과정으로 교사가 수업 계획을 세운다고 할 때는 주로 이 단계에서 해야 하는 활동을 계획하는 것이다. 정리는 본격적인 수업 활동을 끝낸 후, 그 내용을 정리하거나, 다음 시간에 대한 안내를 하는 부분이다. 이 연구가 관찰한 수업의 경우에도 도입과 전개, 정리는 뚜렷이 구분되었으며, 대체로 4-5분, 38-40분, 2-3분 정도의 시간이 소요되었다.

앞에서 이 단원이 교사용 지도서에서는 6시간에 걸쳐서 지도되도록 되어 있으나 이 연구가 관찰한 교사는 5시간으로 계획하여 지도하였다고 하였다. 이런 시간 계획의 차이는 교사용 지도서가 교과서를 해당 단원의 첫 부분부터 마지막 부분까지를 순서대로 빠지지 않고 진행하도록 제시하고 있는데 반해, 이 교사는 각 소단원의 활동 내용만을 직접 선택한 데서 나타난 것이다. 또 학습 활동 같은 경우에도 전체를 하지 않고 몇 부분만을 선택적으로 지도하였다.

여기서 주목할 부분은 실제 이 교사는 교과서가 제시하는 내용을 선별하였을 뿐만 아니라, 교과서 등에 나오지 않는 활동을 하면서 수업에 접근하고 있었다는 것이다. 또 실제로 책을 읽는 활동의 경우에도 교사가 직접적으로 책 내용을 제시하면서 접근하기보다는 학생들에게 문제 형태로 활동할 내용을 제시하고, 그것을 해결하는 방식으로 수업을 진행하는 편이었다.

3.2 읽기 수업의 중간 구조

이 수업의 담화 구조는 일반적으로 생각하기 쉬운 읽기 단원의 수업 구조와는 사뭇 다르다[6]. 이를 한 단원의 수업이 구성되는 장면 중심으

6) 일반적인 읽기 수업은 대체로 교사가 교과서 위주로 제재를 읽고 그 내용을 설명하면서 특정 읽기 전략에 대한 지도를 수행한다. 이런 일반적인 읽기 수업의 모형은 직접 교수법 혹은 현시적 교수법과 같은 교수학습 모형을 통해 소개되는 경우가 많다. 직접 교수법의 경우, 교사가 어떤 활동(읽기 전략 사용 방법 등)을 직접 보여주고, 학생들에게 연습의 형태로 그것을 반복 훈련하도록 하는 것이 초점이다. 그에 비하여 현시적 교수법은 직접 교수법과 같은 일방적인 활동의 연습만으로는 실제 그 활동에 대해 이해하기 어려울 뿐만 아니라 실제적 적용력에도 문제가 있다는 비판에 따라 제시되는 방법이다. 현시적 교수법에서 교사는 활동에 대해 설명할 때, 그것이 어떤 인지적 작용을 거치는가에 대해 충분히 설명하고, 단계적으로 준비된 연습 활동을 통해 해당 교수 학습의 내용이 학생들에게 체계적으로 이양되도록 한다. 국어과 수업에서 다루는 대부분의 전략적 지식이 단순 기능의 획득이 아니라, 사고와 관련된 고도의 인지적 활동의 학습이라는 점에서

로 살펴보고자 한다. 장면 중심의 구조는 교사와 학생의 직접적인 담화 분석보다는 조금 큰 구조이나 수업 전체의 구조보다는 작으므로 중간 구조라고 분석 단위를 설정하고자 한다. 장면은 하나의 구체적인 활동에 의해 구분될 수 있기 때문에 다른 장면과 어느 정도 독립적으로 다룰 수 있고, 이들 장면의 연결을 통해 전체 수업이 구조화된다는 점에서 담화를 이루는 발화를 직접 다루기 전에 수업의 하부 구조를 살펴보는 데 도움이 된다.

수업의 중간 구조들이 보여주는 특성은 대체로 소단원에 대한 직접적 설명이 없다는 것, 제재를 맥락화하여 제시하고 있다는 것, 교사가 교과서 내용을 선택적으로 활용하고 있다는 것, 또 문제 해결 활동으로의 수업 활동을 제시하고 있다는 것, 교과서의 활동 외에도 교사에 의해 고안된 활동 등 다양한 활동을 선택적으로 삽입하고 있다는 것, 또 목표에 대한 지속적인 강조를 하고 있다는 것들이다[7].

<자료 1>[8]은 소단원 내용에 대하여 교사가 직접적으로 설명하지 않는 것을 보여준다. 이 교사는 교재의 내용을 직접적으로 설명하기보다는 문제 형식으로 그 내용을 이해하는 시험을 보는 것으로 내용에 대한 이해를 대신했다. 그리고 그 결과를 다음 수업에서도 그대로 활용하여 수업을 진행하고 있었다. 이것은 해당 소단원의 세 제재 중 첫 제재가 훈민정음 창제에 대한 지식을 전달하는 것이기 때문에, 그 지식을

직접 교수법보다는 현시적 교수법이 좀더 의미있는 교수 학습 방법으로 이해된다.

7) 이렇게 교사가 자신의 수업을 의도적으로 조직하는 행위를 조영달(2001: 257-265)에서는 수업 목표 혹은 수업 계획에 맞추어 일정한 시간 내에 많은 분량의 수업을 수행하기 위한 교사의 '최적화 행위(Optmization Behavior)'의 하나로 설명한다.

8) 각 자료들이 단원 수업의 어느 부분에 해당하는가는 앞에 표에 명시되어 있다. 자료의 전사 내용 중간에 생략된 부분은 그 장면의 주요 내용을 구성하는 데 불필요한 부분이어서 생략하였으나, 생략되었음을 밝히는 부분에서 대체로 어떤 내용이 있었는지를 요약적으로 제시하였다.

책 내용대로 읽어주는 것보다는 학생들이 제재로부터 필요한 정보를 선택하게 하려는 것으로 볼 수 있다. 이 과정을 통해 학생들은 신문기사 형태로 제시된 첫 제재에서 정보를 선택적으로 취합하는 활동을 수행해 보게 된다. 이렇게 제시된 제재를 직접 읽는 대신, 그 제재를 자료로 활용하게 하는 교사의 의도는 실제 읽기 활동이 어떻게 쓰이는가를 고려해 보면 쉽게 이해할 수 있다.

<자료 1 : 소단원 제재에 대한 직접적 설명의 부재>

T- 지난 시간에 훈민정음 완성되다를 조금 했는데, 오늘 다 해야 돼요. 자 먼저는 '훈민정음 완성되다'라고 하는 건 이게 표제였잖아.

S- 표제.

(생략 - 교사는 기사문의 형식과 이 기사 작성자에 대한 간략한 소개를 곁들임.)

T- 그 기사문으로 훈민정음 그 중 하나를 발표를 했는데, 훈민정음에 대해서 창제와 반포에 관한 기사를 한 번 써보는 거예요. 그러면 창제와 반포에 대해서 여러분들이 알아야 될 거를, 6하 원칙에 따라서 죽 얘기해 줄 수 있으니까. 좀더 생생하게 다가올 수 있겠죠? 그거 외우라고 지난번에 시험도 봤어. 시험 봐서 때리는 것도 목적이 아니고, 시험 봐서 점수 깎으려는 것도 목적이 아니라 여러분이 외국인을 만났을 때, 또는 누군가가 갑자기 전화를 걸어가지고, '훈민정음이 뭐예요?'라고 물어봤을 때, 딱 자연스럽게 설명해 줄 수 있는 그런 기본을 가지고 있어야 된다는 거지.

S- 누가 그래요.

T- 아니야, 누가 그러냐고? 누가 그러냐, 아니래. 어떤 선생님이 전화를 받았더니, 갑자기 다짜고짜 훈민정음에 대해서 말 좀 해주세요, 그랬대.

(생략 : 훈민정음에 대한 지식을 활용하는 것에 대한 이야기)

T- 그래서 어제 시험 봤던 부분 가리고, 다시 한번 어제 시험 봤던 거 다시 펴봐.

T- 6가지 문제가 있었죠? 5개였나? 6개였죠? 1번. 뭐였어요? 창제

S- 창제

T- 연도와

S- 반포 연도

T- 반포 연도 얘기하는 것 물어봤었고, 2번에서 훈민정음 체제가

교사의 의도는 소단원을 직접 읽고 설명하는 경우에도 내용을 자세히 풀어서 설명하기보다는 재빠르게 전체를 읽어가면서 대의를 파악하는 정도로 나타난다. <자료 1-1>에서 교사는 반대 상소를 거의 가감없이 그대로 읽은 후 학생들에게 주어진 표를 완성하라고 독촉한다. 그리고 또 조정의 입장을 할 경우에도 접속어의 쓰임에 대한 간략한 설명 외에는 제재를 거의 그대로 읽는다. 이는 이어지는 소단원 '우리 꽃 산책'에서도 마찬가지였는데, 교사 대신 학생 중의 한 명이 일어나서 내용을 읽으면, 학생들은 그 동안 그 글의 전체적인 의미 등에 대해 생각하게 하였다. 실제로 이렇게 교사가 빠르게 읽거나 한 학생이 책을 읽는 활동은 제재에 대한 설명이라는 것보다는 여러 사람이 한 가지 내용을 해야 하기 때문에, 학습의 속도를 유지하기 위한 방법이라고 할 수 있다. 개별적으로 읽게 두면 그 속도 차이로 이후 진행에 문제가 생길 수 있으므로 이를 막기 위해 한 사람이 읽는 속도에 학급 전체의 독해 속도를 맞추는 것이다.

<자료 1-1: 소단원 제재에 대한 직접적 설명의 부재, 문제 해결 활동>

T- 응, 조금 천천히 선생님이 한번 읽을게. 눈으로 따라가면서 여러분들이 정리를 하는 거예요. 선생님은 읽으세요. 저는 봅니다. 아니야. 문단을 먼저 보니까 감히 말씀드리고자 합니다. 우선, 주변국들이, 언

문이, 이렇게 해서 문단 네 개로 되어 있죠? 맨 처음 '감히 말씀드리고자 합니다'에서 맨 마지막, '감히 고하오니 부디 헤아려 주시옵소서' 하고 마치면서 그 중간에는 자신의 주장과 의견을 제시하고 있는 거야. 자 '감히 말씀드리고자 합니다. (생략 : 교사는 책 내용을 가감없이 그대로 읽는다). 이는 크나큰 국가적 손실입니다. 부디 헤아려 주시옵소서' 했어요. 우리가 보기에 잘 쓴 글은 아니예요. 그래서 약간 주장과 (??) 하지가 못하고 감정에 치우쳐 있어요. 여러분 나름대로는 잘 정리할 수 있을까? 핵심이 되는 주장이 뭔지, 다음, 그것에 근거로 든 내용이 뭔지 찾아서 하는데 너무 복잡하게 무슨 말인지 모르겠다. 이게 뭔 뜻이지라고 생각하지, 생각하지는 말고, 니네 딱 떠오르는 가장 자신있는 의견과 그거에 대해서 뒷받침하고 있는 근거들이 무언가, 얘기해야 되죠? 예를 들어 일단 책에다 표시를 하구요, 정리는 나중에 공책에다 할 거예요. 두 번째 최만리의 반대 상소에 대한 조정의 입장 읽겠습니다. 그래서 최만리만이 아니라, 딱 대응되는 건 아니예요. 최만리의 반대 상소에 대해서 '최만리는 들으시오' 하고 낸 게 아니라 최만리와 같은 많은 유생들이 계속 상소를 올리는 데 그 내용이 비슷비슷해. 그래서 이 사람들이 얘기하는 게 대충 세 가지가 있었어. 대충 추리자면, 세 가지를 사람들이 얘기를 하더라. 그런데 그거에 대해서 반박하는 형식의 글을 쓴 거예요. 세 가지, 사람들이 뭐라고 했는데, 거기에 대해서 조정은 뭐라고 반박하고 있고, 그 근거는 뭔가, 이렇게만 간단하게 찾으면 돼. 잘 알겠죠? 잘 알았지.

T- (학생이 시험에 나오는지를 물은 듯) 현재까지는 아닌데, 출제는 되는 거야.

T- 자 최만리 반대 상소에 대한 조정의 입장, '최근 최만리 등 일부 사대부들이 우리 글 훈민정음에 대해 반대하는 내용의 상소를 올린 것은 조정의 본 뜻을 이해하지 못한 처사로 심히 유감스러운 일이다'

라고 시작했어요. '우선, 그들은 앞으로 관리들이 훈민 정음 때문에 학문을 소홀히 할 것이라고 하는데,' 이거는 상대방의 주장이죠. 이는 전혀 이치에 맞지 않는 말이다. 한자에 대한 표준음이 정해져 있지 않아 백성들이 여러 모로 불편해하는 엄연한 사실을 그들은 애써 외면하고 있다. '牧丹'을 두고 어떤 이는 '목단'으로, 어떤 이는 '모란'으로 발음한다. 이러니 똑같이 한문을 공부하고도 서로 뜻이 통하지 않는 결과가 생긴 것이다. '또', '또'라고 하는 접속사는 접속부사는 첨가를 나타내죠. 앞에 내용에 덧붙여서, 두 번째, '그들은 훈민정음만 가지고 관리를 뽑으면 아무도 성리학을 공부하지 않을 것이라고 하는데, 이는 사실을 왜곡한 것이다. 유교 경전에 대한 학습과 연구는 국가에서 정한 공부의 핵심 요소이다. 시험 과목에 훈민 정음을 추가한다는 거지 훈민정음만으로 관리를 뽑는다고 한 적이 없다.' 잘못 알고 반대하는 것이다. '그리고', 그리고도 또와 마찬가지로 첨가하는 점이고 '장차 한자를 아는 사람이 적어지면 사회 기강이 무너진다고 주장하는데, 이것은 지나친 생각이다. 지금까지 우리 사회에서 한자는 배우기가 너무 어려워 극히 일부 사람들만,' 지식인들만 '사용해 왔고, 나머지 대부분의 '일반 부녀자나 서민, 이런 '사람들은 글자를 모르고 살아 왔다. 끝으로 훈민정음 창제는 유교 정신의 실천과 사회 질서 확립에 어긋나는 것이 아님을 밝혀 두는 바이다.' 즉, 훈민정음 창제는 무엇과 무엇에 기여한다? 유교 정신의 실천과 사회 질서 확립에 기여한다는 얘기를 조금 더 완곡하게 표현한 것뿐이에요. 됐죠? 어려운 것 빼고, 내용만 정리하면 되거든요. 자, 여러분이 한번 해보세요. 최만리의 의견은 뭔데, 무엇을 근거로 이런 것을 주장했다. 조정의 입장은 최만리의 반대 입장은 뭔데, 무엇을 근거로 이런 말을 했다.

T- (잠시 한 학생을 보다가) 상철이, 학습 활동을 하는 게 아니고, 이것과 이것들을 저와 같이 정리하는 거야. (교과서의 날개 부분에

나와 있는 내용과 칠판에 그려놓은 표를 가리키며,) 공책에 하세요. 공책에 3. 판단하며 읽기, (1) 훈민정음 완성되다. 저 번에 시험 볼 때, 썼잖아. 그 아래 칸에다 쓰면 돼요.

두 번째 이 교사는 교과서 내용을 맥락화하기 위해 노력하고 있었다. 교과서에도 기사문, 반대 상소문, 그에 반박하는 조정의 입장의 순으로 제시되어 있기는 하지만, 교사는 각각의 제재를 하나의 맥락으로 연결하여 제시하고자 하였다.

이런 맥락화는 두 가지 방향으로 진행될 수 있다. 먼저 훈민정음 반포 과정에 있었던 찬반 대립을 살펴봄으로서 훈민정음 반포의 어려움을 이해하고 훈민정음의 민본주의적 의의를 이해하게 하는 방향이 있을 수 있다. 또 하나는 찬반 대립이라는 특정 유형의 의사 소통 과정을 통해 찬반 대립 과정이 어떻게 성립하며 그 과정에서 설득과 같은 의사 소통 행위가 어떻게 이루어지는가를 살펴보는 방향이 있을 수 있다.

이 교사는 후자의 입장에서 찬반 대립과 설득이라는 의사 소통 양상을 강조하는 입장에 서 있다. <자료 2>는 교사가 일단 훈민정음 창제와 반포 과정의 맥락을 형성하도록 도와주고, 이 단원의 목표에 맞추어 학생들이 직접 책을 읽으면서 내용을 판단하며 읽기 위한 사실과 의견, 근거 등을 찾아내게 하는 데 초점을 맞추고 있음을 잘 보여준다.

<자료 2 : 제재의 맥락화, 목표 활동 제시>

T- 여기 목구멍에서 소리가 나지, (생략) 다음에 자음의 기본자, 아, 설, 순, 치, 후, 이렇게 있었다는 걸 알고 있어야겠죠. 훈민정음이 만들어졌어요. 그런데 그 훈민정음이라고 하는 객관적 사실, 그것을 만들고 반포했다고 하는 객관적 사실에 대해서 사람들이 다 가치있다 생각한 건 아니야. 다양한 의견을 가지고 있어요. 여성층이나 일반 백성들처럼 상당히 환영하는 사람들도 있고, 학자들이나, 유생들처

럼 반대하는 사람들도 있었어요. 그래서 최만리가 대표적인 반대 상소를 올렸던 사람인데, 반대 상소를 올렸고, 많은 반대 상소의 내용들을 추려 가지고, 부정해서, 세종 대왕을 포함한 조정에서 입장을 발표한 거예요. 102쪽과 104쪽요. 이 시간에는 이 두 가지를 비교하면서 각각 이 입장이 뭐고, 이렇게 얘기하는 근거가 뭔지에 대해서 정리하는 거를 해 보자. 3번 짝 읽을 동안에 이 표를 내가 완성한다 생각하면서 읽어보는 거야. (교사 칠판을 지우고, 표를 그린다.)우리가 뭘 할 거냐면, 두 가지 면에서 최만리 등의 입장과, 조정의 입장이 있다. 있는데, 먼저, 입장이 이렇다. 입장, 의견, 이거에 대해서 보통 말하는 근거, 쓸 거예요. 최만리도 그렇고 조정도 그렇고 이 글에 있어서 흥미로운 오늘날에 이렇게 '감히 말씀드리고자 합니다' 이런 21세기에도 흥미로움을 주는, 원래 뭐로 썼을까요?

S- 한문이요.

T- 그래, 한문으로 한문으로

S- 한문(소란스럽다)

T- 한문으로 상소도 올리고, 한문으로 입장도 밝히고, 그것을 여러분, 중학생이 알기 쉽게 번역을 했어요. 번역을 하다보니까 용어나, 이런 것들이 조금 어려워. 일반적인 글에 비해서 약간 어려우니까, 내용을 하나 하나의 뜻이라든지, 이게 무엇을 의미한다든지 하는 것들을 잘 모른다 하더라도 내용을 정리하면서 주장과 그 다음에 그거에 대한 근거를 찾아내서 시간이 지금부터 점심때까지 20분 남았죠? 그러니까 이 활동을 15분 동안 할거야. 그리고 주장과 근거를 찾아서 정리하는 활동을 할거야. 우선 책에다가 자기가 알아보기 쉽게 메모를 하세요.

S- 이 표 만들어서요?

T- 예, 이 표를 전부 맞추는 거예요.

S- (웅성거리기 시작) 그게 아니었어.

다음으로 살펴볼 수 있는 것은 수업에서 이루어지는 활동은 대체로 문제 해결 활동으로 제시된다는 것이다. <자료 1>에서는 제재의 이해를 주어진 시험 형식의 문제를 푸는 것으로 대체하였고, <자료 1-1>[9]과 <자료 2>에서는 표 형식의 문제를 제기하고 그것을 푸는 것으로 해당 단원의 학습 내용을 익히도록 하였다. 학생들이 교사에 의해 제기된 문제를 해결하는 과정을 통하여 해당 단원의 학습 목표에 자연스럽게 도달하게 하려는 것이 이 교사의 의도라고 생각된다.

또 이 교사의 수업에서 두드러진 것은 교사에 의해 고안된 학습 활동과 교과서가 제시하고 있는 학습 활동들이 명확한 구별없이 수업과정에서 활용되고 있다는 점이다. <자료 1>에 사용된 시험 형식의 학습 자료, <자료 1-1>과 <자료 2>에서 사용된 의견과 근거 표 등이 그런 것이다. 또 <자료 3>과 같이 인터넷과 멀티 미디어를 활용한 동영상 제재의 도입도 이런 예가 된다. 이렇게 교과서 외의 학습 활동을 도입하는 것은 학생들에게 단원이 소개하는 내용을 잘 이해할 수 있도록 도와주기도 하지만 그보다는 교사가 의도하고 있는 학습 목표에 도달하는 방법을 제시하는 것으로 보아야 한다. 이것은 다음에 설명하게 될 지속적인 학습 목표에 대한 강조와 통하는 부분이다.

<자료 3 : 다양한 활동의 삽입>

T- 자. 우리 그거하자. 훈민정음의 창제 원리에 대해서 동영상으로 한 번 잠깐 보여줄게. (교사 컴퓨터를 조작한다.)

S- 얼래? 웅성웅성,

---

9) <자료 1-1>에서 나타난 것처럼 교사가 내용을 빠르게 읽으면서 학생들에게 그 내용을 파악하게 하는 방법은 교사의 직접적인 교수 활동이라기보다는 학생들의 읽기 속도를 유지하기 위한 활동으로 보아야 한다. 여기서도 교사는 제재 내용을 자세히 설명하기보다는 그 내용을 자신이 제시한 문제에 어떻게 근접시켜 풀어 나가야 하는가를 설명하는 데 더 치중한다.

T- 이거 역사 스페셜봤다고 그랬지? 역사 스페셜에 나왔던 거.

S- 아, 나 그거 재미없던데

T- (계속 조작 중)

S- TV 켜요?

T- 어? 어 켜세요. 자, 잠깐만. (동영상 나오기 시작) 안 보여?

S- 어, 빙고(보인다는 말).

S- 아!

T- 이 그림 잘 보세요. (대부분의 학생들 동영상 계속 보고 있음.)

<자료 4>는 2차시에 내용 중에서 교사가 학습 목표를 제시하고 그것의 수행을 강조하고 있는 부분들이다. 여기에 제시한 것 외에도 교사는 지속적으로 목표가 무엇이므로, 그것을 쓰고 해야만 한다는 언급을 자주하고 있다. 교사가 도달하려는 목표를 문제 형식으로 제시하고, 학생들이 그 문제를 직접 풀게 하기 위해서 여러 가지 언어적 비언어적 수단을 제시하는 것은 교실 수업에서는 자주 볼 수 있는 광경이다. 전략 중심의 교수 학습의 경우, 학생들이 직접 그 활동을 하지 않으면, 교사의 어떤 설명도 한계를 가질 수밖에 없다. 실제 그 활동이 일어나는 인지적 절차를 수행하는 과정에서 그 절차에 대한 지식이 획득되기 때문이다[10].

<자료 4 : 목표에 대한 지속적 강조>

(수업 시작) T- 자, 우리 지금 '판단하며 읽기'하고 있어요. (칠판에 '3. 판단하며 읽기'라고 쓴다.) '판단하며 읽기' 아래에 '훈민정음 완성되다'라는 글과 우리말 산책, 아니 '우리 꽃 산책'이라는 단원을 하는

---

10) 이런 이유로 전략 중심 교수 학습에서 정의적 요소를 강조하게 된다. 학습자의 흥미, 욕구, 의지, 태도 등에서 바람직한 모습을 갖추지 않으면 학습이 의미있고 효과적으로 이루어질 수 없기 때문이다.

데(계속 판서하면서 설명), 결국 훈민정음에 대해서나 우리 꽃 산책에 대해서나 여러분들에게 지식을 줄 수 있는 단원이긴 해요. 그런데, 지식이 중심이 되는 단원은 아니지, 결국 이걸 해서 뭘 하겠다구요? 여러분에게 판단하며 읽는 능력을 길러보자고 하는 거예죠, 그죠? 지금 진행하고 있었어요. 계속할 때 염두에 두어야 하는 것, 우리가 무얼하고 있는지 간에 계속 생각하고 있어야 하는 건, 판단하며 읽는 게 뭐냐하고 하는 걸 생각하고 있어야 되죠? 그죠. 판단하며 읽는 것, 첫 번째로는 뭘 판단해야 되는가 하면, 글쓴이가 무슨 생각으로, 무슨 목적으로 무슨 뜻으로 이 글을 썼는가하는 걸 파악하는 게 최종적인 목적이야. 그래서 '글쓴이의 목적이나 의도 파악하기'라는 걸 했고요. 두 번째로는 글쓴이의 의도나 목적을 파악하면서 결국 글이 주장하기 위한 글인지, 아니면 구체적인 사실을 전달하기 위한 글인지,

S- (학생들 또 다시 웅성거리자)

<중간 생략- 늦게 들어온 학생에 대한 훈계 등이 있었음>

T- 자, 그래서 지금 판단하며 읽기를 하고 있어요. 두 번째는 어떻게 해요? 사실과 의견을 구분하기 했죠?

SS- 예

T- 사실은, 사실은 정확한지, 의견은 타당한, 의견은 합당한 근거를 가지고, 잘 논리적으로 이야기를 전개하는지 의견의 타당성을 판단해야 돼요. (계속 판서) 이걸 하고 있었어요. 지금. '우리 꽃 산책'을 할 때도 마찬가지고, '훈민정음 완성되다'를 할 때도 마찬가지고, 어떻게 해요? 이걸 목적으로해서 하고 있는 거야.

S- 정말요?

(수업 도중) ① T- 이 시간에는 이 두 가지를 비교하면서 각각 이 입장이 뭐고, 이렇게 얘기하는 근거가 뭔지에 대해서 정리하는 거를 해

보자. 3번 짝 읽을 동안에 이 표를 내가 완성한다 생각하면서 읽어 보는 거야.

② T- (다시 교탁이 있는 곳으로 와서) 일단 포기하고? 좀 있으면 우리가 칠판에 정리가 될 테니까, 하면 돼? 그렇게 하면 항상 남이 먹여 주는 밥만 먹죠. 답이 틀리다 맞다가 중요한 게 아니라, 자기가 책을 읽고 써봤다가 중요해요. 그래야 한번 더 생각하고, 그래야 자기 게 되지.

③ T- 한문으로 상소도 올리고, 한문으로 입장도 밝히고, 그것을 여러분, 중학생이 알기 쉽게 번역을 했어요. 번역을 하다보니까 용어나, 이런 것들이 조금 어려워. 일반적인 글에 비해서 약간 어려우니까, 내용을 하나하나의 뜻이라든지, 이게 무엇을 의미한다든지 하는 것들을 잘 모른다 하더라도 내용을 정리하면서 주장과 그 다음에 그거에 대한 근거를 찾아내서. 시간이 지금부터 점심때까지 20분 남았죠? 그러니까 이 활동을 15분 동안 할거야. 그리고 주장과 근거를 찾아서 정리하는 활동을 할거야. 우선 책에다가 자기가 알아보기 쉽게 메모를 하세요.

(수업 종료) T- 자, 이제 기사문의 글과 한글 창제에 대한 의견들을 살펴 봤어요. 106쪽 보자. 106쪽에 '1번 의도를' 한번 항목에 밑줄을 그어보고 2번 사실과 의견을 구분하는 것까지 하고 (종친다)

S- 아, 안 쉬워

T- 첫번째 훈민정음 완성되다는 글은 사실을 전달하는 글이었고 의견을 주장하는 글이라는 의도와 목적을 파악하기를 했고요, 의견의 타당성을 파악하여 보는 걸 해봤던 거야. 다음 시간에 우리꽃 산책에서 설명문을 하자. 정보를 전달하는 글에서 어떻게 정보가 정확하고 사실적인지 파악하는 걸 해본다. 자 마친다. 교실 밖에 나가면 돼?

3.3 읽기 수업의 하위 구조

여기서는 교사와 학생들의 대화 이동을 통하여 실제 읽기 전략과 같은 교사가 의도하는 교수 내용이 어떻게 전달되고 있는가를 하나의 장면을 중심으로 좀더 상세하게 살펴보고자 한다.

<자료 5>는 앞에서 각자가 한 문제 형식의 학습 활동을 교사와 학생이 함께 답을 해결해 나가는 구조를 취하고 있다. 6에서 13까지는 두 상반되는 내용을 대립점을 대략적으로 설명하고, 14에서 35까지는 훈민정음 반대론자들의 근거를 설명하고 있으며, 36에서 40까지는 정부의 입장을 설명한다. 그리고 41에서 지금까지 한 내용을 다시 정리하고 있다. 이 과정에서 교사는 계속적인 질문을 통하여 답을 유도해내고 있는데, 주된 대화 내용의 흐름을 보여주는 발화는 6, 7, 9, 12, 14, 21, 29, 33, 35, 37, 38, 39이다.

<자료 5>11)

1-T (<자료 1>에 이어서, 교사는 학생들 사이로 다니면서 개별적으로 내용을 읽고 표를 완성하는 것을 확인하한다. 도중에 다른 학생들이 한 것을 보면서 내용을 확인하고, 질문하면서 설명한다. 교탁 앞으로 와서 교과서를 훑어보면서 칠판에 쓸 준비. 분필을 찾다가 분필이 보이지 않자) 분필이 어디로 갔나?

2-S ????

3-T (앞의 한 학생이 질문을 하자 그 학생에게 가서 다시 설명한다. 그 사이에 다른 학생들은 문제도 풀고, 옆 사람과 잡담도 하고, 엎드려서 딴 짓도 하고 기지개도 켠다) 약간씩 떠들떠들하는 걸 보니까, 다했나

11) 전사과정에 사용된 기호의 의미는 다음과 같다.
T : 교사, S : 학생, SS : 학생들, // : 다소 긴 휴지
???? : 알아듣지 못함, [: 아래 위의 발화에 같이 나타날 경우, 동시 발화

봐요. (다시 교탁으로 간다.)

4-S 오후에는 전쟁이다,

5-S 뭐야?

6-T **자 한다. 최만리 등의 의견은 뭐예요? 훈민정음 창제에 반대한다.**

7-S 반대

8-S 반대

9-T **반면에 조정의 입장은 어떤 거예요?**

10-S 최만리 측

11-S 으허허허

12-T **어? (학생들의 웃음 무시하고) 너희가 반대하는 것이 유감이다 하는 거죠?**

13-S 훈민정음을

14-T(학생의 반응 무시하고, 표에 내용을 채우면서 계속한다) 훈민정음에 반대하는 것이 유감이다 이렇게 얘기를 하고, 결국 훈민정음 반포는 많은 사람에게 유익함을 주장하는 거였죠? 왜 그러냐 하면. 최만리가 주장하는 내용은, 반포를 반대했어. 왜요?

15-S 사대의 예에 어긋나기 때문에,

16-S 스스로 오랑캐가

17-S 학문에 유익함이 없고요.

18-SS ????

19-T 장세영이 정확하게 얘기한 것처럼 본문에 나온 대로하면 새 글자를 만드는 것이 학문에도, 정치에도 [

20-SS [유익함이 없다고

21-T **(판서하면서) 첫번째는요. 학문에 [유익함이 없다, 왜 학문에 유익함이 없냐면 이미 우리에게는 이두라는 게 있는데, 새 글자는,**

22-S [유익함이

23-SS ????

24-T 학문에는 뭘로 되어 있느냐면 [이제까지 학문은 성리학이고, 성리학은 한문으로 되어 있어.

25-S [한문

26-SS ????

27-T 그러니까 학문과 전혀 상관이 없는 새 글자는 // 학문에 도움이 안 된다는 거야. 학문에 무익하고 오히려 뭐인가에, 한낱 기예에, 기술적인 재주에 불과하기 때문에 배워봐야, 전혀 도움이 안될 뿐 아니라, 배워봐야, 그것 배우느라고, 학문을 소홀하게 하니까 이중으로 나쁘다.

28-S (웅성웅성)

29-T (판서하면서) 둘째로 뭐에 무익해요? 정치에도 무익하다, 왜? 우리는 중국을 섬기고 있는데, 중국을 섬기는 사대의 예에 어긋나기 때문에

30-S 근데, 자존심 상하잖아요?

31-T 어, 그러니까, 생각이 있으면 안 그러죠. 사대의 예에 어긋나고요, 스스로 자신의 글자가 있다고 하는 사람들은 다 오랑캐니까 우리가 글자 가져봐야 우리도 스스로 오랑캐가 되는 거다.

32-S 오,

33-T 사실, 이 의견이 타당한가요?

34-S 아니요,

35-S 타당하지 않아요.

37-T 타당한지 안 한지 판단합니다. 그런데 두 번째, 조정의 입장은 뭐냐면 세 가지에 대해서 반박하는 거야, 첫 번째, 두 번째, 세 가지를 반박하죠. 첫 번째, 뭐라냐면 사람들이 얘기하기를 학문에 무익하다는 것을 반박해요. 학문에 유익하다죠. 그리고 두 번째는 너희가 결국 학문, 성리학을 하는 데 방해가 될 거다라고 얘기하는

데, 뭐라냐면, 시험 과목을 추가하는 데 불과하지 너희가 원하는 그런 성리학, 기존의 학문, 다 없애버리겠다는 게 아니다. 세 번째는 너희가 사회 기강이 무너진다고 하는데 오히려 사회 기강을 확립할 수 있다고 얘기하는 거야. 왜? 왜 학문에 유익하냐면 표준 발음을 정하여, 표준발음을 누구나 다 그렇게 할 수 있도록 확정해주고, 시험 과목에 추가하는 것을 통해서 그것두 관리 선발 기준의 하나일 뿐이지, 기존에 학문에 ????(폐지하고 한글로) 뽑아야겠다는 것은 아니다. 오해다. 세째로는, 왜 사회 기강 확립에 기여하게 되냐면, 한자를 모르면, 성리학을 모르고, 성리학을 모르면 예의도 모를 거라 얘기하는데 실제 그렇다?

38-S 아니다.

39-T 왜 아니냐면 오히려 성리학을 배울 수 있는 사람들도 한문이 어려워서 ????에 불과하니까, 예라든지 효라든지 충이라든지 하는 것을 모르는데, 오히려 쉬운 한글로 많은 사람들에게 쭉 배포를 하면 많은 사람들이 더 많이 예의에 어긋나지 않게 행동하게 될 거다는 거지. 유교 방식을 실천하게 될 것이기 때문에 사회 기강 확립된다.

40-S ????

41-T 자, 이제 기사문의 글과 한글 창제에 대한 의견들을 살펴 봤어요. 106쪽 보자. 106쪽에 '1번 의도를' 한번 항목에 밑줄을 그어보고 2번 사실과 의견을 구분하는 것까지 하고

<자료 5>는 얼핏 보기에는 교사와 학생들의 발화의 연속으로 이루어진 담화를 형성하고 있으나, 좀더 잘 살펴보면 흥미로운 사실을 발견할 수 있다.

우선 교사의 발화는 학생들의 발화에 반응하는 방식으로 나타나고 있지만, 실제로는 자신의 의도대로 그 발화를 바꾸어서 담화를 진행시

키고 있는 것을 알 수 있다. 발화 9에 대하여 학생들은 10과 11을 비롯하여 많은 이야기를 한다. 특히 여기저기서 웃음이 터져나오는데, 발화 12에서 보듯이 교사는 그에 대하여 반응하지 않을 뿐만 아니라 여러 발화 중에서 가장 두드러지게 들린 10의 발화를 무시하고 조정의 입장을 제시한다. 그런데 그 화법은 '너희가 반대하는 것이 유감이다하는 거죠?'처럼 동의의 형식을 취한다. 교사가 이렇게 학생의 반응을 무시했다는 것은 13의 발화 역시 무시되면서 계속하여 판서를 통해 표를 채우며 발화를 계속하는 데에서도 확인할 수 있다. 이런 경향은 15, 16, 17발화로 연속되는 데에서도 나타난다.

교사는 학생들의 다양한 반응 중에서 자신이 원하는 반응에 해당하는 발화를 지적하고, 그것을 중심으로 내용을 전개해나간다. 대화의 형식을 취하고 있음에도 불구하고 교사의 독백과 같은 이런 일방적인 전개는 23, 27의 발화가 보여주는 것처럼 대부분의 학생들은 교사의 동의 혹은 대화 참여 요구에도 부응하지 못하고 22, 25와 같이 소수의 학생들에 의해 수업이 진행되도록 한다.

이렇게 된 것은 수업 종료가 얼마 남지 않았다는 물리적인 문제도 있지만, 제시된 문제를 명료하게 해결함으로써 학생들에게 전달하려는 목표를 명시적으로 드러내 보이고자 하는 의도를 가지기 때문이다. 이것은 교사가 계속적으로 최만리 등의 입장과 조정의 입장을 대립적으로 제시하려고 하는 데에서도 나타난다. 이렇게 의견과 근거를 대립적으로 제시하고, 핵심적인 내용만으로 도식화하는 것은 최만리 등과 조정의 대립점을 드러내어, 두 입장을 명확히 이해할 수 있도록 하기 위한 것이다. 때문에 최만리의 반박을 조정이 재반박하는 과정을 표로 제시하면서 학생들이 도식적으로 그 과정을 이해할 수 있도록 하고 있는 것이다[12].

다음으로 생각해 보아야 할 것은 대체로 교사의 질문은 열려져 있는 것 같으나 실제로는 예, 아니오 정도의 단답을 요구한다는 것이다. 이 역시 위에서 지적한 것과 같이 교사 위주의 수업을 진행해 나가는 것이라 할 수 있다. 발화 6과 같은 경우가 그런 대표적인 형태인데, '뭐예요?'라고 열려진 질문을 하지만 교사는 거의 대답할 틈도 주지 않고 '반대한다'는 답을 제시해 버린다. 발화 28도 그런 경우이다. 발화 37에서도 교사는 자신이 그 내용을 모두 설명하고는 '실제 그렇다?'하는 수사 의문문으로 반응을 유도한다.

이상의 내용을 다시 살펴보면 결국 교사는 교실 수업이라는 담화 형식 속에서 대화의 방식을 취하면서도 일방적인 전달 통보 형태의 발화를 사용하고 있으며, 교사가 기대하는 반응도 발화나 담화의 연속을 통해 상호 작용하는 것이 아니라 자신의 일방적 발화에 대한 추임새 정도의 동의를 요청하는 데 불과하다는 것을 알 수 있다.

4. 결론

지금까지 읽기 수업의 담화 자료를 이용하여, 어떤 방식으로 읽기 수업이 진행되고 있는가에 대하여 교사의 교수 담화를 중심으로 분석하였다. 이를 위해 이 연구는 2시간에 해당하는 교실 수업의 담화 자료를 수집하고 그것을 읽기 단원 전체 구조, 수업을 구성하는 하위 장면에 의해 이루어지는 중간 구조, 그리고 하나의 장면에서 일어나는 하위 구조 등으로 나누어 살펴보았다.

12) 교사가 제시한 표는 다음과 같다.

	최만리	조정
입장		
근거		

전체 구조에서 교사는 교사용 지도서나 교과서가 제시하는 전체적인 틀을 따르기는 하였으나 제시된 모든 내용을 하는 대신 자신이 의미 있다고 생각되는 것 위주로 교수 학습을 계획하였고, 또한 실제 단원 수업 과정 내내 그렇게 하였다. 한 단원 수업의 전체 구조는 교재의 활동들이 선택적으로 제시되고 소단원의 이해에 직접 관여하지 않았다는 점에서 다소 느슨하게 진행되는 수업이라고 할 수 있겠으나, 전체적으로 이 단원을 통해 성취해야할 학습 목표에 모든 활동들이 집중되어 있었다.

중간 구조에서 두드러지는 것은 교사가 소단원에 대한 직접적인 설명을 통해 내용 이해를 선행하는 대신에 해당 교수 학습 활동을 해 나가는 방법, 즉 해당 단원에서 요구하는 '판단하면 읽기'라는 읽기 전략에 접근하는 방식을 적용하는 방법을 적용하는 데 초점을 둔다는 것이었다. 이것은 종전의 읽기 수업에서 제재를 완벽하게 이해한 후에, 그 제재를 이용할 수 있는 방법을 지도하는 것과는 사뭇 다른 것이다. 제재를 완벽하게 이해하기 위해서 단어와 구절, 문장을 하나씩 읽고 설명하는 방식에서는 그 제재 자체에 대한 이해도를 높일 수 있을지는 몰라도, 그 제재를 활용하는 방법을 익혀야 한다는 언어 사용의 기본적인 원리에 충실하기는 어렵다. 따라서 이 교사가 취하는 방식은 제재보다는 단원에서 요구하는 목표에 충실하고자 한 것으로 보아야 한다.

또 중간 구조에서는 각 장면이 학습 목표를 응용하여 교사가 제시한 문제의 해결 과정으로 이루어지는 경우가 많았다. 따라서 학생들은 하나의 문제를 해결하고 나면, 또 다른 문제가 제시되고, 그것을 해결하고 또 그 다음 것을 해결하는 방식으로 문제의 해결 방법을 익히게 된다. 이런 방식은 현시적 교수법과 같은 교수 학습 모형의 기본적인 원리를 발견할 수 있는 것이지만, 이 교사가 제시하는 문제들이 현시적인 교수법이 지향하는 점진적 책임 이양의 원리에 맞게 구안되어 있는가

하는 기준에는 적절치 않다고 생각된다. 이것은 교사가 치밀하게 학생들의 학습 과정에 따라서 과제를 제시하기 어렵다는 현실적인 이유 때문에 다른 방식의 해결이 필요한 부분이라고 생각된다.

또 교과서의 내용을 맥락화하는 것과 목표를 지속적으로 강조하고 있으며, 다양한 활동을 선택적으로 채용하고 있다는 것 등은 결국 교사의 교수 활동의 의도와 목표가 해당 단원의 목표를 달성하는 데 있다는 것을 보여준다. 이는 한 차시 내에서도 계속적으로 목표와 관련된 언급을 하며, 학생들이 목표 행동에 도달하도록 격려하고 있는 데서도 나타난다.

이렇게 대상 수업 담화를 분석하여 전체 구조와 중간 구조의 특징적 요소들을 살펴보면 이 수업을 진행하고 있는 교사는 제재 위주가 아닌 단원의 활동 위주의 수업을 계획하고 그것을 실천하고 있음을 알 수 있다. 또 그를 위해서 실제로 제재를 다루는 방식이나, 목표 활동을 제시하고 그것을 해결하는 방식에서도 자신의 수업 목표를 달성하기 위한 최적의 활동을 선택하여 수업을 계획하고 실천하고 있었다.

또한 이 수업 담화의 하위 구조로서 수업을 이루는 장면들의 담화 구조를 살펴 보았을 때도 이러한 교사의 목표 지향적 행동은 매우 분명하게 드러났다. 교사는 제시된 목표에 효과적으로 도달하기 위해서 자신이 일방적으로 주도하는 방식으로 대화를 이끌어나간다. 또 학생들의 반응을 처리할 때도 원하는 반응만을 선택하여 대화를 주도한다. 뿐만 아니라 교사의 질문은 예, 아니오나 단답으로 응할 수 있는 것이어서 학생들의 다양한 반응이 수용될 수 있는 여지가 없었다. 이런 교사 주도의 수업은 목표 지향적인 교실 수업 활동에서는 매우 적절하고 효과적인 방식이 될 수 있다.

이상의 내용을 다시 한번 요약하자면, 이 연구가 관찰한 교실의 교수 담화는 교사의 교수 목표에 맞는 효율성을 유지할 수 있도록 구조화되어 있다는 것이다. 그리고 교사는 자신의 수업을 해당 단원의 목표에 적확하도록 성공적으로 수행할 수 있는 방법에 익숙하고, 학생들과의 대화 방식도 조절해 나가도 있다는 것을 알 수 있다.

그러나, 이러한 방식으로 수업을 진행하였을 때, 학생들은 과연 이 단원의 수업을 통해 도달하려 한 목표에 도달할 수 있을까는 의문이다. 지금까지의 교과서와 교육 과정이 시행착오를 거듭하고 있는 것처럼 수많은 문제에 대한 연구 결과를 동원하여 교육과정을 구성하고, 교과서를 편찬하지만 학생들이 과연 잘 읽고 잘 쓰고, 잘 듣고, 잘 말하며, 문학을 이해하고, 우리 국어를 바르게 사용하려고 노력하게 할 수 있는가에 대답하기는 어려운 것이다.

이 연구는 지금까지 국어 교육의 연구 성과들이 얼마나 온전히 실천되고 있는지, 그 결과가 만족한지, 또 그것이 실제 수업에 적용될 때 무엇이 더 고려되어야 하는지 등에 대해 미흡하나마 대답하고자 하였다. 하나의 교실 수업을 살펴보고, 그 수업을 이끌어가는 교사의 교수 행위를 분석하는 것으로 이 질문에 대한 훌륭한 답을 할 수는 없겠지만, 그래도 무엇을 더 생각해보아야 할 것인가에 대해 인식할 수 있다.

최근의 교육 연구는 구성주의 패러다임으로 변화하고 있다. 지식이 고정적인 형태로 존재하는 것이 아니라, 그것이 소통되는 맥락과 그것을 사용하는 사용자들에 의해 구성된다고 보기 때문에, 어떤 지식도 개인에게 의미있는 형태로 받아들여지지 않으면 지식으로서의 역할에 충실하지 못한 것이라 할 수 있다. 이런 구성주의적 경향은 교육 연구에도 영향을 미쳐, 정형화되어 있는 객관적 실체로서의 지식보다는 학습자들에게 의미있는 지식, 또 그들이 실제 학습 과정을 통해서 획득하게 되는 지식에 관심을 가지며, 그들이 어떤 방식으로 그러한 지식을 획득하고 소통하는가를 규명하려고 한다. 따라서 지식 그 자체보다는 그러한 지식을 받아들이는 과정, 그 지식을 의미 있는 것으로 판단하는 과정을 중시하게 되는 것이다. 이런 이유로 학습자 중심 교육, 수준별 교육 등의 개념이 중요하게 부각된다고 할 수 있다.

아직 우리 교육에서는, 국어 교육에서는 학습자가 어떻게 지식을 받아들이고 있으며, 어떻게 하여야 학습자에게 의미있는 형태로 지식이 제공될 수 있을 것인가에 대한 고려는 미흡하다. 국어 교육 연구에 교실 담화에 대한 이해가 필요하다는 주장도 이런 실제 교수와 학습이 어떻게 이루어지고 있으며, 어떻게 이루어져야 하는가를 이해해야만 의미있는 교수 학습을 계획하고 실천할 수 있다는 전제를 가진다. 이 연구 역시, 이러한 전제를 공유한다. 교수 학습의 전 과정을 학습자의 언어 사용의 실천 능력에 맞추어 수행해가면서도 정작 학습자들이 자신의 언어 사용 과정을 이해하거나, 언어 사용 과정에 대한 명확한 인식에 도달하는 데 인색하였음을 깨달았다면, 이제 무엇을 어떻게 하여야 할 것인가에 대해 생각해 볼 수 있을 것이다. 구성주의적 관점, 사회문화주의적 관점, 인지와 초인지 영역에 대한 이해 등이 그러한 관점에서 더 나아갈 수 있는 방향이 아닐까 한다.

중학교 '생활 국어' 수업에 대한 미시기술적 연구

1. 서론

1.1 연구의 배경과 연구 목적[1)]

의도적인 행위를 통하여 성숙한 인간을 길러내고자 하는 교육의 목적은 변하지 않지만, 그 목적을 달성하기 위한 원리와 실천은 끊임없이 변화하고 있다. 이런 변화라고 하는 것이 변화를 추구한 의도대로 긍정적인 방향으로 나아가면 더할 나위 없을 것이나, 실제 현상은 그렇지 않은 경우도 적지 않다. 한 때 학교 현장에서 문제시되었던 '교실 붕괴'

---

1) 본 연구는 2000년 9월부터 2003년 6월 현재까지 진행중인 '중등학교 교실 수업의 분석과 교실 붕괴 방지를 위한 학교 정책 연구'의 일부이다. 이 연구는 국어, 영어, 수학, 사회, 물상, 생물의 6개 교과의 수업 상황을 녹화하고 교사와 학생들과의 면담을 실시하여, 한국의 중등학교 교실 수업의 질적인 측면을 고찰한 후, 이를 바탕으로 수업 개선을 위한 시사점을 찾고자 하였다. 따라서 본 연구에서의 연구자의 관점이나 연구 방법 및 결론은, 모(母) 연구라고 할 수 있는 위의 연구의 입장을 따르고 있다. 또한 모(母) 연구라고 할 위의 연구가 교실 수업에 대한 질적 접근 방법이 어느 정도 체계를 갖추고 있는 사회교육학적 연구 방법에 크게 의존하고 있는데, 본 연구에서도 교실 수업의 보편적인 양상을 살피는 데에 이러한 연구 방법을 활용하였다.

현상은 '교육이 과연 존재하는가?' 혹은 '존재해야 하는가'라는 본질적인 의문을 일으킬 만큼 교육 관련자들에게 큰 충격을 준 현상이었다. 학생들은 교사의 존재에 아랑곳하지 않았고, 수업 시간에는 '수업'이라고 부를 수 없는 행동들이 빈번하였다. 이런 현상이 공론화되었을 때, 그 원인과 대책에 대해 많은 논의와 논란이 계속되었다. 학생과 학부모의 책임이 강조되는가 하면, 한편에서는 교사나 학교의 사회문화적 책임이 강조되기도 하였다.

그러나 이런 논의는 결국 교사와 학생이 직접 만나 교육을 실현해 나가는 교실 수업에 초점을 맞출 수밖에 없다고 본다. 우리의 교육 행위는 학교를 중심으로 하고 있으며, 이 학교는 수업을 통하여 그 교육 목표를 달성하려 하기 때문이다. 즉 수업이 학교 교육의 가장 중심적인 위치에 있으므로 결국 수업이 모든 교육 문제의 발생원이자 그 문제에 대한 해결원이 될 것이기 때문이다.

교실 수업은 교사와 학생이 같이 이루어나가는, 교실 공간에서 이루어지는 교육의 참여 과정이다. 교사와 학생은 어떠한 교수학습 모형을 실천하든지 간에 상호작용을 통하여 수업에 참여하게 되며, 교실 공간은 하나의 작은 사회를 이룬다. 다시 말해, 교실 수업은 교사와 학생 사이에 또는 학생과 학생 사이에 상호작용이 이루어지는 과정이며, 그러한 과정이 진행되는 가운데 전체적으로는 수업의 참여 양식이 형성되는 것이다. 물론, 수업의 성격과 수업 모형의 유형 및 주제의 특성에 따라 교사와 학생이 수업에 참여하는 양식은 달라지게 될 것이다. 이러한 교실 수업에 대한 생각은, 본 연구의 대상인 교실을 미시기술적으로 좀 더 깊이 "이해(Verstehen)"하려 할 때, 필요한 하나의 전제이기도 하다(조영달, 2001: 19-21).

이러한 배경에서 본 연구는 중등학교 교실 수업의 한 양상인 국어 수업을 대상으로 교실 수업 현상을 질적으로 이해하고 해석하며, 이를 통해 교실 수업의 개선을 위한 방안을 모색하고자 한다.

이 연구의 연구 문제를 구체화하면 다음과 같다[2].

(1) 국어과 교실 수업은 어떤 단계로 이루어지며, 그 과정에서 드러나는 특성은 무엇인가?

(2) 국어과 교실 수업에 참여하는 참여자들은 어떤 방식으로 수업을 구성하며, 이 때 드러나는 특성은 무엇인가

(3) 이러한 수업의 조직과 구성을 지니는 국어과 교실 수업은 어떻게 해석될 수 있으며, 어떻게 이해되어야 하는가?

1.2 연구의 방법

앞서 제시한 연구 목적과 연구 주제의 달성을 위하여 본 연구는 먼저 실제 국어과 수업을 관찰(Field Study 또는 Case Study)하고 이를 분석하였다. 수업 관찰은 2001년 4월부터 2001년 11월까지 서울 시내 모 중학교 1학년 <생활 국어> 수업을 통해 실시하였다. 그리고 이 관찰 결과를 분석하기 위해, 수업 단계와 수업의 참여 구조에 대한 기존의 연구를 원용하였다[3].

이 연구에 사용된 연구 방법은 교실 수업에 대한 질적 연구의 일환으로서 해석적 전통에 따르는 교실 수업의 삶에 대한 미시기술적

2) 이 연구의 모(母) 연구의 연구 문제는 다음과 같았다.
(1) 한국의 교실 수업은 어떠한 조직과 구성을 지니는가?
(2) 이러한 수업의 조직과 구성을 지니는 한국 중등학교의 교실 수업은 어떻게 해석될 수 있으며, 어떻게 이해되어야 하는가?
(3) 한국 중등학교의 교실 수업을 이렇게 이해하면, 오늘날 광범위하게 확산되고 있는 교실붕괴 현상을 막기 위해 어떠한 학교정책을 제안할 수 있는가?

3) 구체적으로는 교실 수업의 언어적 상호작용을 연구한 Mehan(1979), Erickson(1982), Schulman(1986) 등의 작업에 바탕을 둔 조영달(2001)의 '교실 수업의 조직과 구성', '교실 수업의 참여 구조' 등에서 제시된 분석 방법을 활용하였다.

(micro-ethnographic) 연구이다[4]. 이런 미시기술적 연구 방법은 교실 사회를 구성하는 교사와 학생의 행위의 의미를 파악하고 이해하는 데에 그 초점을 두고 교실 수업 참여자들이 하게 되는 행동의 의미를 파악하기 위해서는 그러한 행위가 일어나는 교실 사회의 역사적 문화적 배경이나 그 상황적 맥락(context)을 고려하고자 한다. 따라서 기본 전제를 실증적 연구와 대비해 보면 다음과 같은 특성을 지니고 있다.

연구자와 연구 대상의 관계에 대해, 실증주의적 접근이 연구 과정(혹은 연구자)이 연구 대상에서 분리될 수 있다고 생각하는 반면, 생활기술지(ethnography)는 연구자가 연구 대상에서 분리될 수 없다고 생각한다. 또한 진리는 역사적으로 그리고 사회적으로 특정한 시간과 장소에서 우리가 동의할 수 있는 것이며, 이러한 동의는 연구 대상과 떨어져서 얻어질 수 없고, 가치와 관심이 필연적으로 묶여있는 "삶의 세계 속에서의 정당화 과정"에서만 얻어질 수 있다. 그리고 사실과 가치의 관련성에 대해서도 우리의 세계와 그에 대한 지식은 우리가 지닌 가치나 관심 등과 분리될 수 없다고 생각하고, 따라서 사회 현상의 연구는 필연적으로 사회적 또는 역사적인 특성과 연계되어 있다고 본다. 따라서 이러한 연구의 객관성이란 단지 생활세계 구성원들의 사회적인 동의를 얻는 것에 불과하다고 본다. 여기서 특히 미시 기술자(Micro-ethnographer)의 연구 대상이 되는 생활 세계는 구성원들이 직접 접촉하는(face to face interaction) 작은 세상(small world)이며, 이 세상은 행위가 일어나는 그 순간의, 행위의 국지적 의미(local meaning)에 의해 움직인다고 본다.

또한 미시기술적 연구에서는 연구의 목적 역시 어느 정도의 차별성을 지닌다. 실증적 연구에서 사회 연구의 목적은 사회적인 사건과 연구

4) 조영달(2001: 48)에 따르면 '일상기술적 연구'라고도 한다. 이하에 제시되는 미시기술적 연구 방법에 대한 설명은 주로 조영달(2001: 45-123)에 따른다.

객체에 대한 관련성이나 불변적 특성을 설명-예측할 수 있는 법칙(인과성과 관련성을 밝혀주는)을 중립적 언어로 만들어내는 것이다. 이를 위해 실증적 연구는 가설-연역적이거나, 귀납-통계적인 모형 등을 사용한다. 이에 대해 생활기술지(ethnography)는 보편적 법칙 성립의 가능성을 부인하고, 단지 상황이 연계된 일상 생활의 이해(물론 그 이해를 상황이 연계된 이론으로 표현할 수 있다)를 목적으로 한다. 생활기술자(ethnographer)들은 연구 상황 속에서 연구 대상에 대한 감정적 동일시(empathetic identification)가 필요하며, 해석을 위한 인간 행위의 의미는 사회적, 역사적으로 연계되어 있음을 인식한다. 또한 이들은 생활 세계를 해석한 결과를 "중립적이고 과학적인 (실증주의의) 언어"보다는 생활 상황 속의 언어로 표현한다.

1.3 연구 대상

본 연구의 연구 대상은 교육 행위의 실천 현상이므로, 교육의 3요소인 교사, 학생, 그리고 교육의 내용이 모두 해당된다. 이 세 요소는 수업을 시작하고 진행하고 완결시키는 일련의 과정에서 그들이 지닌 특성을 발휘하면서 구체적인 수업을 완성해 나간다.

가. 교사와 학생

○○ 중학교가 위치하고 있는 지역은 서울의 중심지로부터 약간의 거리가 있지만, 인근 지역 사회에서는 교통 및 문화적 중심지에 해당한다. 멀지 않은 거리에 세 개의 종합 대학이 있으며, 어린이 대공원과 같은 문화 위락 시설이 조성되어 있다. 특히 학교에서 10분 정도 걸어가면 지하철 환승역이 있는데, 이 때문에 학교 부근은 이 지역에서 가장 교통과 생활이 편리한 주거지로 여겨지고 있다. 이러한 조건으로 보아

학교 주변에 조성된 고층 아파트 단지의 주민들은 경제적 · 사회적으로 안정되어 있는 계층으로 볼 수 있다.

이러한 학교 주변 지역의 경제적 · 문화적 특성은 이 학교 학생 및 학부모들의 학교 교육에 대한 태도, 자녀 양육에 대한 입장 등에 상당 부분 영향을 미치고 있다. 교사와의 인터뷰 결과, 이 학교의 학부모들은 자녀에 대한 기대 수준이 높으며, 자녀의 학업 성취를 위한 지원을 아끼지 않는 편이라고 한다. 따라서 강남의 부유층에 비할 수는 없겠지만, 학부모들은 나름대로의 수준에서 자녀에 대한 경제적 · 문화적 · 정신적 뒷받침을 감당할 수 있고, 감당할 의지를 지니고 있다고 한다.

본 연구의 관찰 대상이 된 교사는 경력 3년 차인 20대 후반의 여교사이다. 이 교사는 국립 사범 대학에서 국어 교육을 전공한 후, 교사 임용 시험을 거쳐 교사로 선발되었다. 교사 임용 전에 이미 같은 전공의 대학원 석사 과정을 수료한 상태여서, 국어 교과 교육에 대해서는 동료 교사보다 좀더 전문적인 입장에 서 있다고 할 수 있다. 또한 관찰 기간 동안 대학원 과정을 끝내기 위해 학위 논문을 준비하고 있는데, 이 논문 역시 국어 교육의 교수 학습 방법에 대한 것이다.

이 교사는 2000년 초임 교사로서 여러 시행 착오를 거쳤기 때문에, 2001년의 교육 활동에서는 이전의 경험을 바탕으로 좀더 능숙한 수업을 하려는 강한 의욕을 지니고 있다. 또한 교과 지도를 위한 협의를 위해 동료 교사와 자주 만남을 가지고, 모임에서 의견이나 제안을 제시하는 데 적극적인 편이다. 그러나 이 교사는 2001년은 제7차 교육과정 시행 첫 해인 데다가 교과서나 지도서가 늦게 배부되고, 교수학습 자료 등도 미처 마련되지 못했기 때문에, 교수 학습 진행이나 교수 학습 보조 자료 활용 방법 등에 대한 계획을 완전히 구상하지 못하였다. 이러한 준비 부족은 이 교사가 학기 내내 수업 자체에 대한 충분한 구상을 가지지 못하고 수업을 진행해야 한다는 부담을 주었다.

본 연구의 주요 관찰 대상인 학생들은 경제적 정서적으로 매우 안정되어 있으며, 대체적으로 성격이 밝고 의욕적인 편이다. 이 점은 담당 교사도 만족스럽게 생각하며, 이런 점은 학생들에 대한 교사의 긍정적인 수용을 가능하게 하고 있다. 실제 자료 <표 1>에서 어둡게 표시한 부분이 실제 관찰 대상인 1학년에 해당하는 자료이며, 표에서도 학생들이 전형적인 중산층 지역의 환경에서 성장하고 있다는 것을 알 수 있다. 학생들의 수업 준비 상황이나 수업 참여 태도는 매우 긍정적이고 적극적이며, 교사의 행위에 대해서도 긍정적으로 반응하며, 수업 중의 협동 학습이나 개별 학습을 통한 과제 수행 과정에서도 동료 학생들과 원만한 관계를 유지하고 있다. 학생들은 상당히 의욕적이어서, 발표나 조별 활동에도 열심이었으며, 수업에 적극적으로 참여하고자 하였다. 그리고 수행 평가나, 중간 시험 방법 등 평가에 민감한 것 역시, 강한 학업 성취 욕구를 보여주는 것으로 해석할 수 있다.

직종 / 학년	노무	공업	상업	수산업	토건업	운수업	인쇄업	은행원	회사원	교원	사법서사	의사	경찰	공무원	기타	계
1학년	6	18	79	1	13	12	3	48	122	8	1	1	1	22	111	446
2학년	1	20	74	0	31	24	0	35	108	12	2	3	6	15	49	380
3학년	0	23	97	0	21	14	9	62	98	10	1	1	7	31	63	437
합 계	7	61	250	1	65	50	12	145	328	30	4	5	14	68	223	1263

〈표 1〉 2000년 해당 학교 학생의 보호자 직업 조사 자료

나. '생활 국어' 교과

제7차 교육 과정에서 중학교의 국어 수업은 크게 '국어'와 '생활 국어'로 나뉘어 진행된다. 그러나 교과로서의 '국어과'는 '국어' 영역과 '생활 국어' 영역을 통합한 형태이다. '국어'는 읽기, 문학 위주로 단원이 편성되어 있고, '생활 국어'는 말하기, 듣기, 쓰기 등 활동 중심 단원으로 이루어져 있다. 이런 단원 구성의 차이에 의해 '국어' 교과서로 이

루어지는 수업은 이 교육 과정에서 다루어져 온 전형적인 국어 수업과 다르지 않으나, '생활 국어' 교과서로 이루어지는 수업은 최근 들어 부각되고 있는 활동 중심, 학생 중심의 교수 학습관을 바탕으로 구상된 활동이 주를 이룬다.

본 연구는 국어과 수업 중 '국어'가 아닌 '생활 국어' 수업을 연구 대상으로 삼았는데, 이것은 '생활 국어' 수업이 현재 역동적으로 변화하고 있는 국어 수업 양상을 좀더 근접한 거리에서 보여준다고 보았기 때문이다. 본 연구의 결론과도 관련되지만, 현재의 수업들이 보여주고 있는 무질서한 외형이 단지 교육의 어떤 요소가 지닌 문제점 때문에 빚어진 것이 아니라, 교육 현상의 구조적인 변화 과정에서 일어나는 과도기적 특성에 의한 것이라 보기 때문에, '생활 국어'가 국어과에서의 이런 구조적인 변화를 잘 드러내고 있다고 생각한 것이다.

2. '생활 국어' 수업의 단계와 특성

2.1 '생활 국어' 수업의 일반적 단계

'생활 국어' 수업 역시 학교에서 이루어지는 다른 교과의 수업과 마찬가지로 일정한 수업 단계를 갖추고 있다. 이런 수업의 단계는 매 시간 다른 과목 선생님이 들어온다는 중등학교의 특성상, 이전 시간에 이루어진 다른 과목 수업과의 구별이라는 의미와 함께 해당 과목의 이전 차시와의 연속이라는 의미를 가지는 것으로 볼 수 있다. 대체로 수업은, 수업 시작의 의식(儀式) 단계, 수업 확인 단계, 교수-학습 단계, 교수 학습 마감과 수업 종료 단계의 4단계로 이루어진다(조영달, 2001: 142-171).

가. 제1단계-수업 시작의 의식(儀式) 단계

수업 시작의 의식 단계에서 교사는 교실에 들어와서 전체적인 분위기를 바로 잡고 쉬는 시간 동안에 학생들이 가졌던, 떠들고, 이야기하고 자신의 시간을 즐길 수 있던 자유를 공식적인 의식에 의해 돌려 받게 된다(조영달, 2001: 142).

ㅎ: 차렷
(아이들 집중하지 않고 떠든다)
ㅎ: 차렷
ㄱ: 차렷이다.
ㅎ: 경례
ㅎㅎ: 안녕하세요.
ㄱ: 네. 안녕하세요. (2001년 4월 13일)[5)]

주로 '차려, 경례'로 이루어지는 의례적인 인사가 이루어지면 교실 내에서의 주도권은 교사에게 넘어가게 된다. 학생 수가 많을수록 교사가 수업에 대한 통제권을 초기에 갖는 것이 필수적이기 때문에, 이러한 수업 시작의 의식은 중요한 기능을 부여받게 된다.

나. 제2단계-수업 확인 단계

이 단계에서 교사와 학생은 서로 오늘 자신들이 해야할 과업이 무엇인지를 확인하게 된다. 교사는 이 단계에서 오늘의 수업을 원활하게 진행하기 위하여, 어느 정도 점검 활동을 벌이게 된다. 필요한 개념을 학생과 같이 확인하고 이 시간의 수업이 전체적인 맥락에서 어디에 해당하는가도 논의하게 된다. 또한 학생들은 이 과정을 통해 교재를 준비하

---

5) 수업 담화 분석에서 'ㄱ'은 교사를, 'ㅎ'은 학생을, 'ㅎㅎ'은 학생들을 의미한다.

고 수업에서 자신이 유의해야 하는 교과서 상의 주제와 질문을 확인하게 된다(조영달, 2001: 145).

> ㄱ: 오늘은 생활 국어 하자. (28초)
> 자, 먼저...책 다 가져 왔어요? 책 안 가져 온 사람?
> 내가 분명히 말했지? 생활 국어 한다고.
> ㅎ: 쟤가 안 가져 온 거예요.(서로 책이 준비되지 않은 것에 대해서 변명을 한 마디씩 한다.) (2001년 4월 13일)

이러한 수업 확인 단계는 시간마다 담당 교사가 다르게 들어온다는 중등학교의 교과 구성과도 관련되어 있다. 이 단계에서 학생은 이전 시간과 현재 시간을 구별하게 되고, 그에 맞는 수업 태도를 갖추게 된다. 또 전 차시에 대한 확인은 단절되어 있는 수업 진행을 다시 연결시키는 작업인데, 수업의 연속성이 중시되는 제재일수록 수업 확인 단계가 중시된다고 할 수 있다. '생활 국어'의 경우, 대체로 각 차시에 한 종류의 활동이 완결되는 경우가 많기 때문에, 이전 시간에 무엇을 하였다는 것보다는 이번 시간에 무엇을 할 것인가에 대한 논의가 더 활발하다고 할 수 있다.

다. 제3단계-교수-학습 단계

교수-학습 단계는 본격적인 교수 학습이 이루어지는 단계로 수업에서 가장 중요한 단계이다. 교사는 그 시간 수업의 목표를 이루기 위해서 노력하게 되는데 한 시간 수업의 상당 부분이 이 교수 학습 단계에 할애된다(조영달, 2001: 147-148).

교수 학습 단계를 구성하는 기본적인 내용은 교과서에 제시되어 있다. 따라서 교사가 '진도를 나간다'는 표현을 하게 되는 것도, 교수-학습 단계에서 교과서 어디에서 어디까지 가르쳤다고 인식하기 때문이다. 그리고 이 교수-학습 단계는 그야말로 교과에 따른 교수 학습의 특성이 명확하게 드러나는 단계라고 할 수 있다. 따라서 이 교수-학습 단계에 대한 분석은 결국 해당 교과의 교수 학습 장면을 그대로 드러내는 것이라 할 수 있으며, 본 연구는 다음 장에서 이 부분을 좀더 상세하게 논의할 것이다.

라. 제4단계 교수– 학습 마감과 수업 종료 단계

교수 학습 단계가 지나면 교사는 그 날의 수업을 마무리하고 수업을 끝내게 된다. 보통 이 단계는 교수 학습의 마감 단계와 다시 인사를 받고 교실을 뜨게 되는 수업 종료 단계로 나눌 수 있다. 때때로 교사는 시간이 부족하거나 종료 종이 울리게 되면 교수 학습의 마감 단계는 아주 짧게 처리하게 된다. 그리고 의외의 시간이 남거나, 다음 주제로 넘어가기 곤란하면, 이 교수 학습의 마감 단계를 길게 끌고 가게 된다. 즉 교수 학습의 마감 단계는 상당히 신축적으로 운영되며, 그것은 수업 전체의 환경과도 밀접하게 관련되어 있다(조영달, 2001: 164).

(1) 교수-학습 마감

ㄱ: 왜 이렇게 열심히 해?(평가지를 빨리 걷어서 내라는 독촉)
1반 다음주 월, 화, 수에, 다음주 월, 화, 수에 국어 수업이고 교생 선생님이 수업하는 거다.

ㅎ: 네~~~~~~

(마치는 인사도 하지 않은 채, 학생들이 일어나면서 책상을 제자리로 옮겨 놓는다. 교사는 4조로부터 마지막 평가지를 받고 있다. 그때까지 교실 뒤에 앉아 있던 교생은 앞으로 나가서 교사와 무엇인가를 의논하고 다시 뒤로 들어온다. 교사는 앞에서 평가지들을 챙기고 있다.)

(2) 수업 종료 단계

ㄱ: 자, 반장.

(반장 일어난다.)

ㅎ2(남학생): 차렷, 차렷, (인사 빨리하자고 재촉)

반장(여학생): 차렷, 경례

ㅎㅎ: 안녕히 가세요.

2.2 수업 단계 진행의 표지

이 절에서는 생활 국어의 수업 단계가 진행되는 것을 드러내는 표지인 '수업 종'과 '주목, 판서, 필기'에 대하여 논의할 것이다. 위에서 살펴본 것처럼 '생활 국어' 수업의 단계 진행은 다른 교과의 진행과 크게 다르지 않으므로 수업 단계 진행의 표지 역시 다른 교과에서의 역할과 유사하다.

가. 수업 종–수업 시작과 종료의 표지

수업 진행 과정을 살펴보면 일정한 단계를 거치면서 다음 단계로 이행하는 표지(mark)가 존재한다. '수업 종'은 수업의 물리적인 시작과 끝을 드러내는 표지라고 할 수 있다. 수업종은 '시작 종'과 '끝 종'이 있다. 그런데 수업의 시작에서는 '시작 종'보다는 교사와 학생의 인사 행위가 수업 시작의 중요한 표지이다. '시작 종'이 수업 형식에서 형식적인 시작점이라면, '인사 행위'는 실질적인 시작점이라 할 수 있다. 인사가 있기 전까지는 학생들은 수업 준비를 하지 않고 쉬는 시간에 했던 행위들을 계속하는 것에 대해 아무렇지도 않게 생각한다. 실제로 종은 쳤지만, 선생님의 수업은 아직 시작되지 않았기 때문이다. 이런 입장이라면 수업의 종료에서도 중요한 것은 '끝 종'보다는 교사와 학생의 수업 마감 행위여야 한다. 그런데 수업이 끝날 무렵 수업의 마감 행위를 하기 전에 수업 종이 울릴 경우, 정상적인 수업 진행이 불가능할 정도로 수업의 분위기는 산만해진다. 이 과정에서 교사가 할 수 있는 일은 가능한 빠른 시간 안에 내용을 효과적으로 정리하고 종료함으로써 학생들의 요구도 충족시키면서 또한 교사의 의도적인 교수 행위의 목적도 달성하는 것이다.

수업 종이 이렇게 학생 위주로 자리 매김되는 것은 교수 학습의 주도권이 많은 부분 학생에게 넘어가 있음을 보여주는 것이다. 교사는 아무리 자신이 의도한 대로 수업을 진행하고자 하여도 학생들의 협조가 없이는 불가능하다는 것을 인정하는 것이며, 또한 학생들의 협조를 강제적으로 이끌어낼 다른 수단도 가지지 못하였다는 것을 의미한다.

나. 주목, 판서, 필기–수업 진행의 표지

수업 종이 수업의 시작과 끝을 알리는 표지라면 수업 진행의 일정한 단계(도입, 전개, 정리)의 이행을 드러내는 표지는 교재에 대한 주목 요구 혹은 판서 행위, 필기 행위 요구 등이다. 예를 들어 한 시간의 수업에서 도입에서 전개로 들어가는 경우, 교사는 해당 시간에 진도를 나가게 되는 교재 내의 내용을 구체적인 페이지 등으로 제시하고, 이에 대한 주목을 요구하고 그 내용에 대한 구체적인 설명을 통해서 수업을 이끄는 일정 단계를 이행해 나간다. 이 때 "책 펴고", "12쪽을 보아라" 등을 언급하는 것이 이에 해당하는 표지가 된다. 또 교사의 판서와 거의 동시에 나타나는 학생들의 필기가 종료되면, 대체로 해당 활동이 끝나게 된다. 즉 수업의 진행에 따라 교사는 판서를 하고 학생들은 교사의 명시적인 요구(공책에 쓰세요) 혹은 묵시적인 요구(교사가 쓰기 시작하면, 으레 책이나 공책에 옮겨쓰는 행위를 해야 하는 것)에 따라 뭔가를 쓰면서 활동을 하는데, 이런 필기가 완전히 종료되면 해당 내용에 대한 수업이 일단 종료되고 다음 내용으로 넘어가게 된다.

이상의 수업 종, 주목, 판서, 필기 등의 표지는 다른 교과의 수업에서도 공통적으로 나타나는 수업 단계 진행의 일반적인 표지이며, 이들이 지니는 역할도 수업마다 거의 유사하다.

2.3 교수-학습 단계에 나타나는 '생활 국어' 수업의 특성

이 절에서는 '생활 국어' 수업에만 나타나는 특성을 살펴보고자 한다. 연구 대상을 설명할 때 언급한 것과 같이 '생활 국어'는 다른 과목에 비해서 학생의 활동이 중시되는 교과이다. 말하기를 가르친다고 할 때, 말하기를 잘 할 수 있는 요건을 아는 것이 중요한 것이 아니라, 실제로 그런 요건에 맞는 말하기를 할 수 있는 것이 더 중요하듯이, '생활 국어'는 학생들이 언어 활동을 실제로 해 보는 경험을 위주로 하는 교과이다. 이런 '생활 국어'의 교과적 특성은 '생활 국어'의 교수-학습 단계에 일어나는 교사와 학생간의 대화적 특성에 잘 드러난다. 본 연구는 '생활 국어'의 교수-학습 단계에서 나타나는 대화적 특성을 대화 주도자의 원활한 교대, 다선적 대화, 개방적 대화 참여로 보았다.

가. 대화 주도자[6]의 원활한 교대

'생활 국어' 교과서의 단원은 주로 언어 기능 영역에 대한 개념적 지

---

6) 대화에서 '주도자'의 의미를 어떻게 규정하는가에 따라 해석이 달라질 수 있다. 학생들이 발표를 하거나 조별로 토론을 하는 경우, 구체적인 대화 상황에서 대화를 이끌어 나가는 주도자는 특정 학생으로 볼 수 있지만, 교사가 전반적인 수업의 전개를 계획하고 실행하므로 거시적인 안목에서의 주도자는 교사로 보아야 할 것이다. 여기에서는 일단 구체적인 대화 상황에서의 주도자 개념으로 기술하기로 한다.

식, 절차적 지식에 대한 이해를 바탕으로 실제 상황을 가정한 학습 활동으로 구성된다. 따라서 개념적 지식, 절차적 지식에 대한 설명 부분에서는 교사가 대화의 주도자 역할을 수행하고, 조별 활동에서는 학생들의 상호 작용이 중심이 되므로 대화의 주도자는 학생으로 바뀌게 된다. 또한 소집단 속에서 이루어지는 대화에서 몇몇 학생이 대화를 주도하는 경우도 생긴다.

나. 다선적 대화–열린 발언 기회의 배분, 대화의 지명권[7]의 활용

관찰 교사는 수업 관찰 기간 내내 특정 학생을 지목하여 그 학생으로부터 어떤 반응을 요구하는 경우가 없었다. 이 교사는 교사 위주로 수업이 진행되는 것보다는 다소 소란스럽고 산만하더라도 전체 학생들의 반응이 다양하게 나올수록, '수업 분위기가 좋다'고 인식하고 있다. 발언 기회를 특정 학생에게 한정하여 부여함으로써 수업 내용을 명시적으로 전달하고 수용하는 과정보다는, 불특정 다수 학생에 대한 대화 배분과 그로부터 나오는 다양한 반응을 선택 혹은 배제해 가면서 수업을 진행하였다. 불특정 다수의 학생에 대한 질문은, 교사가 학생 개인의 반응을 다양하게 유도하고 허용하는 행위이며, 학생들에게는 그들의 생각과 의견에 대한 자연스럽고 자발적인 표현을 허용받는 것이 되어 오히려 더 높은 수준의 개별화 수업으로 이어지는 것으로 나타났다.

이 경우, 다음 내용으로의 전개가 문제가 되는데, 현실적으로 교사가 학생들의 개별 반응을 1대 1로 수용할 수는 없기 때문에, 수업 내용의

7) 대화의 지명권은 주로 교사에게 있으나 때로는 학생들이 특정 학생을 지명하는 경우도 있다. 지명권은 언어적 표현, 반언어적 표현을 통해 행사되며, 지명권을 행사한 이후 대화 순서의 교대가 이루어진다. 이밖에 대화 순서의 교대는 교사의 질문을 통해 자연스럽게 이루어지기도 하고, 눈짓이나 손짓 등의 비언어적 표현을 통해 이루어지기도 한다.

진행에 도움이 되는 반응 몇 가지를 중심으로 해당 내용을 완성한 후, 다음 내용으로 이행해 나간다[8]. 학생들은 교사가 선택한 반응이 자신의 반응과 같거나 유사한 것일 경우는 마치 자연스럽게 그 다음 내용으로 대화를 이동시켜 나가지만, 그렇지 않을 경우 다음에 이어지고 있는 수업 내용과 상관 없이 자신의 반응을 반복함으로써 그 대화를 완성하려고 하기도 한다.

093-ㅅ 어디를 찾아보면 될까? 정보를 찾아보자.

094-ㅎ 컴퓨터, 컴퓨터 (학생들, 동시다발적으로 여러 가지 내용으로 응답한다.)

095-ㅅ 어, 어디?

096-ㅎ 인터넷.

097-ㅅ 인터넷?

098-ㅎ 머릿속.

099-ㅅ 인터넷, 어디?

100-ㅎ 인터넷 다 봐요.

101-ㅎ 인터넷 다음

(교사, 정답만 받아 적는다. 학생들, 동시다발적으로 여러 가지 내용으로 응답한다.)

102-ㅅ (학생들을 보며) 인터넷 어디?

103-ㅎ PC방

---

8) 이 때문에 실제 교사와 학생의 순서 교대를 살펴보는 것이 매우 힘들었다. 교사의 질문에 대해 학생들이 제각각 정말 적극적으로 반응하므로 그 모든 반응을 청취할 수도 없었거니와, 그 많은 반응 중에서 교사가 선정하는 반응이 무엇인가를 한정하는 것도 불가능했다. 이는 교사가 수업을 진행하는 과정에서도 마찬가지여서 가끔 교사는 학생들의 반응에 나오지 않은(않은 것 같은) 반응을 되풀이하여 들려줌으로써 독자적으로 대화 순서 교대를 완성하기도 하였다. 제시된 예에서도 교사는 관찰자의 도구(캠코더 등)에 청취되지 않은 반응을 만들기도 하고, 학생들의 대화의 (단지 유사 단어만 들어가 있는) 일부분을 왜곡하기도 한다.

104-ㅎ (교사, 손짓으로 저지, 다음 학생을 가리키자) 야후에 들어가서 치면 되잖아.

105-ㅎ 야후에서 안 돼. 해 봤어.

106-ㅎ 선생님, 엠파스,

107-ㅎㅎ 학생들, 검색 관련 얘기를 계속한다. 교사는 학생들의 응답을 들으며 판서한다.

108-ㅅ 뭐요?

109-ㅎ 홈페이지를 쳐요.

110-ㅅ 인터넷에서 63빌딩 홈페이지를 쳐요. (2001년 5월 11일)

위의 18개의 발화 중 수업 진행과 직접적으로 관련되는 발화는 093 →094 →096 →097 →099 →102 →103 →104 →108 →109 →110이다. 교사는 094, 096과 같은 다양한 응답 중에서 097처럼 자신이 설명하는 내용과 부합하는 것을 선택하고 나머지는 무시한다. 그리고 선택한 내용으로부터 좀더 구체적인 응답을 얻기 위한 추가 질문을 하고(099, 102), 역시 다양한 응답 가운데 부합하는 내용을 선택한다(110). 또한 104와 같이 수업진행을 방해할 우려가 있는 응답은 명시적으로 거부하기도 하고, 적절한 응답을 찾기 위해 다른 학생을 지목하기도 한다.

다. 개방적인 대화 참여-의도하지 않은 반응에 의한 논점 밖 내용의 처치

학생이 수업에서 새로운 화제를 제시하고, 교사가 그에 대응하면서 장면이 바뀌기도 한다. 이 장면이 수업의 진행과 직접적인 관련이 있으면 수업은 역동적으로 전개되지만, 그렇지 않으면 수업 분위기는 산만해지게 된다. 교사가 특정한 발화에 반응하면 자연스럽게 그러한 대답을 한 학생에게 다음 발화 순서가 넘어가기도 한다.

이전에는 교사가 지목하고 학생의 반응에 대해 교사가 다시 언급함으로써 한 단계가 종결되고, 다시 교사가 새로운 내용을 제안하고 일련의 반응을 거친 후 다음 단계로 넘어갔다. 즉 이러한 하위 단계들이 순차적으로 진행되면서 수업의 큰 틀이 완성되는 상향식 수업 구성이 주를 이뤘던 것이다. 그러나 관찰된 수업에서는 교사가 수업 내용의 실마리가 되는 내용은 제안하지만, 이후의 수업 진행은 교사와 학생, 또는 학생들간의 대화를 통해 이루어진다. 교사의 대처 유형은 일단 학생들의 요구를 수용하면서 자연스럽게 의도했던 방향으로 이끌어가는 경우, 학생들의 요구에 아무런 반응을 보이지 않고 자신의 의도대로 수업을 진행해 나가는 경우가 관찰되었다.

교사는 학생들과의 원만한 관계와 수업 내용에 대한 흥미를 조절해 나가면서 주어진 시간 내에 해당 수업의 목표를 달성해야 하므로, 상황에 따라 적절하게 대처해 나가야 한다. 교사의 질문에 대해 학생들은 산발적으로 반응하고, 교사는 이러한 다양한 반응들 가운데 수업 진행에 도움이 될만한 것들을 끊임없이 선택한다. 교사가 선택하여 설명에 활용하는 내용은 의미 있는 반응으로 학생들에게 인식되어 자신의 활동에 대한 자기 평가, 혹은 동료에 대한 간접적인 평가로 이어지고 강화가 이루어진다.

ㄱ: 자기가 발표하고자 하는 참신한 주제를 정한 다음에, 주제를 가장 다양한 방법으로 일단 찾아. 많은 자료를 찾는 것이 먼저 우선이고, 그 자료로부터 그 자료로부터 어떤 기준을 가지고 내용을 선정했어요. 그 다음에 선정한 자료를 배열해서 발표하는 거까지를 하나로 해서 수행 평가를 할 거예요.

ㅎ: 10점이죠?

ㄱ: 이게 크잖아, 이거. 10점 이상 갈 거 같지 않니? 그죠?

ㅎ1: 100점!

ㅎ2: 12점

ㅎ3: 50점(각각 점수를 부른다)

ㄱ: 20점~~~~~

ㅎㅎ: 와~~~~~~

ㅎ: 너무하다.

ㅎ: 몇 점이요? 몇 점이요?

ㄱ: 20점~~~~~

ㅎ: 헤~~~~~~~(놀람, 학생들 점수에 놀라 각자 떠들고 있다.)

ㄱ: 수련회 갔다 와서 할 거니까 미리미리 생각해 두세요. 지금은, 그거 하는 방법을 배우는 거야.

(학생: 발표 방법을 물어본 듯.)

ㄱ: 개인별로, 조별로 발표하는 거 아니고, 개인별로 발표야. 주제를 한 번,(한 학생이 "조별로 돌아가면서"라고 말한다) 한 명씩, 58쪽 보세요. (떠드는 쪽을 보면서) 58쪽.

위에서처럼 이런 끼어들기의 허용은 수업의 속도와 중요 내용에 대한 집중력을 떨어뜨린다. 그러나 국어과의 경우, 고정된 형태로 명시적으로 드러내어 전달해야 하는 지식에 대한 학습보다는 지식을 찾는 방법, 그러한 내용을 찾아가는 과정에 대한 경험이 주된 학습 내용일 경우가 많다는 것에서 그 이유를 찾아야 할 것이다[9]. 실제로 학생들이 자발적으로, 능동적, 적극적으로 교사가 요구하는 과정에 참여해야만 실제 수업이 이루어질 수 있기 때문에(나중에 필기한 내용을 다시 공부하거나, 혼자서 책을 다시 읽는다고 해서 수업 내용이 복습될 수 있는 것

9) 제시된 수업의 경우, 교사는 선정한 자료를 배열해서 발표하는 과정 즉 그에 대한 경험을 평가할 것이므로, 현재는 그 과정을 완성하는 방법을 배우는 데 초점을 맞추어야 한다고 강조하고 있다. 이것은 일종의 절차적 지식인 학습 전략에 대하여 학생들이 어떻게 학습하고 훈련하여 실제로 적용시켜야 하는가를 강조하는 국어과의 수업 방식과 관련된다.

이 아니므로) 교사는 학생들이 수업의 대화에 계속 참여할 수 있도록 가능한 모든 반응을 허용하는 것이다. 위에서와 같이 수업 진행에 도움이 되지 않는 반응이라 하더라도 다수 학생의 관심거리라면, 그것을 다루어주는 것이 학생들이 주된 수업 대화에서 이탈하지 않게 만드는 방법이다. 마치 목동이 양을 몰고 갈 때 직선으로만 가게 할 수 없는 것과 마찬가지이다.

이상을 바탕으로 '생활 국어' 수업의 특징을 정리해 보면 다음과 같다.

1. 순서 교대가 교사에 의해 주도되지 않는다. 오히려 해당 교사는 자신이 특정 학생을 지목하지 않고 전체 학생들의 반응이 다양하게 나올수록 수업 분위기가 좋다고 인식하고 있다. 이러한 불특정 다수 학생에 대한 대화 배분은 수업의 개별화 부족으로 인한 것이 아니다. 불특정 다수 학생에 대한 대화 배분을 통해 교사는 학생 개인의 반응으로 자발적으로 유도함으로써 수업의 개별화를 꾀하게 된다.

2. 학생이 수업에서 새로운 화제를 제시하고, 교사가 그에 대응하면서 장면이 바뀌기도 한다. 이 장면이 수업의 진행과 직접적인 관련이 있으면 수업은 역동적으로 전개되지만, 그렇지 않으면 수업 분위기는 산만해지게 된다. 교사가 특정한 발화에 반응하면 자연스럽게 그러한 대답을 한 학생에게 다음 발화 순서가 넘어가기도 한다.

3. 이전에는 교사가 지목하고 학생의 반응에 대해 교사가 다시 언급함으로써 한 단계가 종결되고, 다시 교사가 새로운 내용을 제안하고 일련의 반응을 거친 후 다음 단계로 넘어갔다. 즉 이러한 하위 단계들이 순차적으로 진행되면서 수업의 큰 틀이 완성되는 상향식 수업 구성이 주를 이뤘던 것이다. 그러나 '생활 국어'에서는 교사가 수업 내용의 실마리가 되는 내용은 제안하지만, 이후의 수업 진행은 교사와 학생, 또

는 학생들간의 대화를 통해 이루어진다. 즉, 교사의 질문에 대해 학생들은 산발적으로 반응하고, 교사는 이러한 다양한 반응들 가운데 수업 진행에 도움이 될만한 것들을 끊임없이 선택한다. 교사가 선택하여 설명에 활용하는 내용은 의미 있는 반응으로 학생들에게 인식되어 자신의 활동에 대한 자기 평가, 혹은 동료에 대한 간접적인 평가로 이어지고 강화가 이루어진다.

3. '생활 국어' 수업의 참여 구조

이 장에서는 '생활 국어' 수업을 구성하는 교사와 학생들의 상호 작용과 대화의 이동 양식에 대해 논의하고자 한다.

교실 사회의 구성원들은 일정한 유도와 반응 행위(의무적인 행위)를 번갈아 하면서 다같이 수업에 참여하고 있다. 즉 수업 조직 속에서 대화의 이동을 중심으로 참여 구조가 형성되면, 이때 누가, 누구에게, 언제, 무엇을 말하여야 하는가에 대한 수업 참여자의 권리와 의무 관계가 결정된다. 이러한 권리 의무 관계를 중심으로 교실 사회에의 상호 작용 유형을 살펴 볼 수 있는데 이를 수업의 사회적 참여 형태라 할 수 있다(조영달, 2001: 285).

3.1 참여 구조의 양상

본 연구가 살펴본 수업의 참여 구조를 살펴보기 위해 사용된 기준은 플로리오와 슐츠(Florio & Schiltz, 1982)와 조영달(1992)을 종합한 조영달(2001)의 것이다. 첫 번째 고려 사항은 한 번에 얼마만큼의 사람들이 주 대화자(primary speaker and attender)로 대화에 참여하는가이다. 이는 한 사람 혹은 특정 집단의 몇 명일 수도 있고, 때에 따라서는 많은 수의 사람일 수도 있다. 두 번째 고려 사항은 수업의 상호 작용에 참여하는 사람들의 역할 수준에 관한 것이다. 즉 모든 사람이 동등한 참여 자격을 가질 수도 있고, 때에 따라서는 어떤 사람은 주된 역할을 하는 반면 나머지는 종속적인 역할을 할 수도 있다. 세 번째 고려 사항은 한 번의 상호 작용에 몇 개의 대화의 장(conversational floor)이 존재하느냐 하는 것이다. 여기에는 여러 개의 대화의 장이 존재할 수도 있고, 단 하나의 대화의 장이 존재할 수도 있다. 네 번째 고려 사항은 누가 먼저 주된 역할을 하는 화자(primary speaker)이냐 하는 것이다. 주로 관찰된 교실에서는 교사가 먼저 주된 역할을 하는 화자이었지만 때에 따라서는 학생이 먼저상호 작용을 주도할 수도 있다. 마지막 기준은 대화의 장에 교사가 있느냐하는 것이다(조영달, 2001: 286-287).

이상의 기준에 따르면 생활 국어 수업에서는 대체로 다음과 같은 여섯 가지 유형의 참여 구조(SPS : Social Participation Structure)가 발견된다. 이 중 첫 다섯 가지는 조영달(2001)에서 관찰된 것과 다르지 않으나 여섯 번째의 참여 구조(SPS-6)는 새로운 유형이다.

가. SPS-1

대부분의 학생을 대상으로 교사가 먼저 주된 화자가 되고, 이어서 많은 학생들이 동시에 화자가 되어 상호 작용에 참여한다. 이 경우 대개 하나의 대화의 장이 존재하며, 이 대화의 장에 있는 교사와 학생 대부분은 동등한 자격의 주된 화자이자 청자이다(조영달, 2001: 287).

ㄱ: 오늘은 '생활 국어' 하자.(28초)
자, 먼저, 책 다 가져 왔어요? 책 안 가져 온 사람? 내가 분명히 말했지? '생활 국어' 한다고.

ㅎ: 재가 안 가져 온 거예요.(서로 책이 준비되지 않은 것에 대해서 변명을 한 마디씩 한다.)

나. SPS-2

이 유형에서는 교사가 주된 화자로서 특정 학생 또는 특정 집단의 학생들을 대상으로 하여 상호 작용을 먼저 시작한다. 그리고 곧이어 교사에 의해 지명된 학생들은 교사의 유도에 응답할 의무를 지니고 화자로 나서게 된다. 이 경우 나머지 학생들은 상호 작용의 간접적인 참여자로 남게 된다(조영달, 2001: 287).

ㄱ: 지금은 쓴 내용에 대해서 1조부터 차례차례차례 발표하겠습니다. 1조부터 하지 말고, 쓴 내용에 대해서 2조, 4조, 5조, 1조, 3조의 순서로 발표한다. 조장이 나와서 발표하세요.

ㅎ1: 나가, 나가.

ㅎ2: 말도 안 돼, 말도 안 돼.(3조인 듯)

(2조 조장이 앞으로 나와 교탁 앞에 선다. 아이들 떠든다.)

ㄱ: 점수를 ABC로 일단 해 놓고 여러분 좀 있다가 여러분이 활동하는 과정에서 나는, 다른 친구는 어떤 역할을 했는지 역할 쓰기를 할 거거든요. 그걸 종합해서 점수를 줄 거야. (2조 조장이 발표 시작에 대해 질문한 듯) 네, 그럼 잘 들어보시면서, 잠깐,(13:00)

'생활 국어' 노트를 펴세요. '생활 국어' 9페이지부터죠.(학생들 노트를 펴기 시작한다.) '생활 국어' 9페이지에, 4월 13일(칠판에 날짜를 쓴다.) 여러분 생각을 표현하는 거였었지? 4월 13일 써 놓고, (교사가 뒤돌아 서 있는 사이, 장난치는 아이들도 있다. 교사 '4월 13일'과 관련 내용들을 판서한다.) 써 놓고, 자, 2조, 발표할 조를 2조라고 쓰고, 쓴 내용에 대해서 평가를 해 주세요. 간단하게 한 문장으로 2조가(교사가 판서하고 설명하는 동안, 2조 조장은 앞문 쪽에

> 있다.) 지금은 심청전만 읽을 거예요. 쓰기 전, 쓰기 후 활동을 읽을 건 아니고, 읽으면서 메모하세요. 뭘 평가해 주냐면, 딱 한 가지만. 관점을 달리한 부분이 있나. 관점이 어떻게 달라졌다고 생각하는가, 준비됐으면, 장현이가 발표해 보자. 준비됐어요, 평가할 준비?
> (2조 조장 발표한다.) (2001년 4월 13일)

다. SPS-3

이 유형에서는 교사의 의해 지명된 학생이 교사의 유도에 따라 매개물(교과서, 공책, 보고서 등)을 통하여 반응하게 되고, 직접적으로 교사와의 상호 작용에 참여하지 않는 학생들도 교과서를 읽는 학생을 따라 같이 교과서 내용을 숙지할 의무를 지니게 된다(조영달, 2001: 287).

> (2조 조장 자기조 보고서를 가지고 나와 읽는다. 학생들은 메모를 하면서 듣는다. 발표가 끝나자 박수를 친다. 교사는 교실 중앙에서 계속 설명한다.)

라. SPS-4

이 유형에서는 교사의 유도 이후, 교실은 일정 유형의 참여 의무와 그 참여의 형태가 잠시동안 무너지고 여러 개의 대화의 장이 존재하게 된다. 각 소집단의 학생들이 서로 대화의 장을 개설하고 각기 다른 대화의 장에서 그들끼리 상호작용하게 된다(조영달, 2001: 287-288).

'생활 국어'에서 비중이 높은 유형으로, 조별 활동을 예로 들 수 있다. 여러 개의 대화장이 성립되어 있으나, 교사의 영향력이 아예 배제되어 있다고 보기는 어렵다. 오히려 조별로 소수의 학생에게 집중되어, 전체를 대상으로 하는 수업에서보다 학생 개개인에게 직접적으로 영향을 미칠 수 있다. 이는 조별 활동시 교사의 이동에 따라 학생들의 태도가 확연히 달라지게 되는 현상을 통해서도 확인할 수 있다. 또한 교사는 전체 학생을 대상으로 각각의 조별 활동에 대해 평가함으로써, 또는 소집단 활동시 교사가 조별로, 개인별로 접근함으로써 수업에 대한 통제력을 유지하려 하기도 한다. 2001년 6월 1일 녹화 자료 가운데 이러한 유형으로 볼 수 있는 교사의 발화를 인용해 보면 다음과 같다.

- 언제나 그렇듯이 4조가 잘 해. 조용한 듯하면서,
- 5조가 늘 문제야.
- 3조, 3조! 이상하단 말이야. 3조는 구성원이 저렇게 좋은데, 개개인으로 보면 다 뛰어난데."
- '조별 활동이 참 잘 된다'라고 생각하는 조는 4조가 항상 잘 돼요. 한 명 한 명이, 먼저 잘 된다고 한 거는...얘들아, 얘들아, 조별 활동이 잘 된다고 하는 건 개인 개인이 열심히 하고 있을 때 잘 돼요. 그리고 잘 되는 거는 자기가 열심히 하고 있기 때문에, 같이 나눌 수 있는 게 있기 때문에 잘 돼요.

마. SPS-5

이 유형에서는 위에서 언급한 유형과 달리 학생이 먼저 주된 화자가 되어 상호 작용을 시작하고 교사는 이에 대해 반응하게 된다. 흔히 수업 상호 작용에서 학생이 교사에게 질문을 하거나 또는 교사의 유도가 상황에 적절하지 않아 학생이 이에 개입하는 경우가 나타나게 된다(조영달, 2001: 288).

ㄱ: 지금부터 줄거리가 있는 이야기를 들려 줄테니까, 그 이야기를 잘 듣구요. 내용을 한 번 메모를 해 보세요. 그림을 표현해 보자. 그림으로 표현한 거에 대해서 한~~~~~ 잘 들었다면 금방 표현할 수 있고, 중요한 장면 몇 가지.

ㅎ: 선생님!

ㄱ: 네

ㅎ: 펜으로 그려요?

ㄱ: 펜으로 그려도 되고, 연필로 그려도 돼요.

바. SPS-6

이 유형에서는 위에서 언급한 유형과 달리 교사가 주된 화자가 되어 상호 작용을 시작하는데, 학생이 이에 대해 의도적으로 부적절하게 반응한다. 학생이 교사와 학생의 상호 작용으로 이루어지는 수업에서 수업의 방향을 자신들이 원하는 방향으로 바꾸려고 하는 경우인데, 교사는 그런 학생들의 의도를 파악하고, 그들이 요구하는 방향으로 수업을 진행시키는 듯이 상호 작용을 하지만 결국에는 교사가 의도한 방향으로 되돌아온다. 그런데 이러한 일종의 돌아가기는 <예1>과 같이 자연스럽게 진행될 수도 있지만, 그렇지 못한 경우에는 <예2>와 같이 교사가 의도적으로 학생의 대화에 반응하지 않고 수업 관련 내용을 일방적으로 진행하기도 한다.

<예1>

ㄱ: 또 하나는 독서기록장, 독서기록장 만들기를 할 거야. 독서 기록장이 어디에 들어가요? 수행평가에 들어가요. 수행평가 10퍼센트야. 10점이에요. 그래서 노트 가져 온 걸 가지고, 선생님이 네 장의 프린트물을 줄 건데, 이걸 기준으로 해서 하시면 되거든요. 여기 안에는 개인별 독서 목표도 정하고, 1학년 동안에 어떤 책들을 읽어야 하는지 권장 도서 목록도 있고, 독서 기록장 양식을 줄 거예요. 그러면, 여러분 가지고 온 노트에 붙이면서 독서기록장을 어떻게 꾸미는지에 대해서 할 건데, 이거는 시간 후반부에 할 거고, 시간 전반부에는 우리 심청전에 대해서 얘기를 좀 해 봅시다. 뭐냐면 왜!

심청전에 대해서 얘기를 해야 하냐면,

ㅎ: 점수가 안 좋아서.

ㄱ: 점수가 안 좋아서, 점수가 안 좋고,

ㅎ: 내용이 재밌어서.

ㄱ: 내용이 재밌어서? 내용이 없어서?

ㅎ: 네.

ㄱ: 그거는 아니구요. 여러분이 조별 활동을 열심히 했는데, 조별 활동을 하고 나서, 또 보고서 작성하는 데 있어서 선생님이 의도한 거에 대한 원칙을 다섯 번 정도 얘기했잖아요.

<예2>

ㄱ: 전반적인 얘기를 하자면 어떠냐면, 먼저 쓰기 전 활동과(칠판으로 돌아선다.) 심청전 쓰기, 그 다음에 활동 후 소감, 이렇게 써 오라 그랬지. 그리고 보고서 양식을,

(판서하기 시작 '보고서 양식')

ㅎ1(남): 양식이라니까 배고프다.

ㄱ: 양식을 보니까 배가 고프다구?(판서 계속하면서)

ㅎ2(여): 한식이 더 맛있어.

ㄱ: 자, 보고서 양식에 대해서 얘기했는데, 맨 처음에는 뭘 써라? (학생들 웅성거린다.) 쓰기 전에 여러분 어떤 과정을 거쳤는지 써 놔라. 그랬어요. 그래서 여러분이 페이지를 세 페이지에 걸쳐서 한 페이지짜리 쓰기 전 과정을 다 쓰기는 했어, 조마다. 다섯 조가 전부 다 써 오긴 했어요. 근데 다 달라.

3.2 참여 구조에 대한 분석

이상에서 본 '생활 국어' 수업의 참여 구조는 다음과 같은 '생활 국

어' 수업의 특성을 반영하는 것으로 분석할 수 있다.

가. 통제와 규칙

수업은 교사와 학생의 반복적인 대화 순서 교대(Turn-taking)를 통해 진행된다. 이 반복적인 순서 교대의 성패(成敗)에 따라 수업이 매끄럽게 진행되기도 하고 그렇지 않기도 하므로, 수업을 보다 잘 이해하기 위해서는 형식적인 측면에서 누가 말하는가보다는 무엇을 말하고, 어떻게 그 말이 이어지는가가 중시되어야 한다. 즉 교사는 학습 요소와 요소를 어떻게 이어나가고, 학생의 반응을 조정·통제하며, 어떤 수준에서 세부 요소들을 정리해가며 수업을 구성해 나가는가, 마찬가지로 학생들은 어떤 식으로 반응하며, 또 교사의 반응을 유도하여, 흥미를 유지하면서 수업을 형성하는가[10] 등을 살펴봄으로써 수업이 전개되어 가는 양상을 이해할 수 있다.

수업이 하나의 목표를 향한 의도적인 구성 행위라고 할 때, 성공적인 수업을 위해서는 참여자들의 목표 중심적인 행위가 요구된다. 그러므로, 성공적인 수업을 하려면 이러한 다양한 반응을 적절하게 조정·통제하는 행위가 필수적으로 요구된다. 오히려 자율성이 보장되는 수업일수록 획일적인 통제가 아닌, 또 다른 차원에서의 통제 행위가 필요하게 된다.

나. 교사와 학생의 자율성

본 연구가 관찰한 수업에서는 교사가 일방적으로 수업을 진행하거나

10) 학생이 수업에 대한 자발적인 호응을 바탕으로 흥미를 유지하는 동안, 수업은 자율적이고, 개방적으로 진행될 수 있으나, 자발적인 호응을 잃게 되면, 수업은 교사의 통제에 의해서 수동적으로 진행되거나, 학생이 수업 중 낙오 혹은 거부로 종결될 수 있다.

학생들의 참여를 제한하는 경우보다는 개방적인 태도가 주로 나타났다. 이는 국어과, 특히 '생활 국어' 교과가 학생들의 직접적인 활동을 기반으로 하고 교사와 학생의 활발한 언어적 상호 작용에 기반을 둔 교과이기 때문이다. 수업을 통해 가르쳐지고 있는 내용도 주로 원만하고 활발한 상호 작용을 하는 방법 등에 관련된 것이며, 교사의 수업 진행 방식도 일방적인 지식 전달보다는 학생의 반응을 토대로 하여 그 반응을 심화시키는 방향으로 나아간다. 따라서 수업의 진행을 방해하지 않는 범위에서 학생들의 다양한 반응과 활발한 의사 소통은, 언어 능력의 신장을 위한 연습 과정으로 간주될 수 있다.

4. 결론

지금까지 한국의 국어과 교실 수업의 단계와 그 특성, 수업 참여자들은 참여 구조와 특성에 대하여 살펴 보았다. 이것은 서론에서 제기한 연구 문제 (1)과 (2)에 대한 답이라고 할 수 있다. 이제 연구 문제 (3)에 대하여, 이상의 결과를 바탕으로 본 연구의 연구 배경 및 목적과 관련하여 국어과 교실 수업은 어떻게 해석될 수 있으며, 어떻게 이해되어야 하는가에 대하여 논의하고자 한다.

서론에서 기술한 것처럼 본 연구는 '교실 붕괴'라는 충격적 현상에 대한 문제 해결적 반응으로 시작된 것이었다. 따라서 현재 교실이 보여주는 무질서함의 원인을 찾고, 그에 대한 대책을 마련해보려고 한 것이 본 연구의 목적이라고 할 수 있다. 교실 수업이 교사와 학생이 함께 구성해하는 과정이며, 그러한 과정은 교실 사회의 역사적 문화적 배경이나 그 상황적 맥락(context)을 고려하지 않고서는 이해할 수 없다고 볼 때, 현재의 교실이 보여주는 무질서함은 우리 교육의 현실이 지니는 상황적 맥락에서 비롯한 것이라 할 수 있다. 우리 교육, 더 크게 보면 우리 사회는 지금까지 의식적이었든, 무의식적이었든 많은 변화를 겪어왔고 현재도 변화를 겪고 있다. 따라서 교실에서 나타나는 장면들은 그러한 변화와 무관하지 않으며, 이에 대한 자리 매김은 결국 그런 교육 전체의 변화, 사회 전체의 변화와 관련지어 설명되어야 한다.

이제 이런 입장에서 '생활 국어' 수업에 대한 논의를 다음과 같이 정리하고자 한다.

4.1 교실 붕괴인가, 단지 일부의 일탈 행위인가?

국어과 수업은 교사의 역량이나 단원의 성격에 따라 다양한 모습을 보일 수 있다. 실제로도 '밑줄 쫙!'으로 대변되는 일방적인 지식 전달 수업에서부터, 명시적으로는 교사의 개입이 거의 배제되는 토론 수업에 이르기까지 해당 수업 시간에 다뤄지는 제재의 성격에 따라 다양한 형태로 나타난다. 이런 다양한 수업 형태는 교사의 재량권과 새로운 교과 내용의 유입에 의해 더욱 다양해질 수밖에 없다. 대부분의 교사들에게 다양한 수업 방식에 대한 정보는 교사들에게 수업의 형태를 변형시키는 것에 대한 거부감을 없앴을 뿐만 아니라 오히려 더 다양하게 수업해야 한다는 강박감까지 주고 있다.

본 연구의 관찰 대상이 되었던 교사의 경우에도 시험이 임박하고, 또 국어 지식에 대한 내용을 지도할 때는 전형적인 지식 전달을 목적으로 하는 교사 위주의 수업을 진행하기도 하였다. 하지만 다른 경우에는 그에 맞는 다양한 방식으로 수업을 진행하려고 하였다. 이렇게 다양한 방식으로 수업을 진행한다는 것은, 수업에서의 교사와 학생의 역할 비중의 변화를 요구하게 된다. 예를 들어 여러 시간을 필요로 하는 조별 학습의 경우, 학생들의 활동이 주가 되는 시간이라면 교사는 보조자 이상의 역할은 할 수 없게 된다. 또 어떤 경우, 학생들은 교사에게 보조자도 아닌 참관인의 역할을 요구하였고, 경우에 따라서는 그것마저도 “선생님 좀 있다 와요!”, “저기 가세요” 등의 표현으로 거부하였다. 그러나 학생들이 그런 요구를 하였다고 해서 그 시간에 교사가 교수 활동을 하지 않은 것은 아니다. 분명히 학습이 이루어지고 있고, 교사는 그런 학습이 이루어지도록 교수하고 있다고 보아야 한다. 그러한 학습의 거대한 틀은 교사의 의도적인 활동의 소산인 것이다.

이처럼 교실 수업의 풍경이 바뀌어서 교사와 학생들은 다소 산만하고 소란스럽게 수업 시간을 만들어가고 있지만, 분명히 수업은 이루어지고 있다. 이러한 교실 상황이라면, 모든 학생들의 시선이 교사에게 집중되어 있지 않는다거나 아이들이 말을 너무 많이 한다는 것을 교실 수업의 문제점으로 볼 것이 아니다. 그보다는 수업 시간에 엎드려 있거나 개방적인 참여 기회가 보장되어 있음에도 불구하고 참여를 못하고 있는 학생들의 경우를 ‘학습권의 손상’이라는 측면이나, 교수-학습이라는 사회적 행위 요구에 대한 일탈로 해석하고 문제적 상황이라는 측면에서 접근해야 할 것이다.

4.2 새 술은 새 자루에, 새로운 교수 학습 장면으로의 이행기로 볼 수 없는가?

교사가 한 시간의 수업을 진행한다는 것은 고도의 의도적이고 조직적인 행동을 수행하는 것을 의미한다. 이 의도적이고 조직적인 행동의 계획과 수행은 교과의 특성에 따라서, 적어도 국어과의 경우에는 다루는 교수-학습 대상에 따라서 다양한 방식으로 이루어질 수 있다. 즉 일방적인 지식 전달 위주의 수업에서 학생들에게 일사불란하게 밑줄 긋고, 빨갛고 파란 펜으로 깨알같은 글씨를 써넣게 하는 행동을 하게 하더라도 교사와 학생이 그 수업 방식에 동의하고, 각자의 역할을 수행할 때 수업은 성공할 수 있다. 마찬가지로 토론에 열중하고 있는 학생들이 '너희들은 논점에서 벗어났어'라고 간섭해 오는 교사에게 다소 무례하게 '선생님은 저기 가요!'라고 말하며 교사의 간섭을 거부하고 자신들의 토론 진행 방향을 고수하면서 열심히 어긋난 결과물을 만들어 내더라도 수업은 성공할 수 있다. 혹은 교사가 조별 활동을 하느라고 너무 소란스럽게 뛰어다니는 아이들에게 "얘들아, 좀 조용히 해서 하자. 옆 반 선생님께서 뭐라시겠니?"라고 사정을 해도 아랑곳하지 않고 뛰어다니고 있어도 수업은 성공할 수 있다. 지금의 교실의 모습을 새로운 시각으로 볼 필요가 있다.

4.3 수업 실패가 교육 붕괴로 이어지지 않을 수 있는가?

지금까지는 교사의 의도적이고 조직적인 교수 행위가 일어나는 교수-학습 상황을 다루었다. 외형적인 소란과 무질서보다는 교사의 의도적인 수업 행위라는 측면에 초점을 맞추어서 교실 상황을 이해해야 한다고 하였다.

그렇다면 그 반대의 상황인 수업 실패, 즉 의도적이고 조직적인 교사의 교수 행위가 실패하는 경우는 어떻게 해야 할 것인가? 한 예로 '대화 이동과 수업의 진행의 예[11]'에서 교사가 적절한 응답을 선정하지

---

11) 095-ㅅ 어, 어디?
096-ㅎ 인터넷.
097-ㅅ 인터넷?
098-ㅎ 머릿속.
099-ㅅ 인터넷, 어디?
100-ㅎ 인터넷 다 봐요.
101-ㅎ 인터넷 다음
(교사, 정답만 받아 적는다. 학생들, 동시다발적으로 여러 가지 내용으로 응답한다.)

못하거나, 자신이 의도하는 답안 외에도 동시다발적으로 제시되는 내용 모두에 답하려고 할 때(발화 101) 수업 진행의 주된 흐름은 왜곡되고, 수업은 난관에 봉착할 수밖에 없다. 또 전형적인 수업 진행을 고수하기 위해서 융통성을 발휘하지 못하는 경우[12]가 생긴다면, 교사가 학생들 모두에게 다시 인사를 하도록 하거나, 야단을 치게 된다면, 교사와 학생은 수업의 시작부터 감정의 틈을 가지고 시작하게 된다. 이런 경우, 그 수업이 아무리 조용하고 정연하게 진행된다 하더라도, 교사가 의도한 교수 학습은 일어나지 못하고 그 수업은 실패하게 된다.

그러나 이 경우에도 4.1에서 언급한 것과 같이 교실이 붕괴되고 교육이 불가항력적인 상황에 의해 무력화되었다고 보기보다는 일부의 일탈, 문제 행위로 보고, 문제 해결이라는 측면에서 접근해야 할 것이라고 생각한다. 현재의 상황을 새로운 교실 장면이 형성돼 가고 있는 문화적 이행기로 본다면, 이 문제의 해법은 기존의 정형화된 수업에 대한 인식과는 다른 관점으로 모색될 수 있을 것이기 때문이다.

'수업 실패'로서의 '교실 붕괴', 나아가 '교육 붕괴'를 해결하는 방안은 여러 방면에서 찾을 수 있을 것이다. 교육의 주체인 교사, 대상인 학생, 그리고 교육 내용, 교육이 이루어지고 있는 환경. 어느 부분이라도 해결의 대상이 될 수 있다. 그러나 문제의 해결은 필연적으로 문제 장면의 변화를 요구한다. 따라서 문제 장면을 형성하고 있는 모든 요소는

102-ㅅ (학생들을 보며) 인터넷 어디?
103-ㅎ PC방
104-ㅎ (교사, 손짓으로 저지, 다음 학생을 가리키자) 야후에 들어가서 치면 되잖아.

12) ㅎ: 차렷 (아이들 집중하지 않고 떠든다)
ㅎ: 차렷
ㄱ: 차렷이다.
ㅎ: 경례
ㅎㅎ: 안녕하세요.
ㄱ: 네. 안녕하세요. (2001년 4월 13일)

변화의 대상이 될 수 있다. 그러나 그 중 한 요소를 변화시킨다는 것은 결국 그 장면 전체를 변화시키는 것이다. 물론 그러한 변화가 적절하지 못할 경우 그 상황이 지니고 있는 마찰력 때문에 변화를 사장시킬 수도 있다.

전체와 부분이 지니는 역동성을 고려하면서, 가장 효과적인 변화의 시작점을 찾는 것이 이 문제의 해결의 단초라면, 그 시작점은 교사가 되어야 할 것으로 본다. 교사가 교실 수업을 계획하고 진행하며 교실에서 일어나는 모든 상호 작용의 시작점이기 때문이다. 전문적으로 교실 수업을 운영할 수 있는 교사를 육성하고, 그 전문적인 교사가 자신의 전문성을 인정받고 또 발휘할 수 있도록 주변 여건을 지원한다면, 교사는 교육 활동을 이끌어나가는 신뢰받는 주체가 될 수 있을 것이고, 그러한 신뢰 회복이 곧 교육에 대한 신뢰로 이어질 수 있을 것이기 때문이다.

구어적 텍스트의 문체적 특성과 쓰기 교육

1. 들어가며

컴퓨터와 인터넷이 보편화되면서 우리의 언어 사용 방식도 이들 매체의 특성에 따라 변화하고 있다. 상대방과 직접 마주 보고 말하거나, 글을 써서 전달하던 방식 대신에 화면 위에서 글을 쓰지만 실제로는 상대와 말로 대화를 주고 받는 방식의 언어 사용 양상이 나타난 것이다. 이 통신 네트워크 상에서 일어나고 있는 새로운 의사 소통 방식은 말과 글로 대별되어 사용되던 우리 언어 생활의 모습을 바꾸어 놓았으며, 컴퓨터를 매개로 하지 않는 상황으로까지 확대되고 있다. 이런 방식으로 쓰여진 텍스트들은 글의 형태를 지니고 있으면서도 말의 특성을 유지하고자 한다. 그러므로 말과 글을 구별하여 지도하고자 할 경우, 이런 언어 사용 양상은 국어의 오용 현상이며, 교정 교육의 대상이 된다.

실제 학교 현장에서 쓰기 지도를 할 때, 교사들은 학생들이 쓰기에 쉽게 접근하도록 하기 위해, 말하듯이 쓰라는 책략을 구사하는 경우가 많다. 그러나 이 '말하듯이 쓰는 것'은 분명 '글을 쓰는 것'이지 '말을 그대로 옮겨 놓는 것'은 아니다. 그래서 학생이 '말을 그대로 옮겨 놓은 글'을 쓰면 교사는 그 글이 '글의 특성'을 지니도록 지도하게 된다. 쓰기 지도는 어느 정도 지도하고자 하는 글의 형태에 대한 전형을 상정하는 경우가 많다. 그러므로 '글'로서의 특성을 지니지 못하는 글은 쓰기 능력의 미숙성을 의미하는 것으로 지도 대상이 되는 것이다.

이런 관점에 따르면 여기에서 다루는 '글이 아닌 글'은 쓰기의 지도 범위에서 벗어난다. 그러나 많은 학생들이 이와 같은 글을 쓰고 있을 뿐만 아니라, 공식적인 매체에서도 이런 글을 쉽게 찾아볼 수 있다. 따라서 이 같은 글쓰기 방식을 단지 국어의 오용 현상으로 보거나, 교정 대상으로 파악하기보다 '매체 환경에 따른 글쓰기'라는 측면으로 생각해 볼 수 있다.

국어 교육적 입장에서 볼 때, 이단자와도 같은 이들 텍스트들을 분석하고 교육적 가치를 찾아보고자 하는 또 다른 이유는 이들 텍스트의 주된 사용자들이 10대에서 20대에 이르는 청소년층이기 때문이다. 이 점에서 이 연구가 청소년층의 언어 현실을 이해하며, 그로부터 바람직한 교육의 방향을 찾아낼 수 있다면, 국어 교육이 실제성을 획득하는 데 도움을 줄 수 있을 것이다.

본격적인 논의에 들어가기 전에 이 글이 다루고자 하는 통신 네트워크 상의 텍스트의 범위를 한정하고자 한다.

통신 네트워크 상에서 사용되는 언어의 모습은 대체로 다음의 세 가지 장면에 따라 달라진다. 대화방이라고 하는 공간에서 동시적으로 이루어지는 실제 대화 장면, 자료실이라고 할 수 있는 공간에서 주로 완결된 문서들로 소통되는 장면, 그리고 게시판, 낙서장과 같은 공간에서 이루어지는 글쓰기 장면을 상정할 수 있다. 이 중, 대화방에서 일어나는 언어 사용 장면은 공간만 다를 뿐, 실제 대화와 같은 상황으로 말하기 장면과 유사하다. 그리고 자료실과 같은 공간에서 일어나는 언어 사용의 경우는 독자들의 일방적인 읽기를 전제하므로 책이나, 글의 소통 장면과 같다고 할 수 있다. 그런데 게시판 등에서 일어나는 일종의 '게시판 글'의 경우는 앞의 두 장면이 혼용되어 있는 모습으로 구어와 문어가 구별되는 일상적인 언어 사용 장면과는 다르다.

이 글이 다루려고 하는 것은 이 세 번째 장면의 글이다. 이 장면에 참여하는 글들은 말하기의 특징과 글쓰기의 특징을 자유롭게 옮겨가면서 쓰여지고 있기 때문에 구어와 문어, 구어체와 문어체가 혼용되어 있다. 이런 글의 필자들은 자신이 완성해 놓은 것이 글임을 분명히 알고 있으면서도, 글보다는 말의 특성을 따르고자 한다. 따라서 필자가 글로 인식하면서도 의도적으로 말의 특성을 따르고 있는 이들 텍스트들을 '구어적 텍스트'로 구별하고, 이 유형에 속하는 글을 중심으로 논의를 전개하고자 한다[1)].

2. 구어적 텍스트의 보편화 양상

최근 우리들의 언어 생활에서 일어난 가장 두드러진 변화는 컴퓨터, 좀더 구체적으로 말하면 PC 통신과 인터넷 같은 새로운 매체에 의해 이루어졌다. 이들 매체는 의사 소통의 공적인 면과 사적인 면의 경계를 모호하게 하면서, 순식간에 새로운 형태의 언어 사용 방식을 유포시켰다[2)]. 이 사이버 세계에서의 의사 소통 방식에 의한 새로운 언어 활동들

1) 이 '구어적 텍스트'는 '구어체 텍스트'와 구별하고자 한다. '구어체'는 일상 생활에서 사용하는 '구어'를 글에 구현한 것으로 규정된다. 이 때, '구어체'로 표현된 글은 '말을 그대로 옮겨놓은 것'은 아니므로, 이 글이 다루고자 하는 '글'과는 문체적으로 다르다고 볼 수 있다.

2) 박성익(1998: 1-3)은 컴퓨터와 통신 기술을 기반으로 한 사이버 세계에서의 의사소통 방식은 인간들이 면대면으로 의사 소통을 하는 양식과는 판이하게 다르다고 한다. 사이버 세계에서 이루어지는 정보 교환이나 의사 소통의 방식은 문자,

은 인터넷과 같은 통신상의 네트워크를 기반으로 지금도 활발하게 생산되고 있다. 뿐만 아니라 사이버 세계의 위력이 커지면서 새로운 형태의 언어 사용 방식 역시 일상 생활 속으로 점차 확대되어 나타나고 있다.

이전의 언어 활동의 양상은 대체로 글과 말로 대별될 수 있었다. 말하는 이가 상대와 직접 만날 수 있다면 말을 나누게 될 것이고, 직접 만날 수 없다면 글을 쓰게 되는 것이었다. 전화의 경우, 장소만 다를 뿐 같은 시간에 소리내어 말하고 그 소리를 들으면서 의사 소통하므로 대화를 나누는 데 거부감이 없었다. 그러나, 통신 네트워크상의 의사 소통에서는 이 구분이 다소 애매해진다. 대화를 나누기에는 분명히 시간적인 차이가 있으며, 글로 소통하기에는 공간적 초월성이 있다. 따라서 이 의사 소통에 참여하는 이들은 시간적, 공간적 초월성과 동시성, 비동시성 때문에 글을 쓰면서도 말을 하고, 말을 하다가도 글을 쓰게 된다. 이런 점에서 현재 통신 네트워크 상에서 읽혀지는 글들은 매체에 의한 의사 소통 방식의 변화로 이전에 활자로 인쇄되어 읽혀지던 글과는 전혀 다른 글쓰기 의식을 지닌다고 생각할 수 있다.

이 글이 다루는 구어적 텍스트들은 통신 네트워크식의 의사 소통 방식을 따르고 있는 텍스트들이다. 이런 글들은 젊은층을 대상으로 하는 잡지에는 매우 보편적일 뿐 아니라, 일간 신문의 기사문에서도 쉽게 찾아 볼 수 있다. 이들은 글임에도 불구하고 말의 특성을 지니고 있다. 이

음성, 영상, 그래픽 등을 이용하고 있으므로 인간들 사이에 이루어지는 직접적인 의사 소통 방식보다 때로는 훨씬 더 이해하기도 쉽고 명확한 정보 교환이 이루어지며, 사이버 세계의 도래는 인간의 의사 소통, 정보 획득, 정보 교환 방식을 획기적으로 바꾸어 놓음으로써 인간 생활에 새로운 장을 열어 주고 있다는 것이다. 이런 사이버 세계에서의 의사 소통이나 정보 교환의 특성으로는 '익명성, 정보의 개방성, 공간과 시간의 초월성, 동시적- 비동시적 상호 작용, 여러 사람이 동시에 상호작용, 정보의 질적 · 양적 다양성, 자기 성찰의 기회 부여 등'으로 생각할 수 있다.

런 글의 필자들은 자신이 완성해 놓은 것이 글임을 분명히 알고 있다. 이 필자들은 자신이 생산하는 텍스트를 '문어'인 글로 인식하면서도 의도적으로 '구어'인 말의 특성을 따르고 있는 것이다.

우선 구어적 텍스트가 일상적으로 사용되는 평범한 글과 어떻게 다른지 살펴보자.

> (가) 선생님, 먼 옛날 지금부터 27년 전, 저의 고 1때의 추억으로 돌아가 봅니다. 교정에서 강당 쪽으로 1층 끝 교실, 선생님은 그 때 1학년 7반 담임이셨습니다. 그 교실에서 '눈빛이 유난히 맑은'(그 때 선생님의 표현으로) 한 소녀를……. 지금은 잊으셨을 거예요. 저희들의 국어 시간은 항상 웃음밭이었지요. 웃으시면 잇몸을 드러내며 함박 웃음을 지으시던 선생님! 아이들이 사모님을 어떻게 만나셨냐고 이야기 해달라고 조르니까, '눈에 딱 띄길래 눈 딱 감고 프로포즈했다'고 말씀하시던 장면이 떠오릅니다.
>
> (이상익 · 조연희(2000), 우리의 기쁨 영원하기를, 98면, 집문당)

> (나) 헤헤^^
> 아까 정말 아리따운 목소리가 들려 긴장했다.
> 내가 아는 이 중에 일케 이쁜 목소리가...--;;;;
> 게시판 지기를 맡게 해주셔서 행복해따.
> 내가 사랑하는 통사모에 뭔가를 해 줄수 있다는 기쁨...헤 ^^*
> 게다가 사랑하는 이쁜 우상언니를 조금이나마 도울수 있다는 행복감~
> 오늘밤은 가슴 벅찬 기분으로 잠을 이루리라~
> 우상언니 저 오늘 언니한테 다시금 반했다우~~~ 캬~
> 언니 얼굴만 이뿌신줄 알았더니 목소리까지...
> 역띠 우리 짱은...호호 ^^*
> 기분 조오타~~~
>
> (하이텔 동호회 '통신 사랑 -게시판'에서)

위에 예시한 (가) 글은 우리가 쉽게 접할 수 있는 편지글로 40대 후반의 주부가 은사에게 보낸 것이다. (나) 글은 일종의 게시판 글로, 게시판 지기가 된 소감을 쓴 글이다.

(가) 글은 마치 선생님에게 이야기하는 것처럼 쓴 글로 매우 구어적이다. 그러나 필자는 자신의 생각을 글로 표현하는 과정에서 서술어를 완전히 갖추고, 호응 관계를 지키며, 중문과 복문을 많이 사용하는 등, 각 문장을 완결된 문장으로 완성하고 있다. 따라서 (가) 글은 비록 글의 분위기는 구어적이지만 우리가 생각하는 완전한 글의 특성을 지니고 있어 '구어체 문장'이라고 할 수 있는 글이다

그러나 (나) 글의 경우, 완성된 글에서는 사용되지 않는 요소들, 예를 들어 사람의 표정을 닮은 상형 문자들과 '헤헤'와 같은 의성어들이 글 속에 자연스럽게 등장하고 있다. 또 '우상 언니 저 오늘 언니한테 다시금 반했다우~~~, 캬~'처럼 물결 부호를 사용하여 자신의 어투와 어조를 반영하고 있다. 또 서술어를 제대로 갖추지 않아 문장이 완성되지 않은 상태에서 일방적으로 끝나는 경우도 많다. 뿐만 아니라, 또 한 장면이 종결되지도 않았는데도 다른 장면으로 옮겨한다. 즉 사건을 서술하다가 갑자기 구체적인 상대에게 말을 걸고, 또 특별한 과정을 거치지 않고 다시 '기분 조오타~~~'며 서술하는 입장으로 다시 돌아간다[3].

---

3) 이는 말에 해당하는 부분에 따옴표 같은 문장 부호를 붙이는 정도로 글이 될 수 있는 상황이 아니다. 거의 독백에 가까운 형태라고 할 수 있다. 따라서 이 내용을 글로 쓴다면 맥락을 보충하고 서술어를 채우는 등의 작업을 더해야 할 것이다. 이 글을 맥락과 서술어를 보충하여 다듬어 보면 다음과 같은 글이 될 것이다.
<아까 정말 아리따운 목소리가 들려 속으로 몹시 긴장했다. 내가 아는 이 중에 이렇게 예쁜 목소리가 있었던가! 우상 언니가 나에게 게시판지기를 맡겨주셔서 행복했다. 내가 사랑하는 통사모에 뭔가를 해 줄 수 있다는 기쁨, 게다가 사랑하는 예쁜 우상 언니를 조금이나마 도울 수 있다는 행복감(으로 가슴 벅차다), 오늘 밤은 가슴 벅찬 기분으로 잠을 이루리라.
우상 언니, 저 오늘 언니한테 다시금 반했다우. 언니는 얼굴만 예쁘신 줄 알았더니 목소리까지 예쁘군요. 역시 우리 짱이 최고야. 오늘은 정말 기분좋다.>

말과 글을 구별하고 이를 분명하게 인식하여 구별하여 표현하도록 지도할 경우, (나)와 같은 글은 '글'로서는 적절하지 못하다. 그러나, 이런 글이 점차 보편화되고 있다면 문제는 달라진다.

다음 (다), (라)는 공식적인 매체에 나타나는 구어적 텍스트의 예이다. (다) 글은 젊은이를 대상으로 하는 대중적인 잡지의 기사로 일종의 기행문이라 할 수 있는 글이고, (라) 글은 일간 신문의 기사이다. 이들은 모두 필자의 눈에 보이는 사람들의 모습을 묘사하고 있다.

> (다) 정말 몰랐다, 파리 인간들도 그럴지. 그럴 줄 알았으면, 광 내고 때 빼고 패셔너블한 옷을 한 보따리 싸갔을 것을. 이탈리아만 그런 줄 알았다. (내가 가장 가고 싶은 나라가 이탈리아이다.) 이탈리아가 어떠냐면? <중략> 미국만 다인종 국가냐? 아니다. 유럽도 더 이상 백인 천국이 아니다. 파리에선 특히 아랍계나 흑인들이 정말 많이 보인다. (동양인은 거의 안 보인다.) 더구나 스타일 좋은 흑인. 누구 말마따나 흑인들도 미국과는 분위기가 틀리다. 옷차림이 틀려서 그런가? 힙 합 춤보다 이같이 미니멀하면서 탁월한 몸매를 팍팍 살리게 똑 덜어지는 옷차림이 많다. 물론 외곽에 나가면 다르지만. 아무튼 여자들은 꼬드기느라 바쁜 것을 꼬드겨 사진 몇 방 박았다. 이유? 스타일 조오~잖아? 거기다 핸섬하고.
>
> (카이, 2000년 8월 6일, Paris trend #1)

> (라) 요란한 음악에 맞춰 차량을 안내하던 짧은 치마 여성들이 주섬주섬 카세트며 앰프를 챙겨듭니다. 사위가 어두워가는 지금은 오후 8시. 일과를 마친 직장인들이 귀가를 서두를 시간입니다만, 조명 훤한 창고형 건물 안으로 이어지는 차량 행렬은 이제부터입니다. 무슨 일이냐구요? 글쎄, 반바지에 슬리퍼 차림의 남편을 앞세우고 아이들을 걸리면서 뒤따라가는 민소매 원피스의 아내를 보면 '일'이라고 단정짓기는 힘들죠.
>
> (중앙일보, 2000.7.15, 33면 여름 · 도시 · 풍경)

위의 (다) 글은 마치 말을 그대로 옮겨 놓은 듯하다. 어순이 자유롭고, 일상어, 외국어, 유행어, 어투를 표현하는 어미와 부호 등이 전혀 여과되지 않고 사용된다. 또, 자문자답식의 문장 연결과 아주 개인적인 호감도 거리낌없이 나타내고 있다. 이런 표현은 독자에게 친근감을 주며 어느 정도 자극적인 인상을 주기도 하다. 글로 이해하기에는 매우 낯설지만, 마치 친구들과 수다를 떠는 듯하여 독자들은 꽤 재미있게 받아 들일 수 있다[4]. 그러나 통신이나 인터넷과 같은 네트워크상의 의사소통 방식에 익숙하지 않은 이들에게는 이런 글은 매우 낯설고 이해하기 어려운 언어 형태이다.

(다)와 같은 글은 청소년층을 대상으로 하는 잡지나, 통신 네트워크상에서만이 아니라 좀더 공식적이고, 보편적인 매체에서도 빈번하게 사용된다. (라) 글은 (다) 글에 비하여 일간지라는 좀더 공식적이고 보편적인 매체를 이용하고 있지만, 기본적인 필자의 의도와 표현은 (다)글과 유사하다.

(라) 글의 경우, (다)글에 비하여 독자층이 넓고, 공식성이 강하기 때문에 (가)나 (다) 글처럼 지나치게 이질적으로 쓰여 있지는 않다. 이 글의 필자는 텔레비전 방송의 리포터가 화면을 보여주면서 이야기하고 있는 듯한 방식을 사용하고 있다. (다) 글처럼 구어의 어미를 사용하고, 명사로 끝나는 문장, 자문자답식의 문장을 사용한 것은 이 글의 구어적 특성을 잘 보여주는 것이다. 또, 호기심을 유발하면서 이야기를 이끌어 가는 것도 중요한 내용부터 단계적으로 전달하는 일반적인 기사의 형식과는 구별된다. 그렇다고 하여 (라) 글이 주부들을 독자로 하여 '여름 저녁의 대형 할인점에서 볼 수 있는 소비자 행태'를 보도하는 기사문의 정보 전달적 목적 수행에 충실하지 않은 것은 아니다. 오히려 이런 글

4) '독자평'을 비롯하여 이 잡지의 여기저기에 이 글을 쓴 기자를 호의적으로 평가하는 내용이 많이 나온다.

을 통하여 독자들에게 쉽고 충실하게 필자의 생각을 전달하고 있다고 볼 수 있다. 필자는 정형화된 기사 양식에 맞추어 객관적인 정보만 전달하는 무미 건조한 기사문 대신에 독자에게 정말 말하는 듯한 글을 씀으로써 편안함을 제공하면서 실제 기사 내용에 대한 이해력도 높이고, 정보 전달에도 효과를 얻은 것으로 생각할 수 있다[5].

이 (다)와 (라) 글처럼 통신 네트워크 상에서 사용되는 구어적 텍스트의 특성들은 점차 여러 매체에서 일반화되고 있다. 또한 신문, 잡지처럼 매우 보편적인 대중 매체에서 쉽게 찾을 수 있을 정도로 이들 구어적 텍스트가 일상적인 언어 소통 방식으로 사용된다고 할 수 있다.

위의 (가)에서 (라)까지의 글들을 통해서 살펴본 것처럼 구어적 텍스트들은 분명히 글이면서도 구어와 문어, 구어체와 문어체의 경계를 자유롭게 넘나들고 있다. 이 텍스트들은 명백히 다른 사람이 읽기를 바라면서 화면 또는 지면 위에다 써 놓은 '글'이다. 따라서 이 글의 필자들은 직접적이고 즉각적인 의사 소통이 되지 않을 수 있다는 '글'의 기본 특성을 인지하고 있다. 그렇지만 그들이 사용하고 있는 언어 형식은 상대와 직접 대면하여 말을 건네는 듯한 '말'의 특성을 지니고 있다. 그것은 자연스러운 말을 그대로 옮겨 놓은 것이 아니라, 의도적으로 말과 닮게 한 글이다. 다시 말해 이 텍스트의 필자들은 분명히 글을 쓰고 있다는 것을 알면서도 의식적으로 상대가 이야기를 듣는 듯한 대화 상황을 구축하고자 하고 있다.

이것은 필자들이 자신들이 사용하는 의사 소통의 매체의 특성을 강

5) 이런 기사문들은 신문들이 지면을 독자층이나 주제에 따라 분할하고 여성이나 젊은이들을 주요 독자층으로 인식하면서 나타나기 시작했다고 볼 수 있다. 즉 쓰기 상황을 구성하는 독자 변인과 쓰기의 목적 변인이 쓰기 과정에 직접적으로 영향을 미쳐 실제 기사문의 형식을 변화시킨 것으로 생각할 수 있다.

하게 인식하고 이를 의사 소통 방식에 적극 반영한 것으로 생각할 수 있다. 분명히 통신 네트워크 상에서의 의사 소통은 글을 쓰는 것으로 이루어진다. 그러나 그런 글을 쓰는 필자들은 이 의사 소통 과정을 궁극적으로는 개인들 사이에서 일어나는 대화의 연장으로 인식하여 실제 대화에서처럼 상대와의 접촉을 유지하면서 친밀함을 형성하려는 의도를 지닌다. 따라서 구어적 텍스트의 필자들은 글이라는 매체를 사용하지만, 가능한한 말과 같은 글을 사용함으로써, 독자와의 친밀도를 높이고, 의사 소통을 원활히 하고자 한다고 볼 수 있다.

그렇다면 이 텍스트의 필자들이 이렇게 의식적으로 대화 상황을 유지하려고 하는 이유는 무엇일까? 그 이유로는 먼저 이 텍스트가 실리고 있는 매체의 특성과 관련하여 생각할 수 있다. 독자가 어느 정도 한정되어 있는 잡지, 신문의 섹션과 함께 컴퓨터통신이나 인터넷과 같은 전자 네트워크는 참여자들에게 개인적이고 비공식적인 매체로 인식된다. 특히 전자 네트워크는 참여자들에게 시간적, 공간적 제약으로부터 자유를 부여하면서 수천, 수만의 사람들이 동시에 같은 네트워크 상에 연결됨으로써 인간 관계의 필수 요소인 상대방이 다양하게 그리고 언제나 존재하고 있다는 것을 체험하게 해준다. 항상 다수의 상대와 개인적인 접촉이 가능한데다, 자신의 말과 글의 공익성을 검열받지 않는다. 거기다가 필요하면 참여자의 익명성까지 보장되기 때문에 어떤 다른 매체보다도 자신을 솔직하게 드러낼 수 있다[6]. 이런 개인적이고 비공식적인 관계망을 형성하고 있는 이상, 구어적 텍스트들의 필자들은 이 관계망의 요구에 충실히 따르기 위해 개인적이고 비공식적인 의사 소통 방식을 선호하게 된다.

---

6) 물론 이러한 익명성이 남용될 때 무책임한 의사 소통이 이루어질 수도 있으며 그 결과 그러한 소통 과정의 참여자들은 통신상의 인간 관계에 회의를 느끼게 된다 (박현순, 1997: 29).

3. 구어적 텍스트의 문체적 특성

이 장에서는 구어적 텍스트의 문체적 특성을 살펴보고자 한다[7].

이를 위해 본고는 여러 가지 구어적 텍스트 중에서 통신 네트워크 상에서 나타나는 구어적 텍스트를 주 분석 대상으로 삼을 것이다. 분석의 초점은 이들 텍스트에 나타나는 구어적 특성에 맞추어질 것이며 경우에 따라 그런 표현을 하는 필자의 의식을 살펴볼 것이다.

통신 네트워크 상에 나타나는 구어적 텍스트들은 대개의 경우, 앞에서 예를 들었던 잡지나 신문의 기사처럼 자신만의 문체를 지녔다고 할 수 있는 전문적인 필자의 글이 아니다. 그런 글들은 글이 읽혀질 때의 특별한 효과를 의식하여 필자가 의도적으로 개성적인 언어 사용을 하고 있다고 볼 수 있다. 즉 필자가 의도적으로 구어적 텍스트를 생산하는 것이다. 그러나 통신 네트워크 상의 구어적 텍스트의 필자들은 '게시판 글' 정도의 소박한 장르 의식을 가지고 글을 쓴다[8]. 게시판에 자기가 쓴 글을 올려 놓으면 다른 사람들이 와서 읽고 간다는 정도의 장르 의식이다. 따라서 같은 게시판 글이라도 전형적인 글에 가까운 것도 있고, 말에 가까운 것도 있다[9]. 대부분의 필자들은 자신의 생각을 꾸밈없이 표현하고자 한다. 따라서 이 텍스트들은 전문적인 필자의 글보다 필자가 글을 쓰면서 자신의 글에 대하여 어떤 태도를 지니고 있으며, 그런 태도를 어떻게 자신의 글에 드러내는지 살펴보는 데 용이하다.

---

7) 가능한 여기 제시되는 예들은 뒤에 자료로 첨부된 글에서 뽑으려고 하였다. 자료 글은 하이텔의 통신사랑 동호회의 게시판에서 연이어 올려져 있는 4편을 따온 것으로 통신상의 게시판 글의 일반적인 모습을 잘 나타내고 있다고 생각된다.

8) '게시판 글'은 '게시판에 올리기에 적절하게 쓴 글'이라는 의미로 필자의 임의적인 명명이다.

9) 게시판에 나타나는 글 중에는 대화방에서 사용하는 것과 같은 구어는 없다. 이는 필자들이 자신의 글이 대화에서처럼 같은 시간대에서 쌍방향의 의사소통이 이루어지는 것이 아님을 분명히 인식하기 때문이다.

이 장에서 살펴보려는 구어적 요소는 축약어 사용, 표음적 표기, 표기의 혼란, 유행어의 사용, 상감 문장와 같은 비언어적 기호의 사용, 의성어 삽입, 개성적인 어투의 반영, 용언의 생략, 잦은 휴지, 띄어쓰기의 거부, 단어 · 표현의 잦은 반복, 길게 이어지는 문장, 어투 등이다.

가. 축약어 사용

· 그래서 아침에 축구한겜 차는데 왜 그렇게
· 낼은 수학여행(내일)
· 오늘 일욜이러서(일요일)

축약어는 주로 모음이 축약된 형태가 많이 나타난다. 그런데 이는 신속하게 쓰려고 하는 의도도 있겠지만, 자신을 말로 가리킬 때 대개의 경우, '나는 순잡니다.' 혹은 '영민이입니다'라고 하지 '순자입니다, 영민입니다'라고 하지 않는 것처럼, 시간적 효율성의 문제라기보다는 구어의 영향이라고 보아야 할 것이다.

나. 표음적 표기

· 오늘 하루는 정말 울수도 없꼬
· 게시판 지기를 맡게 해주셔서 행복해따.
· 홧김에 애꿎은 생맥주만 마셔대구...
· 어휴...다리 힘은 다 풀리고 맥주까지 만이 마셨눈데

발음대로 표기하는 것도 단순히 맞춤법 오류라기 보다는 말이 지니는 생동감을 그대로 전달하기 위한 방법으로 생각할 수 있다. 특히, '마

셔대구'처럼 통신 사용자의 직접적인 어투를 반영하려고 한 표기는 구어에 좀더 가까워지려는 의식적인 표기라고 할 수 있다.

다. 표기의 혼란

· 그렇게 열씸히 먹고 있는데
· 학교다닐때는 하루에 몇 개임씩뛰어두

여기 제시된 '열씸히'는 필자가 맞춤법을 모른다거나 혹은 무의식적인 오동작(오타)의 결과라고 할 수는 없다. '-두' 유형의 경우, 실제 구어 상황에서도 '-도'와 혼용되어 사용되고 있지만 통신 네트워크상에서는 절대적인 우위를 차지하고 있다. 이 경우는 필자는 의도적이든, 비의도적이든 구어를 그대로 반영하기 위해 표기의 혼란을 용인하고 있는 것으로 생각할 수 있다.

라. 유행어의 사용

· 쌤쌤이 하루....
· 비록 알바 이지만...
· 지금 핸펀이 되는지 안되는지도 모르고..
· 생각한건 온니 한가지...
· 역띠 우리 짱은...호호 ^^*

말 속에 유행어를 섞어 쓰는 것 역시 구어의 중요한 특성이다. 직접성과 일회성, 현재성을 지니고 있는 구어는 생생한 표현을 하기 위해서 사용된다. 통신 참여자들은 상대와 연령차가 크지 않고 유사한 흥미,

관심 거리를 지니고 있기 때문에 유행어를 사용하는 것이 전혀 어색하지 않다. 오히려 이러한 유행어의 사용은 동류 의식을 강하게 하여, 더 적극적인 의사 소통의 조건을 제공해준다고 할 수 있다. 통신 네트워크 상에서 유행어가 사용되는 것도 이러한 의식과 무관하지 않다고 볼 수 있다.

마. 비언어적 기호의 사용

· 가뿐했눈데...ㅜ.ㅜ
· 일찍자야지..ㅡ_ㅡ ° °
· 역띠 우리 짱은...호호 ^^*

위의 예에서 나타나는 'ㅜ.ㅜ'나 '^^*'은 간단한 기호를 이용하여 말하는 이의 표정을 드러내려고 하는 상감 문자들이다. 이 상감 문자[10]는 온라인 상의 의사 소통이 면대면 상황이 아니기 때문에 이를 보완하기 위한 방법이라고 생각할 수 있다[11]. 대체로 이 상감 문자는 자판에 존재하는 몇 가지 음운이나, 기호를 이용하여 사람의 표정과 유사한 모습을 만들고 있다. 구어적 텍스트에서는 이러한 상감 문자가 빈번하게 쓰이고 있는데 이것은 통신을 이용하는 사람들이 자신의 언어 사용을 일

10) 상감문자는 스마일리(smily)라고도 하는데 화자가 텍스트로 전달하기 어려운 개인적인 감정을 시각적으로 표현함으로써 메시지의 전달 효과를 높이고자 노력한 결과물로 이모티콘(emoticon)이라 한다. 또 '안냐세요, 어솨요, 1004 등'과 같이 타자의 편의를 도모하고 보다 재미있는 전달을 위하여 고의적으로 철자법을 틀리게 하는 경우를 이모텍스트(emotext)라고 한다.

11) 이모티콘이나 이모텍스트의 존재는 타자를 통해 대화를 나누는 컴퓨터 통신이라고 하는 상황을 극복하고자 하는 노력이 결과이다. 이들은 가상 공간에서의 대화방이 텍스트의 한계를 넘어서지 못하는 한 그 한계를 극복하기 위한 장치로 존속하겠지만, 시청각이 모두 실시간으로 전달이 가능하게 되면 급속히 약화된 것으로 예상된다(최병우, 1999: 92).

상적인 것과 차별화하려는 의도이기도 하지만, 자신이 수행하고 있는 의사 소통 과정이 비대면 상황임을 분명하게 인지하고 있기 때문에 나타나는 현상이기도 하다. 즉 자신의 얼굴을 직접 볼 수 없는 상대에게 유형화된 표정이라도 전달하여 비대면의 대화적 상황을 보완하고 또한 자신의 생각을 좀더 직접적으로 전달하고자 하는 것이다.

바. 의성어 삽입

· 벌써 축 늘어지다니...흑흑
· 거기서 카메라 받았떠여...하하하
· 내가 사랑하는 통사모에 뭔가를 해 줄 수 있다는 기쁨...헤 ^^*
· 우상언니 저 오늘 언니한테 다시금 반했다우~~~ 캬~

의성어를 문장 중간에 자주 삽입하고 있는 것도 위의 상감 문자를 삽입하는 것과 같은 효과를 얻으려는 것으로 생각할 수 있다[12].

사. 개성적인 어투의 반영

다음에 제시되는 용언들의 어미는 규범적인 것도 아니며, 실제로 글이나 말에서 사용되는 것으로 보기도 어려운 것이다.

· 2년만에 뛰는 축구라 넘 힘들었음돠...
· 그냥 골문앞에 앉아서 골기퍼랑 둘이 놀았져...히히

12) 통신 네트워크 상에서 의성어, 의태어의 사용에 대하여 박갑수(1998)에서는 이들이 신세대들이 감각적 표현을 추구한 결과로, 주로 특수한 장면을 표현하는 데 사용된다고 하였다. 예를 들어 황당한 말을 들었을 때는 '꽈당, 떼떼굴, 빽, 발라당, 쿵'을, 썰렁한 분위기나 썰렁한 말을 들었을 때는 '음냐냐…, 쩝…' 등을 사용한다고 한다.

· 거기서 카메라 받았떠여...하하하
· 오늘 추첨해서 경품주는 시간이 있었거덩여
· 우상언니 저 오늘 언니한테 다시금 반했다우~~~ 캬~

이 경우는 위에서 언급한 것처럼 표음적 표기를 통해 말을 옮겨 놓은 듯한 효과를 주는 의식적인 노력과는 다른 면에서 필자 자신의 개성을 드러내는 것이다. 문어는 규범적인 언어 형태를 사용함으로써 필자만의 독특한 개성을 드러내지 못하는데 비하여 구어는 각자가 가진 어투나, 억양까지도 그대로 드러낼 수 있다. 그런데 이런 개성적인 어투나 억양은 자기 자신은 인지하기 어려운 것이기는 하지만 분명히 다른 사람과 구별되는 장치임에 틀림없다. 따라서 억양이나, 어투와 같은 말이 가지는 독특성을 대신하여 통신 사용자들은 특이한 어미를 사용하거나, 억양을 표시하는 기호를 사용하여 스스로 자신의 개성을 창조해 내고 있다. 구체적으로 표현하기 어렵지만 분명히 실제하는 자신만의 개성을 실제 존재하는 것은 아니지만 자신만이 사용하는 독특한 어미나 억양을 보여주는 특별한 장치를 통해 의도적으로 드러내고자 하는 것이다.

아. 용언의 생략

· 내가 아는 이 중에 일케 이쁜 목소리가...--;;;;
· 언니 얼굴만 이뿌신줄 알았더니 목소리까지...

생략은 주로 용어의 경우에 많이 일어난다. 이 때 생략되는 용언은 문맥으로 충분히 알 수 있는 것으로 축약어와 마찬가지로 신속하게 쓰려고 하는 의도도 있겠지만, 굳이 완결된 문장을 꼭 사용할 필요가 없는 구어의 영향이라고 보아야 할 것이다.

자. 잦은 휴지

· 케이스도 거의 망가지고...흑흑
지금 핸펀이 되는지 안되는지도 모르고..
근데 좋은일이 있었슴돠...

잦은 휴지는 구어의 일반적인 특징이다. 글을 쓰는 경우에는 도중에 생각이 떠오르지 않거나, 뒷말과의 간격이 벌어져도 휴지를 표시할 필요가 없다. 그러나, 통신 네트워크 상에서는 한 어절 정도의 말을 하고 나면 거의 언제나 행을 바꾸거나, 말줄임표 등을 사용하여 휴지를 드러내고 있다. 이것은 자신의 생각을 쓰고 있기는 하지만, 생각을 정리하여 글로 쓰는 것이 아닌, 머리 속에 떠오르는 대로 전달하기 때문이다. 대부분의 글이 명제 단위로 끊겨 있는 것은 곧 머리 속에서 생각이 형성되어 말을 하는 것과 비슷한 과정이라고 할 수 있다.

차. 띄어쓰기의 거부

· 오늘 하루는 정말 울수도 없꼬
· 한겜도 다뛰기기도 전에 다리에 힘이
· 학교다닐때는 하루에 몇 개임씩뛰어두

쓰기에서 띄어쓰기는 실제 발화에서의 휴지를 반영한다기보다는 단어라는 의미적, 기능적 단위를 뚜렷하게 구분하기 위해 사용되는 것이다. 물론 언어의 단위들은 분절적이기 때문에 띄어쓰기는 실제 말하는 언어 단위와 대체로 일치한다. 그러나, 말을 할 때는 의존 명사나, 일음절의 부사, 수 관형사 등과 같이 그 길이가 다른 어절에 비해 현저하게 짧은 경우는 의도적으로 구분하여 말하지 않는 이상 분절되어 발음되지 않는다. 또 절이나 한 문장, 또는 한 단락이 끝났다고 더 오래 쉬는 것도 아니다. 생각의 흐름에 따라 더 오래 쉬기도 하고, 조금만 쉬기도 하는 것이다. 따라서 위에 나타난 띄어쓰기의 경우도 실제 구어에서의 분절 양상을 반영하는 것으로 생각할 수 있다.

카. 단어 · 표현의 잦은 반복

· 오늘 하루는 정말 울수도 없꼬
웃을 수도 없는 하루다....
회사에서 체육대회를
하는지라 안갈수도 없었고

· 내가 사랑하는 통사모에 뭔가를 해 줄 수 있다는 기쁨...헤 ^^*
게다가 사랑하는 이쁜 우상 언니를 조금이나마 도울수 있다는 행복감~

구어는 순간적이기 때문에 기억에 도움을 줄 수 있는 리듬이나 운율을 사용하는 경우가 종종 있다. 이런 리듬이나 운율은 또한 반복에 의해서 발생하는데, 위에 제시한 동일 유형의 반복은 그런 구어적 특성을 보여주는 것으로 생각할 수 있다. 즉 순간적인 언어 사용이 아니지만 비슷한 문장 유형을 반복하여 리듬감을 주어 소리내어 읽을 때 얻을 수 있는 재미와 효과를 주고 있는 것이다.

타. 길게 이어지는 문장

·회사에서 체육대회를 하는지라 안갈수도 없었고
비록 알바 이지만...
그래서 아침에 축구한겜 차는데 왜 그렇게
힘들든지...
한겜도 다뛰기기도 전에 다리에 힘이
풀리는 황당한 경우가 생기지 않나
쥐가 생기지 않나
2년만에 뛰는 축구라 넘 힘들었음돠...

통신 상에 사용되는 문장은 호흡이 길어 계속 이어지는 경우가 많다. 위의 경우처럼 휴지와 행바꿈이 있기는 하지만 하나의 문장으로서는 지나치게 긴 문장임에 틀림없다. 이 역시 구어를 반영하는 것으로 간결하고 단정적인 문어체와는 전혀 다른 양상이라고 할 수 있다[13].

파. 어투

통신에서 사용되는 구어적 텍스트들은 특히 온라인이라는 매체의 특성을 인지하여 글을 쓴다기보다는 누구에게 이야기를 들려주고 있다고 볼 수 있다[14]. 구어적 텍스트가 이야기 들려주기의 어투를 지니는 것과

13) 여기에 제시된 것 외에도 통신어에는 사투리와 언어 유희에 의한 신어가 많이 쓰인다. 이들은 대화 참여자들이 대화에 좀더 관심을 갖고 친밀감을 갖게 하기 위한 것으로 여겨진다(박갑수, 1998: 92-93).

14) 이야기를 한다는 것은 누구에겐가 내 말을 들려주는 행위이다. 말을 들려준다는 것은 대화는 아니다. 그러므로 이런 들려주는 행위의 특성은 구어적 텍스트에서도 그대로 나타난다. 이것은 구어적 텍스트들이 구어적 특성을 지니고 있기는 하지만 결코 실제 구어와 완전히 일치하지 않는 이유이기도 하다. 다시 말해 말하듯이 쓰려고 하는 것이지 말하는 것은 아닌 것이다. 여기에서 우리는 이런 글들을 구어라고 말하기보다는 구어체 특성을 지니고 있다고 하는 것이 더 바람직함

관련하여 김미향(1998: 9-10)은 '-라', '-더라' 형태의 어미는 '구어체. 직접 지각, 거리감 있음, 관심거리임'이라는 특징을 지니며 마치 작자가 직접 장면을 보고서 청자에게 얘기하는 듯한 표현이 된다고 하였다.

이런 특징은 통신상의 구어적 텍스트의 전달 방식에서도 그대로 드러난다. 아래의 경우, '-다'와 같은 문어적이고 단정적인 표현보다는 자신이 행동한 사건인데도 사건을 전달하는 표현을 혼용하고 있다.

· 그냥 골문앞에 앉아서 골기퍼랑 둘이 놀았져...히히
· 오늘 추첨해서 경품주는 시간이 있었거덩여
· 달랑 네명 뽑았는데 거기에 제가 뽑혔다는거 아닙니까...하하하
· 며칠전에 보니.. 펌프가 업이 되어서... 나왔더군요...
· 그니깐 하기가 아까더군요... 그래도 꿋꿋이 했지만서도..

여기에서 '놀았져'는 '놀았지요'를 줄인 것으로 일반적으로 어떤 사건을 전달할 때 사용하는 어형이라고 할 수 있다. '있었거덩요(있었거든요), 뽑혔다는거 아닙니까(뽑혔다는 것 아닙니까)'도 마찬가지이다. 그리고 '나왔더군요', '아까더군요(아깝더군요)'는 '-더라' 형태라고 할 수 있다.

또 김미향(1998)은 문장의 연결 방식에 대해서도 우리 옛 문장의 문장 연결 방식에서 특이한 점을 우선 종결보다 연결을 즐겨 씀으로써 문장의 길이가 분절없이 길어진다는 점을 들고 있다. 이는 문장이 숨가쁘게 계속 연결되거나 아니면 연결 어미 부분에서 뜸을 두는 것 같은 구연 의식을 가지고 문장에 임하게 하는 요인이 된다고 한다. 이런 사건의 구어적 전달을 보여주는 구연 의식은 게시판 글의 경우에도 그대로 드러난다.

을 알 수 있다.

·회사에서 체육대회를 하는지라 안갈수도 없었고
비록 알바 이지만...
그래서 아침에 축구한겜 차는데 왜 그렇게
힘들든지...
한겜도 다뛰기기도 전에 다리에 힘이
풀리는 황당한 경우가 생기지 않나
쥐가 생기지 않나
2년만에 뛰는 축구라 넘 힘들었음돠...

위의 예에서 보는 것처럼 특히 연결 어미 부분에서 말줄임표를 이용하고 행을 바꿈으로써 뜸을 두도록 하는 것은 '-더라'와 관련된 지적처럼 청자에게 사건을 전달하는 구연의식을 드러내는 것으로 볼 수 있다.

또 옛글의 특이한 연결 어미로 '-ᄂᆞᆫᄃᆡ'를 들면서, 현대 문장 같으면 길게 연결되어 있는 문장에 쓰인 '-는데'는 연사가 문장을 길게 이어가다가 이제 곧 중요한 이야기를 할 시점이라고 하는 것을 미리 드러내는 역할을 한다고 한다(김미향, 1998: 15)[15]. 다음의 경우에도 '-눈데(-는데)'는 '-는데' 이후에서 행갈이를 함으로써 유사한 효과를 일으키고 있다.

·그렇게 열씸히 먹고 있는데
또 축구 하라구 하는데...
어휴...다리 힘은 다 풀리고 맥주까지 만이 마셨눈데
무슨 재주도 뛰어.....
그냥 골문앞에 앉아서 골기퍼랑 둘이 놀았져...히히

15) 다음의 예에서처럼 '-ᄂᆞᆫᄃᆡ'는 전체적으로 길고 긴 문장을 읽는 데에 중간중간에 호흡을 주며 뭔가 그 다음 사건을 기다리게 하는 효과를 일으킨다.
·아즉 초져녁인듸 혈마 도적놈 드러올나구요 ᄒᆞ면서 미다지를 열고 나셔ᄂᆞᆫᄃᆡ 나히 열 다셧즘 되고 얼골이 동구슈름ᄒᆞ고 어엿븐 얼골이다.<설중매> 중

이상에서처럼 통신에서 사용되는 이들 텍스트들은 문어적이고 단정적인 표현보다는 자신이 행동한 사건인데도 사건을 전달하는 표현을 혼용하고 있으며, 문장이 계속 연결되거나 아니면 연결 어미 부분에서 뜸을 두는 것 같은 구연 의식을 가지고 글을 씀으로써, 실제로는 말하는 것처럼, 이야기를 들려주는 것과 같은 어투를 사용하여 글을 쓰고 있다.

이제까지 구어적 텍스트들의 문체적 특성을 살펴보았다. 구어적 텍스트들의 문체적 특성을 보여주는 것들은 축약어 사용, 표음적 표기, 표기의 혼란, 유행어의 사용, 상감 문장와 같은 비언어적 기호의 사용, 의성어 삽입, 개성적인 어투의 반영, 용언의 생략, 잦은 휴지, 띄어쓰기의 거부, 단어 · 표현의 잦은 반복, 길게 이어지는 문장, 어투 등이었다. 구어적 텍스트의 필자는 이들 요소을 통해 자신의 글이 문어임에도 불구하고 의도적으로 구어적 효과를 유지하고, 표현하는 것으로 나타났다[16].

4. 결론 - 쓰기 교육적 의의를 생각하며

최영환(1998: 140)은 매체의 변화로 인해 국어 사용 및 국어 교육에 근본적인 변화가 일어났다고 하였다. 이 때의 근본적인 변화란 언어를 사용하는 양상의 변화이면서 동시에 언어를 보는 관점의 변화이다. 매

16) 구어적 텍스트의 필자들이 이와 같은 표현을 즐겨 사용하는 것에 대하여 박갑수(1998)는 통신어들을 주로 사용하는 청소년들이 PC 통신을 통해 그들만의 은밀한 공간을 즐기며, 여기에는 그들만의 기발한 표현, 감각적 표현이 드러나며, 기성의 규범이 파기된다고 하였다. 그리하여 이들 표현은 무엇보다 구어성, 감각성을 지니며 언어의 경제성을 지녀 간략화, 축약화가 두드러진다고 하였다.

체를 이용한 표현 과정에는 인지적인 요소가 개입되기 때문에, 각 표현 방식에 내재된 인지 과정은 그것을 사용하는 사람들의 사고 습관으로 내면화될 수 있다고 한다. 따라서 국어를 사용하는 다양한 매체를 접할 때 단순히 언어를 사용하고 교육하기 위한 도구로 보는 관점에서 벗어나 점차 각 매체에서 사용하고 있는 국어를 면밀히 검토하고 기존의 언어 사용과 비교하는 과정에서 새로운 언어 사용의 방식을 찾아 낼 수 있다는 것이다.

구어적 텍스트를 교육적 논의의 대상으로 삼을 수 있는 것은 이들 텍스트가 의사 소통 방식의 변화에 기인한 언어 사용 양상이며, 새로운 의사 소통 방식을 가능하게 하는 매체의 확산과 함께 학생 청소년층으로 매우 빠르게 퍼져나가고 있기 때문이다. 또 이런 글이 통신 네트워크를 벗어나 일상적인 언어 사용의 장면들에서 점차 보편화되어 사용되고 있기 때문이다. 그렇다면 이런 매체의 변화에 따른 언어 사용 양상의 변화를 진지하게 관찰함으로써 새로운 방식의 언어 사용 양상을 이해하고, 이의 교육적 가치를 논할 수 있을 것이다.

구어적 텍스트가 성립하게 된 것은 우리가 지금까지 사용하던 의사 소통 방식의 변화에서 비롯한 것으로, PC 통신과 인터넷 같은 새로운 의사 소통 매체가 일반화된 것에 기인한다. 이들 매체는 '글'을 주요 도구로 사용하지만, 이전의 '글'의 소통 방식에 비해, 의사 소통을 더 직접적이고 명확한 방식으로 이루어지도록 하여 '말'의 소통 방식에 근접하였다. 따라서 이들 텍스트는 의사 소통의 공적인 면과 사적인 면의 경계를 무너뜨렸다고 할 수 있다. 그뿐만 아니라 앞으로 이들 매체를 사용하는 의사 소통은 훨씬 더 구어적인 환경을 지향하게 될 것이라고 한다. 음성 인식 기술이 발달하고 컴퓨터가 다양한 멀티미디어 기능을 갖추게 될 뿐만 아니라, 대부분의 정보가 컴퓨터를 이용하는 네트워크상으로 소통될 것이기 때문에, 정형화된 글을 통해 정보를 전달하는 방식은 점차 사라질 수 있다. 따라서 매체의 변화로 인한 소통 상황의 변화는 지금까지의 '쓰기' 교육에 대하여 다시 생각하게 한다.

지금까지의 쓰기 교육은 일종의 전형적인 '문어적 텍스트'의 생산을 전제로 이루어져 왔다. 쓰기는 글과 말의 특성을 구별하여 글을 쓰는 것이며, 필자는 자신이 쓰려는 글의 특성을 이해하고 그 글과 비슷한 글의 특성 및 독자, 글의 목적, 쓰기 과제와 같은 여러 가지 수사론적 문제를 해결하며 글을 써 나가야 했다. 특히 필자가 쓰기 과정에서 겪는 여러 가지 문제들은 그 글감에 대한 필자의 지식의 한계에서 나타나는 것이기도 하지만, 쓰기 능력의 미숙성, 또는 자신이 써야 하는 글의 성격에 대한 개념 혼란에서 말미암은 것으로 생각하였다. 버레이터(Bereiter, 박영목 외, 1995: 184 재인용)가 필자의 쓰기 능력을 구성하는 여섯 요소들 중 문자언어 표현의 유창성과 쓰기에 관한 일반적인 규칙과 관습의 통달성을 들고 있는데 이는 문어 텍스트를 전제하는 것으로 문어 사용 능력과 다르지 않다. 따라서 이런 입장에서 쓰기는 필자가 '문어'적 전통에 익숙할 것을 요구한다.

이런 인지적, 과정 중심적 쓰기 교육의 관점과 달리 구성주의적 쓰기 교육은 필자와 독자, 필자와 담화 공동체와의 사회적 상호 작용의 결과에 의해 의미가 구성된다고 본다. 따라서 쓰기를 사회적 상호 작용 모형에 따라 설명하고, 필자와 독자의 정신적 상호 작용을 중시하여 사회적 상황 속에서의 의미 협상 과정에 의해 쓰기가 이루어진다고 본다. 즉 필자와 독자는 담화 공동체의 구성원으로서 사회적 상황을 창출하며 대화를 통해서 의미를 구성한다. 쓰기에 필요한 인지적인 절차와 능력은 사회적 상황 즉 담화 공동체 속에서 발생되어 그곳에서 실현된다(최현섭 외, 2000).

이 구성주의적 관점을 따르면 구어적 텍스트의 확대 현상을 이해할 수 있다. 구어적 텍스트의 필자는 독자와의 의미 협상 과정, 구성적 의미 형성 과정을 염두에 두고 개인과 담화 공동체와의 사회적 대화로서 쓰기를 수행하고 있는 것으로 이해할 수 있다. 그리고 이런 대화적 특성에 따라 필자는 자신이 사용하는 매체의 특성, 대화 공동체의 요구 등에 따라 글의 형태를 변화시키며, 이를 사회적인 소통 양상으로 수용하고, 수용받는다. 그 의미 협상과 수용의 결과, 새로운 형태의 소통 방식이 공식화된다.

이 점에서 구어적 텍스트를 어떻게 국어 교육, 특히 쓰기 교육이 수용할 수 있으며, 그 때에 강조되어야 할 요소가 무엇인가를 생각해 볼 수 있다. 이와 관련하여 이 글에서 주목하는 것은 필자의 구성적 글쓰기 방식과, 상위 인지적 언어 사용능력이다. 이를 통해 필자는 상황 맥락을 적절히 고려하면서 자신이 사용하게 될 '매체 환경에 따른 글쓰기' 능력을 갖출 수 있을 것이다.

구어적 텍스트가 확대된 원인 중의 한 가지는 필자가 쓰기의 상황 맥락에 민감하게 반응하고 있기 때문이다. 필자는 자신과 독자의 거리가 대화 장면처럼 가까운 것으로 인지하고, 그에 따라 글을 쓰고 있다고 할 수 있다. 그러나 거리가 아무리 가깝더라도 글과 말의 관습적 차이를 구별할 수 없는 것은 아니기 때문에 필자는 또다시 자신이 바라는 글의 목적와 효과를 얻기 위해 의도적으로 문어적 특성을 뛰어 넘는다[17].

필자가 쓰기의 상황 맥락에 맞추어 자신이 원하는 효과를 얻기 위하여 의도적으로 표현 방법을 조정할 수 있는 능력은 쓰기 과정에서 필요한 매우 중요한 능력이다. 이 능력은 일종의 상위 인지적 언어사용 능력으로 필자의 언어 사용의 능숙성을 가늠할 수 있는 조건이 된다.

이 글에서 사용한 구어적 텍스트들의 경우를 보더라도 필자들의 상

17) 이 때 의도적이라는 것은 구어적 텍스트를 생산하는 필자들이 상황이 바뀌면 적절한 형태의 문어적 텍스트도 생산할 수 있다는 것을 가정하기 때문이다.

위 인지적 언어 능력의 차이는 매우 크다. 그러나 (다)와 (라) 글에서처럼 능숙한 필자들은 자신의 글을 매끄럽게 자신이 설정한 언어 맥락에 위치시킬 수 있었으며, 그렇지 못한 필자들은 (가) 글처럼 다소 거친 형태가 되어 말로서의 특성이나 글로서의 특성을 분명히 지니지 못하고, 독자에게 읽혀졌을 때의 효과도 의도하지 못한 모습의 글을 쓰게 된다. 따라서 필자가 자신의 쓰기 상황을 이해하고, 그에 맞게 상황을 조정해 가면서 쓰기를 수행할 수 있는 능력을 갖추는 것이 필요하다.

이런 점에서 쓰기 교육은 쓰기의 과정적 특성보다 구성적 특성을 강조할 필요가 있다. 학습자들은 필자의 글이 소통되는 상황 맥락을 인식하고 필자와 독자와의 소통 방식과 그 결과를 중시하도록 지도되어야 할 것이다.

그리고 쓰기 과정을 인지하고 내면화하여 능숙한 필자를 만드는 실제적인 전략을 지도하는 것 못지 않게 필자의 상위인지적 조정 능력을 발달시키기 위한 지도를 할 필요가 있다. 즉 쓰기 교육은 학습자들이 자신의 쓰기의 상황 맥락을 제대로 이해하고, 그 효과를 인식하여 자신이 의도하는 목적에 부합하는 적절한 형태의 글을 자유롭게 쓸 수 있게 하는데 교육의 초점을 맞추어야 할 것으로 생각된다. 이 때 유의할 것은 쓰기의 상황 맥락이 매체의 다양화와 의사 소통 방식의 변화와 함께 훨씬 더 다양하고 복잡해졌다는 것이다. 그리고 앞으로 이러한 현상은 그 정도가 더 심해질 것이다. 따라서 학습자는 변화하는 의사 소통 방식을 스스로 인지하고 그에 적절한 해결 방안을 구안할 수 있어야 한다. 쓰기 교육은 필자를 자신에게 필요한 지식을 스스로 형성하고, 심화해 나갈 수 있으며, 스스로 문제를 발견하고 해결해나가는 자율적인 학습자로 교육하는 것과 다르지 않다[18].

---

18) 의사 소통 방식의 변화를 수용하면서 교사가 학습자에게 글쓰기과 관련하여 어떤 구성적 지식과 전략을 어떻게 지도해야 할 것인가, 또 학습자의 상위인지적

앞에서 지금까지의 의사 소통 방식의 변화를 생각해 볼 때, 앞으로 쓰기의 결과물인 '글'의 미래가 그다지 밝지 못하다고 했었다. 그러나 다양한 매체를 이용한 다양한 언어 표현이라는 측면으로 우리들의 언어 사용 방식을 확대한다면 '글'의 모습은 더 다양해질 수 있다. 그리고 여러 의사 소통 매체가 보편화됨으로써 사람들이 자신의 의사를 더 많이 더 공개적으로 표현할 수 있는 기회가 생겨났으며, 자기 표현을 즐기고, 공개하는 데 거리낌이 없어진 사회적 풍조도 널리 확산되고 있다. 그러므로 이 과정에서 국어 교육은 이러한 현상을 고무하고, 이들이 바람직한 방향으로 나가도록 도와주는 것으로 교육적 의의를 찾을 수 있을 것이다.

<자료 : 하이텔 동호회 '통신 사랑-게시판'에서>
제 목: [고월]쌤쌤이 하루....
관련자료: 없음 [31358]
보낸이: 장용우 (Marin13) 2000-05-21 20:11 조회:12

오늘 하루는 정말 울수도 없꼬
웃을 수도 없는 하루다....
회사에서 체육대회를 하는지라 안갈수도 없었고
비록 알바 이지만...
그래서 아침에 축구한겜 차는데 왜 그렇게
힘들든지...
한겜도 다뛰기기도 전에 다리에 힘이
풀리는 황당한 경우가 생기지 않나

언어사용 능력이 어떤 방식으로 쓰기 과정에 관여하며, 그것의 올바른 지도 방법이 무엇인가를 구안하는 것은 이 글에서 다루기에는 벅찬 내용들이다. 이 내용에 대한 심도깊은 연구가 후속되기를 기대한다.

쥐가 생기지 않나
2년만에 뛰는 축구라 넘 힘들었음돠...
학교다닐때는 하루에 몇 개임씩뛰어두
가뿐했눈데...ㅜ.ㅜ
그래서 결국은 지고.
홧김에 애꿎은 생맥주만 마셔대구...
아직두 열시두 안됐눈데
벌써 축 늘어지다니...흑흑
그렇게 열씸히 먹고 있는데
또 축구 하라구 하는데...
어휴...다리 힘은 다 풀리고 맥주까지 만이 마셨눈데
무슨 재주도 뛰어.....
그냥 골문앞에 앉아서 골기퍼랑 둘이 놀았져...히히
그러다가 오후에 줄다리기를 하는데
내가 너무 열심히 하는바람에 이겼눈데..
근데 핸편이 거의 작살날뻔 했습돠...ㅜ.ㅜ
액정에 기스 열나게 많이 나고
케이스도 거의 망가지고...흑흑
지금 핸편이 되는지 안되는지도 모르고..
근데 좋은일이 있었습돠...
오늘 추첨해서 경품주는 시간이 있었거덩여
거기서 카메라 받았떠여...하하하
달랑 네명 뽑았는데 거기에 제가 뽑혔다는거
아닙니까...하하하
경품치고는 카메라 꽤 괜찮더군여..흐흐흐
이렇게 오늘 하루를 보내면서
생각한건 온니 한가지...

이젠 제발 운동해야겠다는 생각뿐...ㅜ.ㅜ

제 목: [유리] 음
관련자료: 없음 [31359]
보낸이: 이유리 (loveyur) 2000-05-21 21:06 조회:10

낼은 수학여행.
6시 반까지 나가야된다.
5시반까지 일어나야된다.
일찍자야지..ㅡ_ㅡ ° °

제 목: 우상언니의 아름다운 목소리에 반했다.
관련자료: 없음 [31360]
보낸이: 마승아 (체리마녀) 2000-05-21 21:41 조회:22

헤헤^^
아까 정말 아리따운 목소리가 들려 긴장했다.
내가 아는 이 중에 일케 이뿐 목소리가...--;;;;
게시판 지기를 맡게 해주셔서 행복해따.
내가 사랑하는 통사모에 뭔가를 해 줄수 있다는 기쁨...헤 ^^*
게다가 사랑하는 이뿐 우상언니를 조금이나마 도울수 있다는 행복감~
오늘밤은 가슴 벅찬 기분으로 잠을 이루리라~
우상언니 저 오늘 언니한테 다시금 반했다우~~~ 캬~
언니 얼굴만 이뿌신줄 알았더니 목소리까지...
역띠 우리 짱은...호호 ^^*
기분 조오타~~~

제 목: 펌프3....

관련자료: 없음 [31367]

보낸이: 이성희 (karam96) 2000-05-22 01:33 조회:14

며칠전에 보니.. 펌프가 업이 되어서... 나왔더군요...
신기한 맘에... ^^;;;;
며칠전부터 욜심히 호호~
첨에 간데가 글쎄.. 펌프가 200원...
울 동네에 와보니 흑~~~
500원... ㅠ.ㅠ
그니깐 하기가 아까더군요... 그래도 꿋꿋이 했지만서도..
노원역에 200원짜리 펌프있져요.. ^^
나중에 그 동네에 갈일있음 함 해보세요 헤헤~ -_-;;;;
easy는 쉬워서 3판을 다 하는데...
흑~ 하드는 모 그리 어려운겨.. ㅠ.ㅠ
2판에서 항상 실패를... --;;;;
욜심히 해서 깨야지... ^^;;;
오늘도 동생이랑... easy 두판하고 hard한판을 하고...
친구들이랑... hard와... 더블을.. -_-;;;
하드는 겨우겨우 두판 깨보고...
더블을 올라가자마자 엉엉~~
나두 더블해보구파~~~
못하는 더블해서.. 아까운 돈 천원만.. ㅠ.ㅠ
아깝당... -_-;;;;;

한국어 교사의 전문성 신장 방안 연구

1. 들어가며

지금까지 한국어 교육에 대한 연구를 거칠게나마 살펴보면 주로 다음과 같은 영역에서 다양한 연구가 수행되어 왔음을 알 수 있다.

가. 한국어 교육 과정과 관련하여
　한국어 교육 과정 구안
　한국어 교수법,
　한국어 교육 평가 연구
　한국어 교재론
나. 한국어 능력 검증과 관련하여
　한국어 능력 인증 시험과 관련한 논의
다. 한국어 교육을 위한 기초 이론 제공을 위하여
　외국인을 위한 한국어 지식 범주 선정,
　외국인을 위한 한국어 기초 어휘 혹은 기본 어휘 조사
　한국어 문화 상황과 관련되는 화용론적 접근

라. 기타

한국어 교사론

이 영역들 중에서도 교육과정이나, 능력 검증과 관련한 분야는 여러 연구자들에 의해 많은 관심이 기울여져서 뚜렷한 성과가 나와 있다고 할 수 있다. 즉 어느 정도는 한국어 교육의 내용과 그 내용에 대한 교육의 성과를 측정할 수 있는 평가법이 마련되었다고 할 수 있다.

그리고 한국어 교육을 위한 기초 이론 제공을 위한 연구들은 한국어 교육이 독자적으로 찾아서 연구를 수행하기보다는, 국어 교육 혹은 국문학, 국어학에서의 연구 성과들로부터 적절한 교육적 변용 과정이 필요할 것이다. 따라서 한국어 교육에 대한 논의가 정세해질수록 필연적으로 이와 같은 변용 과정이 수행될 수 있을 것이다.

한국어 교사론 부분은 최근 들어 활발하게 논의가 이루어지고 있다. 특히 이에 대한 가시적인 성과는 문화관광부의 '한국어 세계화 사업' 과정에서 수행된 '한국어 교사 자격 인증 제도 시행을 위한 기초적 연구'와 '한국어 교사 교육 연수 프로그램 교수 요목 개발을 위한 기초 연구'이다. 이 연구 중 전자는 제2 언어 혹은 타국어 교사 양성 제도 및 인증 제도를 조사하고, 그 조사를 바탕으로 한국어 교사 자격 인증 방안을 검토한 연구이다. 그리고 후자는 국내에서 실시되고 있는 한국어 교사 교육, 연수 프로그램의 실태를 조사하고 바람직한 한국어 교사 교육, 연수 프로그램을 제안한 연구이다.

이들 연구들은 '교육의 질은 교사의 질은 능가할 수 없다'는 교육에 대한 본질적인 인식에서 비롯한 것으로, 한국어가 중요한 세계어로서의 위상을 획득하기 위해서는 한국어 교사의 질을 높여, 한국어 교육을 전문적이고 체계적으로 수행하도록 하여야 한다는 인식을 가지고 있다. 특히 최근 들어 중국을 비롯한 비선진국에 대한 투자와 교육이 활발해진 데다 우리 교포가 많이 살고 있는 미국에서 SAT에 한국어가 정규 시험 과목으로 들어가게 됨에 따라 외국에서의 한국어 교육의 필요성이 한층 증대된 데 따른 것이다. 이것은 이전에는 우리 나라에 온 외국인 학생을 돕는 정도의 한국어 교육, 외국에서 교포 자녀들에게 민족 의식적 측면에서 이루어지던 한국어 교육이 이제는 우리 나라와의 국제 교류의 실무를 담당하는 외국인을 위한 실용 한국어 교육과 제2 언어 혹은 중요한 외국어로서의 한국어를 배우고자 하는 외국인을 위한 한국어 교육을 포함해야 한다는 것을 의미한다. 이런 맥락에서 한국어 교사에 대한 질 관리의 측면에서 한국어 교사 인증 제도와 기존 한국어 교사에 대한 교육, 연수에 대한 논의가 시작되고 있는 것이기도 하다. 그러나 이 논의들은 대체로 국내에서 이루어지고 있는 한국어 교육을 배경으로 하고 있어, 이들 연구들이 궁극적인 지향으로 삼는 세계어로서의 한국어 발전이라는 면모와는 다소 어긋난 점이 있다. 중요한 세계어로서 한국어의 위상을 확립하고자 한다면, 현재 세계화되어 있는 한국어 교육 장면을 고려한 한국어 교사에 대한 논의가 필요할 것이다.

따라서 이 연구는 이런 추세에 부응하여 한국어 교육의 특수성과 관련하여 한국어 교사의 전문성을 살펴보고자 한다. 즉 한국어 교사와 그들의 학생들이 처해 있는 언어 환경 및 언어 학습상의 특수성을 살펴봄으로써 실제 한국어 교사 인증을 위한 자격 요건을 설정할 때, 어떤 요소들이 더 중시되어야 할 것인지에 대한 의미있는 언급을 할 수 있을 것이다. 그리고 이렇게 밝혀진 한국어 교사의 전문성 제고를 위하여, 교사들이 사용할 수 있는 자기 교육의 방안을 몇 가지 소개하고자 한다.

2. 한국어 교육의 특수성

한국어 교육의 특수성을 살펴보기 위해서는 한국어 교육이 행해지는 환경을 기준으로 한국어 학습자를 구별할 필요가 있다. 즉 미국이 TESOL 혹은 TEFL로 외국어로서의 영어교육을 구별하는 것과 같은 구별이 한국어에도 필요하다.

미국에서 사용되는 제1 언어가 아닌 언어로서의 영어 교육에 관련한 용어는 다음과 같다.

EFL(English as a Foreign Language) - 영어를 모국어로 사용하지 않는 지역에 사는 사람들이 배우는 영어

ESOL(English to speakers of Other Language) - 다른 언어 화자에 대한 영어, 초중등 영어 프로그램 기술시 사용.

ESL(English to a second Language) - 영어를 모국어로 사용하지 않는 사람들이 영어권 나라 안에서 배우는 영어

TEFL(Teaching English as a Foreign Language) - EFL 학생들을 가르치는 것

TESOL(Teaching English to speakers of Other Language) - ESL 학생들을 가르치는 것. TESL보다 전문적인 행위

TESL(Teaching English to a second Language) - ESL 학생들을 가르치는 것.

CELTA(Certificate in English Language Teaching To Adult) - 어른에게 영어를 가르치는 인증

이 용어법을 따른다면 우리나라 내에서의 한국어 교육은 TESOL에 해당하고 외국에서의 한국어 교육은 대체로 TEFL에 해당한다. 특히 현재 진행되고 있는 한국어 교사 인증 제도는 CELTA에 해당하는 인증이

라고 할 수 있다. 이를 한국어 학습자들의 언어 환경과 관련하여 한국 내에서의 한국어 교육과 외국에서의 한국어 교육으로 구분하여 살펴보면 다음과 같다.

한국 내에서의 한국어 교육은 위에서 TESOL에 견주어 볼 수 있다고 했으나, 실제, 이 경우에도 한국어 교육은 미국의 경우와는 많이 다르다. 특히 외국어 학습자들의 성향은 아주 다르다. 미국에서 영어를 배우는 가장 큰 이유는 어떤 방식으로든 그들이 영구적으로 살아갈 사회인 미국 사회에 제대로 동화되기 위한 것이라고 할 수 있다. 일부 유학생들을 제외하고는 미국 내에서 영어를 배우는 사람들은 미국으로 이민을 온 사람들이다. 이들은 다양한 민족적 배경을 가지고 있으나, 일단은 미국사회에 동화되는 것이 영어를 배우는 가장 중요한 목적이 된다. 그들은 처음에는 모어가 아닌 언어로서 영어를 배우게 되지만, 영어를 생활하는 데 있어서 필수적으로 요구되는 가장 중요한 언어로 인식하고 영어를 배우게 된다. 따라서 여기에서는 생존과 사회 생활 특히 학습자들의 사회적 성취를 함께 고려하면서 모국어가 아닌 영어 교육이 이루어지고 있다고 할 수 있다.

그런데 우리의 경우, 우리나라에 와서 한국어를 배우는 학습자들이 우리 사회에서 영구히 살아가고자 한국어를 배우는 경우는 드물다. 그들은 미국에서의 영어 교육과는 다른 목적으로 한국어를 배우고 있다. 학문적 욕구에서 유학을 온 한국어 학습자가 아니라면, 대부분의 한국어 학습자들은 우리나라에서 길지 않은 기간을 머물면서 좀더 발전된 기술을 배우거나 취업을 통해 자국에서는 성취할 수 없는 경제적인 이익을 얻고자 하는 경우가 대부분이다. 여기에서 유학을 온 한국어 학습자들에게 '전공 한국어(Korean for Academic Purposes) 교육'의 문제가 제기되기도 하고, '외국인 노동자들에 대한 한국어 교육'에 대한 문제가 제기되기도 한다[1].

그렇다면 외국에서의 한국어 교육은 어떠할까? 역시 외국에서의 한국어 교육도 영어와는 다른 관점에서 고찰되어야 한다. 외국에서 한국어를 배우는 경우는 한민족이 민족어로서 한국어를 배우는 것과 외국인이 외국어로서 한국어를 배우는 것이 구분되어야 한다. 한민족이 민족어로서 한국어를 배우는 경우에는 어떤 경로로든지 외국인보다는 좀 더 풍부한 한국어 환경에 노출될 가능성이 있는데 비하여, 외국인이 한국어를 배우는 경우는 한국어 수업 시간 외에는 거의 어디에서도 한국어에 접할 수 없다. 우리가 우리 나라에서 영어를 배울 때와는 전혀 다르다고 할 수 있다. 오히려 우리가 학교에서 아랍어를 배우는 정도와 같다고 할 것이다. 그리고 우리가 한국에서 아랍어를 실제적인 필요가 없다면 절대로 배우지 않을 것임과 마찬가지로 한국어 학습자들은 한국어를 배우는 매우 실제적인 목적을 가지고 있을 것이다.

따라서 한국어 학습자들의 다양한 특성은 한국어 교육의 내용과 방법 선택의 중요한 기준이 되며, 또한 이들을 지도하게 될 한국어 교사에 대한 교육 내용이나, 자격 인증 요건 선정 과정에서 보다 의미 있게 다루어져야 할 부분이다. 이런 점에서 한국어 교육 혹은 한국어 교사 교육은 미국의 사례보다는 프랑스나, 독일의 외국어로서의 프랑스어, 혹은 독일어 교사 교육에 좀더 관심을 기울일 필요가 있다.

3. 한국어 교사의 전문성

지금까지 한국어 교사의 자질 혹은 전문성에 대한 이해는 매우 일반

---

1) 이들은 실제로는 정규적인 한국어 교육에서 소외되어 왔다고 할 수 있다. 이들의 낮은 한국어 의사 소통 능력은 실제로 한국 사회에서 이들의 부적응 및 일탈 행위의 중요한 원인이라 생각할 수 있다.

적이고 당위론적인 수준에서 이루어져왔다. 이런 논의의 대표적인 경우가 김중섭(2000)이다.

김중섭(2000: 62-66)은 한국말을 할 수 있다고 해서 누구나 한국어 교사가 될 수 있는 것은 아니라고 하였다. 그리고 교육이라는 활동이 필연적으로 사람을 대상으로 하는 일인만큼 교사의 자질과 태도는 전체 교육 활동에서 차지하는 바가 매우 크다는 인식 하에서, 한국어가 주요한 언어로서 세계로 뻗어나가는 오늘날, 한국어 교육의 성패는 일선에서 교육을 실제로 담당하는 교사들에게 달려 있다고 하였다. 그리고 그가 내세운 '바람직한 한국어 교사상'은 '교육자'로서의 한국어 교사, '언어'를 다루는 교육자로서의 한국어 교사, '한국어'라는 특정 언어를 가르치는 사람으로서의 특성을 지녀야 하며, 그들에게 필요한 태도는 '다른 문화에 대한 열린 자세', '특수한 형편의 학습자에 대한 배려', '치밀한 학생 관리', '편애는 금물', '자부심과 긍지', '새로운 교육 방법에 대한 고민과 노력', '인내심과 순발력', '소명 의식' 등을 들었다. 김중섭의 '한국어 교사론'은 매우 일반적이고 당위론적인 수준에서의 한국어 교사의 자질을 언급한 것이어서 특수한 상황에 놓여 있는 언어교사라고 할 수 있는 '한국어 교사'의 자질로 보기는 어렵다.

이는 윤희원(2000: 62-64)이 제시한 일반적인 교사의 역할 및 자질과 비교해 보면 이 논의의 일반성 정도를 쉽게 파악할 수 있다.

> 교사의 역할
>
> - 수업 기능, 평가 기능, 사회화를 돕는 기능 생활지도 및 상담 기능
>
> 교사에게 요구되는 자질
>
> - 교육의 개념에 대한 이론적 지식 및 이해
> - 아동, 학생들에 관한 포괄적인 이해

- 교육 내용에 관한 폭넓은 지식
- 교재의 선정 및 조직의 능력
- 교수 기술에 대한 이론적 지식 및 이해
- 교육의 사회적 기능에 따르는 윤리 의식

위의 제시 내용과 김중섭의 한국어 교사의 자질과 태도에 대한 논의를 비교해 보면 김중섭의 논의는 일반적인 교사의 자질과 태도의 범위에서 한국어 교사론을 제시한 것으로 생각된다. 즉 한국어 교사의 특수성에 기반하여 전문성을 고려하지 못하고 있다고 할 수 있다.

그러므로 한국어 교사의 전문성에 대한 좀더 상세한 논의가 필요한데 이를 위해 윤희원(2000)의 언어 지도 교사의 전문성을 규정하는 요소들을 살펴보겠다.

윤희원은 언어 지도 교사는 언어 지도의 목표를 달성하는 데 필요한 자질을 지녀야 하는데 한국어 교사의 경우, 언어에 의한 표현과 이해라는 의사 소통 체계의 본질과 과정 그 효과적인 교수에 관해 포괄적이고 심도 있는 지식과 실질적인 교수 기술을 갖추어야 한다고 보고 그 전문성이 다음 네 가지에 의해 획득될 수 있다고 하였다. 첫째. 언어 지도 교사에게 교육과정의 구성 원리와 구현 방법의 일반론에 대한 개괄적인 지식과 각 교과별 나아가 자신이 담당한 영역의 교육과정이 구성 원리 및 구현 방법에 대한 이론적 실천적 지식이 필요하다고 한다. 둘째, 교육의 목표와 내용에 정통해야 하며, 교수 학습될 때의 난점과 문제점 및 해결 방안을 설명 시범할 수 있어야 한다. 셋째, 교재의 편성에 관한 이론과 실제에 대한 이해가 깊어야 하며, 교과서를 포함하여 언어 지도의 필수적인 음영 자료 및 아직도 주로 쓰이는 도서 형태의 교재에 대한 활용 방법을 잘 알고 지도의 실제에 터하여 이를 평가할 수 있는 능력이 필요하다. 넷째, 교육 목표 분석과 목표 달성도 측정을 위한 이론과 실제에 능통해야 할 뿐 아니라 교사와 학생과 환경의 상호 작용을 이해하고 적절한 연구의 방법을 활용하여 교육 결과의 해석과 평가에 적용할 수 있어야 한다.

일반적인 언어 교사와 한국어 교사들은 많은 부분에 있어서 다른 목적을 추구하게 된다. 일반적인 언어 교사들은 학습자의 인지적, 사회적, 정의적 성장 발달을 배려한 교육 활동을 계획 실천하게 되지만, 대개의 경우, 어른들을 가르치게 되는 한국어 교사들은 그러한 학습자들에 대한 배려는 다른 양상을 가지게 된다. 즉 일반적인 언어 교사들이 언어 학습을 통해 가시적으로 이루어지는 지적 성장뿐만 잠재적 성장까지도 고려하게 되는 데 비하여, 한국어 교사들의 활동은 주로 지적 성취에 한정되게 된다[2]. 그러므로 한국어 교사의 전문성을 이해하기 위해서는 이러한 한국어 교육의 상황에 대해 좀더 실제적으로 이해할 필요가 있다.

그런데 지금까지의 논의를 보면, 전문직으로서의 교사의 특성과 역할에 대한 이해가 부족하다는 것을 알 수 있다. 따라서 여기에서 교사의 전문성에 관해서 생각해보기로 하자.

리버맨(Liberman, 1958)은 교직을 전문직과 관련 지우면서 전문직의 조건을 다음과 같이 제시하고 있다(김성렬(1987)에서 재인용).

① 전문직은 유일하고 독특한 종류의 사회적 봉사기능을 가지고 있다.
② 전문직은 그 직능의 수행에 있어 고도의 지적 기술을 요한다.
③ 전문직은 그 직분을 수행하기 위한 상당히 장기간의 준비 교육을 요한다.
④ 전문직은 개인적으로나 집단적으로나 광범한 자율권을 행사한다.

2) 이것은 한국어 학습자들이 이미 성인에 도달한 경우가 많기 때문이며, 어린 나이의 한국어 학습자를 대상으로 할 경우는 또다른 인식이 필요하다.

⑤ 전문직은 자율의 범위 내에서 행사한 행동과 판단에 대하여 종사자의 광범한 개인적 책임을 묻는다.
⑥ 전문직은 자치 조직을 가지고 있다.
⑦ 전문직에 있어서 경제적 보수는 사회적 봉사보다 우선되지 않는다.
⑧ 전문직은 그 자체의 직능을 수행하는 데 준수할 직업 윤리를 가지고 있다.

이를 통해 보면 전문직이란, 고도의 지적 능력, 봉사 지향적 특성, 자율권과 이에 대한 책임 강조, 직업 윤리, 사회적 책임 등을 강조함을 알 수 있다. 이를 바탕으로 보면, 한국어 교사의 경우도, 한국어 및 한국어 교수에 대한 높은 수준의 지적 능력을 요구하고, 한국어 교육이라는 봉사 지향적 특성을 지니고 있으며, 교육 활동에서 자율권과 책임이 강조되고 있다는 점에서 또 교사 집단으로서의 직업 윤리와 사회적 책임까지도 함께 지니고 있다는 점에서 분명히 전문성을 지닌 것으로 파악할 수 있다. 그럼에도 불구하고 한국어 교사의 전문성에 대한 논의와 이에 대한 검증 장치로서 교사 인증에 대한 논의가 발의되는 것은 한국어 교육이 실제로는 그다지 전문적이지 않은 인적 자원에 의해 수행되어 왔기 때문이다. 따라서 표준화된 교육 과정을 구성하고, 일정한 능력 검증을 통해 자격을 부여함으로써 높은 수준의 지적 능력을 확보하려는 것은 한국어 발전을 위해서는 당연한 노력이라 할 수 있다.

이제 앞에서 살핀 한국어 교사의 특성과 자질이 표준화된 한국어 교사 교육과정과 한국어 교사 인증 제도를 통해 공식적인 검증을 완료하게 된다면, 한국어 교사의 전문성은 확고한 특성으로 인정될 수 있을 것이다.

그렇지만, 여기에서 김성렬(1987)의 전문직 기준에 대한 논의는 현행 한국어 교사 교육에서 무엇이 필요한가에 대한 새로운 인식을 하게 한다.

> 전문직에서 가장 중요한 것은 그 직무를 수행하는 데 있어서 광범한 자율성을 갖는다. 그 자율성은 타인의 이익을 위해서 발휘해야 된다는 것이다. 즉, 전문직 자는 자기의 직무 수행에서 어떠한 외부의 통제나 간섭을 받지 않으며 스스로의 판단에 의해서 행동하며 이에 대한 책임을 스스로 지는 것이다. 이의 광범한 자율성은 자기 자신의 이익을 위해서가 아니라 타인에 대한 봉사를 위해서만 사용되어야 한다는 것이 핵심적인 요소이다. 그리고 이러한 자율성을 보장하기 위해서 가장 필요한 조건이 고도의 전문지식이며, 이 전문 지식은 단편적인 잡동사니 지식이 아니라 이론 체계를 가진 것이어야 한다. 그래야만 다양한 상황에서 응용이 가능하기 때문이다.

김성렬이 말한 것과 같은 전문직으로서의 자율성은 자기 결정(자기 계획), 자기 실천(자기 행동), 자기책임(자기 평가)의 의미를 포함하는 개념으로 교사가 자신의 교육 행위의 전문성을 확보하기 위해 끊임없이 노력해야 한다는 것을 의미한다. 따라서 한국어 교사의 전문성에 대한 논의는 한국어 교사로서의 높은 수준의 지적 능력 못지 않게 '자율성' 즉, 자신의 지적 능력의 유지를 위해 노력할 수 있는 역량과 지식을 지니고 있는가에 대한 이해도 함께 고려되어야 할 것이다.

4. 한국어 교사 교육에 대한 제안 - 개발 전략을 이용한 교사 교육

한국어 교사가 되고 나면, 단기간의 교사 연수 기관을 이용하는 것을 제외하고는 실제적인 재교육의 기회를 가지기 어렵다. 이 단기간의 교사 연수의 경우도 전문적이지 않은 배경을 지닌 한국어 교사들에게 짧은 기간 동안의 집중적인 지도를 통해 언어 지도 교사로서의 기초적인 능력을 확보할 수 있는 방법을 제시해주는 정도에서 머물고 있기 때문에, 이미 일정한 수준의 교사 교육을 받은 한국어 교사들에게는 큰 의미가 없는 활동이라 할 수 있다[3].

그리고 이것은 해외에서 한국어 교육을 담당하고 있는 경우뿐만 아니라 국내에서 한국어 교육을 담당하는 경우에도 사정을 다르지 않다. 그것은 한국어 교사의 양성 과정이 표준화되어 있지 않아서 교사들의 수준이 천차만별이기도 하지만, 교사 스스로가 체계적인 재교육 기회의 필요성을 인식하는 것에 비하여 제도적이고 실제적인 뒷받침을 마련하는 데까지는 배려가 이루어져 있지 않기 때문이다.

그러므로 한국어 교사들이 자신의 전문성을 제고하기 위한 노력은 다른 시각에서 찾아져야 할 것이다. 여기에서 제시하고자 하는 교사 교육 방안은 개발 전략(development strategy)을 바탕으로 한 것으로 지식과 기술 전달만을 목표로 하는 능력과 기술 중심의 교사 교육에서 탈피하여 교사 중심적이고 통합적이며 개발적인 교사 교육을 추구한다. 이 방안들은 공식적인 교육 기관과의 접촉이 어렵거나, 차단되어 있는 다양한 처지의 한국어 교사들이 자신의 전문성을 향상시키고자 할 때, 적절하게 이용할 수 있는 방법이 될 수 있다.

프리먼(Freeman, 1989)은 교수 활동은 지식과 기술, 태도, 인식에 기초를 둔 복잡한 의사 결정 과정이라고 하였다. 지식은 교수 활동의 내용에 해당하는 것으로 교과목, 학습과 학습자에 과한 지식과 교수, 학습이 이루어지고 있는 사회문화적 배경에 관한 지식이 포함된다. 기술은 교수 할동의 방법에 해당하는 것으로 교수법, 가르치는 데 필요한 여러 가지 기교, 교수 활동 자체, 교수 자료와 도구들이 포함된다. 이 지식과 기술은 교사가 교수 활동에서 내리는 여러 가지 의사 결정의

3) 한국어 교사교육 연수 프로그램 참고.

기초를 이루는 것으로 계속적으로 재정의되고 발전된다. 태도는 학습자와 학습 환경에 대한 교사 개개인이 취하는 입장을 의미하는 것으로 교수 활동을 하나 하나씩 분리 분석하는 지식이나 기술 범주와는 달리 태도 범주에서는 교수 활동을 교사, 학습자, 그리고 학습 환경이 상호작용하는 총체적인 활동이다. 이 태도에 의해 교사의 각양각생의 교수활동, 특징, 장점, 단점 등이 설명될 수 있다. 인식은 지식, 기술 태도와 통합적으로 교수 활동에 적용되는 것으로 교사가 교수 활동에 관련된 무엇인가를 인식하고 그것에 대하여 갖은 주의력을 모니터하는 능력이다. 따라서 교사가 자신의 교수 활동을 돌이켜보고 개선하려고 한다면 먼저 인식에 뿌리를 두어야 효과를 볼 수 있다고 하였다.

한국어 교사가 한국어 교사로서의 자신의 전문성을 염두에 두고 자신이 처해 있는 언어 환경적 특수성을 인식하고 자신의 교육력을 제고하려고 의도한다면 이에 따라 자신이 지니고 있는 한국어 교사로서의 지식, 기술, 태도를 돌이켜보고 개선하려고 할 것이라는 점을 생각해보면 프리먼(1989)의 교수 활동에 대한 개념은 교사의 자기 개선 노력과 과정을 설명하는데 유효하다.

프리먼(1989)은 교수 활동을 구성하는 네 가지 요소의 관계를 바탕으로 교사 교육에 관여하는 전략을 훈련 전략과 개발 전략으로 구별한다. 다음의 표에서 보듯이 훈련 전략이 수동적이고, 형식적 성취를 강조하는 것이라면, 개발 전략은 능동적이고 내적인 성취를 강조한다. 따라서 교사 교육이나 단기간의 집중적인 교사 연수의 경우, 훈련 전략에 따른 교육 활동이 주가 될 수 있음을 이해할 수 있다. 그에 비하면, 개발 전략을 기초로 한 교사 교육의 경우, 교사 스스로가 자신의 교육 활동에 대해 지니고 있는 인식에 따라 적절한 활동을 능동적으로 탐색하는 방법으로 교사가 자신의 수업 활동에 대한 경험과 적극적인 개선 의지를 이용할 수 있는 방법이 될 수 있다.

훈련전략	개발전략
상황지향적	교사 개인 지향적
구체적이고 특수화된 연수 목적	일반적이고 좀더개방적인 목적
교육 담당자의 지시를 따르도록 기대됨	과정이 강조됨. 독립적인 교사 활동
절대적이고 특수화된 평가 기준	상대적인 결과와 평가

〈훈련 전략과 개발 전략의 비교〉

이런 훈련 전략과 개발 전략의 차이를 비교해 본다면 한국어 교사들이 자신의 전문성 향상을 위해 이용할 수 전략은 개발 전략이라고 할 수 있다. 따라서 이제는 개발 전략을 바탕으로 하고 있는 교사 교육 모형을 소개하고자 한다.

교사 중심의 교사 교육 모형은 반성적(reflective) 모형, 교사 중심(teacher centered) 모형, 발달(development) 모형으로 불리는 것으로 다음 과정을 거치게 된다.

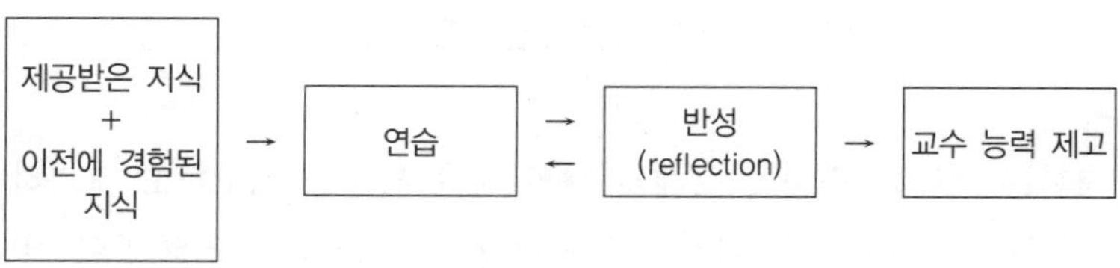

〈교사 중심의 교사 교육 모형〉

교사 중심의 교사 교육 모형은 지식이자 기술적인 면을 중시하기보다는 교사가 실제 수업에 대한 연구를 통해 교육의 효율성을 높여나가려고 한다. 즉 이 모형은 대학이나 연수 기관 중심으로 새로운 이론이나 교수법의 전달보다는 현장 교육에서 교육의 효율성을 제고할 수 있는 방안을 탐색하고 자기 교육을 통해 교육력을 신장시켜나가는 방법이라고 할 수 있다. 이 모형은 특히 한국어 교사들이 다양한 여건 속에서 독특하고 개성적인 교수법으로 한국어 교육에 종사하고 있다는 사실을 크게 고려하면서 교사의 성장을 도울 수 있다는 점에서 한국어 교사의 전문성을 신장시키는데 도움을 줄 수 있다.

이 모형에서 교사가 자신에 대한 교육을 시작하기 위해서는 자기 수업에 대한 인식이 중요한데, 이를 촉진하는 질문으로는 다음과 같은 것들이 가능할 수 있다[4].

- 한국어 교사로서 나의 역할은 무엇인가?
- 교수와 학습에 관한 나의 신념은 무엇이며 이러한 신념이 지도 과정에서 어떤 영향을 주고 있는가?
- 나의 교육 성과를 평가하기 위해 내가 사용하는 기준은 무엇인가?
- 내 수업은 어떤 틀이나 구조를 지니고 있는가?
- 수업시간에 나의 학생들과 어떤 상호작용을 하고 있는가?
- 내가 사용하는 집단 배치 방법은 무엇이며, 이 방법들은 효과가 있는가?
- 이러한 활동의 목적은 과연 무엇인가?

교사는 이러한 질문을 통해 자신의 교육 활동을 재고하고 평가하며, 또 적절한 대응 방안을 탐색하여 일련의 의사 결정 과정을 거쳐 이 대응을 계획 실천하게 된다. 특히 이 질문들은 프리먼(1989)이 제안한 교수 활동의 네 가지 요소들 중에서 인식에 관련되는 것으로 교사가 자신의 수업 과정과 결과를 객관적으로 분석, 비판, 평가할 필요를 제기하고 이 과정에서 자신의 지식, 기술, 태도를 점검하여 적절한 대응 행동을 마련해 나가는 자율적 의사 결정 과정을 유도한다. 또한 이 과정은 교육 활동 과정에서 지속적으로 일어나기 때문에, 교사는 끊임없이

4) 이 질문들은 Richards와 Lockhart(1994)가 제시한 것들 중의 일부분을 변용한 것이다.

자신의 교수 방법을 성찰하고 개선해나갈 수 있게 된다. 이러한 과정은 앞장에서 다룬 바 있는 한국어 교사의 전문성 유지와 관련하여 교사로서의 올바른 성장과 발전이라는 중요한 의미를 지닌다.

교사 스스로가 자신의 교육 활동을 평가, 반성, 개선하지 않고 수용된 지식의 전이만을 반복하는 자동화되고 기계화된 교육 활동을 수행하게 되면, 그것은 이미 교육이라기보다는 기술의 전수에 불과하게 될 것이며, 교육 활동의 여러 가지 목표를 달성하는 데 바람직하지 않은 결과를 가져오게 될 것이다. 그것뿐만 아니라 자신이 가르치는 학습자들로부터도 외면당하게 될 것이다.

결국 개발 전략에 기초한 반성적 교사 교육 모형은 자신의 교수 활동에 대한 인식을 바탕으로 적절한 지식과 기술, 태도를 점검, 확인하고 비판적인 성찰을 통해 자체적인 평가 과정을 거쳐 궁극적으로 바람직한 교사로의 성장을 유도하는 교사 교육 모형이라 할 수 있다.

이제 이 교사 교육 모형이 한국어 교사의 교육에 어떻게 적용될 수 있을지 살펴보기로 하겠다. 교사가 자신의 전문성을 신장시키고 교육력을 제고하고자 할 경우, 그것은 개별적인 차원에서 이루어질 수도 있고, 협력적인 차원에서 이루어질 수도 있다.

개별적인 차원에서 이루어지는 경우는 실제 자신의 활동 영역에서 자신만이 한국어 교사이거나, 혹은 자신의 동료들이 협력적인 상대가 되지 못할 경우에 적용될 수 있다. 자신의 동료들이 협력적이지 못할 경우, 그 교사는 여러 가지 방법으로 상대를 자신의 영역 안으로 끌어들여서 협력해갈 방법을 모색해야 하겠지만, 그것이 적절하지 못하거나 불가능한 경우도 배제할 수는 없다.

협력적인 차원에서 이루어지는 경우는 개별적인 차원보다 훨씬 이상적인 경우로, 인식을 같이 하는 다수의 교사들이 서로를 격려하고 도우면서 교육 활동을 수행해나갈 수 있다는 점에서 매우 바람직하다고 할 수 있다. 이 경우 협력적으로 자신의 전문성을 제고하고 교육력을 신장시키려고 하는 경우, 동료들은 다른 교사들에게 자신의 영역을 개방할 수 있는 개방성과 함께 참여하는 동료에 대한 신뢰성이 필요함은 당연하다.

개별적인 차원이든, 협력적인 차원이든 가장 먼저 이루어져야 할 것은 현재 수행되고 있는 수업에 대한 인식이다. 이것은 수업 참관을 통해 쉽게 이루어질 수 있는데, 교사 양성 기관에서의 수업 참관은 새로운 장면에 대한 이해가 우선시되기 때문에, 실제로 그 수업이 제대로 이루어지고 있는가에 대한 인식을 얻기는 어렵다.

그러므로 한국어 교육을 담당하여 실천하고 있는 교사들이 여러 유형의 수업을 보고, 자신의 수업과 비교해보면서, 또 자신의 수업을 여러 가지 방법으로 반성해보면서 문제에 대한 인식을 얻을 수 있는 기회와 경험을 가지는 것은 이후의 그 교사의 행동 과정에서 매우 중요한 바탕이 된다. 특히 교사들이 자신의 수업에 대한 체계적인 의식을 하지 않고, 습관과 관행에 따라 수업을 계속하고 있었다면 다른 교사의 수업 참관 혹은 자기 수업에 대한 점검(review)을 통하여 자신의 수업에 적용되고 있는 수업 원리, 상호 작용 양상, 목표와의 일치성 등을 점검하는 것은 참관을 하는 교사나, 참관을 당하는 교사 모두에게 매우 긍정적인 영향을 줄 수 있다. 또 경험이 풍부한 동료 교사로부터 적절한 교정까지 충고 받을 수 있다면 더할 나위가 없을 것이다. 프리먼(1989)은 이를 개발을 목적으로 하는 수업 참관이라 하여 교사 교육 과정에서 행해지는 훈련을 위한 수업참관과 구별하고 있다. 프리먼(1989)은 어떤 차원에서의 수업 참관이라고 할지라도 수업을 담당한 교사가 자신의 수업의 기초를 이루는 원리를 인식하고, 그에 따라 새로운 방안을 모색하거나 그 방안을 개선할 수 있도록 적절한 피드백을 제공할 수 있어야 한다고 강조한다.

특히 한국어 교육에서는 여러 가지 다양한 교수법이 제시되고 있음에도 불구하고 이들 교수법들이 적절하게 활용되지 못하고, 교사의 편의에 의해 한두 가지 교수법만이 선호되고 있는 것은 교육 효과의 제고라는 점에서나, 교사의 교수 능력 향상이라는 점에서 바람직하다고 할 수 없다. 한국어 교사들의 수업 참관 활동은 자신이 익숙하게 사용하는 수업 방식에 대한 이해와 개선뿐만 아니라, 다양한 수업 행위를 수행해보고, 그 과정은 반성적으로 점검해봄으로써 새로운 교수법의 도입을 촉진하고 교수법과 교수 목표와의 타당성을 점검해보는 바람직한 과정이 될 수 있다.

또 개발 전략을 바탕으로 하는 반성적 교사 교육 방안으로는 학습자의 성취 결과를 가지고 반성적 교사 교육이 가능하다. 학생에 특정 과제를 부과하고 그에 대한 평가를 실시하는 것은 교수학습 과정에서는 거의 자동화된 과정이라고 할 수 있다. 그러나 이 평가가 학생의 성취 수준을 가늠하고, 미흡한 부분에 대한 진단을 내려주는 것만으로 이루어진다면, 그 교사가 맡는 집단의 학생들은 비슷한 오류의 영향에서 벗어날 수 없다. 교사는 평가 결과를 통하여 학생들이 오류의 경향을 파악하고, 그것을 자신의 교육과정과 관련하여, 문제가 될만한 상황을 다시 점검하여 자신의 교수 학습 과정이나 방법을 변화시킬 수 있다. 또, 동료 교사와 함께 학생들의 평가 결과를 점검함으로써, 자신들이 적용한 교수법, 혹은 교육 내용이 어떤 점에서 부적절하였는지는 판단하고, 이후의 교육에서 일어날 수 있는 오류를 예방할 수 있다.

또 학생들로부터 다양한 반응을 받아내어 교수 학습 과정에 적용할 수 있다. 이전과 달리 의사 소통을 중시하는 한국어 교육의 수업 광경은 수업을 역동적으로 흥미롭게 진행할 수는 있으나, 학생들의 개별적이고 특수한 요구를 충족시키지 못할 수 있다. 또 활발하고 적극적인 분위기로 인하여, 교사 스스로도 자신이 행하는 교육이 제대로 이루어지고 있다는 오해를 할 가능성이 있다. 그러므로, 항상 한 단위의 교육 활동이 시작되기 전이나 후에, 학생들에게 자신들의 기대 사항이 어느 정도 성취되었는지를 표현하게 함으로써 교사는 거기에서 얻은 반성적 성찰의 결과를 다음 단위의 교육활동에 반영할 수 있다.

이 외에도 자신이 속해 있는 지역 단위에서 정기적인 워크숍이나 세미나를 개최하고, 또 참석함으로써 교육 활동에 대한 정보를 공유하고 자기 점검의 기회를 갖는 것도 이러한 교사 교육의 방법이라 할 수 있다.

이제까지 개발 전략에 기초한 반성적 교사 교육의 방안으로 제시한 것은 동료에 의한 수업 참관, 혹은 자기 수업 점검, 학생 평가 결과로부터의 피드백, 학생 반응 유도, 지역적 교사 모임의 활성화 혹은 참여 등을 제시하였다. 이외에도 정기적인 교사 연수 프로그램의 참여, 다른 영역의 교사들과의 교류 등도 가능한 방안이 될 수 있을 것이다. 무엇보다도 중요한 것은 이 개발 전략에 기초한 반성적 교사 교육은 교사가 자신의 교육 방법, 내용을 개선하려는 의지를 가지고, 다각도로 그에 대한 자료를 수집하고, 적용해가면서, 바람직한 한국어 교사로서 지속적으로 성장할 수 있다는 것이다.

5. 나오며

한국어가 중요한 세계어로 성장하면서 한국어 교육의 열풍은 한국어 교사의 수요를 폭발적으로 증가시킨 것뿐만 아니라 한국어 교재의 체계적인 정비, 한국어 능력 인증을 통한 객관적 자격 검증 제도의 확립 등의 결과를 얻었다. 이에 따라 국내의 한국어 교사 양성기관의 수가 늘어나 다양한 경로를 통하여 많은 한국어 교사들이 양성되어 국내외의 한국어 교육의 일선에서 활동하고 있다. 이렇게 한국어 교사의 수가 늘어남에 따라 자동적으로 한국어 교사에 대한 질 관리의 필요성이 대두되고 있고, 그 결과 표준화된 한국어 교사 연수 프로그램의 표준화 제안이 나오고 한국어 교사 자격 인증 제도가 논의되고 있다.

이 연구는 이와 관련하여, 공식적이고 제도적인 면에서의 논의와 별개로, 한국어 교사의 전문성을 확보하기 위한 방안을 제시하고자 하였다. 현재 양성되어 활동하고 있는 한국어 교사는 지적인 자격 조건이나, 한국어 교육에의 헌신성, 교육 과정에서의 자율성 행사 등의 측면에서 한국어 교육의 전문가로서의 소양을 충분히 갖출 수 있는 여건이다. 따라서 그들이 현장에서의 활동을 통해 전문가로서의 능력을 신장시킴으로서 그들의 입지를 강화할 뿐만 아니라, 한국어 교육이 체계적이고 합리적으로 수행될 수 있는 방법을 제시하고자 하였다.

이 연구에서 제시된 한국어 교사의 전문성 신장 방안은 프리먼(1989)의 네 가지 교수 요소를 중심으로 교사의 개발 전략을 중심으로 교사 교육을 수행하는 모형이다. 이 모형은 한국어 교사가 자신의 한국어 교육 행위를 반성적으로 살핌으로써 적절한 언어 교육적 지식과 기술, 태도를 개선, 변화시켜나가는 것이 주된 과정이다. 한국어 교사들이 개인적으로 또는 동료 교사들과 함께 이 과정을 수행함으로써 자신의 교육 행위에 대한 효과를 제고하고 한국어 교사로서의 전문성을 신장시킬 수 있을 것으로 기대할 수 있다. 이를 위한 구체적인 방안으로 이 연구가 제시한 방법은 동료에 의한 수업 참관, 혹은 자기 수업 점검, 학생 평가 결과로부터의 피드백, 학생 반응 유도, 지역적 교사 모임의 활성화 혹은 참여, 정기적인 교사 연수 프로그램의 참여, 다른 영역의 교사들과의 교류 등이었다.

한국어 교육이 제대로 이루어지기 위해서는 유능한 한국어 교사를 양성하는 것 못지 않게 현장의 한국어 교사들이 한국어 교사로서의 전문성을 가지고 활동할 수 있게 하는 것이라 할 수 있다. 그런 의미에서 이 연구가 현장의 한국어 교사가 자신들의 한국어 교육을 도울 수 있는 유익한 방안의 하나로 수용될 수 있기를 기대한다. 이와 관련하여 현장의 한국어 교사를 위한 다양한 연구 결과들이 나타나기를 기대한다[5].

5) 이제까지의 한국어 교육에 대한 연구들은 대체로 한국 내에서의 한국어 교육을 대상으로 이루어져 왔다. 현장의 한국어 교사에 대한 연구들도 이러한 흐름과 많이 다르지 않다. 그러나 한국어가 중요한 세계어로 성장하면, 국내에서의 한국어 교육 못지 않게 외국에서의 한국어 교육의 비중이 커질 것이다. 그리고 그런 상황에서의 한국어 교사는 한국인이 아닐 가능성이 점점 커지고 있다 따라서 이들에 대한 자격 인증 방안, 교육 방안 등이 강구되어야 할 것이다. 이 외에도 이들이 사용할 수 있는 적절한 한국어 교수법의 개발이 필요하며, 교실한국어(Classroom Korean)에 대한 연구 등도 나와야 할 것이다.

제2부

읽기 교수 학습 과정에 대한 연구

제1장 서론

1. 연구의 의의

이 연구의 목적은 학습자들의 읽기 행위와 읽기 교수 학습이 어떻게 구성되어 있는가를 살펴봄으로써 현행 읽기 교육의 문제점을 진단하고 그에 대한 대안을 제시하는 것이다.

국어 교육의 목적을 학습자들의 국어 사용 능력을 신장시키는 것으로 본다면 읽기 교수 학습 과정에서 학습자들에게 전달해야 하는 내용은 글의 '내용'보다는 그 글을 다루는 '방법'이다. 읽기 교수 학습 과정에서 '지식'이 아닌 '방법'을 가르치려면 교사는 지식을 일방적으로 전달하는 것과는 다른 방법으로 지도해야 한다. 교사는 학습자들에게 '방법'에 대한 체계적인 지식을 전달해야 하고, 이를 학습자들이 단계적으로 훈련할 수 있는 기회를 제공해야 한다. 이 훈련은 여러 번에 걸쳐서 반복 순환되면서 학습자들이 그 능력을 익히는 데 도움이 되도록 구성되어야 한다.

제 7차 교육과정의 경우, 읽기 영역의 내용을 '본질, 원리, 태도, 실제'로 구분하지만 이들이 서로 유기적인 연관을 갖도록 지도하여야 하며, '현시적 교수법'이나 '직접 교수법' 등을 통해 체계적으로 전달해야 한다고 제안한다. 그러나 이런 의도들이 읽기 교수 학습 과정에서 제대로 실천되고 있는지, 교실은 이런 의도에 따라 바뀌었는지, 학습자들은 실제로 내용이 아닌 방법을 익혀서 자신의 읽기 능력으로 내면화하고 있는지에 대한 검증은 제대로 이루어지지 않았다. 읽기 교수 학습 과정이 읽기 교과서나 읽기 교육과정의 의도대로 수행되고 있는지 판단하기 위해서는 실제 교수 학습 과정을 살펴보아야 한다.

이 연구는 학습자들의 읽기 과정과 교실에서의 읽기 교수 학습 과정을 관찰하여 읽기가 어떻게 일어나고 있으며, 읽기 교수 학습 과정에서는 이를 어떻게 다루고 있는가를 살펴보고자 한다. 먼저 학습자들의 읽기 수행을 관찰함으로써 학습자들이 읽기 행위를 수행하는 과정을 이해하고, 읽기 교수 학습 과정에서 이를 어떻게 다루어야 할 것인가에 대한 시사점을 얻고자 한다. 이어서 읽기 교수 학습 과정을 관찰하여 읽기 교수 학습 과정이 어떻게 구성되는지, 글이나 교수 학습 단계에 따라 읽기 교수 학습 과정이 어떻게 달라지는지를 살펴 읽기 교수 학습 과정을 어떻게 다루어야 할 것인가에 대한 시사점을 얻고자 한다.

지금까지 읽기 교육에 관해 많은 연구들이 있어 왔지만 외국 이론을 도입하거나 이를 바탕으로 논의를 전개하여 실제성을 확보하기 어려웠다. 또 이론을 적용하는 경우에도 외국 연구에서 제시한 특정 읽기 전략의 효용성을 검증하는 정도에서 그친 경우가 많았다. 이 연구는 우리의 교육 현실에서 읽기가 어떻게 다루어지고 있으며, 읽기 교수 학습이 어떤 방식으로 이루어지고 있는지를 규명함으로써 학교 현장에서부터 읽기 교육을 정상화하게 해 주는 토대를 제공하고자 하였다.

2. 선행 연구 검토

지금까지 국내 읽기 교육에 관한 연구 중에서 이 연구같이 실제 읽기 행위나 읽기 교수 학습 과정을 관찰하고 이를 자료로 하여 읽기 교육을 논의한 연구는 거의 없다. 그러므로 여기서는 이 연구가 중요하게 다루고 있는 읽기 행위와 읽기 교수 학습 과정을 중심으로 선행 연구를 간략히 살펴 이 연구의 논의 결과와 비교할 수 있는 바탕을 제시하고자 한다.

먼저 읽기 행위에 관한 연구에는 읽기의 본질을 밝히는 것을 목적으로 주로 읽기의 과정을 규명하고 독자의 읽기 능력을 드러내는 읽기 전략을 다루는 연구들이 포함된다. 읽기의 과정을 정보 처리적 관점에서 상향식 과정으로 이해하는 것에는 고프(Gough, 1972)와 라베르지와 사무엘스(Laberge & Samuels, 1974)의 연구가 있다. 또 읽기 과정을 스키마를 활용한 하향식 과정으로 이해하는 연구에는 굳맨(Goodman, 1967)의 연구가 있다. 또 읽기를 상향식과 하향식 과정이 어우러진 상호 작용 과정으로 설명하는 연구에는 루멜하르트(Rumelhart, 1977)와 맥닐(McNeil, 1984) 등의 연구가 있다. 읽기를 상호 작용 과정으로 이해할 경우 대체로 이 과정을 수행하는 독자의 능동성을 강조한다. 특히 브랜스포드와 존스(Bransford & Johneson, 1972)의 세탁기 사용에 관한 글을 이용한 실험은 글을 읽는 데 사전 지식과 글을 읽는 상황이 매우 중요하다는 것을 보여주었다.

읽기 교수 학습 과정에 대한 연구들은 읽기 수업 모형을 개발하거나 읽기 수업 과정에서의 읽기 지도 방법을 제시하는 연구들이 대부분이다. 읽기 수업 모형으로 잘 알려진 것에는 피어슨과 갤러거(Pearson & Gallagher, 1983)의 책임 이양 모형, 팔린스차와 브라운(Palinscar & Brown, 1989)의 상보적 교수법, 1960년대 미국 오리건 대학에서 구안된 직접 교수법 등이 있다. 국내에서는 새로운 교수법을 개발하기보다는 외국에서 개발된 교수법을 독해 전략에 적용하고 그 효과를 검증하는 연구가 주로 이루어졌다. 여기에는 독해 전략에 상보적 교수법을 적용하여 지도한 내용을 담고 있는 이경화(1991), 토의 학습법을 읽기 활동에 접목한 김혜숙(2001)의 연구 등이 포함된다.

읽기 수업 과정에서 읽기 지도 방법을 다루는 국내 연구에는 독해 전략 훈련의 학습 효과성을 다룬 임두순(1989), 학습 전략 훈련과 상위 인지가 독해에 미치는 효과를 다룬 이기우(1992), 읽기 전략 지도의 교재 구성을 다룬 박수자(1993), 자기 점검 전략의 훈련을 다룬 신기술(1996), 상호 텍스트성을 바탕으로 한 읽기 지도를 다룬 김도남(2002), 텍스트의 이해 과정과 전략을 다룬 김혜정(2002) 등의 연구가 있다. 이들 연구는 대체로 특정 읽기 지도 전략을 지도하고 이를 실험을 통해 검증하는 과정으로 수행되었다. 하지만 이들 연구 성과는 실제로 학습자들이 전략을 학습하고 활용할 때 필요한 정보나 교사들이 이를 교수 학습 과정에 도입할 때 필요한 정보는 충분히 제공하지 못하였다.

읽기 교수 학습 과정과 관련하여 최현섭 외(1996)에서는 교수 학습 과정을 주도하는 교사의 역할을 논의했다. 이 연구는 고차원적인 인지 과정은 그 과정을 시범 보일 수 있는 언어 사용자(교사, 우수한 친구)와의 상호 작용을 통해서 학습될 수 있다고 논하였다. 전문 기술자가 초보자에게 자신의 기술을 가르치는 방법과 유사한 방법으로 언어 사용의 시범자인 교사는 학습자에게 시범과 협동적인 대화를 통해서 전략의 인지 과정을 가르칠 수 있다고 한다. 이 연구가 시사하는 것은 교사가 자발적인 노력에 의해서 우수한 언어 사용의 시범을 보이도록 하는 것 이상으로 교사의 언어 사용을 특별하게 훈련할 필요성이 있다는 것이다.

교실에서 일어나고 있는 일들을 그대로 연구하는 자연주의적 연구

(naturalistic research) 중 가장 많이 활용되는 방법은 관찰 연구이다. 관찰 연구는 연구자가 실제 수업에 참여하여 교사와 학습자들의 상호 작용을 관찰하고 이를 해석하는 것이다. 국어과 수업을 관찰 연구하고 국어과 수업에서의 '읽기의 힘'에 대해 고찰한 이미숙(2002)의 연구, 여러 개의 과학 수업을 관찰 연구하고 좋은 수업 방법을 모색하려고 한 곽영순 외(2002)의 연구, 국어과 수업에서의 교사의 교수 담화를 연구한 김경주(2003)의 연구 등이 있다. 이들은 관찰을 통해 수업 행위에 대한 의미 있는 해석을 내리려고 하였다.

국어 교육 분야에서는 관찰 연구는 대체로 담화 분석을 위해 사용된다. 김상희(1995)는 수업 담화를 분석하여 말하기/듣기, 언어 영역을 중심으로 교사의 교수 전략의 형태와 그 효과를 설명하였다.

3. 연구 방법과 제한점

이 연구는 읽기 행위와 읽기 교수 학습 과정에서 직접 자료를 수집하기 위해 읽기 학습자들에게 실제로 읽기 행위를 수행하는 과정을 보여 주는 읽기 프로토콜을 생성하게 하였으며, 읽기 교수 학습 과정을 캠코더로 기록하였다. 그리고 이렇게 수집된 자료를 질적으로 분석하고 해석하는 과정을 수행하였다[1].

이 과정에서 사용된 연구 방법들을 좀더 자세히 설명하면 다음과 같다. 읽기 프로토콜 분석과 읽기 인터뷰는 읽기 과정을 규명하기 위한 것이었다. 읽기 프로토콜은 독자의 읽기 과정에서 떠오르는 생각을 사고 구술(think aloud)한 것으로 읽기 과정에 일어나는 독자의 사고 과정

1) 수집된 자료의 구체적인 내용은 이 연구의 2장 1절과 3장 1절에 제시되어 있다.

을 드러내는 주요한 자료로 다뤄진다. 그러나 실제 모든 사고를 구술하는 것이 불가능하다는 점은 사고 구술의 한계라고 할 수 있다. 따라서 이 연구에서는 이를 보완하고 연구자의 연구 관점에 따라 읽기 과정을 좀더 깊이 있게 이해하기 위해 읽기 인터뷰를 활용하였다. 이 방법은 연구자와 면접 대상인 학습자가 함께 글을 읽으면서 학습자가 글의 내용에 대하여 사고 구술하면 연구자가 그 반응을 듣고 필요한 경우에 추가적인 설명을 요구하여 읽기 과정에서 일어나는 필자의 사고에 대한 구체적인 정보를 얻으려 하는 방법이다. 이 방법은 프로토콜 자료의 한계를 보완하고 연구자의 관점에 따라 문제에 접근할 수 있는 방법이 되었다[2].

교실 관찰 연구는 읽기 교수 학습 과정을 규명하기 위한 것이었다. 연구자는 가능한 수업에 영향을 주지 않는 선에서 교사의 수업 진행, 학습자들의 반응 등에 대한 관찰을 수행하였다. 이 관찰은 교과서에 구현된 교수 학습 내용이 어떤 방식으로 교실에 구현되는가와 교사의 교수 행위는 어떤 방식으로 실현되는가에 초점을 두었다. 이 과정에서 연구자는 교사의 교수 학습 지도안, 학습자의 교과서 및 공책, 과제물 등을 보조 자료로 수집하였으며, 해당 교사와 교수 학습에 대한 인터뷰도 실시하였다.

이상의 연구 방법들은 질적 연구의 논리를 따르는 것으로 이들 자료로부터 얻은 연구 결과는 양적 연구들처럼 쉽게 일반화될 수 없다는

---

2) 읽기 프로토콜이나 읽기 인터뷰는 읽기 행위를 수행하는 과정에서 독자 자신 혹은 연구자에 의해 인위적인 개입이 가해지기 때문에 자연스러운 읽기 과정과 동일시할 수는 없다. 그러나 이런 방법을 통해 학습자가 얼마나 유연하게 또는 빠르게 읽기를 수행하는가를 관찰하는 것이 아니라, 어떤 실마리를 활용하여 글을 읽고 의미를 구성하는지를 살펴보고자 할 경우, 독자들의 심리 과정에 분석적으로 접근할 수 있다. 또 글을 이해하는 중간 단계에서 제시되는 단편적인 단서들이라도 이를 총체적으로 고려한다면 글을 읽는 전 과정을 이해하는 데 도움을 얻을 수도 있다.

한계를 가진다. 그러나 질적 연구는 연구 대상에 대해 깊이 있는 이해를 제공함으로써 수치로 나타나는 결과보다 연구 대상에 대하여 총체적이면서도 구체적인 인식을 제공할 수 있다는 장점이 있다. 이 연구와 같이 읽기 행위나 읽기 교수 학습 과정으로부터 나타나는 결과를 다루지 않고, 그 행위와 과정이 어떤 방식으로 구성되고 있는가하는 과정을 밝히려는 경우[3], 일련의 행위들에 대한 구체적인 설명을 제공하려는 경우에는 질적 연구를 선택할 수밖에 없다[4].

3) 이 연구는 이용숙 외(1998: 19)에서 제시하는 질적 연구가 유효한 다섯 가지 조건에 거의 부합한다. 이 다섯 가지 조건은 ①연구하고자 하는 현상 대상 지역에 대한 선행 연구나 사전 지식이 전혀 또는 거의 없을 때, ②복잡하고 미묘한 사회적 관계 또는 상징적 상호 작용을 탐구할 때, ③소집단 또는 소규모 사회의 역동에 관해 국지적이지만, 총체적인 연구를 하고자 할 때, ④사건의 맥락, 흐름, 구조에 대한 심층적 분석을 하고자 할 때, ⑤현상 이면에 내재한 가치 체계, 신념 체계, 행위 규칙, 적응 전략의 파악이 연구의 주목적일 때이다.

4) 이 연구의 4장은 읽기 행위와 읽기 교수 학습 과정을 관찰하는 과정에서 제기된 문제와 그 문제의 해결을 다루었는데 이 때 해결의 유용성은 실험을 통해 자료를 수집하고 이를 통계적으로 처리하는 방법으로 검증하였다. 이 연구가 질적 연구와 양적 연구를 병행하게 된 것은 이 연구를 통해 특정 연구 방법을 적용해 보려는 것이 아니라, 연구 내용을 타당하게 설명하는 것을 목적으로 연구 방법을 선택하였기 때문이다.

제2장 읽기 학습자의 읽기 수행

1. 읽기 학습자의 읽기 수행의 양상

여기서는 읽기 학습자의 읽기 수행의 양상을 기술하고자 한다[5]. 읽기 수행의 의미에 대해서는 그것이 단순한 문자의 해독 행위라는 관점에서부터 독자가 의미를 구성하는 행위라는 관점에 이르기까지 다양하게 논의되고 있다[6]. 그러나 현재 읽기 연구와 읽기 교육에서는 독자와 글의 상호 작용에 의한 의미 구성이라는 관점이 폭넓게 받아들여진다. 이 관점에 따르면 독자의 읽기는 글이 제시하고 있는 완결된 의미를 수동적으로 획득하는 과정이 아니라, 독자 자신의 경험을 바탕으로 글과의 상호 작용을 통해 나름대로의 의미를 구성해 가는 과정이다. 따라서 독자의 특성과 읽기 상황이 다양하기 때문에 읽기 행위의 수행 결

5) 읽기 학습자는 읽기 학습이라는 상황을 전제하였을 때의 독자를 가리킨다. 읽기 수행은 독자가 글을 읽는 행위를 실제 행동이라는 측면에서 강조한 것으로 읽기를 독자에 의해 수행되는 적극적이고 능동적인 행동으로 다루고자 하는 관점을 담고 있다.

6) 지금까지의 읽기 연구에서 다루어진 읽기관은 기능이라는 관점에서 살펴보는 것, 정보 처리로 보는 것, 의미 구성 과정이라고 보는 것 등이 있다. 각각 기능주의 이론, 정보 처리 이론, 인지 심리 이론 등으로 명명된다.

과 역시 다양할 수 있다. 이 절에서는 실제 읽기 학습자들의 읽기 과정을 보여주는 사고 구술의 프로토콜과 읽기 인터뷰 자료로 이를 논증하고자 한다.

1.1 읽기 수행 자료의 개요

읽기를 통해 글에 쓰여진 정보가 구체적인 의미로 변화하는 과정은 우리의 내부에서 일어나는 사고 과정이므로 이를 가시적으로 설명하기는 어렵다. 독자들이 어떻게 읽는가를 밝히는 데에는 읽기 과정에 대한 가설을 설정하고 그것을 실험을 통해 입증해내는 가설 연역적 방법과 실제 읽기 과정을 관찰하고 그로부터 결론을 얻어내는 귀납적 방법을 사용할 수 있다[7]. 그러나 이 연구와 같이 실제 읽기 교수 학습 상황에서 일어나고 있는 현상에서 문제를 제기하고 그로부터 얻은 인식을 바탕으로 문제에 대한 해결을 논의하고자 하는 경우에는 대상을 다양한 관점에서 관찰하고 그로부터 나온 정보를 깊이 있게 이해하는 것이 더 적절하다. 따라서 이 연구는 질적 연구의 논리에 따라 실제 읽기 학습자들의 읽기 행위를 하나의 사례로 선정하고 이를 관찰하여 귀납적인 결론을 도출하는 방법을 사용하였다. 이 연구가 읽기 학습자들의 실제 읽기 수행 자료를 수집한 방법과 내용 등은 다음과 같다.

---

7) 가설 연역적 연구의 대표적인 방법인 실험 연구의 경우, 실험에 참여하는 피험자 수를 조절할 수 있고, 그로부터 나온 결과도 통계적 처치가 가능하고 수치로서 설명할 수 있기 때문에 양적 연구라고 한다. 그에 비하여 관찰 연구의 경우, 통계적으로 유의미한 사례를 충분히 확보할 수 없을 뿐만 아니라 대상 자체에 대한 이해를 우선으로 하기 때문에 그 결과를 수치로 처리하는 것이 적절하지 않는 경우도 있다. 따라서 이런 경우를 질적 연구라고 한다.

가. 자료 수집 방법

읽기 학습자의 읽기 수행을 규명하기 위해 사용한 자료는 대학생 학습자들이 행한 읽기 프로토콜과 연구자가 중학생과 고등학생 학습자들의 읽기 과정을 인터뷰한 내용의 전사본이다. 읽기 프로토콜은 독자가 읽기 과정에서 자신의 내부에서 일어난 사고 과정을 스스로 말로 표현하게 한 후, 그것을 글로 전사(轉寫)한 것이다. 이것은 독자가 글을 이해하는 과정에 사용하는 단서를 스스로 보고하게 함으로써 연구자들이 독자의 읽기 과정을 추적하고 설명할 수 있다. 그러나 실제 사고의 속도와 구술의 속도가 일치하지 않기 때문에 독자들이 글을 읽으면서 수행하는 모든 사고 과정을 구술하는 것은 불가능하다. 또한 사고를 구술하느라 독자들이 실제 읽기 행위를 자연스럽게 수행하지 못할 수도 있다.

독자가 읽기 과정에서 부가적으로 수행해야 하는 설명과 해석이 읽기를 느리게 할지는 몰라도 글을 읽고 의미를 구성하는 읽기 과정 자체를 바꾸지는 못한다. 에릭슨과 사이먼(Ericsson & Simon, 1993)에서도 사고 구술 과정에서 피험자들은 언어적 처리 과정에 대하여 설명하거나 해석하는 역할이 아니라 머리 속에서 일어나는 최종 결과에 대한 전달 역할만 해야 한다고 한다. 그러면 그 결과에 대한 해석은 연구자에 의해 얻어질 수 있다는 것이다. 또한 사고 구술법을 연구 방법으로 활용할 경우에 피험자들이 연구자가 원하는 반응을 제공하려는 경향이 있으나, 이것이 연구에서 진정한 이점이 될 수도 있다고 한다. 다만 피험자들이 일정한 시간을 자기 보고 없이 지나쳐 버린다면 조언자(reminders)를 활용하는 것이 효과적이라고 하였다.

읽기 인터뷰는 이런 읽기 프로토콜이 가지는 한계점을 보완하면서 읽기 과정을 좀더 깊이 있게 이해할 수 있는 방법이다. 읽기 인터뷰에서 연구자는 자기 보고를 재촉하는 조언자 이상의 역할을 한다. 독자의 읽기 과정에 대해 직접 질문함으로써 독자로부터 읽기 과정에 대한 설명을 얻어낸다. 다시 말해 연구자는 독자가 사고 구술하는 과정을 함께 수행하면서 필요한 부분에서 독자의 사고 과정에 대한 설명을 요구하여 사고 구술의 결과와 독자의 해명을 함께 수집하고 분석할 수 있다.

인터뷰를 통한 연구자의 개입은 매우 적극적인 자료 수집 방법이므로 읽기 과정을 왜곡시킬 우려도 있다. 그러나 이 경우도 사고 구술의 방법처럼 독자는 연구자의 간섭에 의해 읽기 과정이 지연되기는 하겠지만 읽기를 통해 의미를 구성하는 본질적인 과정에는 영향을 받지 않을 것이다. 그리고 이 인터뷰의 목적도 독자의 읽기 결과에 개입하는 것이 아니라, 독자가 어떤 방식으로 의미를 형성하는가의 입장에서 수행되는 것이므로 읽기 과정을 기술하는 데에는 무리가 없다.

이 연구에서는 사고 구술에 의한 프로토콜 생성이 글을 읽으면서 사고를 구술하는 과정을 함께 수행해야 한다는 점을 고려하여, 대학생 학습자들에게 이 과제를 부여하였다. 읽기 인터뷰는 연구자가 독자의 읽기 과정을 보조할 수 있다는 점을 고려하여 중학생과 고등학생 학습자들에게 부여하였다.

프로토콜을 생성하기 위해 대학생들에게는 프로토콜이 무엇인가에 대한 간단한 설명과 함께 이 방법을 사용하는 이유와 의의에 대하여 안내하였다. 녹음기와 같은 기자재를 사용하는 것 등에 관한 설명을 하고 사고 구술을 전사한 프로토콜의 예와 함께 간단한 시범을 보여주었다.

읽기 인터뷰는 사전 설명, 연습, 인터뷰 수행의 과정을 통해 이루어졌다. 먼저 인터뷰를 시작하기 전에 연구자는 학습자들에게 어떤 활동을 하게 되는지를 간단하게 설명하였다. 연구자는 읽기 활동을 하면서 생각한 것을 구술하는 방법, 연구자가 학습자들에게 하게 될 질문 등을 간단하게 설명하고 시범을 보여 주었다. 그리고 학습자들이 글을 읽고 사고 구술하는 과정을 연습해 보는 기회를 제공하였다. 이어서 사전 훑어보기 없이 바로 한 편의 글을 소리내어 읽게 하였다. 학습자들이 소리내어 글을 읽는 동안 연구자는 학습자들의 읽기 행위와 읽기 과정에서 학습자들이 진술하는 반응을 녹음기를 사용하여 수집하였다.

읽는 과정 중에서 학습자들은 대체로 한 문단 정도 읽은 후에는 무슨 내용인지에 대해 간단하게 보고하도록 하였다. 그런 보고가 없거나 혹은 학습자들이 너무 오래 동안 소리내어 읽기를 하지 않는 경우에는 연구자는 학습자들에게 그 때까지 읽은 결과에 대한 설명을 요구하였다. 그리고 학습자들이 읽기를 하는 중간 중간에 연구자는 학습자들의 읽기 행동에 대하여 직접 질문을 하였다. 학습자들의 대답을 듣고 연구자의 판단에 따라 추가적인 질문이 이어지기도 하였다. 그 과정에서 연구자의 질문은 독자의 읽기 과정에 관여하는 주요 요소인 스키마와 읽기에 관한 지식, 독자의 태도 등을 살펴보고자 하였고 이를 위해 중심 내용에 대한 예측과 그것의 확인, 예측 방법의 규명 등에 치중하였다.

나. 글

독자가 읽기를 수행하는 과정에서 활발한 인지 활동을 수행하고 이를 스스로 인식하도록 하기 위해서는 읽기 과정이 자동화될 수 있는 익숙하고 쉬운 글보다는 내용이나 형식이 익숙치 않아 독자가 의식적으로 의미 획득을 위해 노력해야 하는 글이 유리하다. 너무 익숙하고 쉬운 글은 그 글의 의미를 인식하기 위한 별도의 노력이 필요하지 않을 뿐더러 어떤 방식으로 그 글을 읽었는지를 추적할 경우에도 자신이 사용한 단서나 전략에 대한 보고를 제대로 하지 못할 우려가 있기 때문이다. 독자가 스스로 글의 의미를 쉽게 이해하지 못한다는 것을 인식하면 의식적으로 글을 이해하기 위한 여러 가지 인지적인 활동을 활발하게 하게 된다. 무의식적이고 자동적인 행동은 인식되지 않고 일어나므로 의도적으로 보고하기 어렵지만 의식적인 행동은 지금 자신이 행하고 있는 행위를 인식하고 있다는 것이므로 독자가 자신의 행위를 보고하기는 더 쉽다. 이런 점을 고려하면 읽기 프로토콜의 생성과 읽기 인터뷰에 사용할 글은 학습자들이 쉽게 접할 수 없고, 어휘나 문체 면에서 특별한 주의가 요구되어야 하나 전문적인 지식을 요구하지 않는 것이 적절하다.

이 연구에서는 최현배의 '사주오 두부 장수'를 읽기 학습자들에게 제시할 글로 사용하였다. 이 글은 필자의 신변사를 다룬 수필이어서 글의 구조가 복잡하거나 내용 자체가 어려운 것은 아니다. 그러나 현재는 잘 사용되지 않는 낯선 어휘가 많고 문장도 의고적인 문체를 사용하고 있어서 중학생, 고등학생, 대학생 모두에게 이해하기가 쉽지 않은 글이다[8].

다. 자료 제공자

이 연구의 주요 자료 제공자는 중학생 5명, 고등학생 4명, 그리고 대학생 10명, 모두 19명이다. 읽기 발달 과정으로 볼 때 13세 이후의 중·고등학교 및 대학교 시기의 읽기 학습자들은 문자를 기호적인 입장에서 이해하는 해독(decoding)의 시기를 지나, 유창함을 바탕으로 글의 내용을 추론하고 일정한 관점에서 비판할 수 있으며 자신의 관점을 가지고 글을 읽는 고급의 단계에 속한다[9]. 따라서 이들이 글을 읽는다는 것

---

8) 이 수필의 대체적인 내용은 다음과 같다. 시골 출신인 나는 처음 서울에 와서 듣는 행상들의 외침이 신기하였다. 지금 살고 있는 동네 두부 장수 중에는 '사려오'가 아니라 '사주오'라고 외치는 이가 있는데, 그의 단골이 되어 외상으로 두부를 사먹기도 하였다. 그러다 어느 날부터 그 '사주오' 두부 장수가 오지 않아 식구들은 그의 소식을 몹시 궁금해하였다. 여러 달이 지난 후, 나는 길에서 그 두부 장수를 만났고, 또 여러 달이 지나서 마누라도 그를 만나 두부 값을 받으러 오라고 하였지만 그는 다시 오지 않았다.

9) 이 단계에 대해 베크와 볼빈(Beck & Bolvin, 1990: 최현섭 외, 1996: 309에서 재인

은 읽기에 필요한 기본적인 능력을 바탕으로 자신의 필요에 따라 적절하게 글을 처리하고 있다는 것이다.

다음의 <표 1>과 <표 2>는 읽기 수행을 보여주는 자료를 제공한 읽기 학습자들의 인적 사항과 자료 생성 시기를 정리한 것이다.

	학습자	성별	학령	시기
1	가	여	대학교 1	2003. 9
2	나	남	대학교 1	2003. 9
3	다	남	대학교 1	2003. 9
4	라	남	대학교 1	2003. 9
5	마	여	대학교 1	2003. 9
6	바	여	대학교 4	2003. 9
7	사	여	대학교 4	2003. 9
8	아	여	대학교 4	2003. 9
9	자	여	대학교 4	2003. 9
10	차	여	대학교 4	2003. 9

〈표 1〉 읽기 수행에 관한 프로토콜 자료 제공자

	학습자	성별	학령	시기
1	**A**	여	중학교 1	2003. 2. 6
2	**B**	여	중학교 1	2003. 1. 25
3	**C**	남	중학교 1	2003. 2. 8
4	**D**	여	중학교 1	2003. 5. 17

용)은 이해하기(comprehension)보다 독립적 읽기(independent reading)의 비중이 커지는 시기로 보고 있으며, 우드(Wood, 1992)는 자립 독서기를 지나 고급 독서기에 해당하는 것으로 본다. 촬(Chall, 1996)의 경우에도 읽은 내용을 자신의 관점 혹은 다른 이의 관점, 세계적인 관점이라는 측면에서 이해할 수 있는 시기로 보고 있다. 천경록(1999)에서는 이 시기를 구체적으로는 추론하기 및 글 구조 파악하기, 작가 관점 파악 및 비판하기가 가능한 고급 독해기(중 1, 2학년), 초인지 독서 전략을 구사할 수 있는 독서 전략기(중 3학년, 고 1학년), 교양과 학문 직업 세계에 대한 독서가 가능한 독립 독서기(고등학교 2학년 이후)로 나누었다.

5	E	남	중학교 1	2003. 5. 17
6	F	여	고등학교 1	2003. 6. 12
7	G	여	고등학교 1	2003. 6. 18
8	H	여	고등학교 1	2003. 6. 21
9	I	여	고등학교 1	2003. 6. 21

〈표 2〉 읽기 수행에 관한 인터뷰 자료 제공자

읽기 프로토콜 자료를 생성한 '가~마'는 2003년 2학기 ○○대학에서 '대학 국어' 강의를 들은 이 대학 1학년 학습자들이다. 원래 이 강의에는 60여 명의 학습자들이 참여하고 있었다. 이들은 '읽기 과정에서 일어나는 일들'이라는 주제의 강의 시간을 위해 자신의 읽기 과정을 관찰, 분석하기 위한 자료로 글을 읽고 프로토콜을 생성하였다. '가~마'는 이 강의에서 생성된 60여 개의 자료 중에서 비교적 충실하게 자신의 반응을 드러내고 있는 5개의 자료를 만든 학습자들이다. 또 '바~차'는 같은 학기 충남의 한 교대에서 국어 교육을 심화 과정으로 선택하고 있는 학습자들이다. 이들은 해당 학기에 심화 과정 과목으로 연구자가 담당하는 '독서 교육' 강의를 선택하였고, 역시 읽기 과정에 대해 이해하기 위한 자료로 이 프로토콜을 생성하였다.

읽기 인터뷰에 참여한 학습자들은 연구자가 이들 학습자의 담임 교사들에게 의뢰하여 추천을 받고 면접한 학습자들이다. 연구자가 특별한 추천 조건을 제시하지 않았으므로 이들의 담임 교사들은 연구에 협조적일 수 있는 학습자들을 추천하였다.

1.2 읽기 수행의 양상

읽기란 문자 언어를 매개로 발신자인 필자와 수신자인 독자 사이에서 이루어지는 의사 소통 과정이다[10]. 게파르트(Gephart, 1970)에서 읽기는 필자에 의해 시각적 자극으로 부호화된 '의미'가 독자의 마음 속에서 '의미'로 변하는 상호 작용을 일컫는 것으로 보며, 이 때의 상호 작용 속에는 읽을 자료, 독자가 알고 있는 지식, 독자의 생리적 및 지적 작용의 세 가지가 항상 포함된다고 하였다. 읽기의 여러 단계를 통해 나타나는 다양한 양상은 읽기 과정에 관여하는 이 세 요인들 사이의 상호 작용에서 빚어지는 것이라고 한다.

읽기 과정을 구성하는 요소에는 독자, 텍스트, 상황 맥락 등이 있으며, 이 중 읽기 행위를 설명하는 데 있어서 가장 중요한 요소는 독자이다. 독자가 읽지 않으면 읽기는 일어나지 않기 때문이다. 따라서 읽기란 독자가 다양한 방법을 동원하여 글을 읽고 자신이 가지고 있는 지식을 활용하여 의미를 추론하고 적절한 의미를 확정하는 행위를 수행하여야 비로소 이루어지는 것이다.

독자가 글을 읽고 의미를 찾아내는 데에는 독자가 지니고 있는 어휘력, 읽은 글에서 의미를 찾아낼 수 있는 사전 지식(스키마)과 의미 형성을 위해 의도적으로 사용하는 방법(일종의 절차적 지식, 읽기 전략), 또 글을 읽어야 한다는 필자의 의지같이 읽기 행위를 유지하게 하는 정의적인 요소인 흥미, 욕구, 태도 등이 요구된다. 여기에서는 읽기 행위를 수행하는 독자를 중심으로 읽기에 관여하는 요소를 독자의 스키마, 독자의 읽기 행위에 대한 지식, 독자의 읽기 태도 등으로 파악하고, 읽기 학습자들이 읽기 행위를 수행하는 과정에서 이들 요소를 어떻게 구현

10) 이렇게 '읽기'를 일련의 과정으로 정의하는 것은, '읽기'는 독자가 보여주는 외현적인 행동이라기보다는 독자의 내면에서 일어나는 심리적인 과정이라는 관점을 취하는 것이다. 이 관점에서는 독자가 보여주는 행동보다는 독자가 정신적으로 어떤 인지 활동을 하고 있는가를 규명하는 데 중점을 둔다. 이 연구는 이런 심리적 과정으로서의 '읽기'의 의미와 함께 '읽기'가 지니는 외현적인 행동을 좀더 강조하기 위해 '읽기'와 '읽기 행위(reading act)'라는 표현을 함께 사용한다. 이들 표현은 대립적인 관계를 지닐 정도로 의미 차이가 나는 것은 아니지만 '읽기 행위'로 표현하는 경우는 독자의 외현적인 행위에 초점을 두고 있다는 것이다.

하고 있으며 그것이 어떤 방식으로 읽기 결과를 구성하는지에 대해 설명하고자 한다[11].

1.2.1 스키마

스키마(schema)는 독자가 지니고 있는 지식 표상의 한 형태이다[12]. 이 지식 표상은 구조화된 지식으로 끊임없이 새롭게 재구성되는 역동적인 특성을 지니고 있다. 박수자(2001: 103)에서 텍스트 이해는 주어진 텍스트를 단서로 하여 적절한 지식 구조를 탐색하고 활성화시키며, 추론을 통하여 지식 구조를 재구성하거나 새로운 지식 구조를 형성함으로써 텍스트 정보와 맥락적 상황 정보, 이해자의 관련 지식을 통합하며 텍스트 생산자와 이해자 사이에 상응하는 지식 구조를 구성하고, 그 결과 텍스트 생산자의 세상 모델(상황 모델)과 이해자의 그것이 상응하는 표상을 형성하는 능동적 구성의 과정이라고 보았다. 결국 이해란 여러 가지 절차적 지식을 활용하여 점진적으로 이해자의 표상을 세련되게 정련해 나가는 문제 해결의 과정이다. 이 때 동화될 수 있는 스키마가 이해자에게 없다면 세상 경험은 이해 불가능하며, 인간 사이의 의사 소통은 이루어질 수 없다.

---

11) 전통적으로 읽기 과정에 영향을 주는 요소로 사전 지식, 글, 독자의 지적 작용으로 규정되어 왔다. 인지주의적 접근에 따르면 이런 요소들을 독자의 스키마, 글의 구조, 읽기 과정을 조정하는 상위 인지(metacognition)에 해당한다. 이는 또 정보를 총체적이고도 심층적으로 파악할 수 있는 스키마 활용력, 글에 제시된 정보 및 세부 정보의 의미를 유연하게 파악할 수 있는 정보 처리력, 독서의 목적이나 글의 종류에 따라 독서의 방법 등을 조절할 수 있는 상위 인지 기능으로 설명하기도 한다(노명완, 1994: 100).

12) 스키마는 거시 구조, 프레임, 플랜, 본, 틀 등의 용어로 불려지기도 한다. 스키마의 개념을 최초로 사용한 이는 바레트(Barlett, 1932)이다. 바레트는 인간의 기억 현상와 이에 미치는 과거 경험의 영향을 연구하는 실험에서 기억을 통해 회상한 과거 경험이 처음에 읽었던 내용과 달라지는 것을 발견하고, 이는 사람이 무엇을 기억할 때 이야기 스키마(story schema)를 사용하기 때문이라고 하였다(이경화, 2001: 94-95).

이 지식 구조는 개념적 지식, 세상 일반 지식, 언어 지식, 글 구조에 관한 지식, 필자에 대한 지식 등에 관련된 명제들로 이루어져 있으며, 이들의 상호 연결을 통해 일종의 망 조직을 형성하면서 스키마를 형성한다. 글을 읽어 나가는 것은 이 스키마에 텍스트의 내용을 통합시키는 것인데, 글의 내용과 스키마의 내용이 전체적으로 또는 부분적으로 부합되지 않을 때는 추론을 통해 이를 해결해 나간다. 따라서 스키마와 관련하여 볼 때 '읽기(독해)'란 '독자가 이미 가지고 있는 지식을 사용해서 글을 쓴 저자가 제시한 내용을 자신의 지식으로 병합해서 넓혀 나가는 의미 구성 과정'이다(박수자, 2001: 116).

스키마의 종류에는 '수사적 구조들 사이의 차이점에 관한 선행 지식'인 형식 스키마와 '주제별 내용에 대한 선행 지식'인 내용 스키마가 있다(Carrell & Eisterrhold, 1983: 560). 형식 스키마는 글이나 이야기가 전개되는 방법, 필자가 사용하는 담화 구조나 규약에 대한 지식으로 필자의 일상사에 대한 이해로서 '수필'을 읽는 것과 객관적인 정보 수집으로서 '설명문'을 읽는 것을 달리 인식하고 다르게 읽는 것이다. 내용 스키마는 글의 사물이나 사건에 대한 선험 지식으로 그 지식을 잘 알면 글을 더 잘 이해할 수 있다.

형식 스키마와 내용 스키마 외에도 필자에 대한 스키마, 담화 공동체 문화에 대한 스키마 등도 스키마의 하위 종류에 속한다. 필자에 대한 스키마는 특정 필자에 대한 지식, 특정 필자의 문체나 글 전개 방식 등에 대한 지식이다. 예를 들어 우리가 '진달래꽃'을 읽을 때 사용한 '김소월'이라는 시인에 관한 스키마는 '초혼'을 읽을 때도 유용하게 사용할 수 있다. 또 담화 공동체 문화에 대한 스키마의 경우, 한국인의 담화 전개 방식과 미국인의 담화 전개 방식을 구별하여 대화 상대자에 따라 달리 활용할 수 있다. 이를 통해 스키마가 단편적인 지식이 아닌 여러 관련 지식이 체계적으로 관계를 맺으면서 이루어져 있는 지식의 구조임을 알 수 있다.

이 연구에서 스키마는 독자의 읽기 수행 과정에서 체계적으로 사용되는 지식 구조로 본다. 그러나 이 스키마는 확정되어 있는 체계가 아니라 읽기 과정을 통해 계속적으로 변용되어 글의 의미를 구성해 나간다. 글을 읽기 시작할 때 읽기 학습자가 선택한 스키마는 글을 읽어나가면서 계속 적절한 모습으로 바뀌게 된다. 원래 가지고 있던 지식 구조가 글의 내용에 따라 변화할 뿐만 아니라 경우에 따라서는 새롭게 구축되기도 한다. 추론은 스키마가 성장 가능한 지식 구조로 인식이며 읽기 경험이 축적될수록 더 의미 있는 스키마가 형성되어 추론 과정에 활용할 수 있다는 것을 보여준다.

읽기 학습자들은 글을 읽기 시작할 때 글 이해를 위한 하나의 가설로 형식 스키마나 내용 스키마를 설정한다. 이 때 실마리가 되는 것은 대체로 제목이나 글쓴이 혹은 첫 문장과 같이 글에서 최초로 제시되는 정보이다[13]. 다음의 몇 가지 보기는 학습자들이 글의 제목을 읽으면서 자신이 가지고 있는 스키마를 작동시키고 있음을 보여준다.

[자료 1]

[마]- 사 주오 두부 장수 <두부 장수의 이름이 사 주오는 아닐 테고 ……. <u>사주오 라고 외치고 다니는 두부 장수</u>의 이야기일 듯, 두부 장수가 소재인 <u>수필일 것 같은 예감</u>이 드는데…….>

[자료 2]

[다]- 사 주오 두부 장수 <<u>두부 장수에 얽힌 이야기</u>를 하려나 보구만.>

13) 이 글의 경우 제목, 지은이가 먼저 제시되었기 때문에 읽기 학습자들은 여기에서 얻은 실마리를 바탕으로 관련 스키마를 작동시키는 경우가 많았다.

[자료 3]

[아]- 사 주오 두부 장수 <제목을 보니 예전에 본 '화려한 시절'이라는 드라마가 생각나는군. 그 곳에서 주인공의 어머니가 두부 장수였는데, 매일 골목에서 리어커를 끌면서 "두부 사! 뎀뿌라 사!"를 외쳤다. 가끔 나도 흉내를 내곤 했지. <u>두부 장수를 추억하는 그런 글</u>인가? 아니면 <u>옛날을 그리워하는 글</u>인가?>

이들은 우선 제목을 통해 이것이 두부 장수에 대한 이야기임은 인지하고 물건의 이름을 외치고 다니면서 장사를 하는 행상 스키마를 작동시킨다. 이렇게 글의 내용에 대한 추측을 하게 한 것은 특정 대상의 행위에 대한 이해, 즉 내용에 대한 스키마이다. 그리고 이를 통해 이 글이 그에 관련된 수필일 것이라고 추측한다. 수필이라는 글의 형식에 대한 스키마는 수필이 필자의 신변사를 소재로 하며 운율이나 갈등과 같은 특별한 문학적 장치를 사용하지 않는다는 것을 알려준다. 이렇게 제목이나 글의 형태를 보고 그에 적절한 스키마를 작동시키게 되면 학습자는 이 글이 '필자와 두부 장수 사이에 일어났던 어떤 일에 대한 글'이라는 글 전체에 대한 대략적인 설정을 할 수 있으며, 이후 이를 바탕으로 내용을 해석하고 이야기를 이해하게 된다.

다음 [자료 4-1]과 [자료 4-2]는 [마]가 글을 읽고 있는 도중에, 또 글을 모두 읽은 후에 자신이 세운 가설에 대하여 언급한 부분이다. 여기에서 [마]는 자신이 글을 읽기 시작할 때 세웠던 가설로서의 내용 스키마와 형식 스키마가 옳았다는 것을 확인하고 있다.

[자료 4-1]

[마]- 그 중에도 두부 장수, 두부 장수 중에도 한 두부 장수가 있어 남다른 어법으로, 또 남다른 어조로 특색 있게 아침 저녁으로 외치며 도부친다(행상한다). <아, 앞에서 생각했지만……. <u>사주오 두부</u>

장수가 주인공이고...... 그 사람에 대한 이야기라는 확신이 드네...... 그리고 도부친다는 말이 행상한다는 뜻이었구나....... 이 사람이 어떻게 독특하게 외치는지 궁금해지는데......>

[자료 4-2]

[마]- <또한 앞에서도 생각했지만 사소한 어쩌면 지나쳐 버릴 수 있는 한 두부 장수 이야기에 의미를 부여하고 작가가 생활에서 느끼는 감정을 적은 수필이 맞았어....... 작가가 글 쓰는 필체가 시간순으로. 그리고 우리말 표현이 많아서 좋았고, 필자의 가족들의 따뜻한 마음씨가 느껴지는 글이었던 것 같아.>

그런데 [자료 4-2]에서 보는 것과 같이 [마]는 단순히 수필이라는 형식 스키마만을 인식하는 것이 아니라 글을 읽어 가는 과정에서 그 스키마가 지니는 특성을 함께 상정하고 있었음을 보여준다. 즉 '사소한 이야기에 의미를 부여하고 생활에서의 감정을 쓴 글'이라는 내용을 자신의 글 읽기에 적용하여 '따뜻한 마음씨가 느껴지는 글이었다'는 느낌을 도출하고 있다.

'수필'이라는 형식 스키마 못지 않게 '두부 행상'이라는 내용 스키마 역시 글 읽기 전체 과정을 통해 읽기 학습자들이 내용을 이해하기 위한 중요한 단서가 되었다. 특히 이 '사주오 두부 장수'라는 특이한 제목은 글을 읽어 가는 과정 전체에서 '두부 장수의 남다른 행동 방식'에 대해 이해하기 위해 노력하도록 유도하는 장치가 되었다. 즉 '물건의 이름을 외치면서 장사하는 행위'라는 행상 스키마는 읽기 학습자들에게 글 읽기 전체 과정을 통해서 '그것이 왜 소재가 되는가?', '그와 관련된 이야기를 통해 필자는 무엇을 말하려고 하는가'와 같은 문제를 인식하게 하고 그것을 해결하기 위한 여러 가지 활동을 하게 한다. 학습자는 이렇게 글을 읽기 시작하는 과정에서 형식 스키마와 내용 스키마 등을 활용하여 글의 내용을 예측한 후 글을 읽어가는 과정에서 계속적으로 그 예측의 정확성을 확인하게 된다.

[자료 5]

[마]- 이 특색 있는 한 두부 장수는 반드시 "두—부, 사아 주오!" <왠지, 사아 주오. 간곡하게 부탁하는 듯……. 말을 길게 늘려서 외치는 것 같은데…… 어법은 특이한 것 같지만……. 어조는 직접 들어 보지 않아서 모르겠는데? 작가가 특이하다고 하니 믿어보는 수밖에.> 라고 외친다. 듣는 사람마다 이상히 여겨 불러서 사준다. <그럴 만도 하네.> 우리 집에서는 한 번, 두 번 사주다가 나중에는 아주 붙박이 단골이 되었다. <처음엔 특이해서 사줬지만, 꼭 그 이유만은 아닐 듯, 두부의 맛이 좋거나……. 단골이 되기까지는 다른 이유가……, 있지 않을까?> 그래서 그 외침이 들리기만 하면, 아이들이 "어머니! 사 주오가 가아요!"하고 두부 사기를 묻는 것이 버릇이 되다시피 하였다. <그래서 사주오 두부 장수라고 이름 붙여졌구나. 독특하게 외치기 때문에 기억하고. 이 동네의 같이 사는 이웃처럼 느껴졌을 것 같아.>

[자료 6]

[가]- "두—부, 사아 주오!" <아- 내가 제목에서 이상하게 느꼈던 거. 이 사람도 그게 특이해서 글을 쓰는 거군, 흐흐>

[자료 5]와 [자료 6]은 글을 읽는 도중에 이 글의 제목이 어떻게 붙여지게 되었는가를 인식하게 되는 것인데 이 역시 '두부 행상'이라는 내용 스키마에 대한 문제 설정에서 비롯한 것이다. 평범한 '행상' 스키마와 다른 어떤 것이 이 글을 쓴 동기가 되었을 것이라고 예측하고 이 글

의 제목을 통해 이들이 설정한 '행상' 스키마를 계속 작동시키면서, 그것이 이 글에서 어떻게 다르게 나타나고 있는가를 관찰하고 적절한 실마리를 찾아 자신이 설정한 문제를 해결하면서 글을 이해하는 것이다[14].

이상의 자료들을 보면 스키마는 글에서 제공되는 추가적인 정보에 의해서 그 구조가 강화되기도 하고 새로운 의미 실현의 바탕으로 작용하기도 한다. 이런 점에서 스키마는 글을 읽어 가는 과정에서 매우 유동적으로 작용하고 있다. 스키마의 이런 특성은 스키마가 고정적인 지식이 아닌 지식의 구조로 이해되어야 한다는 것을 의미한다.

스키마가 글을 이해하게 하는 지식 구조로 작용한다는 것은 스키마를 통해서 내용의 중요성을 판단할 수 있다는 것이다. 학습자는 자신이 설정한 스키마에 의해 내용을 판단하여 그에 부합하는 것을 선택하고 그렇지 않은 것을 폐기하는 형태로 글에서 얻는 정보를 압축한다. 이런 압축의 과정은 글을 읽어가면서 학습자가 자신이 지지하는 내용을 강화하는 형태로 나타난다.

[자료 7-1]

[마]- "아마도 그 찬바람 쐬면서 외치고 다니다가 감기가 들었는 게지."
하고 서로 문답하는 것이 종종이었다. <<u>필자의 가족들도 마음씨</u>

14) 이 과정에서 행상 스키마를 작동시켰다는 것은 읽기 과정에서 스키마를 활용하는 전형적인 모습이다. 그러나 제목으로 부각된 것이 평범한 것과는 다르다는 것을 인식하는 것은 일종의 '제목의 특성'에 관련된 형식 스키마를 작동시키는 것과 같다. 제목으로부터 이 글의 의미를 추적해 가는 과정은 '행상 스키마'라는 내용 스키마와 '제목의 특성'이라는 형식 스키마의 협응에 의한 것이다. 그리고 이렇게 관련 스키마를 작동시키면서 그 의미를 추적해 가는 과정은 추론이라는 읽기 전략을 사용한 것이다. 여기에 나타나는 것처럼 읽기 과정은 매우 복합적인 과정이다. 다시 말해 읽기는 독자가 지니고 있는 스키마와 그것을 적절하게 활용해 나가는 사고 방식, 읽기 행위에 대한 방법적 지식, 기꺼이 글을 읽고자 하는 독자의 적극적인 태도가 한데 어우러지는 복합적인 과정이다.

가 따뜻한 것 같다……. 다른 사람 걱정도 해주고……>

[자료 7-2]

[마]- 마누라는 나의 말을 듣고 그 두부 장수가 살아 있다는 것, 더구나 우리 집 가까이 살아 있다는 것을 믿으려 하면서도 참내 믿기 어려워하였다. <내 생각엔 이 필자 부부에게는 두부 장수가 죽지 않았을까 의심하면서도 꼭 살아있었으면 하는 바람이 더 컸던 것 같아. 그래서 필자는 확인은 못했지만……. 두부 장수라고 확신을 하는 게 아닐까? 한편으로는 부인은 두부 장수의 달라진 모습 때문에 믿지 못하고……>

[자료 7-3]

[마]- 그러나 그 '사 주오'는 종내 오지 아니하며, 우리도 아직 그 두부 값을 갚지 못하고 지낸다. <와, 정말……. 이 두부 장수는 바빠서 여태 못 간 건 핑계인 것 같고……. 인심이 후해서 행촌동 사람들에게 선물로 두부를 주신 것 같아……. 필자의 가족들도 두부 값 못 갚은 걸 꺼림칙하게 여기고, 두부 장수를 생각하는 데서 따뜻한 마음씨를 가진 사람 같아.>

위의 [자료 7-1], [자료 7-2], [자료 7-3]은 [마]가 [자료 4]와 [자료 5]에서 보여주는 것과 같이 형식 스키마와 내용 스키마를 활용하여 글의 형식과 내용을 확정짓고 이해하는 과정을 보여 주고 있다. 이 과정에서 [마]는 자신이 가지고 있는 수필이라는 형식 스키마의 특성을 글을 읽어가면서 계속 강화하고 있고, 또 그에 맞추어 글의 내용으로부터 '따뜻한 마음씨를 가진 사람들의 이야기'라는 판단을 도출해 낸다. 이렇게 스키마는 글을 읽어 가는 과정을 통해 계속적으로 독자의 판단에 도움을 주고, 나아가 요약과 추론을 하게 하고, 정보 탐색의 절차를 통해 수

많은 정보를 일관성 있는 형태로 재구성하는 역할을 한다.

이상에서 살펴본 것처럼 스키마는 읽기 과정 전체를 통해서 유동적으로 작용하며 의미를 형성하는 지식의 구조이다. 그런데 한 편의 글을 이해하는 데 있어서는 필자에 대한 지식, 어휘 지식과 같은 단편적인 지식도 중요하다. 읽기 과정에서 이런 지식들은 스키마에 비하면 일회적이며, 고정적인 정보로 작용한다[15]. 독자가 이들 지식을 지니고 있으면, 글을 읽을 때 내용을 쉽게 이해할 수 있다는 점에서 이들은 내용 스키마의 한 요소라고 생각할 수 있다. 그러나 스키마가 사용 과정에서 생겨나는 의미가 더해져서 사용되기 전의 스키마와는 다른 새로운 스키마로 변화하는 데 비해 필자나 어휘에 대한 지식은 사용되기 전의 지식이 달라지는 것이 아니므로 스키마와는 구별이 되어야 한다.

다음의 [자료 8]과 [자료 9]는 학습자가 글을 이해하는 배경 지식으로 필자에 대한 지식을 사용하는 것을 보여준다. [아]의 경우는 필자가 국어학자라는 것을 알고 있기 때문에 이 글과 필자를 연결시키는 것이 어색하다는 것도 인식한다.

[자료 8]

[아]- <'최현배'라는 이름과 '사 주오 두부 장수'라는 제목이 약간 안 어울리는걸, 국어학자 아니던가?>

[자료 9]

[바]- 최현배 <조선어문학회 사람이던가?>

15) 스키마를 형성할 수 있는 독자 관련 특성에는 독자의 배경 지식과 경험, 동기, 흥미, 어휘력, 다양한 문화적, 언어적 경험 등이 있다(Irwin & Baker, 1996: 5-7). 즉 독자의 배경 지식과 경험이 풍부하고 읽기에 대한 동기와 흥미가 강하며, 어휘력이 풍부하고 문화적, 언어적 경험이 다양하면 훨씬 글을 잘 읽을 것으로 예측할 수 있다.

그런데 [자료 8]과 [자료 9]에서 [아]와 [바]는 이후의 글을 읽어가는 과정에서 이들 필자에 대한 정보를 활용하지는 않는다. 즉 '최현배'라는 필자에 관한 지식을 일회적으로 사용하고 있다[16]. 이런 고정적인 지식은 대개 한 문장 단위에서 사용될 뿐 그것이 이후의 글 읽기 과정에서 어떤 영향을 끼치지는 않는다. 이런 일회적인 지식은 글을 읽을 때 사용될 수는 있으나 지속적으로 글을 이해하는 전체 과정에 관련되거나 관련 스키마를 활성화하는 것이 아니라면 즉각 폐기된다. 즉 그 문장을 이해하는 데에 사용한 후에는 비슷한 경우가 아니라면 다시 사용되지 않는다. 다음의 [자료 9]에서 [가]는 어휘에 관한 고정적인 지식을 일회적으로 사용한다.

[자료 10]

[가]- 조석으로 이 골목 저 골목에는 혹은 목소리로, 혹은 타목으로, 또 남성(男聲)으로 혹은 여성(女聲)으로 제각기 제 가진 물건들을 사 달라고 외친다. <조석? 조석이 뭐냐. 아 아침 저녁. 흐흐 타석은 또 뭐야? 남성, 아 이 성자 목소리 성자 같애. 그러니까 남자 목소리 여자 목소리 머 이런 말인가 보다.> 이 소리에 귀가 닳은 서울 사람들에게는 아무 신기할 것이 없겠지마는 처음으로 서울로 올라온 시골 사람의 귀에는 이 행상들의 외는 소리처럼 이상야릇한 서울의 진풍경은 없는 것이다. <이 사람 시골에서 왔나 보다. 자기가 시골에서 와서 이상하게 느꼈으니까 이렇게 글로 쓸 수 있는 거겠지. 자기가 경험한 거니까.>

---

16) [아]와 [바]에게 필자에 대한 지식은 스키마로 작동하지 않는다. 이 지식이 계속하여 읽기 과정에 영향을 미치고, 글을 읽어 가는 중요한 준거가 된다면 필자 스키마라 할 수 있겠지만, '필자가 그런 사람이다' 정도만의 정보로 사용하는 데 그치고 있으므로 스키마라고 할 수 없다.

[자료 10]에서 [가]는 조석, 남성, 여성과 같은 어휘에 대한 지식을 활용하여 내용을 이해하고는 곧 다음 문장으로 넘어가면서 이 글의 필자가 글을 쓰게된 배경을 인식하는 것으로 관심을 옮긴다. 이렇게 특정 어휘에 대한 지식은 내용을 쉽게 이해하는 데 도움을 주나 [자료 7]이 보여주는 것처럼 스키마를 활성화하여 글 전체의 의미를 구성해나가는 활동과는 구분된다.

다음의 [자료 11]과 [자료 12]의 경우를 보면 이런 고정적인 지식이 지식의 구조인 스키마와 어떻게 다른가를 잘 알 수 있다[17].

[자료 11]

R- 아니. 거기까지야? 그럼 내가 좀 물어볼게. '행상들이 외는 소리이다' 하는 게 무슨 소리야?

C- 행상이요?

R- 응, 거기 제일 첫 번째 문장을 보면 '서울의 명물, 아니, 진경의 하나는 확실히 행상들이 외는 소리이다'하고 말을 하고 있잖아. 이 행상들이 외는 소리라는 게 무슨 뜻이야?

C- 아, 행상도 모르는데

R- 행상도 몰라?

C- 예.

R- 서울의 명물이라고 하는 그건 또 뭐야?

C- 높은 사람…….

R- 높은 사람?

C- 예.

R- 응, 자, 그래, 그러면 이제 '남성으로 혹은 여성으로 제각기 제 가진

17) [자료 11]에서 R은 연구자(researcher)를 가리키고, C는 <표 1>에 있는 자료 제공자인 학습자를 가리킨다.

물건들을 사달라고 외친다하는 것' 있지?

C- 예.

R- 이건 또 뭐야?

C- <u>남자는 다른 물건을 달라고 하고, 여자는 다른 물건을 달라고 하고</u>

R- 응, 남자나 여자는 다른 물건을 달라고 한다는 거야?

C- 예.

[자료 11]에서 보면 C는 '조석, 진풍경, 행상, 명물'과 같은 어휘에 대한 지식이 거의 없다. 따라서 C가 그 부분의 내용을 제대로 읽어낼 수 없다는 것을 알 수 있다. 그러나 [자료 12]에서 볼 때, C는 하나 하나의 문장을 명확하게 이해하지 못했음에도 불구하고 글을 거의 다 읽은 시점에서는 글의 내용을 대략적으로는 이해하고 있었다. 이것은 C가 글 전체에 작용하는 '행상' 스키마를 활용하여 물건을 사고 파는 사람들에 관련된 이야기라는 것을 인식하고 있었기에 가능한 일이다.

[자료12]

R- 갚지 못하고 지낸다.(끝 부분을 함께 읽은 후,) 그래, 무슨 내용이야, 여기?

C- 사주오 보고요, 두부 값을 꼭 주고 싶으니까 자기네 집으로 한번만 오라는데요, 사 주오는 두부를 받지 않고, 그냥 있는 것 같애요.

<中略>

R- 자, 글 처음보다 끝으로 가면 내용을 점점 더 많이 알게 되니?

C- 예.

R- 그리고 모르는 단어 같은 거 있어도 괜찮아?

C- 예, 모르는 단어, 묻는데요.

R- 꼭꼭 물어보고 확인하고 넘어가? <u>그 단어를 모르면은 글 이해하는데 방해가 많이 돼?</u>

C- 잘 모르는 거요?

R- 응.

C- 그렇게는 안 돼요.

그리고 [자료 12]에서처럼 C는 스스로도 단어의 뜻을 몰라도 그것이 글을 이해하는 데에는 크게 방해가 되지 않는다고 느끼고 있다. 이것은 글을 이해하는 데 있어서 각각의 단어를 이해하는 것도 중요하지만, 글 전체에 대한 이해는 그러한 부분보다는 글을 읽어가면서 학습자가 작동시키는 스키마의 영향을 많이 받는다는 것을 보여주는 것이다. 특히 C와 같이 어휘력이나 읽기 능력이 전반적으로 떨어지는 학습자의 경우에도 글의 전체적인 내용을 이해하는 데에는 개별적인 어휘에 대한 지식보다도 자신이 작동시키는 스키마의 영향을 더 많이 받는다고 할 수 있다[18].

스키마는 글을 이해하기 위한 특정의 지식 구조로 작용하고 있으며, 그것이 글을 읽는 과정 전체에 작용하였다. 그리고 어휘와 필자에 대한 지식과 같이 일회적이고 고정적인 지식은 읽기 과정에서 사용되는 양상이 다르므로 스키마와 구별되어야 한다.

1.2.2 읽기 행위에 대한 지식

스키마는 관련 지식의 구조이지만 스키마를 활용하는 행위는 독자의 읽기 행위에 대한 지식으로부터 유도된다. 독자가 글을 이해하기 위해서 자신이 지니고 있는 스키마를 활성화하고, 글에 따라 스키마를 평가하여 확장하거나 변형시키는 행위는 독자가 지니고 있는 읽기 행위에

---

18) 이것은 읽기 교수 학습 과정에서 학습자에게 제공해 주어야 할 사전 지식의 형태에 관련된다. 단편적인 어휘에 관한 지식과 스키마를 작동시키는 것에 관한 지식을 교수 학습 과정에서 학습자에게 어떻게 제시해야 하는가를 논의할 필요가 있다.

대한 지식을 체계적으로 사용하는 것이다.

읽기 행위는 글의 의미를 파악해야 한다는 문제가 있고, 여러 가지 방법을 사용하여 그 문제를 해결하려 한다는 점에서 일종의 문제 해결 상황이다. 독자가 문제를 해결하기 위해 동원하는 것에는 문제에 대한 지식, 문제의 해결 방안에 대한 지식, 해결 방안을 수행하는 것에 대한 절차나 방법에 대한 지식, 문제를 해결하여야 한다는 수행 의지 등이 필요하다. 읽기 상황에서 독자는 자신의 읽기 상황을 인식하고 자신이 적용할 수 있는 구체적인 여러 읽기 행위에 관한 지식을 확인해야 한다. 읽기 중에 사용할 수 있는 읽기 행위들은 '추론하기', '비교하기', '요약하기' 같은 것들이 있으며, 이들 행위를 사용하기 위해서는 추론하기에 대한 지식과 함께 그것이 사용될 수 있는 상황에 대한 지식, 실제로 그 지식을 바탕으로 추론하기를 적용할 수 있는 능력이 필요하다. 즉 자신이 사용할 수 있는 읽기 행위에 대해 이해하고 자신의 읽기 상황에 맞추어서 자신이 활용할 수 있는 여러 읽기 행위에 대한 지식 중에서 가장 적절한 것을 선택하고 적용할 수 있어야 한다.

여기서 일련의 읽기 행위는 독자의 구체적인 읽기 행위에 대한 선정, 평가, 통제의 과정으로 이루어진다[19]. 글을 읽기 시작하는 시점에서 독자는 자신의 읽기 상황에 따라 적절한 읽기 전략을 선택하여야 한다. 이 과정은 일단 읽는 것으로 시작된다. 일단 읽기를 시작하게 되면 학습자는 다양한 방법을 동원하여 글이 주는 정보를 수용하고, 그 과정에서 자신이 지니고 있는 여러 가지 스키마 중에서 적절한 스키마를 선

19) 이런 관점에서 읽기 행위를 최종적으로 통제하는 것은 독자의 상위 인지적 행위라고도 할 수 있다. 실제 읽기 지도에 있어서 교사가 학습자에게 성취하도록 요구하는 것은 '소리내어 읽기', '요약하며 읽기'와 같은 구체적인 행동이라기보다는 '학습자의 상황에 맞추어 적절한 읽기 방식을 선택하여 그 상황에 타당한 읽기 결과를 산출할 수 있는 능력'이라는 점을 고려하면 읽기 능력의 신장은 읽기 과정에서의 독자의 상위 인지 능력을 신장시켜 나가는 것으로 이해할 수도 있다.

택한다. 그리고 계속하여 자신이 현재 사용하고 있는 읽기 전략에 대한 적절성을 점검하고 대안을 모색한다. 독자가 이 과정을 얼마나 유연하게 수행하느냐에 따라 읽기 과정이 순조롭게 이루어지느냐, 그렇지 않으냐가 결정된다. 여기서 점검과 대안 모색 행위의 효율성과 유연성은 실제 독자의 읽기 능력을 결정짓는 중요한 요소가 된다.

선정, 평가, 통제의 과정에서 필요한 것은 다양한 읽기 전략에 대한 정확한 지식과 그것을 언제 사용할 수 있으며 어떻게 사용할 수 있는가에 대한 지식, 그리고 그것을 실제 활용할 수 있는 능력이다. 그러므로 읽기 행위에 대한 지식은 읽기 과정에서 요구되는 전략 자체에 대한 지식과 그 전략을 활용하는 능력을 포함한다[20]. 읽기 행위에 대한 지식을 활용하는 것은 읽기의 전 과정을 통해 매우 활발하게 일어난다[21]. 그러나 이런 읽기 행위가 특정 지식을 근거로 글의 내용을 확정해 나가는 것은 앞에서 다루었던 스키마를 변용해 나가는 방법과도 관련된다.

독자들이 읽기 행위에 관한 지식을 활용하는 것은 읽기 시작 단계와 읽기 중간 단계, 읽기 종결 단계로 나뉘어진다. 대체로 독자들은 읽기

---

20) 특정 목적을 지니고 의도적으로 행하는 행위를 언급할 때 '전략'이라는 개념을 사용하므로 읽기 행위에 대한 지식은 읽기 전략이라는 개념으로 대체할 수 있다. 그러나 읽기 전략이라고 하였을 때는 읽기 행위의 '실행'만을 강조할 수 있다. 실제 읽기 과정은 읽기를 '실행'하는 것으로만 이루어지지 않는다. 그보다는 실행을 하기 위해서는 독자가 지니고 있는 여러 지식을 동원하여 실행 조건을 확인하고 실행 방법을 정하는 것이 더 중요하다. 따라서 독자의 읽기 행위를 수행하는 과정은 읽기 행위를 실행하기 이전에 일어나는 여러 지식의 작용 과정까지도 고려해야 한다.

21) 읽기 행위에 대한 지식을 활용하는 것이 독자의 읽기 전략의 수행이라고 할 때 이것은 매우 복합적인 행동이다. 읽기 전략을 '글 구조 파악하기', '문단 관계 파악하기', '담화 구조 파악하기', '중심 내용 파악하기' 같은 형태로 제시하는 것은 읽기 전략을 특정 시점의 읽기 교수 학습 내용으로 제시하는 것이지 실제 독자가 사용하는 읽기 전략의 모습을 보여주는 것은 아니다. 실제 독자의 읽기 전략은 이런 형태들이 복잡하게 어우러져서 자신이 원하는 읽기 결과에 도달하는 것으로 드러난다.

시작 단계에서 글의 내용에 대한 대략적인 가설을 설정하고 몇 가지 정보를 수집하여 그 가설을 확정한다. 그리고 중간 단계에서는 확정된 가설에 의해 글을 읽어나가면서 새로운 정보를 수집한다. 그리고 종결 단계에서는 수집된 정보를 바탕으로 글의 최종적인 의미를 확정하게 된다[22].

읽기 시작 단계에서 가설을 설정하기 위해 읽기 학습자들이 보여주는 가장 뚜렷한 읽기 행위는 '글과 스키마 관련짓기'이다. 글 이해에 도움이 될 수 있는 틀을 마련하기 위해 자신이 지니고 있는 기존 지식으로부터 글이 제시하는 상황과 관련지을 수 있는 것을 찾아내는 것이다. 이 때 학습자들이 용이하게 사용할 수 있는 기존 지식은 어휘에 관한 지식이나 필자에 대한 지식, 또 글과 관련된 내용 스키마, 형식 스키마 등이다. 앞의 자료들에서 읽기 학습자들이 '행상' 스키마와 '수필' 스키마를 활성화하는 것들은 이런 읽기 시작 단계에서 글 이해를 위한 가설을 설정하기 위한 방법이라고 할 수 있다.

이 가설을 설정하는 과정은 독자가 글을 얼마나 잘 이해할 수 있는가를 가늠하게 하는 것이므로 매우 신중하게 이루어진다. 다음의 [자료 13]은 학습자가 글의 내용에 대한 확신이 설 때까지 계속 머뭇거리면서 의미를 검토하는 경우를 보여준다.

22) 각 단계 읽기 행위의 목적은 각각 '가설의 설정', '정보의 수집', '최종 의미 확정'이라고 할 수 있으며, 이는 가설 설정, 가설 검증, 결론 도출의 과정으로 보아도 무방하다. 이 때 독자가 어떤 정보를 수집하며, 어떤 최종적인 의미를 확정하는가는 읽기의 목적과 같은 읽기 상황에 밀접한 관계를 가진다. 명시적인 목적이 없는 경우, 독자들은 글에 대한 형식 스키마로부터 읽기의 목적을 설정하게 된다. 이 연구에서 읽을 거리로 제시된 '사주오 두부 장수'는 수필이었기 때문에 이 형식 스키마를 통해 학습자들은 이 글에서 필자가 독자에게 주고자 하는 의미, 특히 정의적인 영향을 찾고자 하는 경향이 뚜렷하였다.

[자료 13]

A- [서울의 명물, 아니 진경의 하나는 확실히 행상들이 외는 소리이다.](A가 다시 한번 훑어보고 다음을 읽으려 한다)

R- 니가 금방 이렇게 (눈으로 훑어보며) 다시 읽었잖아? 왜 다시 읽었어?

A- 진경이라는 말의 뜻을

R- 진경이라는 말의 뜻을 몰랐어?

A- '행상들이 외는 소리'라는 말도요, 정확한 뜻을 모르겠어요.

R- 응, 그렇게 뜻을 모르게 되면 단어를 다시 한번, 머뭇거리게 되니?

A- 예.

R- 그런데 그렇게 머뭇거리면은 무슨 소리인지 좀 분명하게 이해가 돼?

A- 단어가요, 처음 읽을 때보다는 좀 분명하게.

R- 어, 그래. 자 읽자.

A- [조석으로 이 골목 저 골목에는 혹은 목소리로, 혹은 타목으로, 또 남성으로 혹은 여성으로 제각기 제 가진 물건들을 사 달라고 외친다.] (또 한참을 머뭇거린다.)

R- 무슨 생각하고 있어?

A- 이 장면에서요, 시장이라는 생각을……

R- 시장이라는 단어가 떠올랐어?

A- 예.

[자료 13]에서 A는 한 문장을 읽고 다시 눈으로 훑으면서 생각하고, 또 한 문장을 읽고 생각하는 과정을 반복하면서 글 전체에 대한 윤곽을 잡으려고 노력한다. 이렇게 A가 모르는 단어가 나올 때마다 머뭇거리고 한 문장을 읽고 생각하고 다시 훑어보는 것은 그 단어의 의미를

생각해 내려는 것이라기보다는 문맥으로부터 단어의 의미를 추측할 수 있는 단서를 찾으려는 과정으로 보아야 한다. 즉 사전에서 단어를 찾아내는 것과 같은 과정이 아니라, 지금까지 제시된 정보로부터 그 단어가 지니는 의미를 추측하는 과정인 것이다. A는 머뭇거리는 것에 의해 읽는 속도를 늦추면서 일정한 스키마를 탐색하고, 그것을 검토하여 자신의 읽기에 활용한다. 이렇게 하여 A는 시장에 대한 내용 스키마를 글에 관계짓게 된다.

[자료 14]에서도 A는 머뭇거리기를 통해 특정 스키마를 활성화시키고 있다. A는 머뭇거리기를 하면서 글 읽기를 잠시중단하고 글의 내용을 텔레비전이나 드라마에서의 본 장면과 연결짓고 있다. A는 이런 행동을 자신이 의도적으로 사용하는 행동이라는 것을 인식하고 있다. 따라서 '머뭇거리기'는 A가 스키마 활성화를 위한 의미 검토의 과정에서 사용하는 읽기 전략이다. 이를 통해 A는 글에 자신의 스키마를 관련지을 수 있는 시간을 확보한다. 이 전략이 성공하게 되면 A는 글을 읽어나가기 위한 '가설'을 설정하게 된다.

[자료 14]

R- 응, <u>(한참 있다가, 학습자가 계속 읽지 않자,)</u> 그래, 여기까지 읽으면서 특별하게 떠올리거나, 하는 풍경 없이 그냥 글자만 죽 읽어가니?

A- 아니요, TV에서요, 드라마 같은 것 하는……. 그런 것…….

R- 아, 그런 광경을 떠올려?

A- 예.

R- 그럼 책 같은 걸 읽으면서 그렇게 이미 알고 있는 텔레비전이든, 영화든 이런 데서 본 것들 <u>잘 떠올리는 편이야?</u>

A- <u>예.</u>

R- <u>응, 많이 그래?</u>

A- 예.

R- 왜 그래?

A- 제가 집에 컴퓨터가 없어가지고요, TV를 다른 사람보다 많이 봐요.

R- 어, 하하, 그래서 TV를 통해서 정보를 얻는 게 많아?

A- 예.

R- <u>그런 것들이 글 읽는 데 도움이 돼?</u>

A- <u>예. 이런 글을 읽을 때는요, 떠올리는 장면 같은…….</u>

R- <u>어, 네가 읽은 글하고, 네가 텔레비전 같은 데서 본 장면 같은 것들을 관련시키면서 읽는구나.</u>

A- <u>예.</u>

그런데 학습자가 지니고 있는 스키마는 그대로 새로운 글을 읽는 읽기 과정에 적용될 수는 없다. 따라서 읽기 학습자들은 자신이 지니고 있는 스키마를 어떤 방식으로 사용해야 할 것인지에 대한 검토를 해야 한다. 이런 '스키마 재검토하기'는 가설로서의 스키마를 확정한 후에 일어난다.

[자료 15]

[나]- 하룻밤을 자고 나서 그 이튿날 이른 아침에 들창 밖에서 들려오는 각종 행상들의 외치는 소리는 참으로 어린 시골내기의 귀를 찔러 놀라게 하였다. <서울에 옛날 그때도 별로 옛날은 아니지만. 시장 근처에서 살았을 때 무지 시끄러웠는데……. <u>이제 그 행상들 얘기가 나오겠군.</u>>

[자료 15]에서 [나]는 이 글이 행상에 관한 글이라는 것을 확인하고 자신이 설정한 행상 스키마가 유용하다는 평가를 했다. 그렇기 때문에 이후에 그에 관한 내용이 이어지리라는 것을 예측할 수 있는 것이다.

스키마와 글을 관계짓기를 통해 가설을 설정하는 것은 대체로 자신이 지닌 지식과 글의 내용을 비교하고 어긋나는 점을 메울 수 있는 추론하기를 통해 이루어진다.

> [자료 16]
>
> [다]- 이 소리에 귀가 닳은 서울 사람들에게는 아무 신기할 것이 없겠지마는 처음으로 서울로 올라온 시골 사람의 귀에는 이 행상들의 외는 소리처럼 이상야릇한 서울의 진풍경은 없는 것이다. <내가 알고 있기로는 시골 사람들이 이러한 외침소리를 잘 알 것 같은데 내가 모르는 사실이었군. 서울에서의 장사꾼에 관한 추억을 담은 글 같다.> 오늘에서 돌이켜 생각하면 30년 전의 일이다. <역시나 옛날 이야기구만. 30년 전이면 우와!!>

[자료 16]에서 [다]는 '내가 모르는 사실이었군'에 나타나는 것처럼 자신이 지니고 있던 관련 지식을 글의 내용에 맞추어서 수정한다. 이 수정은 관련 지식이 적절하지 못했다는 평가 이후에 이루어지는 것이다. 그리고 '서울에서의 장사꾼에 관한 추억을 담은 글'이라고 글의 전체적인 내용을 설정한다. 이 과정에서 [다]는 자신이 가지고 있던 스키마와 글의 내용이 어긋난다는 것을 판단하고 추론을 통해 어긋남을 조정하여 '행상'에 대한 자신의 지식을 수정하고, 글의 전체적인 내용을 설정한다.

다음의 [자료 17]의 [F]는 자신이 처음 설정한 가설을 도중에 변경하고 있다.

> [자료 17]
>
> F- 자신이 서울에 올라와서 그, 처음 행상들의 소리를 들은 느낌인 것 같아요.

R- 응, 그러면 그게 아까 읽었던 첫 번째 문단, 그 내용하고 어떻게, 무슨 관계가 있는 것 같아?

F- 자신이 겪은 이야기를 하기 위해서 미리 서울의 행상들에 대해서 미리 설명을 하고 시작을 한 것 같애요.

R- 그러면 앞으로 나올 어떤 것일 것 같아?

F- 자신이 아마 이 행상들의 소리에 익숙해지는 과정이 아닐까요?

R- 음, 무얼 보고 그렇게 생각해?

F- 여기서 이 행상들의 소리를 긍정적으로 평가한 것 같애서,

<중략>

R- 그러면 이제 또 니가 지금까지 머릿 속으로 쭉 읽어 오면서 니가 생각한 대로 글이 쭉 진행되어 오는 것 같다고 그랬지? 여전히 그래?

F- 아니오

R- 왜?

F- 이 사람이 이 소리들에 익숙해지는 과정이라기보다는요,

R- 응,

F- 그, 처음에는 그 소리들에 대해서 이야기를 했는데요. 나중에는 그 중 하나인 두부 장수에게 초점이 맞춰지는 것 같아요.

R- 음, 그렇다면 그걸 어떻게 알게 된 거야, 그러면?

F- 점점 가다가요, 그 중에서도 두부 장수, 두부 장수 중에도 한 두부 장수, 그러면서 좀더 좁혀 가다가요, 두부 장수에 '사 주오'라는 말까지요 이렇게 좁혀지고…… 있어…….

R- 좁혀지고 있어?

F- 예.

이 자료에서 F는 행상 스키마와 수필 스키마를 활용하고는 있지만 글이 특이한 외침을 가지고 있는 '두부 장수'에 대한 것이라기보다는 행상의 외침에 익숙해지는 '필자'의 이야기로 글을 이해하는 가설을 설

정하였었다. 그러나 F는 글을 읽어나가면서 그가 수집한 정보들에 의해 그 가설이 잘못되었음을 확인하고 수정한다.

이상의 [자료 13]에서 [자료 17]까지의 내용을 보면 글의 시작 단계에서 읽기 학습자들은 글 이해를 위한 가설을 설정하기 위해서 글과 자신의 스키마를 관련짓고, 그 관련성 정도를 평가한 후 정합하지 않는 부분은 추론을 통하여 적절한 형태로 수정하고, 다시 새로운 정보를 대입하는 과정을 수행한다. 그리고 그렇게 가설로 마련된 스키마는 이후의 글의 내용을 예측하기 위한 단서로 작용한다.

글을 읽기 시작하는 단계에서 읽기 행위에 대한 지식들을 활용한 것은 관계짓기, 평가하기, 수정하기(재구성하기), 예측하기와 같은 구체적인 읽기 행위로서 드러난다. 글을 읽는 중간 단계는 시작 단계에서 설정한 가설을 기반으로 글이 제시하는 정보를 처리하게 된다[23]. 이 과정에서 학습자는 이미 설정한 가설에 맞추어 글의 내용을 이해하게 되므로 읽기의 속도는 빨라지고 사소한 것에 대한 의심도 적어진다. 이것은 [자료 18]에서 보이는 것과 같이 글의 시작 부분에서는 단어의 의미, 글이 쓰여진 시기, 행상 스키마, 집필 동기 등 관련한 여러 내용을 언급하면서 여러 가지 추론의 가능성을 모색하고 있는데 비해, 글의 중반에 들어서면 사고 구술의 길이나 빈도가 떨어지고 내용도 글 내용에 대한 단편적인 언급이 주를 이룬다는 데서 알 수 있다. 이것은 글 내용을 처

23) 학습 자료로 제시될 만한 글이라면 어느 정도 통일성을 갖추고 있으므로 중반 이후의 글이 초반과 다른 내용을 제시하는 경우는 거의 없다. 이렇게 글이 통일성을 유지하리라는 것은 독자가 지니고 있는 글의 형식 스키마 중의 한 가지가 될 수 있다. 이런 형식 스키마가 지켜지지 않을 때 독자는 그것이 어긋났다는 것을 인식하고, 그 어긋남을 해결하기 위한 의도적인 행동을 해야 한다. 베이커와 앤더슨(Baker & Anderson, 1980)은 의도적으로 글의 통일성을 파괴한 문장을 읽게 하였을 때, 읽기 시간이 훨씬 길었으며, 이미 읽은 문장을 다시 읽는 비율도 훨씬 높았다고 한다. 여기에서 '천천히 읽기'라든가 '다시 읽기'는 독자가 문제 상황을 해결하기 위해 동원한 의도적인 행위이다.

리하는 데 있어서 새로운 인지 활동을 할 필요가 없어졌기 때문이다.

[자료 18]

[가]- 서울의 명물, 아니 진경의 하나는 확실히 행상들이 외는 소리이다. <외는 소리? 외치는 소리. 이거 쫌…… 오래 전에 쓴 거 같다. 요새는 행상이라고도 잘 안하고 그리고 이렇게 외치는 소리보고 진경이라고는 안 하지.> 조석으로 이 골목 저 골목에는 혹은 목소리로, 혹은 타목으로, 또 남성(男聲)으로 혹은 여성(女聲)으로 제각기 제 가진 물건들을 사 달라고 외친다. <조석? 조석이 뭐냐. 아 아침 저녁. 흐흐 타석은 또 뭐야? 남성, 아 이 성자 목소리 성자 같애. 그러니까 남자목소리 여자 목소리 머 이런 말인가 보다.> 이 소리에 귀가 닳은 서울 사람들에게는 아무 신기할 것이 없겠지마는 처음으로 서울로 올라온 시골 사람의 귀에는 이 행상들의 외는 소리처럼 이상야릇한 서울의 진풍경은 없는 것이다. <이 사람 시골에서 왔나보다. 자기가 시골에서 와서 이상하게 느꼈으니까 이렇게 글로 쓸 수 있는 거겠지. 자기가 경험한 거니까.> <中略> 그러다가 어느 해 섣달 대목쯤 해서 그 '사주오' 두부 장수가 그만 오지 아니하게 되었다. <어? 왜?> 대목이 다 되어도 종내 두부 값을 받으러 오지도 않았다. 그 두부 값을 못 갚은 우리 집에서는 온 식구가 처음에는 이상히 생각하다가 나중에는 걱정하기 시작하였다. <어? 진짜…… 사고 난 거 아냐?> 식구들이 저녁을 먹고 앉으면 "그 사 주오가 왜 안 오는가?" "아마도 그 찬바람 쐬면서 외치고 다니다가 감기가 들었는 게지." 하고 서로 문답하는 것이 종종이었다. 그러면서도 얼마면 설마 오겠지 하고 기다리는 마음을 놓지 아니하였다. 그러나 그 '사주오' 두부 장수는 정월이 가고, 2월이 다 가고, 봄철이 지나고, 여름이 지나도록 종내 그 특색 있는 외침의 소리를 행촌동 골목에 울리지 아니하였다. <뭐지?

두부 장수 어떻게 된 거야? 사고난 거 아냐?>

그러나 읽기의 중간 단계에서도 읽기 학습자들은 여전히 읽기 시작 단계에서 설정한 가설을 유지하면서 관계짓기, 평가하기, 수정하기(재구성하기), 예측하기와 같은 읽기 행위를 해나간다.

읽기의 종결 단계에서는 읽기 시작 단계와 읽기 중간 단계에서 수집된 정보를 바탕으로 글의 최종적인 의미를 확정하게 된다[24]. [자료 7]의 경우에서 보는 것과 같이 읽기 시작 단계에서 세웠던 글에 대한 가설은 글을 읽어가면서 점점 강화되어 최종적인 시점에서 완결되는 것이다.

[자료 19]

[가]- 그러나 그 '사 주오'는 종내 오지 아니하며, 우리도 아직 그 두부 값을 갚지 못하고 지낸다. <역시……. 근데 작가가 이거 쓴 의도가 뭐지? 흠…… 한번 읽고는 모르겠네. 그냥 옛 추억을 떠올리는 건가?>

[자료 20]

[나]- 그러나 그 '사 주오'는 종내 오지 아니하며, 우리도 아직 그 두부 값을 갚지 못하고 지낸다. <역시 또 한번 나의 예상이 맞았군……. 뻔하기에 가능한 일……. 푸히히. 어라 끝이네. 무슨 얘기를 하려는 거지? 음…… 돈을 안 받아도 된다? 아닐 테고. 인정

24) 독자가 자신의 읽기 행위에 뚜렷한 목적을 설정하지 않았다면 이 단계에서 의도적으로 글의 구체적인 의미를 확정짓는 일은 생략될 수도 있다. 그러나 글을 읽고 중심 내용을 찾겠다든지, 요약하겠다든지, 필자의 정서를 파악해 보겠다든지 하는 목적을 지니고 있다면 글을 읽어가는 도중에도 그에 대한 활동을 할 뿐만 아니라 읽기가 종결되는 시점이 가까워질수록 그 활동에 집중하여 최종적인 결과에 도달하려고 노력한다.

많은 두부 장수? 목소리 특이한 두부 장수? 흠……. 도대체 무엇일까? 지금의 나의 능력으로는 알 수 없다.>

[자료 21]

[다]- 그러나 그 '사 주오'는 종내 오지 아니하며, 우리도 아직 그 두부 값을 갚지 못하고 지낸다. <왜 두부 장수는 두부 값을 받으러 오지 않은 걸까?? 두부 장수를 그만 둔 것에는 개인적인 다른 사정이 있지 않을까? 그런 이유도 있을 수 있겠지만 내가 생각하기에는 두부 장수가 두부를 더 주는 것처럼 외상값을 받지 않음으로 사람들에게 정을 베풀었다고 생각한다. 결국 이 글은 각박한 현대 사회에서 그 옛날 사람들의 훈훈한 정에 대한 그리움을 살짝 드러내지 않았나 생각해본다. 너무 오버해서 생각했나? 그냥 단순히 제 생각입니다.>

[자료 19], [자료 20], [자료 21]은 모두 이들 읽기 학습자들이 글의 종결 부분에서 글 내용을 정리하고자 했음을 보여준다. 특히 [자료 19]는 글을 다 읽고도 최종적인 의미를 확정짓지는 못했지만, 작가의 집필 의도를 추측함으로써 글의 최종적인 의미를 찾으려 시도한 것으로 볼 수 있다. [가]에게 이 글의 의미를 확정지으라고 요구하면, 읽은 내용을 바탕으로 추론해 내거나 혹은 글을 한번 더 읽는 방법을 동원하게 될 것이다. 요컨대, 읽기 과정을 통해 읽기 학습자들은 읽기 과정에서 설정되는 목적에 도달하기 위해 다양한 읽기 행위에 관한 지식을 활용하게 된다.

1.2.3 읽기의 태도

읽기가 의미 있는 행위가 되기 위해서는 실제로 읽혀서 이해되어야 한다. 독자가 글을 읽게 하는 것은 글을 읽어야 한다는 필요, 즉 목적이 있어야 하며, 읽고자 하는 동기, 읽고 싶어하는 흥미, 평소의 글을 읽는 습관 등이 필요하다. 이런 읽기의 목적, 동기, 흥미, 습관 등은 독자의 태도를 구성하는 것들로 여기서는 읽기에 대한 독자의 태도가 읽기 과정을 통해 어떻게 드러나는가에 대해 살펴보기로 한다.

읽기 행위를 촉진하는 긍정적이고 적극적인 읽기 태도는 독자가 지니고 있는 개인적인 특성으로서의 동기, 흥미, 습관 등의 영향을 받는다. 독자가 글을 읽으려는 동기가 있고, 읽는 과정에 흥미를 가지고 있으면서 읽기를 즐겨하는 습관을 지니고 있다면 그 독자는 읽기를 잘 할 수 있다. 그러나 그렇지 못한 독자는 읽기를 시작하는 것조차 제대로 해내기 힘들 수 있다.

읽기를 하려는 동기는 여러 가지 원인에 의해 발생한다. 읽고 싶어하는 내재적인 동기도 있을 수 있고, 시험을 위해서 혹은 자신의 읽기 능력 향상을 위해서 읽어야 하는 외재적인 동기도 있을 수 있다. 이런 내재적인 동기와 외재적인 동기는 읽기의 목적과 관련된다. 내재적인 동기에 의한 읽기가 지적 호기심을 충족시키기 위해 교양서를 읽는 것, 문학 작품을 읽는 것과 같은 읽기라면 외재적인 동기에 의한 읽기는 '국어 시간에 글 읽기', '사회 시간에 글 읽기'와 같은 특정 목적을 지니는 읽기라고 할 수 있다.

[자료 20]은 내재적인 동기에 의해 글을 읽는 읽기 학습자의 특성을 잘 보여 준다. 이 자료에서 B는 글의 내용을 확정짓거나 의미를 분명히 해야되겠다는 노력을 기울이지 않는다. B가 글을 가볍게 읽으면서 간간이 웃기도 하는 행동들은 [자료 13]에서 A가 관련 스키마를 확정짓기 위해 읽기를 지연시켜가면서 꼼꼼하게 내용을 검토하고 다시 읽고 하는 행위를 했던 것과는 대조적이다. 물론 B도 시장 스키마를 끌어내고 그에 따라 글을 이해해 나가고 있으나, A에 비하면 신중함이나 진지성은 떨어진다.

A의 경우는 상당히 신중한 방식으로 글을 읽는 편이어서 읽기의 초반 작업이 상당히 느리게 꼼꼼하게 진행되었지만 글에 대한 일정한 틀 즉 가설이 설정되었을 때부터는 읽기도 빨라졌고, 내용에 대한 궁금증도 상당히 사라져서 비교적 수월하게 내용을 이해할 수 있었다. 하지만 A에게는 읽기 자체가 즐겁거나 흥미로운 과정으로는 보이지 않았다. A에게 읽기는 학습의 연장으로서 꼼꼼하게 살피고, 내용을 검토하며 연구자로부터 제기되는 질문에 신중하게 답하기 위해 애써야 하는 과정으로 국어 공부의 연장이었다. 그러나 B는 글 자체에 흥미를 느끼고, 즐겁게 읽었다. 현재의 기준으로 보면 다소 어색하기까지 한 필자의 어투를 실감나게 따라 읽으려고 하고, 또 이런 저런 장면을 상상하면서 자신의 느낌에 충실하게 글을 읽었다.

[자료 22]

R- 이것 한번 읽어보자. 사주오 두부 장수, 최현배라는 사람이 지었네.

B- 예, [서울의 명물, 아니 진경의 하나는] 하하

R- 니가 진경이니까 웃기지…….

B- 예 [확실히 행상들이 외는 소리이다. 조석으로 이 골목 저 골목에는 혹은 목소리로, 혹은 타목으로, 또 남성으로 혹은 여성으로 제각기 제 가진 물건들을 사 달라고 외친다.] 음, 시장 그런 것 같애요.

R- 응.

B- [이 소리에 귀가 닳은 서울 사람들에게는 아무 신기할 것이 없겠지마는 처음으로 서울로 올라온 시골 사람의 귀에는 이 행상들이, 이 행상들의 외는 소리처럼 이상야릇한 서울의 진풍경은 없는 것이다.] <u>그런 소리를 들으면은요, 저도 신기할 것 같은데요.</u>

R- 그래? 하하.

B- [오늘에서 돌이켜 생각하면 30년 전의 일이다. 내가 시골서 백여 리를 걸어서 겨우 경부선 물금역에서 생전 처음 보는 기차를 타고 공

부차로 서울에 와 잡은 주인집은 관훈방 청석골에, 청석골 정 소사의 집이었다. 같이 온 동무도 있거니와, 있었거니와, 이 주인 집에 묵는 학생들은 고향 친척도 있고, 또 영남 학생들이기 때문에, 오는 날 <당장> 그리 설다는 느낌이 일어나지 아니하였다.] '설다는 느낌'이 무슨 말, 무슨 느낌이에요?

R- 모르구나, 계속 읽어봐.

B- [하룻밤을 자고 나서 그 이튿날 이른 아침에 들창 밖에서…… 들려오는 각종 행상들의 외치는 소리는 참으로 어린 시골내기의 귀를 찔러 놀라게 하였다. (천천히 낱자를 한 자씩 읽는다) "생선 비웃…… 비웃들 사려오!", "무으드렁 사려!", "마깃는 새우젓 사오!" 어느 소리나 하나 귀에 익은 게 없다]

R- 왜 천천히 읽어?

B- 이거 너무 웃긴 것 같애요.

이렇게 글을 읽는 것에 흥미를 느끼고 있는 B의 읽기 태도는 [자료 23]에 나타나는 것처럼 B에게 이 글을 읽는 것이 즐거우며 계속 이런 글을 읽고 싶다는 반응을 나타나게 한다.

[자료 23]

R- 그래. 그리고 책에 이런 글이 좀 많이 나오면 좋겠어?

B- 예. 대개 재미있어요.

R- 재미있어? 그런데 책에 나오는 글은 재미없어?

B- 재미있는 것도 있고, 재미없는 것도 있고.

그런데 [자료 23]에서처럼 교과서에 실린 글이 B에게 재미가 없는 것은 글 자체가 재미없다기보다는 그 글을 읽는 상황 맥락이 재미없는 것이어서 B가 재미있게 읽기를 할 수 없었던 것으로 보아야 한다. 교과서를 읽는 상황 맥락은 B에게 글을 읽을 동기와 흥미를 유발하지 못하는 것이다. 제시된 글이 교과서의 지문이었다면 [자료 24]에서 말한 것처럼 B는 그에 관련된 지식을 다 공부해야 한다고 생각할 것이고, 그렇게 되면 당연히 그 글을 읽는 것에 관한 흥미가 떨어질 것이다. 이와 같이 읽기를 하는 상황은 읽기 학습자의 태도에 영향을 준다.

[자료 24]

R- 그래, 국어 책같이 이런 저런 것 섞어두는 것보다 이런 책하는 게 더 좋아?

B- 예, 한 가지만 있는 게 더 재미있을 것 같애요. 섞여 있는 것보다.

R- 섞여 있는 것보다…… 지금 국어 책에는 몇 가지가 나와?

B- <u>시도 나오고, 수필도 나오고, 소설…… 다 섞여서,</u>

R- 시 한 권, 소설 한 권, 수필 한 권, 이렇게? 그러면 읽을 게 너무 많네.

B- 그러니까요, <u>그런 거 다 외워야 되잖아요? 시 특징, 수필 특징, 소설 특징…… 그런 거 다 외워야 되잖아요?</u> 그러면 너무 좀 그런 것 같고요. 차라리 1학년 때는 시에 대해서만 배우고, 2학년 때는 수필에 대해서만 배우고, 3학년 때는 소설에 대해서만 배우고, 그런 식으로 다, 이렇게 하나만 그렇게…….

[자료 25]의 C는 글의 내용을 잘 이해하지 못하기도 하지만 적극적으로 읽으려는 의지가 부족한 경우이다. 뚜렷하지 않은 목소리에 깊이 생각하지 않고 모른다는 답을 쉽게 내 놓는 것 등이 그런 태도를 보여준다. 동기나 흥미가 없는 학습자들의 경우, 읽기 행위 자체를 제대로 수행하는 것이 어렵다고 할 수 있다[25].

---

25) C의 경우 프로토콜을 생성하게 한다면 '잘 모르겠다'가 연발되는 결과를 내놓게 될 것이다.

[자료 25]

C- [서울의 명, 명물, 아니 진경의 하나는 확실히 <u>행상(뚜렷하지 않은 소리로)들이 외는 소리(확신없이 느리게, 천천히),</u> 외는 소리이다(좀더 빠르게). 조석에, 아 조석으로 이 골목↗ 저 골목……에는 혹은 목소리로, 혹은 타, 타목으로, 또 남성, 으로 혹은 여성으로 제각기 제, 가진 물건들을 사 달라고 외친다. 이 소리에…… 귀가, 귀가 닳은 서울 사람들에게는 아무 신기할 것이 없지, 없겠지만, 없겠지마는 처음으로 서울로 올라온 시골 사람의 귀에는 이 행상들, 이 행상들의 외는 소리처럼, 이상, 이상야릇한…… 서울의 진풍경이, 진풍경은 없는 것이다.]

R- 음, 자 금방 우리 한 문단 읽었어, 그지?

C- 예.

R- 한 문단, 한 문단 이런 거는 알지?

C- 예.

R- 문단은 어떻게 구분해?

C- 다까지, 끝에 다로 끝나는 것

R- 끝나고 뒤가 죽 비어 있으면 한 문단이야?

C- 예.

R- 그러면 보자, 지금 이, 금방 읽은 이 문단이 무슨 내용인지 알겠어?

C- 서울의 명물들이 시골 사람들이 내려왔어요.

R- 어, (무슨 말을 하는 것인지 몰라 잠시 생각한 후, 그대로 반복해서 물어본다.) 서울의 명물이 시골 사람들에게 내려왔어?

C- <u>(한참을 다시 내용을 보면서 확인한다.) 올라가는 사람들인가?</u>

R- 올라가는 사람들?

C- <u>모르겠어요. (대체로 자신이 없을 때는 내용을 생각하려고 노력하기보다는 모른다고 대답한다.)</u>

R- 어, 지금 이게 무슨 내용인지 모르겠어?

C- 예.

이상의 읽기 태도에 대한 논의에서 글을 읽는 독자의 태도가 독자의 동기, 흥미 등에 영향을 받지만, 실제로 읽기 학습자들에게는 이것을 형성하는 읽기 상황의 영향이 더 크다는 것을 알 수 있다. 이는 글이 제시되는 맥락을 어떻게 설정하는가에 따라 글을 읽는 독자의 태도에 영향을 줄 수 있다는 것을 의미하는 것으로 이후의 읽기 교수 학습의 과정에서 논의해야 할 중요한 논점이다.

2. 읽기 학습자의 읽기 수행의 해석

2.1 의미의 형성

독자가 글을 읽지 않거나 의미를 구성하지 않고 소리내어 읽는 행위만 하는 경우에 독자는 읽기를 한다고 할 수 없다. 독자가 문자를 의미를 가진 기호로 인식하여 그 의미를 만들어 낼 때에야 비로소 읽기가 시작되기 때문이다. 앞에서 읽기 학습자들의 읽기 행위를 다루면서 이 연구는 그들이 읽기를 통해 의미를 구성하였다는 사실을 명시하지는 않았다. 그보다는 그들이 읽기를 통해 일정한 의미를 구성하였다는 사실을 인정하고, 그렇게 그들이 구성한 의미가 어떻게 만들어졌으며, 그 과정에 어떤 요소들이 작용하고 있는가를 설명하는 데 치중하였다. 그러나 실제 읽기 교육에서는 읽기가 문자로부터 일정한 의미를 구성해 내는 과정이라는 것이 간과되어서는 안 된다. 어떤 수준의 읽기 행위도 의미를 구성할 수 있으므로 읽기 교육은 독자에게 단순하게 의미를 구성하게 하는 것이 아니라 더 높은 수준의 의미를 구성하게 하는 논의로 나아가야 한다.

2.1.1 읽기 행위의 결과

읽기 과정에서 의미를 형성하는 데에 작용하는 것은 독자의 특성, 텍스트의 특성, 상황 맥락이다[26]. 텍스트는 독자들에게 제시되는 읽기 자료로서 텍스트 나름의 의미 구조를 형성한다. 어떤 글을 읽고 중심 내용을 찾으라는 과제에서 그 글을 읽는 방식이나 목적에 대한 특별한 요구가 없는 경우, 독자는 글이 제시하고 있는 중심 내용을 찾기 위해 노력한다. 글은 필자에 의해 의도적으로 부각된 의미를 지니고 있으며, 이 의미들은 여러 가지 장치들에 의해 다른 의미보다 더 명시적으로 독자에게 전달되기 때문이다. 같은 글을 여러 독자들이 읽더라도 그 글로부터 얻어내는 의미가 크게 다르지 않은 것은 필자가 의도적으로 글에 부각시킨 의미를 파악하기 때문이다. 따라서 뚜렷한 과제가 없는 상황에서 글을 읽는다는 것은 글이 제시하는 의미를 찾아내는 과정이라 할 수 있다.

이 연구가 수집한 자료에서도 뚜렷한 읽기 과제가 제시된 것이 아니었기 때문에 독자들은 대체로 글이 제시하는 의미를 찾고자 하였다. 학습자들은 필자가 제시한 제목으로부터 필자가 전개하고자 하는 내용을 추측하기 시작하고, 글을 읽어가면서 '두부 장수와 필자(혹은 필자 가족) 사이의 이야기'라는 것을 중심으로 글을 이해해 나간다. '사 주오 두부 장수'라는 특이한 제목과 필자의 신변잡기를 다루는 수필의 문체 등은 필자가 독자에게 전달하려는 의미를 부각시키고 학습자들을 그 의미로 유도하는 필자의 장치이다. [자료 17]의 F가 필자가 읽기 시작

26) 여기에서는 읽기 학습자를 중심으로 그들의 읽기 행위를 수행하는 과정에서의 양상과 특성을 논의하는 데 초점이 있었기 때문에 텍스트나 상황 맥락에 대한 논의는 의도적으로 배제되었다.

단계에서 행상의 외침에 익숙해지는 과정에 관한 이야기로 읽다가 이후에 두부 장수와 필자에 대한 이야기로 해석을 고쳐나가는 것은 이 글의 앞 부분에서 필자가 다루었던 외침의 목소리들에 기인한 것이다. F는 길고, 다양하고 인상적인 방식으로 비중 있게 다루었던 '외침의 목소리'들이 필자가 의미를 부각시키기 위해 만든 중요한 장치라고 생각했던 것이다. 이처럼 텍스트가 의미를 구성하여 제시하고 있는 방식은 독자들의 읽기 행위를 통해 의미를 형성하는 과정에 작용하는 중요한 변인이 된다[27].

읽기 과정에서 독자들이 보여주는 특징적인 행동들은 스키마의 활용, 읽기 행위에 대한 지식의 활용, 독자의 태도로 설명될 수 있었다. 이들을 통해 독자들은 문자로 이루어진 텍스트에서 자신의 읽기 행위가 반영된 다양한 의미 구조체를 만들어 나간다. 앞에서 독자가 스키마를 이용하여 글을 이해하기 위한 대략의 가설을 설정하는 것은 배경 지식이나 어휘가 풍부하여 글 읽기를 수월하게 또 의미를 풍부하게 해 나가는 것과는 구별되는 행위였다. [자료 12]에서 나타나는 C의 경우를 통해 배경 지식이나 어휘가 풍부하지 않아도 스키마를 설정하는 것은 성기게라도 글의 의미 구조를 형성하게 하는 바탕이 된다는 것을 알 수 있었다. 글을 읽는다는 것은 이렇게라도 글의 의미 구조를 만들 수 있다는 것을 의미한다.

독자들은 만들어진 의미 구조를 완성하기 위해 여러 가지 방법을 활

27) 독자들에게 특정의 과제를 제시하게 되면, 글의 의미를 찾는 과정은 그 과제에 맞추어 조절되게 된다. 집안을 묘사하는 글을 '도둑'의 입장에서 읽느냐, '부동산 업자'의 입장에서 읽느냐 하는 것에 대한 앤더슨(Anderson)의 실험은 글을 읽는 상황이 읽기의 결과에 어떤 영향을 주는가를 설명한다. 이 연구는 텍스트와 상황 맥락을 처리하는 독자들의 능력에 논의의 초점을 맞추고자 하였다. 이는 읽기 행위를 실제로 수행하는 독자들의 특성들이 읽기 과정에서 어떻게 발휘되는지, 또 그것을 읽기 교수 학습 과정 즉 읽기 교육에서 어떤 방식으로 다루어야 할 것인지를 논의하고자 하기 때문이다.

용한다. 이것은 글을 통해서 얻어지는 정보를 처리하는 과정에서 자연스럽게 이루어지는 과정이기도 한데, 글 자체가 지니고 있는 의미(앞에서 언급한 필자에 의해 의도적으로 부각된 의미들)가 반복적으로 나타나고, 그것을 읽고 이해하는 방식을 통해 자신이 설정한 의미 구조는 조금씩 더 고정적인 형태로 바뀌어 나가게 된다. 따라서 독자가 이렇게 의미 구조를 확정지으면서 사용하는 여러 읽기 행위에 대한 지식들은 독자의 읽기 전략을 활용하는 것으로 볼 수 있다. 다른 독자들보다 읽기 능력이 떨어진다고 보는 C의 경우에도 [자료 26]에서와 같이 글을 모두 읽은 시점에서는 자신이 앞에서 제기했던 문제들을 무시하고 충분히 글을 읽었다고 생각하고 있다. 이 때 C가 단어의 뜻을 다 알게 되었다는 것은 단어 하나 하나의 의미를 이해했다기보다는 글의 문맥에 비추어 단어의 의미를 짐작할 수 있었고, 그것이 글 전체의 의미를 형성하는 데 상호 작용하여 자신의 글의 의미도 알고 단어의 의미도 알았다고 인식하게 된 것이다.

[자료 26]

R- 그럼, 지금 <u>너 여기서 알고 싶은 단어 대개 많겠네?</u>

C- <u>아니요.</u>

R- <u>그렇지는 않아?</u>

C- <u>예. 다 알고.</u>

R- <u>대충 짐작이 가?</u>

C- <u>예. 모르는 단어는 다 물어보고</u>

R- <u>다 물어봤어? 다 말하고?</u>

C- <u>예.</u>

R- <u>응, 난 내가 뜻 안 가르쳐 준 것 같은데....</u>

C- <u>근데, 그거는 제가 그렇게 말해도 되는 것 같고</u>

R- <u>되는 것 같애?</u>

C- 예.

R- 아, 그렇구나. 그래. 수고했습니다.

이와 같이 독자가 지니고 있는 스키마와 읽기 행위에 대한 지식을 활용하는 것은 글로부터 일정한 의미 구조를 형성하게 하는 일차적인 방법이다. 여기에서 독자의 태도는 글을 기꺼이 읽고 의미를 파악하기 위해 최소한의 노력으로 읽기가 일어나게 하는 동기를 제공한다[28].

이상의 논의를 통해 볼 때 읽기 학습자가 읽기를 한다는 것은 최소한 세 가지의 활동을 통해 글로부터 의미를 구성한다는 것을 의미한다. 따라서 읽기 행위를 수행하는 첫 번째 단계는 '의미의 구성'이라고 할 수 있다. 이 '의미의 구성'은 다음 항에서 구성된 의미의 다양성에 대한 논의와 함께 읽기 행위를 수행하는 첫 번째 단계로 설정된다. 이렇게 다양한 의미가 구성될 수 있다는 것은 다음 장에서 읽기 교육에서 읽기 행위를 다루는 기본적인 조건이 될 것이다.

2.1.2 의미 형성의 양상

읽기를 통해 의미를 구성한다는 것은 글이 지니고 있는 의미를 그대로 수용하는 것이 아니다. 읽기를 통해 글을 이해한다는 것은 이미 독자가 이해하고 있는 것, 독자가 가지고 있던 지식에 새로운 경험을 더해 가는 것이다. 독자들이 이해하고 있는 것이 각기 다르기 때문에 새로운 경험이 공통적인 것이라 하더라도 그 결과는 달라지게 된다[29].

---

28) 이 태도는 '전혀 읽고 싶지 않다'에서부터 '매우 적극적으로 읽는다'는 것에까지 다양한 양상을 지니고 있을 수 있으며, 이러한 태도가 읽기 과정 전체에서 읽기 결과를 풍부하게 하는 데 중요한 영향을 미칠 수 있다. 태도가 읽기 결과를 얼마나 다양하게 할 수 있는가는 다음 절 '의미의 심화'에서 다루어야 할 부분이다.

29) 최혜실(1992)에서는 스키마를 활용한 의미 구성에서 의미의 가능성을 열어놓는 점과 관련하여 문화적 경험의 차이는 크지 않거나, 또 설명문과 논설문 같은 글을 읽는 경우에는 유사한 개인적 배경이나 지식을 지닌 집단의 경우에는 스키마

읽기 행위를 통해 의미를 구성한다고 하였을 때, 독자가 이 읽기 행위에 동원하는 자원은 독자에 따라 매우 다양하다. 읽기 과정을 구성하는 요소 중 독자는 다양성의 정도가 가장 큰 요소이다. 텍스트나 상황 맥락은 교과서의 글과 같이 동일한 텍스트, 교실과 같이 동일한 읽기 환경으로 설정될 수 있으나 읽기 행위를 수행하는 독자는 능력이나 태도 면에서 동일하지 않다. 우선 독자들의 국어 능력의 발달 정도가 다르다. 그의 읽기 경험이 다르며, 그가 동원할 수 있는 읽기 행위에 대한 지식이 다르며, 그가 선호하는 읽기 행위에 대한 지식이 다르다. 또한 읽기에 대해 스스로가 가지고 있는 태도 역시 매우 다르다.

독자의 다양성은 읽기 과정에서 동원하는 요소를 상이하게 하고, 그 결과로서 읽기 행위 수행의 양이나 질에서 차이를 가져온다. 앞에서 살펴본 A와 B, C의 경우 이해할 수 있는 어휘력, 문장 및 글 구성 능력이 다르고, 글을 읽는 태도, 주로 사용하는 읽기 행위에 대한 지식도 다르다. 글을 읽기 시작하는 단계에서 A가 자신이 제시한 글의 의미를 확정지을 수 있는 결정적인 판단은 가능한 신중하게 보류하면서 여러 가지 가능성을 모색하는 방식을 주로 사용한다면 B는 일단 읽어가면서 제시되는 내용으로부터 자연스럽게 의미를 얻는 방식을 사용한다. 그에 비하면 C는 모르는 것이 있어도 그냥 넘어가며, 마지못해 읽기 행위를 수행한다. 이들이 읽기 과정에 동원하는 요소는 각각 인지 중심적, 정

의 도입이 오히려 독해를 지연시키는 결과를 가져올 수 있다고 한다. 그러나 개인의 다양성은 문화, 인종 같은 개인의 개별적인 차이가 매우 커서 그들이 전혀 다른 스키마를 지니고 있고 그 때문에 읽기를 통해 구성되는 의미도 확연히 달라진다는 것을 강조하는 것이 아니라 개인의 차이가 해석을 다양하게 하므로 해석의 다양성을 수용해야 한다는 것으로 이해되어야 한다. 또 스키마를 개인의 개별성이 강조되는 방향으로 활용할 수도 있겠지만 반대로 스키마를 통해 자신이 속한 사회 공동체의 해석 모형을 선택하게 하여 의미를 구성하게 할 수도 있다는 점을 고려하면 스키마가 의미를 구성하는 과정에서 여전히 중요한 역할을 한다고 말할 수 있다.

의 중심적 방식으로 설명될 수 있다. A가 인지적인 활동에 관련된 자원을 동원하는 데 중심을 두고 있다면 B는 정의적인 활동에 관련된 자원을 동원하는 데 중점을 두고 있다. 그리고 C는 인지적이거나 정의적인 활동을 최소화한 상태에서 읽기 행위를 유지하는 정도로 읽기를 한다고 할 수 있다. 이렇게 A와 B, C가 동원하는 자원의 차이는 읽기 과정과 결과에서 신중하고 정확한 의미를 추구하는 것, 재미와 흥미를 유지하기 위해 노력하는 것, 단지 읽기를 유지하는 것과 같은 결과로 나타난다. 읽기를 통해 구성되는 의미가 독자에 따라 다양하다는 것은 읽기 행위에 독자의 특성이 영향을 주고 있다는 것이다. 따라서 읽기 행위를 수행하게 하려면 독자가 어떤 행동 특성을 지니게 할 것인가를 고려할 필요가 있다[30].

2.2 의미의 심화

읽기는 개인적인 행위이면서 또한 사회적인 행위이다. 읽기 학습자가 글과의 상호 작용을 통해 구성하게 되는 의미는 단어의 뜻, 문장의 뜻, 문단의 중심 내용, 글의 중심 내용, 필자의 의도 등 여러 가지 위계에 속할 수 있으며 이들의 양상은 학습자가 동원하는 자원에 따라 매우 다양하다. 이 의미의 다양성은 의미 유형의 다양성이기도 하고 의미 밀도의 다양성이기도 하다. 같은 글로부터도 갖가지 주제가 도출될 수

---

30) 바람직한 읽기 결과를 얻기 위해서는 독자의 독립성과 능동성이 전제된다. 즉 독자는 외부의 도움 없이 스스로 의미를 구성할 수 있으므로 스스로 의미를 구성할 수 있게 해 주면 즉 읽기를 할 수 있는 여건을 마련해 주면 읽기를 잘 할 수 있다는 것이다. 이렇게 독자의 자율성을 인정하는 관점은 읽기를 독자의 능동적인 의미 구성의 과정으로 보는 구성주의적 관점과 같다. 읽기 교육에서 독자의 읽기 행위를 다루는 데 있어서 이런 구성주의적 관점을 수용하여 읽기 행위가 의미의 다양한 구성을 전제로 한다는 것을 인정하는 것은 교수 학습의 입장에서는 접근 방법에 대한 혼란과 평가의 어려움을 초래한다.

있고 또 비슷한 주제라도 의미의 성글고 치밀함에 있어서도 다른 양상이 나타날 수 있다.

읽기 결과의 다양성은 읽기 행위를 수행한 결과로서 인정할 수는 있으나 그렇게 다양한 결과 모두를 의미 있는 것으로 수용할 수는 없다. 그렇다면 다양한 읽기의 결과들로부터 의미 있는 읽기 결과를 어떻게 선택하고 설명할 수 있는가에 대한 논의가 필요하다. 이를 위해 먼저 의미 있는 결과의 존재, 그리고 그 의미 있는 결과를 판단하기 위한 내적 조건과 외적 조건에 대하여 논의하게 될 것이다.

2.2.1 의미의 질적 차이

읽기 행위를 통해 얻어지는 의미는 다양하지만 모두가 같은 가치를 지니는 것은 아니다. 또 얻어지는 의미의 양이 많다고 하여 가치로운 것도 아니다. [자료 7]에서 [마]가 보여주는 것과 같이 글을 읽어가면서 자신이 처음 설정한 의미를 글을 읽어 가는 전 과정을 통해 유지하고 강화하다가 글을 다 읽은 지점에서 완결해 내는 사례와 내용의 상세한 사항에 대해서는 계속 완전히 이해를 못하다가 글이 끝날 무렵쯤에 엉성한 의미 구조를 형성하고 이해를 끝냈다고 여기는 C의 사례는 읽기 결과의 질적인 차이를 보여준다.

읽기 행위를 통해 구성되는 의미의 질적 차이는 독자가 동원하는 자원에 의해 결정된다. 이 때 동원되는 자원은 독자의 스키마, 읽기 행위에 대한 지식, 태도 등이며 학습자가 다양하기 때문에 이들 자원도 다양하고 이들에 의해 도출되는 결과도 다양하다. 뿐만 아니라 이들이 지닌 자원이 질적으로도 다르므로 읽기 결과의 질 역시 달라진다.

읽기를 잘하고자 하는 것은 읽기 학습자들의 희망일 뿐만 아니라 읽기 교사들의 희망이기도 하다. 잘 읽는 것, 즉 읽기 행위에 대한 질적 판단은 내적인 관점과 외적인 관점에 의해 이루어질 수 있다. 내적인 관점에서의 판단은 읽기의 결과물을 산출해 내는 과정과 결과를 통해 판단하는 것이다. 읽기의 과정에서는 독자가 동원하는 자원들, 즉 스키마 사용, 읽기 행위에 대한 지식의 활용 능력, 읽기에 대한 태도 등을 통해 읽기 과정의 질을 판단할 수 있다. 그리고 읽기 결과에서는 일련의 과정을 통해 만들어진 의미 구조가 얼마나 완결되어 있는가를 통해 읽기 결과의 질을 판단할 수 있다.

외적인 관점에서의 판단은 그 읽기의 과정과 결과에서 이루어지는 읽기 행동과 의미들이 의미있고 가치있는 것이었는가를 평가함으로써 이루어질 수 있다. 학교에서의 읽기 교육이라면 읽기의 과정에서 동원되는 스키마와 읽기 행위에 대한 지식, 태도 등은 교육의 과정에서 요구하는 것이어야 할 것이며, 그렇게 해서 도출된 결과도 그것이 수행된 교수 학습 상황에 비추어 바람직해야 할 것이다.

읽기 교수 학습 과정이라는 상황을 상정하고 위에서 언급한 사례를 내적인 관점과 외적인 관점에서 판단한다면 [마]는 꽤 우수한 읽기 행위를 수행한 학습자가 될 것이고 C는 그렇지 못할 것이다. 우수한 학습자가 되려면 C는 과정적인 면에서 자신의 자원을 활용하는 능력을 익혀야 할 뿐만 아니라, 자신이 동원하는 내용들을 적절하게 판단하여 수용할 수 있는 기준을 익혀야 할 것이다. 그리고 C는 읽기 과정에서 자신이 찾아내는 의미를 글을 통해 궁극적으로 자신이 찾아야 할 목적에 관련시키는 능력을 길러야 할 것이다. 읽기 교육에서는 글을 읽고 나서 막연하게 느끼는 의미가 아니라 읽는 과정을 통해 계속해서 예측하고 확인하는 연속적인 읽기 행위의 결과물로 글의 의미를 형성하기를 요구하기 때문이다. 이렇게 읽기 결과의 질 판단, 다시 말해 읽기 결과의 우열을 판단할 수 있다는 것은 읽기 교육을 통해 학습자들이 우수한 읽기 결과를 산출하도록 유도될 수 있다는 것이다[31].

2.2.2 의미의 내적 연계

읽기 행위는 단어, 문장, 문단, 글과 같이 연계된 여러 단계를 통해 순차적으로 또 구조적으로 연결된다. 여기서 다루는 단어, 문장, 문단, 글에서의 의미 구성은 상향식 읽기 과정이나 하향식 읽기 과정과 같은 읽기 과정에서 의미가 어떤 방향으로 이루어지느냐에 초점을 두는 논의와는 관련이 없다. 이런 여러 층위에서 여러 의미가 존재할 수 있으며 읽기를 통해 구성되어야 하는 바람직한 의미는 단어에서부터 글 전체에 이르기까지 서로에게 영향을 주고 또 의지하여 일관성을 갖는 의미여야 한다는 것을 강조하는 것이다.

의미의 내적 연계라는 것은 독자가 글을 읽는 과정을 통해 형성하는 의미는 내적으로 연결된 하나의 구조체로 보는 것이다. 의미의 내적 연계라는 측면에서 독자가 만들어내는 의미의 질 판단은 그 구조체가 얼마나 치밀하고 강력하게 관련되어 있느냐를 판단하는 것이다. 의미가 내적으로 연계되어야 한다는 것은 읽기를 통해 구성하는 의미가 전체적인 의미와 부분적인 의미들이 서로 밀접하게 관련되어 있어야 한다는 것이다. 따라서 내적 연계라는 측면에서 독자는 읽기 행위를 통해 여러 층위의 의미들이 구조적으로 연결되어 일관성 있는 의미 구조를 만들어야 한다는 것이며 이를 위한 읽기 행위의 양상도 궁극적인 목적에 따라 서로 연관되어 그 목적을 달성하는 데 더 타당한 것이어야 한다는 것이다. 독자는 글을 읽는 과정을 통해 여러 층위의 의미를 서로 연관시키고 그 읽기 과정에 동원되는 여러 자원을 조절해야 한다. 예를 들어 독자가 글을 읽음으로써 구성하는 의미는 단어나 문장, 문단, 글

31) 이것은 읽기 지도의 가능성과 필요성에 관련된다. 독자의 특성, 읽기 환경의 다양성, 해석의 다양성 등을 고려하더라도 읽기의 질에 대한 평가가 가능하다는 것은 읽기 지도를 통해 질 높은 읽기 결과를 이끌어내야 한다는 교사의 역할과 책임을 요구한다.

전체의 의미들이 서로 관련되어야 하면 이 때 독자가 동원하는 스키마나, 읽기 행위에 대한 지식, 태도 등은 이런 관련성을 찾아가는 데 적절한 것이어야 한다는 것이다. 따라서 주제를 찾기 위한 읽기를 한다면 단어의 의미, 문장, 문단, 글의 의미를 주제와 관련시켜 구성해야 하며, 그와 관련없는 의미를 구성하는 것은 적절하지 않다는 것이다. 이렇게 되면 글 전체를 통해 얻는 의미와 문단을 통해 얻는 의미가 서로 일관성을 유지해야 한다는 것이다. 그리고 이 과정에서 단어나 문장, 문단의 의미를 구성할 때도 다른 층위의 의미를 고려하여 스키마, 읽기 행위에 대한 지식, 태도 등을 동원해야 한다는 것이다. 전체적인 의미와 관련 없는 지엽적인 의미에 지나치게 집착한다든지, 부분을 해석한 것과 다른 결론을 내리는 것 등은 내적으로 완결된 의미를 구성하지 못한 것이라 할 수 있다. 글의 일부분이 주는 풍경에 경도 당한다든지, 관련 없는 스키마를 환기하거나 하는 것 등도 역시 적절한 읽기 행위가 아니며 의미의 내적 연계를 깨뜨리는 행위가 된다. 읽기 과정은 이런 의미의 내적 연계를 능숙하게 수행할 것을 요구한다.

2.2.3 의미의 외적 용인

읽기의 결과는 개인적인 것일 수도 있고 사회적인 것일 수도 있지만 읽기 교육의 입장에서는 학습자가 속해있는 사회적 맥락을 더 비중 있게 고려해야 한다. 의미의 외적 용인이라는 것은 읽기 과정을 통해 만들어진 의미를 수용하는 조건에 대한 것이다. 의미의 질을 따지는 것은 그 의미가 얼마나 완성된 것인가도 중요하지만, 그것이 가치 있는 것이가도 중요하다. 읽기 교육의 입장에서는 읽기 교수 학습 과정을 통해 완성된 의미가 가치 있는 것이 아니라면 교육의 필요성을 상실하게 될 것이다.

읽기를 수행하는 과정에서 독자가 의미를 구성하는 것은 가능한 여러 의미 중에서 적절한 것을 선택하는 것과 같다. 독자는 자신의 읽기 목적에 비추어, 부여된 과제에 따라 적절한 것을 선택하게 된다. 그리고 그 적절성이란 것은 자신에게 읽기를 요구하는 이에게 또는 자신이 읽기를 하는 맥락에서 자신의 선택이 적절한 선택으로 받아들여질 수 있는가이다.

앞에서 읽기 학습자들의 인터뷰를 하는 동안 대부분의 학습자들은 연구자와 자신의 관계를 선생님과 학습자의 관계와 유사하게 설정하였고, 그 때문에 글을 읽는 것은 국어 수업 시간에 교사 앞에서 읽기를 하는 것과 유사하게 진행되었다. 학습자들은 연구자의 질문을 교사의 질문과 같이 인식하였고, 가능한 성실하고 신중하게 답하려고 하였다. 다소 예외적인 반응을 보였던 B의 태도를 통해 읽기 인터뷰가 다른 학습자들에게 어떤 방식으로 이해되었는지를 추측할 수 있다. B는 연구자를 학교 선생님보다는 좀더 사적인 관계로 인식하였고 그 결과로 글을 읽으면서 쉽게 웃고, 도중에 다른 이야기를 하기도 하였다. [자료 22]에서 B가 언급했던 것처럼 국어 수업과 같다고 여겼다면 B는 다른 학습자들처럼 신중하게 반응하면서 교과서를 배우는 것과 같은 방식을 취하게 되었을 것이다.

이것은 학습자들이 자신의 읽기 결과를 자신이 속한 상황 맥락의 요구에 결부시키려고 노력한다는 것을 보여준다. 달리 말하면 읽기 과정을 통해 학습자가 선택하는 의미는 그 의미가 요구되는 상황 맥락에 부응하는 것이라 할 수 있다. 학습자는 글을 읽은 결과를 교실, 사회, 가정, 개인 공간 등 읽기 행위를 수행하게 하는 사회적 맥락이 요구하는 것에 맞추어 조정한다. 이렇게 학습자들이 의미를 외적인 요구를 고려하여 구성할 수 있기 때문에 읽기 교사 또한 읽기 행위를 통해 설정되는 의미의 가치를 평가하고 지도할 수 있다.

이상을 통해 읽기 행위의 수행을 통해 의미가 구성된다는 것 그리고 그 구성의 양상이 다양하다는 것, 그렇게 구성된 의미는 우열 판단이 가능하다는 것, 그리고 그 판단의 근거로서 내적인 조건, 외적인 조건에 대하여 논의하였다. 질적으로 완결되고 가치있는 읽기 결과에 대한 논의는 결국 읽기 교수 학습 과정이 그러한 읽기 결과를 산출할 수 있도록 수행되고 있는가에 대한 논의에 관계된다. 교사는 읽기 교수 학습 과정을 통해 읽기 학습자들이 읽기 과정을 통해 의미를 구성할 수 있도록 또 그렇게 구성된 의미를 심화할 수 있도록, 다시 말해 질적으로 우수한 결과를 구성해낼 수 있도록 도와주어야 할 것이다.

제3장 읽기 교수 학습의 과정

1. 읽기 교수 학습의 양상

읽기 교수 학습은 학습자의 읽기 능력을 신장시키려는 의도로 이루어지는 일련의 과정이다. 이 과정은 우수한 읽기 능력의 획득을 목표로 우수한 읽기 능력을 형성한다고 생각되는 여러 하위 행동 특성을 세부적인 내용으로 삼아 이루어진다. 최근의 읽기 교육은 이런 하위 행동 특성을 읽기 전략이라는 내용으로 다루어왔다. 따라서 읽기 교육은 학습자들에게 여러 읽기 전략을 지도하고, 그 결과로서 학습자들의 읽기 능력을 향상시키기를 의도하는 것이다.

여기에서는 교실 관찰 자료를 통해 읽기 교수 학습 과정을 기술하고자 한다. 읽기 교수 학습 과정을 구성하는 요소에는 읽기 교사, 교육과정과 교재, 학습자, 상황 맥락들이 있으므로 먼저 이들 구성 요소를 중심으로 읽기 교수 학습이 일어나는 과정을 설명할 것이다. 다음으로 읽기 교수 학습 과정이 일련의 과정이라는 점을 고려하여 하나의 읽기 교수 학습 과정을 구성하는 여러 하위 단위의 과정을 기술하고 이를 통해 읽기 교수 학습의 전 과정에 대해 논의할 것이다.

1.1 읽기 교수 학습 관찰 자료의 개요

읽기 교수 학습이 어떻게 이루어지고 있는가를 가장 잘 알 수 있는 곳은 읽기 수업이 일어나고 있는 교실이다. 이 연구는 이 읽기 교실을 직접 관찰함으로써 읽기 수업이 어떻게 이루어지고 있는가를 설명하고자 한다[32].

가. 자료 수집 과정

실제로 교실에서 일어나고 있는 일을 관찰하는 것이므로 자료는 연구자가 교실 수업에 직접 입실하여 관찰하는 과정에서 생성한 결과물이다. 이 자료들은 관찰 노트, 캠코더와 카세트 레코더, 보이스 레코더 등을 활용하여 수집되었다. 연구자는 가능한 수업에 영향을 주지 않는 선에서 교사의 수업 진행, 학습자들의 반응 등을 관찰하였다. 연구자는 수업이 진행되는 동안 교실 뒤 정해진 장소에서 관찰 노트에 수업의 진행을 기록하는 한편 캠코더를 통해 해당 수업을 촬영하였다. 수업을 진행하는 교사의 발화는 카세트 레코더 혹은 보이스 레코더와 연결된 마이크 장치를 통해 녹음하였다. 또한 연구자는 교사의 교수 학습 지도안, 학습자의 교과서 및 공책, 과제물 등을 보조 자료로 수집하였으며, 해당 교사와 교수 학습에 대한 질의와 응답을 통한 자료도 수집하였다[33]. 관찰은 교과서에 제시된 교수 학습 내용이 어떤 방식으로 교실에

---

32) 이 관찰 연구 역시 앞 장에서 논의한 질적 연구의 논리를 따른다. 즉 충분히 많은 대상을 수집하여 일반적인 결론을 내리기보다는 적은 수의 대상이라도 대상이 지니고 있는 의미를 제대로 도출해내는 데 연구의 의의를 두고자 한다.

33) 이 연구에서는 주로 카세트 레코더 또는 보이스 레코더를 통해 수집된 담화 전사본을 제시하게 될 것이다. 캠코더로 수집된 자료가 교실 상황에 대한 정보를 시각적으로 제공해 줄 수 있지만, 발화를 하는 교사는 학습자들과 떨어져 있기 때문에 수집된 음질 면에서는 질이 떨어졌다. 그에 비해 보이스 레코더나 카세트 레코더의 경우 교사가 직접 그 기기들을 몸에 착용하고 있었기 때문에 교사의 발화가

서 구현되는가와 그 과정에서 교사의 교수 행위가 어떤 방식으로 드러나는가에 초점을 두고 이루어졌으며, 자료의 수집과 해석 역시 그러한 관점을 따랐다.

나. 수집된 자료

이 연구를 위해 수집된 자료의 대략적인 내용은 다음과 같다. 자료는 세 사람의 교사가 진행한 5개 반의 읽기 수업에서 나온 것이다.

<table>
<tr><th>연번</th><th>학급</th><th>교사</th><th>관찰 단원</th><th>관찰 시간</th><th>일시</th></tr>
<tr><td>1</td><td>가</td><td>A</td><td>중학교 국어 1-2
3. 판단하며 읽기</td><td>5</td><td>2002년
10월20일~10월29일</td></tr>
<tr><td>2</td><td>나</td><td rowspan="2">B</td><td rowspan="2">중학교 국어 1-1
4. 메모하며 읽기</td><td>6</td><td rowspan="2">2003년
4월30일~5월16일</td></tr>
<tr><td>3</td><td>다</td><td>6</td></tr>
<tr><td>4</td><td>라</td><td rowspan="2">C</td><td rowspan="2">고등학교 국어(하)
2. 정보의 조직과 활용</td><td>7</td><td rowspan="2">2003년
5월21일~6월17일</td></tr>
<tr><td>5</td><td>마</td><td>7</td></tr>
</table>

〈표 3〉 분석한 읽기 교수 학습 과정

이 수업들을 진행한 교사 [A], [B], [C]는 모두 여교사들이었으며, 자료 수집 당시 교직 경력은 각각 3년차, 7년차, 9년차이었다. 이들은 모두 사범 대학에서 국어 교육을 전공하였고, 자신이 졸업한 대학의 대학

비교적 선명하게 기록되었다. 또 캠코더가 교실 뒤쪽에 설치되어 있어서 교사가 어떤 학습자들에게 반응하였는지를 알 수 없었지만, 카세트 레코더나 보이스 레코더의 기록은 교사의 위치에서 기록되기 때문에 교사에게 선명하게 들리는 학습자의 목소리를 수집할 수 있었다. 따라서 담화 전사본은 보이스 레코더나 카세트 레코더로부터 수집된 자료를 중심으로 생성하고, 캠코더를 통해 수집된 자료와 연구자의 메모로부터 도출된 정보는 이 전사본에 부가하여 교사가 직접 상호 작용할 수 없는 위치에서 일어난 교실 상황이나 학습자들의 활동에 대한 정보를 제공하는 방식으로 사용되었다. 전사본에서 대화로 기록된 것은 교사가 착용한 녹음 자료에서 나온 것이며, 교실 상황을 가리키거나 교사나 학습자의 행동, 판서 내용에 대한 설명 등은 캠코더로 촬영된 것과 연구자의 메모에 근거한 것이다.

원 석사 과정을 졸업 혹은 수료한 상태였다. 따라서 전공 과목에 대한 지식을 충분히 지니고 있으며, 교과서의 체제나 의도 등에 대해서도 잘 이해하고 있었다. 자료 수집 과정에서 이들은 이 연구의 의의와 한계를 파악하고 연구자가 요구하는 자료를 제공하거나 학습자들에게 상황을 설명하고 참여하게 하는 데에도 매우 협조적이었다.

자료는 한 교사가 진행하는 읽기 단원의 한 단원 전체를 관찰하는 것을 원칙으로 수집되었다. 현행 중학교 국어과 수업은 읽기와 문학 영역 위주의 '국어'와 말하기, 듣기, 쓰기, 국어 지식 영역 위주의 '생활 국어'의 2분 체제로 되어 있고 이 두 체제는 각기 '국어' 교과서, '생활 국어' 교과서의 두 교과서를 통해 제시되었다. 이 두 교과서는 동일한 주제로 연결되어 있는데 '국어'에서 3단원 정도에서 '판단하며 읽기'가 제시되면 생활 국어에서도 비슷한 위치의 단원에서 '판단하며 듣기'가 제시된다. 이것은 '판단하기'라는 활동의 원리가 국어 활동의 여러 영역에서 유사하게 활용되므로 국어와 생활 국어 수업을 통해 여러 영역에서 병행하여 지도하면 더 효율적일 것이라는 판단에 따른 것이다.

그러나 실제 국어 시간의 진행은 학교마다 다양하여 '국어' 교사와 '생활 국어' 교사가 다른 경우도 있고, 그렇지 않은 경우도 있었다. 두 교과서를 지도하는 교사가 다른 경우에도 이들이 서로 협의를 해서 진도와 교수 학습 내용을 조절하는 경우도 있고, 그렇지 않은 경우도 있다. 또 한 교사가 두 교과서를 진행하는 경우에도 두 교과서의 단원들을 나란히 지도한다고는 할 수 없다. 여러 가지 이유로 같이 또는 한두 단원이 엇갈리게 나가는 경우도 있다. 또 '국어' 과목은 1학년의 경우 주당 5시간의 수업을 할 수 있다. 두 사람의 교사가 지도하는 경우, 시간 배분에서 균형을 잡기 힘들며 경우에 따라서는 생활 국어에 1시간이 배분되는 경우도 있다. 따라서 각 학교나 교사들이 현재의 교과서 체제가 가지는 이점을 충분히 활용하고 있다고 말하기는 어렵다. 이 연구가 관찰한 중학교 수업들에서는 모두 한 교사가 국어와 국어 생활을 함께 지도하고 있었다. 이들의 경우에도 가능한 두 교과를 병행하여 지도하려고는 하지만 그 계획은 상황에 따라 달라질 수 있었다.

고등학교의 경우 역시 국어 교과의 수업 진행은 학교마다 다양한 양상을 보인다. 고등학교 교육과정에서는 1학년에서 공통 기본 과정인 '국어'를, 2학년부터는 선택 과목인 '국어 생활', '화법', '독서', '작문', '문법', '문학' 등에서 학습자의 요구에 따라 선택할 수 있게 되어 있다. 1학년의 경우, '국어' 한 과목만 배우게 되는 경우가 대부분이지만 이 경우에도 한 학급의 '국어'를 가르치는 교사가 한 명인 경우도 있고 두 명 이상인 경우도 있다. 이 연구가 관찰한 학교는 한 학급을 2명의 국어 교사가 지도하고 있었고, 한 교사가 '국어' 교과서 상, 하 2권 중 한 권을 1년을 통해 가르치는 형태를 취하고 있었다. 학교에 따라서는 여러 교사가 (상) 혹은 (하) 교과서 내의 단원을 나누어 가르치기도 한다.

시간은 각 수업을 관찰한 총 시간으로 한 단원을 진행하는 데 소요된 시간이기도 하다. 이 연구가 관찰한 수업은 각 5시간, 6시간, 7시간에 걸쳐 한 단원이 진행되었다. 1 차시에 배당되는 시간은 중학교의 경우는 45분, 고등학교의 경우는 50분이다. 이 연구가 관찰한 학교는 모두 서울 시내에 있는 학교들이다.

1.2 읽기 교수 학습의 변인

읽기 교수 학습 과정을 구성하는 변인에는 읽기 교사, 교육과정과 교재, 학습자, 상황 맥락 등이 있다.

1.2.1 읽기 교사

읽기 교수 학습 과정에서 읽기 교사는 학습자들에게 능숙한 독자의 모습을 보여준다는 점에서 일종의 역할 모델이다. 글에서 중심 내용을 찾는 활동을 지도한다고 할 때, 교사는 학습들에게 글을 소리내어 읽은 후 그에 해당하는 중심 내용을 말해주는 것만으로는 중심 내용을 찾는 활동을 가르칠 수 없다. 교사는 학습자들에게 중심 내용을 찾는 방법을 가르쳐야 하므로, 자신이 어떻게 중심 내용을 찾았는지를 시범 보이게 된다. 이 때의 교사는 능숙한 독자로서 학습자들이 효과적인 읽기 행위를 수행하는 것을 학습하기 위해서는 따라해야 할 역할 모델이 된다.

그러나 행위를 직접 보여주고 따라하게 하는 것만으로는 학습자들을 지도할 수 없다. 그 행위의 배경을 설명하고, 어떤 방식으로 어떤 근거에 의해 그 행위를 선택하고 장면에 맞추어 변화시켜서 사용했는지 상세히 설명하면서 시범을 보이는 것이 교사에게 요구된다. 이런 점에서 교사의 시범은 실제 직관적이고 자동적으로 일어나는 읽기 행위를 그대로 드러내는 것이 아니다. 교사는 읽기 행위를 학습자에게 전달될 수 있는 형태로 가공하여 전달하는 해설자여야 한다.

교수 학습이 교사의 주도적인 활동만으로 성취되지 않는다는 인식은 교사에게 학습자들의 학습을 촉진하는 활동을 하도록 요구한다. 적절한 자극을 통해 학습자의 반응을 유도하고 그 과정에서 학습자들이 진정한 이해에 도달하는 학습을 수행할 수 있도록 끊임없이 자극하는 학습의 촉진자의 역할, 그리고 학습자들이 학습으로 출발할 수 있는 매개자로서의 역할을 수행해야 한다. 이 역할은 모두 구성주의적 교수 학습을 해 나가는 데 있어 매우 중요한 역할들이다.

그러나 이런 역할 모델이 되는 것 못지 않게 교사들은 교수 학습 과정에서 해당 단원에 대한 관련 지식을 보유하고 있는 지식 보유자로서 학습자들이 원할 때, 혹은 교수 학습의 어느 적정한 시기에 언제라도 그 지식을 전수하는 역할을 수행한다. 이 때 교사가 지니고 있는 지식이 양적으로 풍부하여야 하겠지만 질적으로도 정련된 것이어야 실제 교수 학습 상황에서 학습자들에게 도움이 될 수 있다.

교사가 지닌 지식은 방대한 지식 구조로서 역할하기도 하겠지만, 어떤 지식이 사회적으로 의미 있는 지식으로 역할을 할 수 있는지를 판단하고 이것을 의미있는 지식으로 발전시키기 위한 능동적인 참여를 계획하고 수행하는 것에 관련되는 지식이기도 하다. 이런 사회 구성적 관점의 교사들은 학습자들과의 상호 작용을 통해 적절한 도움을 제공할 수 있는 '대화'를 하게 되는데, 이런 대화를 '교수적 대화(instructional conversation)'라고 한다.

이런 관점에서 본다면 교실 수업에서 교사는 학습자들에게 역할 모델, 해설자, 학습의 촉진, 매개자로서 교수적 대화를 시도하고, 이를 통해 학습자의 학습을 돕는 존재여야 한다. 즉 역할 모델로서의 교사는 우수한 독자의 전형이 되어야 하며, 해설자로서의 교사는 그러한 우수한 읽기 행위를 할 수 있는 조건과 방법에 대한 중요한 사항을 학습자들에게 적절한 방식으로 재구성하여 설명해줄 수 있는 능력을 지녀야 한다. 마찬가지로 읽기 교사는 읽기 교수 학습 과정에서 학습자들의 읽기 능력을 신장시키기 위해서 각자의 읽기 태도를 점검하고, 그들에게 필요한 자원들을 동원함으로써 학습자 개개인의 읽기 행위와 능력을 신장시키기 위해 노력하는 촉진자, 매개자가 되어야 한다. 그리고 그 과정에서 교사는 학습자들에게 적절하고 필요한 방식으로 상호 작용하면서 접근하고자 노력해야 한다. 이런 접근 방식으로서 언어적 상호 작용이 교사가 수행하는 교수적 대화 방식이다.

대개의 교사들은 우수한 독자이다. 앞 장에서 우수한 독자의 조건으로 제시되었던 중요한 세 가지 요소, 즉 충분하고 적절한 스키마 활용력, 능숙한 읽기 행위에 대한 지식 활용력, 적극적이고 긍정적인 읽기 태도를 모두 지니고 있다. 교사들이 읽기 행위를 수행한 결과 역시 그들이 구성하는 의미 구조체의 내적, 외적인 조건들을 충분히 만족시키게 된다[34]. 따라서 읽기 교수 학습 과정에서 대부분의 읽기 교사들이 학습자들에게 우수한 독자의 전형으로 제시된다.

다음의 [자료 27]의 교사 B는 학습자들과 함께 교과서를 읽으면서 어떻게 메모를 하는지를 보여준다. 이 때 교사 B는 자신이 학습자들의 모델이 된다는 것을 인식하고 계속하여 학습자들이 교사의 행동과 학습자들의 행동을 비교해볼 것을 권유하고 있다. 학습자들과 교사가 함께 교과서를 읽고, 교사가 학습자들에게 자신의 읽기 결과를 전달하는 장면은 읽기 수업에서는 매우 익숙한 장면이라고 할 수 있다[35].

[자료 27- 나 수업 1차시]

SS- (○○ 계속해서 읽는다)

B- (12: 44) 응, 여기까지. 그 다음에는 <u>선생님이 직접 보면서 단원 소개를 해줄게요. 자, 그러면 여러분이 얼마만큼 줄쳤는지, 선생님과 함께 비교를 해 보면서</u> <u>봅시다.</u> (컴퓨터 조작하기 시작) 그 뒤에 불 좀 끌래? 불 좀 꺼. 앞에 커텐도 좀 치고.

SS-(학습자들 준비한다)

B- (13:28) 자 그럼, 보면 여기 예가 하나 나왔는데요. 누구와 누구의 예가 나 왔어?

<중략>

---

34) 혹시 교사의 읽기 결과가 내적, 외적 조건들을 만족시키는 우수한 의미 구조체를 만들어내지 못하는 경우, 교사들은 교사용 지도서와 같은 참고자료의 도움을 받게 된다. 이것은 교사들이 시간 상의 이유로 충분히 교재 연구를 하지 못하게 되었을 때 교사용 지도서를 우선적으로 참고하면서 수업에 임하는 데서 알 수 있다. [가] 교사의 경우, 2001년과 2002년 두 해를 연속하여 7차 교육과정의 1학년 국어 교과서를 다루고 있었는데, 전 해의 수업을 평가하면서 시간상의 문제로 교재 연구가 미흡하여 교사용 지도서에 크게 의존할 수밖에 없었다는 점을 진술하였었다.

35) [자료 27]에서 SS는 학습자들을 표시한다.

B- 어. 기억이 잘 안나. 잊어 버려. 그래서 이런 생활 속에서 메모하기는 기억하기 쉬우라고, 혹시 잊어버릴까봐 그걸 방지하기 위해서 이 메모를 하죠? 자 그러면, 이제 그런 내용이 나왔는데, 두 번째 부분은 여기에 대한 설명이 나와요. 자, 그래서(실제 종이에 대고 줄친다.) 선생님처럼…… 선생님이 여기에 직접 줄을 쳐볼게요, 중요한 부분에. 자 그래서 실수를 줄이, 메모를 할 때 좋은 점, 여기, 여러분 찾았어요? 그 문단에서? 메모를 해두면 뭐가 좋다? 중요한 일을 잊어버리지 않을 뿐더러. 자기 거랑 한번 비교를 해보세요. 어, 기억할 필요가 없기 때문에 다른 일에 집중할 수가 있다. 그랬죠? 자 그래서 메모하기, 메모하면 좋은 점, 메모의 중요성에 대해서 이야기를 하고 있어요. (메모하는 모습을 실제로 보여준다) 이런 식으로 선생님은 읽을 때, 메모를 하면서 읽는다.

이처럼 읽기 수업에서는 글을 읽어 가는 과정에서 교사 B처럼 학습자들과 함께 글을 읽으면서 자신이 그 글을 읽은 결과를 제시하거나 글을 모두 읽은 지점에서는 그 글의 내용을 어떻게 정리할 것인가를 보여주는 경우도 흔하다.

다음 [자료 28]의 교사 A는 학습자들과 한 편의 글을 모두 읽은 시점에서, 읽은 내용을 어떻게 정리하는지를 보여주고 있다. 교사 A는 학습자들에게 글을 읽기 전에 미리 글의 내용을 정리할 수 있는 표[36]를 제시하였다. 그리고 글을 읽어 가는 도중에 학습자들에게 그 표를 채워

36) 다음은 교사가 제시한 표로 두 주장의 입장과 근거를 찾음으로써 어떻게 두 주장이 상반되고 있는지를 이해할 수 있게 한다. 그러나 [자료 28]에서 교사 A가 보여주는 방식은 읽기를 통해 필요한 정보를 찾아내는 것에 대한 정보가 부족하기 때문에 학습자들이 표를 제대로 채울 수 없다. 학습자들에게 표가 두 주장을 어떻게 대조시켜 보여줄 수 있는지, 표의 내용을 채우기 위해 글로부터 어떤 정보를 선택하여야 하는지 등에 대하여 상세한 설명이 필요하다. 글을 읽어 가는 도중에 어떤 행동을 어떤 이유로 선택했는가를 설명하고, 그런 과정에서 적절한 읽기 방법을 익히게 하는 것이 필요하다.

넣게 한다. 그리고 읽기가 끝나자 그 표에 어떤 내용을 집어넣을 수 있는지를 보여준다. 이 자료에서 교사는 학습자들에게 내용에 관한 질문을 하고 그 대답을 기다려서 표를 완성하는 것으로 보이지만 실제로는 자신이 생각하고 있는 읽기 결과를 순서대로 채워 넣고 있다고 할 수 있다.

[자료 28, 가 수업 2차시]

A- (학습자의 반응 무시하고, 표에 내용을 채우면서 계속한다) 훈민정음에 반대하는 것이 유감이다 이렇게 얘기를 하고, 결국 훈민정음 반포는 많은 사람에게 유익함을 주장하는 거였죠? 왜 그러냐 하면. 최만리가 주장하는 내용은, 반포를 반대했어. 왜요?

S- 사대의 예에 어긋나기 때문에,

S- 스스로 오랑캐가

S- 학문에 유익함이 없고요.

SS- ????

A- ○○○이 정확하게 얘기한 것처럼 본문에 나온 대로하면 새 글자를 만드는 것이 학문에도, 정치에도

SS- [유익함이 없다고

A- (판서하면서) 첫 번째는요. 학문에 [유익함이 없다, 왜 학문에 유익함이 없냐면 이미 우리에게는 이두라는 게 있는데, 새 글자는.

이렇게 글을 읽어가는 도중에 또는 글을 읽은 후에 교사는 자신이 읽기 행위를 수행한 결과를 계속하여 학습자들에게 보여준다. 그리고

	최만리	조정
입장		
근거		

그런 자신의 읽기 행위에 학습자들이 주목하게 하여 교사의 읽기 행위를 관찰하게 한다. 관찰을 통해 학습자들은 교사의 읽기 행위를 답습하며 학습자들도 교사 자신과 유사한 읽기 행위를 할 수 있을 것이라 기대하기 때문이다. 이것은 읽기 교사가 자신이 학습자들의 역할 모델로서 능숙한 읽기 행위를 보여줄 수 있어야 한다는 것을 인식하고 있음을 보여주는 것이다.

그러나 역할 모델을 자주 보여준다고 하여 학습자들이 쉽게 그 행위를 답습하고 읽기 교사와 같은 읽기 능력을 지니게 된다고 할 수는 없다. 읽기 교사가 학습자들에게 우수한 독자의 모델이 되어 실제 학습자들의 읽기 능력을 신장시키려면 이러한 우수한 읽기 행위의 과정과 결과를 학습자들에게 설명하고 학습자들이 그러한 과정과 결과를 충분히 연습할 수 있게 해야 한다. 학습자들은 이러한 교사의 도움을 통해 자신의 읽기 행위를 개선하여 유능한 독자로 변화해 간다[37].

교수 학습의 매개, 촉진자로서 교사의 역할은 교사가 사용하는 특징적인 발화에서도 잘 드러난다. 교사는 교수 학습 과정 전반을 통해서 학습자들의 주의를 집중하게 하고, 어떤 행위를 지시하고, 수행하도록 독촉하며 또한 그 결과를 평가한다. 뿐만 아니라 여러 가지 보상이나 처벌 장치를 마련하고 제시함으로써 학습자들이 교수 학습 과정을 수행하도록 강제한다.

[자료 29, 가 반 2차시]

A- 자 우리 지난 시간에 하고 있던 것 진행해야 되는데, <u>이번 시간 동</u>

---

37) 이것은 직접 교수법이나 현시적 교수법과 같은 일반 수업 모형에서 교사가 자신이 시범을 보이는 것에 못지 않게 그 시범 행위에 대한 구체적으로 설명하는 것을 중요시한다는 데서도 알 수 있다. 교수 학습의 책임 이양이나, 학습자 훈련의 단계적 제시는 이러한 시범 자체의 문제가 아니라 그러한 행위가 일어나게 하는 방법과 요소에 대한 인지와 관련되는 것이다.

안에 좀 빠르게 진행해야 돼요. 집중해.
S- (학습자들 책을 펴기 시작)

[자료 30, 가 반 2차시]
A- (한 학습자를 보면서) 자, ○○아, 너 종치고 나서 5분 후에 들어와 앉아 있는 거, 상당히 잘못된 행동이지? 이유 여하를 불문하고, 특별히 선생님 부르셨다거나 그런 게 아니라면 그런 일 없도록 해라, 다시는. 자, 그래서 지금 판단하며 읽기를 하고 있어요. 두 번째는 어떻게 해요? 사실과 의견을 구분하기 했죠?

[자료 31, 나 반 1차시]
B- 안녕하세요. 자 여러분 오늘 책 검사한다고 그랬죠? 책 없는 사람 있어요? 책 없는 사람? 자 보자. 여기 (○○) 옆에 누구야? 자, 혹시 빌리더라도요. 꼭 가져오세요. 책 앞으로. 왜냐하면 이건 책에 표시하면서 해야 하는 단원이기 때문에 책이 없으면 안돼요.

[자료 32, 나 반 1차시]
B- 미리 미리 준비를 해야지. (학습자 나가고 수업 재개) 자 됐죠? 그럼 우리, 여러 가지 방식으로 자기도 한 걸 살펴 봤는데, 이번엔 단원의 길잡이를 읽으면서 이 단원에서 중요한 게 뭔지 한 번 살펴 봅시다. 선생님이 그 단원, 공부할 때, 초점 맞출 때 항상 단원의 길잡이 보고 뭐가 중요한지 파악한 다음에, 시험 공부하라고 그랬죠. 자, 그럼 단원의 길잡이 학습 목표를 보면 뚜렷하게 알 수 있어요. 다같이 한 번 읽어 볼까? 단원의 길잡이 학습 목표, 시작!

[자료 33, 나 반 1차시]
B- (학습자의 대답과 거의 동시에) 하나도 없죠? 어떤 의밀까, 이게?

SS- 자기가 해봐

B- 그렇지. 자기가 해봐라. 앞에 배운 걸 바탕으로 자기가 직접 해봐라. 선생님이 도와줄게요. 그러면 128페이지 목표 학습 이런 것도 여러분이 해보는 활동이죠. 129페이지에는 3단원 가정교육의 어제와 오늘이 있는데요. 자 이거 봐라. 130페이지 보면 메모가 있어요?

[자료 34, 라 수업 1차시]

S- (한 학습자가 계속 이야기하고 있다.)

C- 연자 경고!(한 학습자에게 주의를 준다.) ○○ 뒤에. ○○ 짝궁 이름이 뭐야?

SS- ○○○이요.

C- ○○○ 경고.

[자료 35, 라 수업 1차시]

SS- (학습자들 읽으면서 떠들면서 푼다. 교사 다니면서 확인.)

C- ○○. 내 아까 경고 줬냐 안 줬냐?

S- 안 줬어요.

C- 경고야.

SS- 흐흐

C- (계속 집중을 하지 않으므로) 너네 쓰면서 하라고 한다. 오늘 수필 제목은 (○○에게 벌을 주기 위해 수필을 쓰라고 한다.)

S- ??

C- 지난번에 그거 썼잖아. 오늘 수필 제목은 합창 대회야.

교사들은 A처럼 학습자들 전체에게 직접 집중하라고 요구하기도 하고, 특정 학습자에게 야단을 치거나 정해진 벌칙('경고 주기'와 '수필 쓰기')을 내리기도 한다. 이런 행동들은 많은 학습자들이 함께 공부해야 하는 교실 상황에서는 불가피한 것으로 교사가 행하는 대부분의 매개 촉진 활동이 이런 상황 조정하기와 관련되어 있다. B처럼 모든 학습자들이 같은 행동을 하게 하는 방식은 수업에서 이탈자를 끌어들이는 방법이기도 하다.

읽기 교수 학습 과정을 중심으로 보면 교사의 행위는 학습자들이 수행하는 읽기 행위를 적절하게 도와줄 수 있는 방법이나 지식을 제시하는 것이어야 한다. 이런 행위는 학습자 개개인이 당면하고 있는 문제를 중심으로 이루어져야 효과적이라고 할 수 있는데 일 대 다의 관계를 이루는 강의식 수업에서는 쉽게 나타나기 어렵다. 그래서 교사들은 전체에게 질문하는 방식으로 대화를 이끌어나가거나 소집단 지도를 시도한다.

질문의 방식은 [자료 36]과 같이 교사가 학습자 전체에게 질문을 던지고 그 질문으로부터 얻은 답으로부터 다음 발화를 더 쉽게 하거나 같은 내용을 반복하거나 또는 다음 단계로 나아가는 방법이다. 교사 B는 학습자들과 여러 차례 질문을 반복함으로써 '기억이 안 나는 곤란한 상황에 도움을 받기 위해 메모하기를 한다'는 대답을 얻어낸다.

[자료 36, 나 수업 1차시]

B- 어. 잘 기억이 안 났다. 이렇게 된 거죠. 그러면 이 예는요, 뭘 알려주기 위해서 이 예를 썼을까요?

SS- 메모하며 읽기……. 메모하면

B- 메모하면 어떻다?

SS- 중요하다

B- 어, 중요하다. 왜 중요해? 뭐에 도움이 될까?

S- 곤란한 상황에 처했을 때

B- 곤란한 상황에 처했을 때, 어떤 곤란한 상황?

SS-??? 기억???

B- 어. 기억이 잘 안나. 잊어버려. 그래서 이런 생활 속에서 메모하기는 기억하기 쉬우라고 혹시 잊어버릴까봐 그걸 방지하기 위해서 이 메모를 하죠?

그런데 이런 방식은 이 자료가 보여 주듯이 아주 간단한 의미 하나를 끌어내는데도 교사는 4번이나 질문을 반복해야 한다. 따라서 질문과 응답의 전개를 빠르게 하기 위해서 교사는 학습자들의 반응을 수렴하고 다음 발화가 적절하게 나올 수 있도록 조절하기보다는 진행에 필요한 답만을 선택하는 방식을 쓰기도 한다. [자료 37]에서 A 교사는 학습자들에게 질문을 하고 있지만, 실제로는 학습자들의 답보다는 자신이 먼저 그에 대해 답을 제시하면서 수업을 진행하고 있다.

[자료 37, 가 수업 2차시]

A- 그래서 어제 시험 봤던 부분 가리고, 다시 한번 어제 시험 봤던 거 다시 펴봐.

A- 6가지 문제가 있었죠? 5개였나? 6개였죠? 1번.

A- 뭐였어요? 창제

S- 창제

A- 연도와

S- 반포 연도

A- 반포 연도 얘기하는 것 물어봤었고, 2번에서 훈민정음 체제가

S- 만든 사람

A- 아, 만든 사람이 세종 대왕과 집현전 학자들이란 얘기를 했지. 최근에 세종대왕이 거의 많이 주도했다는 생각이 강하다고 얘기했어요. 다음에 세 번째로는

S- 훈민…….

A- 훈민정음이 왜 한문보다 그 당시에 많은 학자들이 배우고 있었던 한문보다 익히기가 쉽고 문자 혜택을 누리게 해주느냐

S- 우리 나라 사람들이

A- 이게 제일 중요한 말이죠. 예, 우리말에 가장 자연스럽게, 소리나는 대로 표기할 수 있는 표음 문자이기 때문에, 또 1대1의 음소문자이기 때문에, 우리말을 훨씬 쉽게 배워서 어리석은 백성이라도 자신의 뜻을 글로 잘 표현할 수 있도록 해주기 위해서라고 했어요. <下略>

[자료 37]에서 교사는 재빨리 지난 시간에 학습자들에게 학습한 내용을 제시할 수 있었지만 이것은 교사가 질문을 통해 학습자들이 알고 있는 내용을 환기하도록 도와주어서 얻어낸 결과가 아니라 일방적으로 교사가 진행하고자 하는 내용을 제시한 것이다.

교사가 언제, 어떻게, 어떤 내용으로 학습자들에게 활동할 것은 요구하느냐를 결정하는 것은 교수 학습 과정에서 교사가 내리는 역동적인 결정이며 학습자의 가정에 대한 이해에 의해 이루어진다고 한다(Brooks & Brooks, 1999: 103). 따라서 이러한 결정의 적절성을 판단하는 것은 교사의 행위가 결과적으로 학습자의 행위에 긍정적인 영향을 미쳤는가에 따른다. 앞의 몇 가지 사례에서 살펴본 것과 같은 일방적인 질문과 자의적인 해석이 이어지는 교사의 교수 행위는 결과적으로 읽기를 통해 학습자들이 가치있는 의미를 구성하도록 도와주는 것이 아니라 교사 자신이 읽은 결과를 전달하는 것에 그칠 수 있다[38].

읽기 교수 학습 과정을 통해 학습자의 읽기 능력을 신장시키기 위한

38) 일방적인 전달은 학습자들에게 학습의 방법을 제공하는 것이 아니라, 학습의 결과를 제시하는 것이 되어 결과 전달식의 주입식 교육과 다르지 않다. 교사와 학습자 사이에 상호 작용이 빈번함에도 불구하고, 학습자가 얻게 되는 것은 과정이나 방법에 대한 지식이 아니라 결과물이기 때문이다. 이런 점은 교육과정이 개편되고, 새로운 수업내용과 방식이 도입되는데도 불구하고 교수 학습의 실제 모습은 본질적으로 변함이 없다는 비판이 나오기도 한다.

의도적인 활동이라면, 읽기 교사는 학습자에게 읽기 행위를 통해 의미를 구성하고 읽기 맥락에 맞추어 그 의미를 심화시킴으로써 바람직한 읽기 결과를 얻을 수 있는 방법을 지도해야 한다. 이것이 과정 중심적 교수 학습 이론의 주요 내용이고, 구성주의적 교수 학습의 원리라고 할 수 있다. 학습자 스스로가 가치 있는 의미를 구성할 수 있는 방법을 알려주는 것을 중시해야 하는 것이다.

1.2.2 읽기 학습자

전통적인 교실에서의 읽기 학습자는 수동적인 이들로 교사가 제시하는 지식을 받아들이기에 급급하다. 그러나 학습을 능동적인 활동으로 규정하게 되면서 읽기 학습자, 즉 학습자들은 읽기 행위를 수행하고 읽기 교수 학습을 주도하는 능동적인 참여자이다. 특히 교사와의 관계에 있어서 읽기 학습자들은 교사의 지시를 수동적으로 수용하는 이들이 아니라 적극적으로 참여하고 능동적으로 사고하며, 설명하고, 해석하고, 의문을 제기함으로써 의미있는 지식을 만들어 나가는 이들이다. 존슨과 폴턴(Johnson & Paulton, 1976)에서는 언어 학습에서 학습자들은 자신의 학습 계획을 세우고 교실에서의 자신의 행위에 책임을 지며, 자신의 학습 진도를 감시하고 평가할 뿐만 아니라 다른 학습자들을 가르치기도 하고 교사, 다른 학습자, 다른 교수 자료로부터 배우기도 한다고 한다[39]. 이런 학습자는 교수 학습 과정에 역동적으로 참여하면서 스스로를 가르치기도 하고 학습하게도 한다. 읽기 학습자들에게 영향을 미치

---

39) 읽기 학습자에 대해 논의할 때 간과되어서는 안 되는 것이 그들은 발달 과정에 있는 이들이며, 그들의 발달 단계에 따라 그들의 읽기 행동도 일정한 특성을 지닌다는 것이다. 이 발달에 따른 읽기 행동 특성에는 읽기 행동의 정교성이나 정확성의 차이와 같은 읽기 능력의 질의 차이가 포함될 뿐만 아니라, 흥미나 관심의 차이와 같은 정의적인 면의 차이도 포함한다. 즉 특정 시기에 특정 영역에 대한 읽기의 관심이 더 확대되는 것 등이 이런 예가 될 것이다.

는 요인으로 스키마, 읽기 행위에 대한 지식, 정의적 특성 등에 대해서는 앞 장에서 중점적으로 살펴보았으므로 여기서는 교수 학습 과정에서 읽기 학습자들이 보여주는 능동성과 수동성에 대해 논의하고자 한다.

이상적인 읽기 교수 학습 장면에서의 읽기 학습자는 능동적이고 적극적인 참여자로서 교수 학습을 주도해 나간다. 교사는 이 주도적인 학습자의 학습을 도와주어 학습자가 스스로 성장할 수 있게 해주는 이이다. 그래서 교사는 학습자가 보고 따라하는 역할 모델이 되어 주기도 하고, 그 역할을 익힐 수 있게 도와주는 해설자가 되어야 한다. 또한 그 과정에서 필요한 자원을 제공하고 발달을 촉진하는 매개자, 촉진자가 되어야 한다[40]. 그러나 같은 교실에 있기는 하지만 전혀 다른 상태에 놓여 있는 다수의 학습자를 대상으로 진도에 늦지 않게 과제를 해결해 가면서 수업에 참여하는 학습자들이 모두 스스로 올바르게 성장할 수 있도록 돕는 것은 쉬운 일이 아니다. 교사는 학습자들이 능동적으로 자신의 학습을 수행하도록 도와야 하지만, 교실이라는 상황에 의해 학습자들의 능동적인 수행을 돕기보다는 자신의 지도에 의해 수동적으로라도 과제를 해결하고 학습을 수행해나가도록 강제하기도 한다.

실제 읽기 교수 학습 과정에서 관찰하는 과정에서 나타나는 학습자들은 매우 활발한 학습자들이기만 한 경우가 있다. 적극적이고 능동적이라는 표현 대신 활발하다고 표현한 것은 이들이 교사와 상호 작용을 상당히 많이 하는 것에 비해 그 상호 작용이 해당 수업의 내용에 초점을 맞추고 있지 않기 때문이다. 이것은 중학교 수업보다 고등학교 수업

40) 그러나 실제 읽기 교수 학습 과정에 대한 관찰을 통해 볼 때, 교사가 바라보는 학습자들은 다양한 개성의 집합이라고는 할 수 없다. 교사는 학습자 개개인을 고려하기보다는 자신의 과업을 달성하는 데(진도를 나가는 데) 더 바쁘다. [자료 27] 이 보여주는 것처럼 결과 제시 위주의 수업이 빈번하게 되는 것은 이런 교사의 상황을 보여주는 것이다.

에서 더욱 두드러진다.

[자료 38, 라 수업 1차시]

C- (4:15) 자 이 만화를 통해서 추리할 수 있는 삶의 모습, 어떤 게 있을까?

S- (누군가가 말한다.)

C- 단순함.

S- (추가 반응이 없다.)

C- 단순함, 조금 애매모호한 것 같은데,[

S- [인생의[

C- [어떻게 단순한 것을 말하는 거예요?

S- 빨간색은 살 수 있는 거고. 아니다. 파란색이 살 수 있는 거고, 빨간색이 살 수 없는 거다.

S- (앞의 학습자 이어서) 인생의 허무함.

SS- 아이구

C- 인생의 허무함이야? 허허 얘들아, 너네가 너무 어려워하는 것 같으니까, 두 번째. 두 번째를 먼저 해 보자. 만화를 그린 사람이 말하고자 한 바가 만화에, 만화에 아주 친절하게 나와 있거든요. 어떤 구절에서 이 만화가가 하고자 하는 이야기를 우리가 짐작할 수 있을까? 어느 부분에 나타나 있어요?

SS- (어쩐 부분에 대한 이야기가 나온다.)

C- 어. 뭐라고?

S- (뭐라고 이야기 하지만, 학습 내용과는 그다지 관련이 없는 이야기인 듯)

C- ○○가 안 하던 짓을 하니까, 선생님이.

S- 생전 안 하던 짓을 하고 그래.

C- 재가 심각한 애정 결핍 증세를 보이잖아.

S- 갑자기?

C- <u>○○ 진지하게 해.</u> 어디 나타나 있어요, 이 만화에서?

S- 마지막

C- 마지막 부분 어디, 구체적인 구절.

S- 요즘의 우리의 오락 게임 속의 주인공들 같습니다

SS- 세상의 빛은 여러 가지

C- 그렇지. '세상의 빛은 여러 가지인데, 우리들은 왜 두 가지뿐입니까?' 이 구절을 통해서 만화가가 하고자 한 이야기는 무엇일까?

S- <u>세상의 빛은 여러 가지인데, 우리가, 알고, 우리가 (뒤를 맺지 못하고 우물거린다.)</u>

S- <u>뭐라는 거야?</u>

C- 응, 여기서 빛은 진짜 빛인가요?

SS- 아니요.

C- 어.

S- 세상에 그런 삶을 살았다는 태도에서요.

S- 우리가 여기에 나오는 이말 한 가지만 말고요. 여기에 나오는 이것 한가지만 말고요. 잘못된 방향으로도 가잖아요. 사람들의 사고 방식이 하나만 말고요.

S- <u>뭐라고 하냐?</u>

C- 응, 그렇지. 다양한 생각이나 가치관도 존중돼야 된다(6: 37).

[자료 38]의 학습자들은 고등학생들인데, 교사는 이들을 수업에 집중시키기 위해서 무척 노력하고 있다. 이 학습자들은 교사의 질문에 대해 자기들끼리 대답하고, 이야기를 나누는 경향이 많았기 때문에 수업은 내내 소란스러웠다. 교사는 그렇게 많은 대답들 중에서도 적절한 대답이 나오지 않자 다른 내용을 제시하여 다시 이들을 수업에 끌어들이려고 하지만, 학습자들은 여전히 자기들끼리 이야기하고 있다. 어떻게든

교사는 수업을 통해 학습자들에게 전달해야 할 내용을 제시하면서[41] 수업을 이끌어나가자고 하지만 쉽지가 않았다. 교사의 질문에 학습자들은 반응을 하지만, 그 수업의 과제에 집중한 반응이 아니어서 능동적이고 적극적인 반응이라고 할 수 없는 것이다.

이렇게 교수 학습 과정에서 학습자들이 학습에 동기화되지 않은 학습자들 외에도 초기에는 충분히 동기화되다가 도중에서 계속적으로 동기가 유발되지 않거나 학습에 대한 흥미를 잃게 되거나 또는 수업의 초점을 잃게 되어 과제에서 벗어나게 되었을 때, 교수 학습 상황은 능동적인 상호 작용에서 수동적인 상호 작용으로 바뀌게 된다. 이렇게 되면, 교사는 주어진 과제를 달성하기 위해, 결과적인 지식을 제시하는 것으로 해당 교수 학습 장면을 서둘러 마무리짓고 다음 과제로 넘어가는 방식으로 대처하게 된다.

1.2.3 읽기 교재

읽기 교재는 읽기 교수 학습을 통해 도달하여야 할 읽기 교육의 내용과 방법이 구체화된 것이다. 국어과 교육에서 읽기 영역의 교수 학습은 교육과정에 의해 체계화되어 있으며, 그것들은 교과서의 읽기 단원으로 구현되어 있다. 교재는 교과서와 같이 교육과정을 근거로 계획적으로 개발된 것 외에도 교사 임의로 도입하는 것 등이 있다[42].

대체로 읽기 교재들은 읽기 교수 학습 상황에서 학습 목표로 제시된 내용을 강조하는 방식으로 구성되어 있다. 해당 교수 학습 상황이 특정

41) 교사 C도 앞에서 [자료 37]의 교사 B가 한 것과 같은 방법으로 필요한 내용을 자신이 먼저 제시하거나 답이 금방 나올 수 있는 실마리를 주는 방법을 쓴다.

42) 교사가 교과서 외의 도서, 신문, 잡지, 웹페이지와 같은 다양한 글을 읽게 하는 경우, 그 때 사용되는 다양한 글은 그 교수 학습에서 사용된 교재라고 할 수 있다. 그 외에도 교과서의 내용을 교사가 의도적으로 재편집하거나 교과서와는 다른 방식으로 활용하게 하는 경우도 있을 수 있다. 이런 교재의 경우, 교수 학습의 목적에 맞게 사용된다면 교과서보다 더 효과적인 교재가 될 수도 있다.

읽기 전략, 예를 들어 '능동적으로 읽기'와 같은 읽기 전략을 교수 학습하는 것이라면, 교재는 글을 읽는 동안 독자들이 할 수 있는 다른 활동보다도 '능동적으로 읽기'와 관련된 활동을 중심으로 제작되어, 그 읽기 전략을 학습하는 데 유용하도록 되어 있다[43].

여기서는 교재의 대표적인 사례인 교과서와 교사용 지도서를 중심으로 교재가 교수 학습 과정에서 어떤 역할을 하는지 살펴보고자 한다. 실제 수업에서 교사와 학습자가 공통적으로 사용하는 교재는 교과서이지만 교사가 수업을 준비하는 과정에서 교사용 지도서를 교과서를 해석하고 교수 학습 과정을 계획하는 내적 외적 준거로 사용하므로 교과서와 교사용 지도서는 함께 다루어져야 한다. 교사용 지도서에는 교과서에 제시된 글과 학습 활동에 대한 정보, 교수 학습 과정에서의 강조점 혹은 주의점에 대한 정보 등이 들어 있으며 해당 단원을 지도하는 데 적절한 교수법에 대한 정보도 담고 있다.

여기에서는 [나] 수업이 보여주는 중학교 국어 1-1 교과서의 '4. 메모하며 읽기' 단원을 중심으로 읽기 교수 학습 과정에서의 교재에 대해서 논의하고자 한다[44]. 이 단원은 1학년 1학기의 중학교 국어 교과서의 네 번째 단원으로 '(1) 내나무', '(2) 하회 마을', '(3) 가정 교육의 어제와 오늘'이라는 세 개의 소단원으로 이루어져 있다.

현행 7차 교육과정은 전략 중심적 교수 학습의 관점을 취하고 있기 때문에 이 단원의 제목은 '메모하며 읽기'라는 읽기 전략을 전면에 내세우고 있다. 이 단원의 학습 목표는 '메모하며 읽기 전략'을 익히는 것

---

43) 그러나 하나의 읽기 단원의 내용에는 목표 행동에 대한 내용뿐만 아니라 그 행동에 관련된 다른 행동들도 함께 제시된다. 즉 '능동적으로 읽기' 단원에서는 이 전략을 학습하는 것 외에도 그 전략을 사용하기 위해 사전을 이용하라는 관련 행동이나 사전의 종류에 대한 지식이 지도 내용으로 더해지기도 한다.

44) 교사용 지도서는 다른 단원과 달리 이 단원에서만은 교수 학습 과정에서 교재를 어떤 방식으로 사용하여야 하는가를 명시적으로 안내하고 있다.

으로 구체적으로는 '글의 주요 내용을 메모하며 읽을 수 있다'와 '생각이나 느낌을 메모하며 읽을 수 있다'로 제시되어 있다. 이 목표는 다음 표에서 보여주는 것처럼 직접 교수법의 원리에 따라 각 소단원을 교사의 설명, 안내된 훈련, 독립적 훈련의 과정을 거쳐 도달하도록 되어 있다.

[자료 39][45)]

소단원 (1)	소단원 (2)	소단원 (3)
제재 전체에 메모의 예 제시 →메모의 방법과 효과를 알게 함. (교사의 설명 중심)	제재의 앞 부분에만 메모의 예 제시 →메모의 방법을 상기하고 메모하기를 연습함. (교사의 안내+학습자 활동)	메모의 예를 제시하지 않음. →앞 단원에서 익힌 내용을 바탕으로 교사의 도움 없이 제재 전체를 메모함. (학습자 활동 중심)

각 소단원이 끝나면 내용에 대한 이해를 묻는 내용 학습의 학습 활동과 단원의 목표를 제대로 달성하고 있는가를 묻는 목표 학습의 학습 활동이 이어진다. 소단원 (1), (2), (3)에 이어서 나온 목표 학습의 학습 활동은 각각 다음과 같다.

[자료 40]

<소단원(1) 목표 학습> '내나무'의 메모를 보며, 메모하며 읽기에 대하여 공부해 보자.

1. 아래에 정리된 '내나무'의 메모를 보면서 내용 메모는 무엇을 의미하는지, 또 생각이나 느낌 메모는 무엇을 의미하는지 생각해보자.
   - 글의 내용을 정리한 메모의 예
   - 생각이나 느낌을 적은 메모의 예

45) 중학교 국어과 교사용 지도서 국어·생활국어 1-1, 163쪽.

2. '내나무'를 다시 읽으면서 내 나름대로 메모를 해 보고, 그 내용을 아래에 정리해 보자.

   ◦ 글의 내용을 정리한 메모

   ◦ 생각이나 느낌을 적은 메모

3. 메모를 하며 글을 읽으면 무엇이 좋을지 생각해보자.

[자료 41]

<소단원(2) 목표 학습> '하회 마을'을 읽으면서 메모했던 내용을 아래에 정리해 보자.

◦ 글의 내용을 정리한 메모

◦ 생각이나 느낌을 적은 메모

[자료 42]

<소단원(3) 목표 학습> 메모의 내용을 참고하여 다음 물음에 답해 보자.

1. 내가 적은 메모의 내용을 살펴보자. 글의 내용을 정리한 메모가 많은지, 생각이나 느낌을 적은 메모가 많은지 말해보자.
2. 내가 적은 메모 중에서 친구들에게 보여주고 싶은 것이 있으면 발표해 보자.
3. 가정 교육에 관한 글쓴이의 의견에 대하여 어떻게 생각하는가? 메모한 내용을 바탕으로 내 생각을 이야기해 보자. 또 친구들의 생각은 어떠한지 들어보자.

[자료 40], [자료 41], [자료 42]를 보면 교재의 목표 학습은 학습자들이 메모를 하게 하고 그 결과물로서 메모한 내용의 성격을 판단하게 하는 데 초점이 맞추어져 있다. 이를 [자료 39]의 내용과 비교하여 보면, 소단원 (1), (2), (3)을 통해 단계적으로 학습자들은 메모하는 연습을 한다. 이 때 연습하는 방법은 소단원 (1)이 제시하는 방식을 활용하는

것이다. 그래서 소단원 (2)에서는 전체 4 쪽의 교재 내용 중 앞의 두 쪽에만 메모가 나오고 다음 두 쪽은 비어 있다. 그리고 소단원 (3)에서는 전혀 메모의 예가 나오지 않는다. 이 과정을 통해 학습자는 소단원 (1)에서 예시된 메모의 성격이 내용 메모인지, 생각이나 느낌 메모인지 분류해 보고 다시 자신이 메모를 해 본 후, 그것을 또 내용 메모인지 생각이나 느낌 메모인지 분류한다. 소단원 (2)에서도 소단원 (1)처럼 메모를 하는 연습을 하고 자신이 한 메모를 내용 메모와 생각 느낌 메모로 분류한다. 소단원(3)에서는 혼자서 메모를 하고 그 메모가 내용 위주의 메모였는지, 생각 느낌 위주의 메모였는지를 판단한다.

이상의 교재 내용을 보면 교과서는 학습자에게는 메모를 어떻게 하는지보다는 이미 한 메모가 내용 메모인지, 생각이나 느낌 메모인지를 판단하는 활동을 요구한다. 이런 활동은 단원의 학습 목표인 '글의 주요 내용을 메모하며 읽을 수 있다'와 '생각이나 느낌을 메모하며 읽을 수 있다'를 달성하기 어렵다. 주요 내용을 메모하며 읽을 수 있으려면 먼저 글을 읽으면서 중요하다고 생각되는 내용을 가려내기 위한, 또 그것을 정리하기 위한 메모를 해야 한다. 예시된 메모나 자신이 한 메모의 내용이 주요 내용과 관련이 있는지, 주요 내용을 찾는 데 필요한 메모였는지를 판단하는 것이 중요하지, 글의 내용을 정리한 것인지 독자의 생각이나 느낌을 정리한 것인지를 구분하는 것은 중요하지 않기 때문이다. 그런데 세 개의 소단원을 학습하는 동안 학습자는 예시된 메모가 주요 내용에 대한 메모인지, 그렇게 메모한 결과를 통해 내용을 이해하는 데 도움이 되는지 등에 대해서는 지도되지 않았다.

실제 읽기 과정에서 메모하기는 글에 대한 생각이나 느낌을 그때그때 긁적거려 놓는 행위는 아니다. 읽기 과정에서 독자가 하는 '메모'는 독자가 수행하는 의도적인 읽기 행위의 성격과 관련된다. 왜 메모하는가 즉 왜 그 글을 읽는가 하는 독자의 의도에 따라 다른 읽기 행위를 선택하고 그것을 수행한 결과가 메모로 드러나는 것이다. 글을 통해 정보를 얻기를 원하는 경우, 독자는 글의 짜임이나 문장이나 문단의 의미 등을 파악하는 대신 자신이 원하는 정보만 찾아 옮겨 적는 것으로 읽기를 끝낸다. 또 글을 요약하거나, 그 글에 대한 평가를 해야 하는 경우, 독자는 글 전체를 분석하고 글이 주는 여러 가지 의미를 이해하기 위해 단어에서부터 글 전체와 관련하여 자신의 판단을 드러내는 메모를 하면서 읽는다.

교재는 이런 메모하기의 성격을 '지도상의 유의점'에서 명시한다. 즉 기억하기 전략의 하나로서 메모하기인 '일상적 메모하기'와 글의 내용을 치밀하게 이해하기 위한 메모하기인 '독해 전략으로서 메모하기'를 구분한다. 그리고 교사에게 이 두 가지 메모를 구분하여 지도할 것을 요청하고 있다[46]. 이런 요청이 실행되려면 교재는 두 가지 메모에 대하여 전형적인 예를 통해, 이 두 가지 메모가 어떻게 달리 사용되는가를 먼저 제시하여야 한다. 그리고 소단원을 이런 읽기의 목적에 따라 어떤 방식의 메모하기를 동원할 수 있는가를 보여주고 연습할 수 있도록 제시해야 한다.

현재의 교과서는 단원의 길잡이를 통해 이 두 가지 메모하기 방식을 제시하고는 있으나 이들을 구별해 주지 않는다. 이 단원을 통해 배우게 되는 메모가 '독해 전략으로서의 메모하기'라는 것, '일상적 메모하기'가 아닌 '독해 전략으로서의 메모하기'를 배우는 이유 등에 대해서는 언급하지 않는다. 또 교과서의 목표 학습으로 제시되는 학습 활동들 또한 기억하기이든 독해하기이든 '메모하기 전략'의 필요성이나 역할을 다루는 것이 아니라 메모하는 직접적인 방법에 대해서만 언급한다. 그리고 그 방법을 적용할 때도 어떤 판단에 따라 '글의 주요 내용을 메모

46) 국어・생활국어 교사용 지도서 163쪽.

하는지' 또는 '생각이나 느낌을 메모하는지'에 대해 설명하지 않고 이미 만들어져 제시되는 메모를 '글의 내용을 정리한 메모'와 '생각이나 느낌을 적은 메모'로 구분하는 데 중점을 둔다. 이렇게 제시된 메모들을 구분하는 것만으로는 메모를 하는 궁극적인 목적인 '글의 이해'에는 도달할 수 없다. '메모하기'를 읽기 전략의 하나로서 교수 학습할 필요가 있다면, 그것이 어떤 상황에서 일어나는 행위이며, 그런 상황에 적절한 메모하기 방식을 어떻게 선택할 것인가를 먼저 지도하고 그 과정에서 어떤 방식으로 내용을 정리하면서 메모할 것인지를 지도하는 것이 메모하기에 대한 바른 교수 학습의 순서이다.

앞에서 학습자의 읽기 행위를 설명하면서 학습자는 읽기 교수 학습 과정을 통해 자신이 구성한 의미를 내적인 요구와 외적인 요구에 맞추어 조정한다고 하였었다. 학습자는 글을 읽는 행위를 통해 자신이 구성해야 할 의미의 특성, '메모하기'의 경우, '메모'의 특성을 조정하게 된다. '학교의 위치' 혹은 '목적지에 도달하는 버스 노선 번호'등을 아는 것이 그 읽기 행위를 통해 요구되는 바람직한 결과라면 독자는 글 전체를 통해 '학교 위치'와 관련한 의미만을 찾아 '신림동 산 56번지', 혹은 '봉천동과 신림동의 경계에 위치한 관악산 골짜기' 같이 간결한 형태로 제시할 수 있다. 이것은 학습자가 읽기 행위를 통해 도출해야 할 의미의 질이 '간결하고 명확한 정보'를 우수한 것으로 보기 때문이다. 그러나 '학문을 하는 것에 대하여'라는 글을 읽고 그 내용을 제대로 이해하는 것이라면 학습자는 '학문하기'와 관련된 내용들을, 자신에게 요구되는 요약문의 성격이나 분량에 맞추어서 찾아내고(내적 연계라는 측면에서 글 의미의 일반화 수준을 결정하는 것), 그 글이 지닌 의미를 훼손하거나 적절하지 않은 관점에서 오독하는 일이 없도록 자신이 찾아내는 의미를 판단해야(외적인 용인이라는 점에서 의미를 선택하는 것)한다. 따라서 학습자에게 메모하기를 가르친다는 것은 메모하기를 한 행위의 결과로서 '메모' 문장의 성격을 판단하는 것이 아니라 글을 읽는 상황에 따라 메모하기의 '방식'을 결정하는 것, 그 방식에 따라 메모할 '내용'을 결정하는 것, 그리고 메모한 결과로부터 글의 내용을 제대로 이해할 수 있는지를 판단하는 것 등을 지도하는 것이다. 따라서 읽기 교수 학습 과정에서 '메모하기'를 가르치게 될 때 사용하는 교재는 이런 내용을 담고 있어야 한다.

1.2.4 읽기 교수 학습의 맥락

읽기 교수 학습이 일어나는 여러 상황 맥락에 관련된 것으로는 읽기 교수 학습이 이루어지는 공간과 시간, 학교 및 사회 환경 등이 있다. 이들 상황 맥락들은 읽기 교수 학습의 내용과 방법을 한정할 뿐만 아니라 읽기 교수 학습에 참여하는 교사나 학습자의 의식과 행동에도 영향을 미친다.

읽기 교수 학습은 대부분의 경우 교실이라는 한정된 장소에서 일어난다. 교실을 보는 관점은 구성주의적 교육관이 도입되면서 교사와 학습자를 수용하고 있는 정적인 공간이라는 개념보다는 교사를 도와 교수 행위의 효율성을 더하고 학습자의 학습을 촉진할 수 있는 동적인 공간이라는 개념으로 변화해 가고 있다. 따라서 칠판, 게시판 등과 같은 교실을 이루고 있는 여러 부속물들도 교수 학습 과정에서 능동적으로 사용될 수 있는 것들이 도입되고 있다. 컴퓨터나 대형 프로젝션 텔레비전과 같은 첨단 기기들이 설치되고 인터넷이 연결되어 수업 시간 중에 이들을 활용할 수 있게 된 것은 교실이라는 공간이 변화하고 있는 예이다.

다음 자료에서 교사는 학습자들에게는 다소 어렵다고 생각되는 훈민정음의 창제 원리를 말로 설명하는 대신 창제 원리를 보여주는 입체적인 영상이 포함된 동영상을 보여주고 있다. 조음 과정을 시뮬레이션 영상을 통해 직접 보여주면서 창제 원리를 설명하는 것은 말로 설명하는 것보다 학습자들에게 더 쉽게 이해될 수 있다. 그런데 이 동영상은 교육부에서 운영하고 있는 에듀넷에 접속하여야 볼 수 있는 것이므로, 이 활동이 가능하기 위해서는 교실에는 인터넷이 연결된 컴퓨터와 또 이 컴퓨터와 연결되어 전체 학습자들이 볼 수 있는 대형 텔레비전이 필요하다.

[자료 43, 가 수업 2차시]

A- 자. 우리 그거하자. 훈민정음의 창제 원리에 대해서 동영상으로 한 번 잠깐 보여줄게. (교사 컴퓨터를 조작한다.)

S- 얼래? 웅성웅성,

A- 이거 역사 스페셜 봤다고 그랬지? 역사 스페셜에 나왔던 거.

S- 아, 나 그거 재미없던데

A- (계속 조작 중)

S- TV 켜요?

A- 어? 어 켜세요. 자, 잠깐만. (동영상 나오기 시작)

A- 안 보여?

S- 어, 빙고,

S- 아!

A- 이 그림 잘 보세요. (대부분의 학습자들 동영상 계속 보고 있음.)

S- 우아.

S- 우아, 우아,

S- 우아~~

A- 다음에 자음.

S- 우아, 우~아~.(계속 탄성을 지르면서 봄, 어떤 학습자들은 원리에 따라 발음을 하거나, 음소의 이름을 불러가면서 봄. 대체로 집중해서 흥미를 가지고 봄. 중간에 등장하는 교수의 설명 장면에 웃기도 함.)

읽기 교수 학습 과정에서 수업 시간은 매우 중요한 요소이다. 어느 정도의 시간을 투입할 수 있는가가 그 시간 동안 해야하는 활동의 깊이와 폭을 결정하기 때문이다. 대체로 한 학기 혹은 한 학년 동안 국어 수업에 배당된 수업 시간을 단원 수로 나누면 한 단원을 하는 데 부여할 수 있는 수업 시간이 결정된다. 교사용 지도서에 의하면 '메모하며 읽기' 단원과 '판단하며 읽기' 단원은 6시간에 지도하도록 계획되어 있고 '정보의 조직과 활용'은 8시간에 지도하도록 되어 있다. 그러나 실제로는 메모하며 읽기만 교사용 지도서에서 제시한 시간을 사용하였고, '판단하며 읽기'와 '정보의 조직과 활용'은 각 5시간과 7시간 만에 해당 단원을 끝냈다.

수업 시간은 또한 그 시간에 할 수 있는 활동을 제한하는 요소가 된다. 관찰한 다섯 학급의 수업에서 교사들은 교과서를 중심으로 교수 학습 활동을 진행하지만, 교과서가 제시하는 활동을 모두 수행하지는 않았다. 학습 활동에서 몇 개의 활동은 과제로 제시하거나 하지 않기도 했다. 교과서가 계획한 6시간을 모두 수행한 B 교사의 수업에서도 보충·심화 활동은 하지 않았다. 교과서의 모든 활동을 그대로 수행하면 해당 단원에 계획한 시간 안에 제대로 끝낼 수가 없다는 이유에서였다.

그 외에도 읽기 교수 학습 상황을 구성하는 외부적 요소인 학교 환경, 가정 환경과 사회 환경 역시 읽기 교수 학습에 대한 학습자들의 태도와 행동에 많은 영향을 주게 된다. 특히 입시 위주로 운영되는 환경은 학습자들에게 읽기 교수 학습이 시험을 잘 치기 위한 도구로 이해되고, 읽기 교수 학습을 통해 얻을 수 있는 다양한 경험을 통해 풍부한 인격으로 성장하는 것보다 좋은 점수를 얻는 것이 더 중요하다는 인식을 지니게 하여, 읽기 교수 학습 과정에서 얻을 수 있는 다양한 경험을 경시하게 할 수도 있다.

1.3 읽기 교수 학습의 과정

이 연구가 관찰한 읽기 수업들은 하나의 대단원을 통해 하나의 '읽기 전략'을 익히는 것을 교수 학습의 목적으로 삼고 있다[47]. 이 과정은 여러 시간에 걸쳐 이루어지고 있으며, 한 차시는 여러 활동을 통해 구성된다. 이 항에서는 읽기 교수 학습 과정을 대단원, 차시, 활동이라는 단위에서 설명하고자 한다. 즉 대단원 교수 학습 과정을 통해 하나의 전략이 어떻게 교수 학습되고 있는지를, 또 각 차시 교수 학습 과정을 통해, 하나의 전략을 교수 학습하기 위한 세부 내용들이 주어진 시간 안에서 어떤 활동들을 통해 전달되는지를 또 각 활동을 통해 실제 읽기 교수 학습 행위를 위해 교사와 학습자가 어떻게 상호 작용하고 있는지를 논의하게 될 것이다.

1.3.1 대단원의 교수 학습 과정

하나의 대단원은 하나 혹은 두 개의 대단원 학습 목표를 가지고 있다. 이 대단원 학습 목표들은 교육 과정이 제시하는 해당 학년의 교수 학습 내용으로부터 나온 것으로 해당 대단원의 제재를 다루는 준거가 된다. [가] 수업이 다루는 '판단하며 읽기' 단원의 경우 교육과정에서 7학년 읽기 영역의 내용인 '글쓴이의 의도나 목적을 파악하며 글을 읽는다'를 바탕으로 '글의 의도나 목적을 파악하며 읽을 수 있다'와 '사실과 의견, 주장과 근거를 판단하며 읽을 수 있다'는 대단원 학습 목표를 설정하고 있다.

47) 이것은 관찰한 각 수업이 다루고 있는 단원의 단원명으로 알 수 있다. '판단하며 읽기', '메모하며 읽기'와 같은 제목은 글을 읽고 '판단하기', '메모하기'와 같은 읽기 전략의 형태를 지시하고 있다. '정보의 조직과 활용'의 경우에도 글을 읽으면서 그 글의 정보를 조직하는 것과 정보를 활용하는 전략을 다루고 있다는 것을 보여준다.

교과서는 이 학습 목표들을 성취할 수 있도록 대단원의 체제를 구성하고 있다. 준비 학습 혹은 단원의 길잡이와 같은 대단원 도입 부분을 통해 해당 단원의 학습 목표와 관련된 지식을 제공하고 학습 동기를 고양한다. 그리고 2, 3개의 소단원과 소단원 학습 활동을 통해 해당 학습 목표를 달성하기 위한 구체적인 읽기 교수 학습을 수행하게 하며, 단원의 마무리, 보충 심화 활동 등으로 이루어진 대단원 정리 부분에서 해당 대단원에서 학습한 내용을 점검, 정리하게 한다[48].

다음은 [가] 수업이 다루는 '판단하며 읽기' 단원에서 다루도록 되어 있는 내용들이다[49].

[단원의 길잡이]

· 대단원 표지와 연계하여 학습 목표 안내하기

· 학습 목표 설명하기

· 글쓴이의 의도나 목적에 따라 글의 내용과 주제가 달라진 것에 대해 자유롭게 이야기해 보기

· 단원의 길잡이 바탕글 읽기

· 단원 학습 방법 안내하기

[소단원 (1) 훈민정음 완성되다]

· 읽기 전 활동－읽기 전에

훈민정음에 관해 알고 있는 것과 알고 싶은 것 써보기

· 읽기 중 활동

'훈민정음 완성되다'를 읽으며 본문의 세 가지 글의 의도와 목적 파악하기

48) 대체로 하나의 대단원은 6~8시간 정도로 진행되는데 도입 학습에 1시간, 실제 소단원 교수 학습에 4~6시간, 정리 학습에 1~2시간 정도로 배분된다.

49) 중학교 국어과 교사용 지도서 국어 · 생활국어 1-2, 144-145쪽.

글을 읽으며 주장과 근거 파악하기

날개 질문의 답을 찾아가며 읽기

· 읽기 후 활동 - 학습 활동

<내용 학습>

· 육하 원칙에 따른 기사문 내용 정리하기

· 훈민정음 창제 반대 이유 찾기

· 훈민정음 반포 주장 이유 찾기

<목표 학습>

· '훈민정음 완성되다'를 읽고 글의 의도 파악 및 사실과 의견 구분하기

<적용 학습>

· 글을 읽고 자신의 생각 말해보기

[소단원(2) 우리 꽃 산책]

· 읽기 전 활동—읽기 전에

계절별 꽃 이름 말해보기

· 읽기 중 활동

'우리 꽃 산책'을 읽으며 이 글을 쓴 의도와 목적 파악하기 글을 읽으며 사실과 의견 구분하기

· 읽기 후 활동 - 학습 활동

<내용 학습>

· 글의 내용 및 꽃에 얽힌 전설 정리하기

<목표 학습>

· '우리 꽃 산책'을 읽고 사실과 의견 구분하기, 느낌이 드러난 부분 찾기, 글쓴이의 의도 파악하기

[생각 넓히기]

· '7월의 나리꽃'을 읽고 꽃에 대한 느낌 말해보기

[보충 심화]

· 자기 점검

의도나 목적을 파악하며 글을 읽을 수 있는지 확인하기

· 활동1 - 글쓴이가 글을 쓴 목적과 독자가 알게 된 사실 정리하기

· 활동2 - 사실과 의견 구분하기

· 활동3 - 글의 내용 파악 및 제목 붙여 보기

· 활동4 - 글쓴이의 의도 파악 및 자시의 생각 써 보기

· 한자공부

한자의 음과 뜻, 그리고 한자어의 의미를 이해하기

· 이 단원을 마치며 - 단원 학습 내용 및 활동 정리하기

이 단원의 교수 학습 내용은 교과서를 통해 구체화되어 있다. 교과서에서 이 단원의 '단원의 길잡이'는 '판단하며 읽기'가 어떤 활동이며, 어떤 방식으로 판단하며 읽을 수 있는지를 알려준다. 또 '(1) 훈민정음 완성되다, (2) 우리 꽃 산책'의 두 소단원은 이 '판단하며 읽기'를 익힐 수 있는 연습 과정이다. 특히 이런 소단원은 학습자들이 지니고 있는 지식의 수준에 따라 이해 정도가 달라질 수 있는 것이기 때문에, 각 소단원에 들어가기 전에 '읽기 전에'라는 활동을 통해 소단원과 관련된 스키마를 활성화시킬 수 있도록 돕고, 소단원의 읽기 및 이해가 이루어진 후에는 학습 활동을 통해 이해 정도를 확인한다. 특히 학습 활동은 해당 소단원의 내용 이해 정도를 확인하는 '내용 학습'과 해당 단원에서 성취하고자 하는 학습 목표로서의 '판단하며 읽기' 활동을 촉진하는 '목표 학습', 그것을 다른 글에 적용하여 보는 '적용 학습'으로 나누어져 있어, 각 소단원이 어떤 방식으로 학습자들에게 전달되고 이해될 것인가를 짐작하게 한다. 이렇게 소단원의 학습이 끝나면 '생각 넓히기' 라는 활동을 통해 소단원에서 소개된 내용과 관련된 글을 더 읽게 한

다. 그리고 나서 각 대단원의 마무리 활동으로 '보충 심화' 활동이 제시되어 있다. 학습 활동과 보충 심화 활동은 학습자들의 전략 사용 방법을 획득할 수 있도록 다양한 지문을 동원하여 앞에서 학습한 '판단하며 읽기'라는 전략을 익히게 한다. '보충 심화'에 제시되어 있는 '자기 점검' 부분은 해당 영역에서 도달하고자 한 학습 목표의 달성 여부를 학습자들이 직접 확인하게 되어 있어서, 소단원 내용 자체에 대한 이해보다는 그 소단원들을 통하여 그 단원에서 교수 학습하고자 한 '판단하며 읽기'라는 언어 사용 방식, 즉 전략적 지식을 제대로 획득하였는가를 스스로 점검하게 하고 있다. 이런 절차적 지식에 대한 강조와 점검 과정은 이 단원을 학습하고 나면 학습자들이 무엇을 할 수 있어야 하는지를 잘 알 수 있게 해 준다.

이와 같은 대단원의 내용은 실제 수업의 과정에서는 여러 가지 이유로 인해 변형되어 교수 학습된다. [자료 44]는 차시 운영 과정에서의 변화를 보여준다. 이런 차시 운영의 변화는 교사용 지도서가 교과서를 해당 단원의 첫 부분부터 마지막 부분까지를 순서대로 빠지지 않고 진행하도록 제시하고 있는데 반해, 이 교사는 각 소단원의 활동 내용만을 직접 교수하는 것으로 진행하고 학습 활동도 전체를 하는 것이 아니라 몇 부분만을 선택적으로 지도하였다.

[자료 44, 가 수업]

<table>
<tr><th>단원의 구성</th><th>지도서의 계획</th><th>A 교사의 수업</th></tr>
<tr><td>단원의 길잡이</td><td rowspan="2">1-2</td><td rowspan="3">1-2</td></tr>
<tr><td>(1) 훈민정음 창제되다</td></tr>
<tr><td>학습 활동</td><td>3</td></tr>
<tr><td>(2) 우리 꽃 산책</td><td rowspan="2">4-5</td><td rowspan="2">3-4</td></tr>
<tr><td>학습 활동</td></tr>
<tr><td>생각 넓히기</td><td rowspan="2">6</td><td rowspan="2">5</td></tr>
<tr><td>보충 심화</td></tr>
</table>

이처럼 6시간에 걸쳐서 하게 되어 있는 대단원을 5시간에 하기 위해 A 교사는 3시간에 걸쳐서 다루어야 할 내용을 2시간에 다룬다. 즉 1차시에 단원의 길잡이와 소단원 (1)의 일부분을 하고 2차시에는 소단원 (1)의 나머지 부분과 학습 활동을 한번에 하는 것이다. 그러나 교과서에서 소단원 (1)의 학습 활동은 3페이지나 되는 많은 내용을 담고 있기 때문에 A 교사는 이 학습 활동을 할 시간이 없다.

[자료 45, 가 수업 2차시]

A- 자, 이제 기사문의 글과 한글 창제에 대한 의견들을 살펴봤어요. **106쪽 보자. 106쪽에 '1번 의도를' 한번 항목에 밑줄을 그어보고 2** 번 사실과 의견을 구분하는 것까지 하고 (수업 마치는 종소리)

S- 아 안 쉬워.

A- 첫 번째 '훈민정음 완성되다'는 글은 사실을 전달하는 글이었고 의견을 주장하는 글이라는 의도와 목적을 파악하기를 했고요, 의견의 타당성을 파악하여 보는 걸 해봤던 거야. 다음 시간에 '우리 꽃 산책'에서 설명문을 하자. 정보를 전달하는 글에서 어떻게 정보가 정확하고 사실적인지 파악하는 걸 해본다. 자 마친다. 교실 밖에 나가면 돼?

[자료 45]에서 A 교사는 수업 마치는 종이 치기 직전에야 소단원 (1)을 끝냈음을 알 수 있다. A 교사는 실제로는 학습자들에게 학습 활동을 지도할 시간이 없으므로 3페이지에 걸쳐 제시되어 있는 학습 활동의 6개의 문제 중 두 개만을 학습자들에게 부과한다. 그러나 문제를 부과하자마자 시간이 끝났음을 알리는 종이 쳤기 때문에 학습자들에게 문제를 해결할 시간을 주거나 문제에 대한 해설을 해 줄 수 없게 되었다. 결국 [A] 교사는 학습 활동을 제대로 정리도 못한 채로 소단원 (1)을 끝낸다. 교사가 너무나 빠르게 이 과정을 지나쳤기 때문에 학습자들

은 소단원 (1)의 내용을 정리하거나 학습 활동을 할 시간을 가지지 못하였고 결국 '쉽지 않다'는 반응을 한다.

대부분의 교사는 교과서를 교재로 사용하여 하나의 단원을 교수 학습한다. 교과서에 제시되어 있는 글과 그에 관련된 활동들은 학습 목표 도달을 위해 의도적으로 연결되어 있다. 따라서 시간 등의 이유 때문에 교과서의 내용을 모두 할 수 없다면, 교과서에 제시된 내용들을 사전에 검토하여 교수 학습의 목표 도달에 지장이 없도록 선별할 필요가 있다. [가] 수업의 내용을 보면 A 교사는 이를 사전에 계획하지 못하였음을 알 수 있다. 따라서 '훈민정음 창제하다'라는 글과 '우리 꽃 산책'이라는 글을 학습자들이 읽을 수 있도록 교수 학습한 것이기는 하지만 '판단하며 읽기'라는 읽기 전략을 학습하였다고는 할 수 없다[50].

앞에서 살펴본 것처럼 현재의 교과서는 해당 단원의 학습 목표의 성취를 고려하여 상당히 체계화된 절차와 활동을 다양하게 제시하고 있기 때문에 교사는 교과서가 요구하는 활동을 그대로 지도함으로써 해당 단원의 목표에 도달하게 할 수 있다. 그러나 이런 교과서를 사용하면서도 A 교사처럼 교과서에 제시되어 있는 글을 다루는 데 치중하여 해당 단원이 요구하는 활동을 간과하게 되면 실제로는 이전의 읽기 수업과 다른 수업이라고 할 수 없다[51].

---

50) 대부분의 교사들은 교과서가 제시하는 내용을 주어진 시간에 모두 다룰 수 없다고 한다. 제시된 활동이 너무 많기도 하고 또 각 활동들이 요구하는 시간도 너무 길다는 것이다. 실제로 이 단원의 학습 활동만 살펴보아도 한 시간에 해결해야 하는 문제가 모두 6개나 되며 그 중에는 학습자들이 직접 말하게 하는 문제(교과서에서는 말할 내용을 쓰게 되어 있다)도 있다. 실제 45분 안에 이 모든 문제를 학습자들이 직접 책을 읽어가면서 풀고 또 교사가 이를 확인하고 설명하기는 어렵다.

51) 읽기 수업이라면 한 학생 혹은 여러 학생이 일어나서 교재의 해당 단원 전체를 읽고 나머지 학생들은 앉아서 듣다가, 읽기가 끝나면 교사가 다시 그 내용을 읽어가면서 구구절절 설명해주고, 학생들은 열심히 받아쓰고 가끔씩 빨갛고 파란 별도 그리고 물결이며 화살표를 멋있게 그리던 것을 떠올리기 일쑤이다. 실제로 이런 방식의 읽기 수업은 현재도 많은 국어 교실에서 여전히 존재하고 있다. 여

교과서는 한 단원을 통해 하나의 전략을 체계적으로 획득할 수 있도록 구성되어 있다. 교수 학습의 구성 요소로서 '교재'에 대한 논의에서 다룬 것처럼 교과서의 단원은 직접 교수법의 원리에 따라 구성되어 있다. 특히 B 교사가 진행한 '메모하며 읽기' 단원은 이런 특징을 잘 드러내고 있어서 교과서대로 '메모하며 읽기' 단원을 교수 학습하면 그 단원이 끝나는 시점에서 학습자들은 글의 주요 내용을 메모할 수 있고, 자신의 생각이나 느낌도 메모할 수 있을 것으로 보인다. 그러나 역시 앞에서 언급한 것처럼 이것은 '메모하며 읽기' 단원의 내용들이 그렇게 역할하기를 기대하는 것이지 실제 그 단원이 그렇게 할 수 있도록 제작되었다는 것은 아니다. 그렇게 제작되려면 교과서를 통해서 '메모하며 읽기'라는 전략 자체에 대한 지식과 절차가 제시되고 이를 학습자들이 학습할 수 있도록 교과서가 제작되어야 하기 때문이다.

1.3.2 차시의 교수 학습 과정

하나의 대단원 교수 학습 과정은 여러 개의 차시로 구성된다. 여러 가지 내용과 활동을 포함하는 하나의 대단원은 한번에 끝내기 어렵기 때문에 실제 교수 학습은 분절된 여러 차시를 통해 이루어진다. 이 차시들은 주어진 시간 내에서 완결되므로 1시간 분량에 해당하는 읽기 교수 학습 과정이 어떻게 이루어지는지를 살펴보고자 한다.

한 시간의 수업은 대개의 경우, 도입, 전개, 정리의 과정으로 이루어진다. 도입은 교사가 수업 개시를 알리고, 인사를 하는 것을 시작으로 하여 전 시간에 무엇을 배웠는가를 확인하거나 이번 시간에 어떤 것을 배우게 될지를 안내하는 부분이다. 그리고 전개는 본격적인 수업을 진행하는 과정으로 교사가 수업 계획을 세운다고 할 때는 주로 이 과정

기서 살펴 본 것처럼 교사의 교수 방식이 바뀌지 않는다면 교과서가 어떤 방식으로 바뀌어도 읽기 수업은 바뀌기 어려울 것이다.

에서 하는 활동을 계획하는 것이다. 정리는 본격적인 수업 활동을 끝낸 후, 그 내용을 정리하거나 다음 시간에 대한 안내를 하는 부분이다. 이 연구가 관찰한 대부분의 수업은 이 도입, 전개, 정리의 세 가지 과정을 뚜렷이 지니고 있었으며 각 과정은 대체로 4~5분, 38~40분, 2~3분 정도의 시간을 소요하였다.

교사는 차시 계획을 세울 때, 교수 학습 활동들이 각 차시 내에서 완결될 수 있도록 의도한다. [자료 46]는 B 교사가 '메모하며 읽기' 단원의 교수 학습 과정을 각 차시별로 계획한 내용을 보여준다. 여기에서 B 교사는 차시별로 구분되는 활동을 단계적으로 설정하고 있다. 1차시의 경우는 '단원의 길잡이'를 지도하고 소단원 (1)을 통해 메모하는 예를 보여준다. 2차시에는 메모한 내용을 바탕으로 소단원 (1)의 각 문단의 중심 내용과 구조를 파악하게 하고 학습 활동을 지도한다. 3차시에는 역시 소단원 (2)에 대한 사전 설명과 '메모하기' 연습을 하게 하고, 4차시에는 교사가 집적 소단원 (2)를 메모하는 시범을 보여준다. 5차시와 6차시에는 소단원 (3)을 메모하는 연습을 하고, 소단원 (3)의 내용에 대한 학습자들의 생각을 중심으로 글 쓰기를 하게 한다.

[자료 46 - 나와 다 수업]

차시	소단원	교수 학습 활동
1차시	단원의 길잡이 (1) 내나무	· 단원의 길잡이를 메모하며 읽기 ·(1) 내나무 본문 메모하며 설명하기
2차시	(1) 내나무	·본문의 각 문단 중심 문장 써 보고, 글의 구조 파악하기 ·학습 활동 풀기
3차시	(2) 하회 마을	·하회 마을 관련 동영상 및 사진 자료 소개 ·본문 읽으며 자기 책에 각자 메모하기
4차시	(2) 하회 마을	·각 문단 설명하며 교사의 메모 시범 ·여행 안내 글에 특성에 따라 구조화된 도표 내용 채우기 ·학습 활동 풀기

5차시	(3) 가정 교육의 어제와 오늘	· '읽기 전에' 활동 풀며 메모 습관 점검 · 본문 내용 읽으며 각자 책에 메모하기 · 프린트 풀면서 메모 점검, 보충하기
6차시	(3) 가정 교육의 어제와 오늘	· 프린트 정답 확인하며 교사가 각 문단별 설명과 경험 이야기하기 · 가정 교육 방침에 대한 책 소개 · 자기 생각 적기는 과제로 내 줌

[자료 47]는 B 교사가 나 수업 1차시에 수행한 구체적인 활동과 그에 소요된 시간을 나타낸 것이다. 이 활동들과 시간을 보면 B 교사는 45분이라는 한 단위의 수업 시간을 넘기지 않으면서도 자신의 계획대로 해당 차시의 교수 학습을 이끌고 있음을 알 수 있다.

[자료 47, 나 수업 1차시]

시작 시각	소요 시간	단계	주요 활동
00.00	2분 35초		교실 정리/ 인사
02:35	44초	도입	수업 시작, 전시 확인
03:19	3분 9초	전개 (40분 16초)	대단원 안내 - 시작 부분 그림으로 단원 설명
06:28	12분 32초		단원의 길잡이 교수 학습 - 메모하기 시범보이고 내용 정리
19:00	3분 22초		단원 체제에 대한 설명
22:22	1분 36초		소단원(1) 교수 학습 - 메모하기의 효용 강조
23:58	2분 54초		소단원(1) 교수 학습 - 관련 경험 제공
26:52	3분 55초		소단원(1) 교수 학습 - 학습자 메모하기
30:47	12분 38초		소단원(1) 교수 학습 - 교사의 메모하기 시범
43:35	50초	정리	학습 내용 정리 차시 예고
44:25			인사

1.3.3 활동의 교수 학습 과정

한 차시의 교수 학습 과정은 다양한 활동으로 구성되어 있다. 이 활동들은 읽기 교수 학습 과정을 구성하는 기본 단위이다. 따라서 교사와 학습자 사이에서 일어나는 이들 활동을 통해 읽기 교수 학습이 제대로 이루어지고 있는지를 판단할 수 있다. 즉 이들 활동을 분석하면 해당 교수 학습 활동의 학습 목표가 제대로 달성되고 있는지, 또 어떻게 교수 학습이 이루어지는지를 설명할 수 있다.

활동들은 교수 학습 과정에서의 역할에 따라 교수 학습 진행 활동과 교수 학습 안내 활동, 교수 학습 활동으로 나눌 수 있다. 교수 학습 진행 활동은 수업 내용과는 직접 관련이 없지만 교수 학습 과정을 유지하고 진행하기 위한 활동이다. 여기에는 시작과 끝 인사, 출석 확인, 교과서 및 과제 확인 등의 행위가 일어난다. 교수 학습 안내 활동은 교수 학습 내용에 대한 것이 아니라 교수 학습 내용을 안내하기 위한 활동으로 전시 확인, 차시 안내 등과 같은 행위이다. 교수 학습 활동은 교사가 단원에서 필요한 명제적 지식이나 절차적 지식을 설명하거나, 소단원의 구조 등을 설명하고 학습자들이 그에 따라 학습하는 활동이다. 교수 학습 활동은 학습자가 주로 하는 활동(학습 활동), 학습자와 교사가 함께 하는 활동(교수 학습 활동), 교사가 주로 하는 활동(교수 활동)으로 구분할 수 있다.

[자료 48]은 나 수업 1차시의 교수 학습 과정에서 어떤 활동이 일어났는지를 보여주는 표이다. 해당 차시가 1차시이기 때문에 그 단원 전체 교수 학습 과정에서도 도입 부분에 해당한다. 여기에서 교사는 단원의 길잡이를 교수 학습하는 것 외에도 단원의 학습 내용에 대한 안내, 단원 체제에 대한 안내를 하여 학습자들이 단원 전체의 학습 내용을 구조적으로 이해할 수 있도록 돕고 있다.

[자료 48, 나 수업 1차시]

단계	주요 활동	활동의 유형	소요 시간
	교실 정리/ 인사	진행 활동	2분 35초
도입	수업 시작, 전시 확인	안내 활동	44초
전개 (40분 16초)	대단원 안내 - 시작 부분 그림으로 단원 설명	교수 활동	3분 9초
	단원의 길잡이 교수 학습 - 메모하기 시범보이고 내용 정리	교수 활동	12분 32초
	단원 체제에 대한 설명	교수 활동	3분 22초
	소단원(1) 교수 학습 - 메모하기의 효용 강조	교수 활동	1분 36초
	소단원(1) 교수 학습 - 관련 경험 제공	교수 활동	2분 54초
	소단원(1) 교수 학습 - 학습자 메모하기	학습 활동	3분 55초
	소단원(1) 교수 학습 - 교사의 메모하기 시범	교수 활동	12분 38초
정리	학습 내용 정리, 차시 예고	교수 활동	50초
	인사	진행 활동	

[자료 49]는 [나] 수업 1차시의 여러 활동 중에서 대단원에 대한 안내를 하기 위해 교과서의 그림을 자료로 하여 메모하기에 대해 설명하는 부분이다. [자료 49]에서 교사는 학습자들에게 메모하는 것이 무엇인지, 어디에 사용되는 것인지 등을 알려 줄 뿐만 아니라 이미 학습자들이 메모를 하고 있었다는 것을 알려주어 학습 내용으로서의 '메모하기' 방법에 대한 지식을 활성화하고 학습의 의욕을 고취하고 있다. 이 과정에서 B는 학습자들이 자신의 메모하기의 결과를 확인하여 줌으로써 비교적 성공적으로 학습자들에게 학습 동기를 유발하여 다음 단계인 '단원의 길잡이'로 진입할 수 있도록 도울 수 있다.

[자료 49, 가 수업 1차시]

B- (2:35) 자 오늘부터 4과 한다고 그랬죠? 4과 자 메모하며 읽기. 다

펴 보세요. 뒤 뒷문 좀 닫을래? ○○야, ○○야. 뒤, 뒷문 좀. 자 우리 새로운 단원 시작할 때마다 항상 뭐했어요?

S- 단원의 길잡이

B- 응? 기억 안나요? 단원의 길잡이 읽기 전에 선생님이 항상 뭐했더라? 우리? 그림 봤었죠, 그죠? 그림. (중략) 실제로 그 단원 그림 밑에도요 메모하는 예가 나왔죠? 자 그럼 메모를 할 때 어떤 식으로 할 수 있는지 여러분이 할 수 있는 방법을 다 찾아 보세요. (중략) 이런 식으로 메모를 할 수도 있는 거야. 자기 생각을 적을 수도 있고, 또 밑줄도 쳐놓고, 네모도 쳐놓고, 화살표도 하고 이런 식으로 굉장히 다양한 방식으로 눈에 띄도록 내용을 정리하고, 또 내용에 대한 생각을 정리하고 그런 식으로 메모를 할 수 있는데요. 이런 거는 어려운 게 아니라, 여러분이 다 해 왔던 거예요. 한번 앞에 단원 쫙 봐봐. 쭉 넘겨 봐라. 책이 하얀 사람은 수업 시간에 열심히 안 한 사람, 내용이해를 못한 사람이고. 와, 어떤 사람은 색깔 펜으로 막 쳐 놓고요, 형광펜으로 쭉 쳐 놓고, 네모도 쳐 놓고 선생님이 수업 시간에 했던 거, 정리도 해 놓은 사람이 많아요. 보니까, 그죠? 와, 어때? 보람 있어요? 자기가 옛날에 했던 걸 보니까? 하하.

2. 읽기 교수 학습 과정의 해석

2.1 읽기 행위에 대한 교수 학습 과정

읽기 교수 학습 과정은 학습자들의 읽기 능력을 신장시키기 위한 의도적인 행위들로 이루어진 과정이다. 따라서 읽기 교수 학습 과정을 구성하는 활동들은 읽기 행위를 설명하고, 그러한 행위를 할 수 있는 연습들로 이루어지게 된다. 2장에서 학습자들은 읽기 행위를 통해 다양한 의미를 형성할 수 있지만 그 의미를 읽기가 행해지는 맥락에 맞는 적절한 의미로 조절하는 과정을 거치게 된다고 하였다. 교사는 읽기 교수 학습 과정을 통해 읽기를 통해 학습자들이 어떻게 의미를 형성할 수 있는지, 어떤 방식으로 글의 의미를 심화시켜야 하는지와 같은 의미 형성과 심화 과정을 지도하게 된다. 또 교사는 읽기 교수 학습 과정에서 읽기 행위를 지도하는 것은 학습자들이 교재가 요구하는 과제를 해결하도록 지도하는 것이기도 하다. 따라서 읽기 교수 학습 과정에서 읽기 행위를 지도한다는 것이 이와 같은 의미의 형성과 심화 과정을 지도하는 것이며 또한 과제를 해결하는 과정이다.

2.1.1 의미 형성과 심화의 과정

읽기 교수 학습 과정을 통해 교사는 학습자들이 글로부터 적절한 의미를 형성하여 내용을 이해하도록 지도한다. 이 과정을 통해 학습자는 글로부터 다양한 의미를 형성하고 읽기 상황에 적절한 의미로 심화하는 것을 익힌다. 거의 모든 읽기 수업 시간마다 교사와 학습자들은 교재에 제시된 여러 종류의 글을 읽고 그 글의 의미를 찾는 연습을 한다. 교사는 읽기 교수 학습 과정을 통해 학습자들에게 글을 이해하는 데 필요한 지식과 경험을 제공한다. 글을 소리내어 읽으면서 글 속에서 학습자들이 잘 모를 것 같거나 주의를 기울여야만 하는 단어의 의미를 알려준다. 문장을 설명하고 문장의 연결을 통해 어떻게 글의 의미가 드러나게 되는지를 설명한다. 한 문단이 완결될 때마다 그 문단의 의미를 요약하거나 중요한 내용을 강조함으로서 학습자들이 글을 이해하는 데 필요한 중요 내용을 정리하게 한다. 교사는 읽기 과정에서 학습자들이 보여주는 바람직하지 않은 행위에 대해서는 억제를 하거나 대안을 제시해준다. 잘못된 발음을 고쳐주기도 하고, 동음이의어와 같은 예를 제시하여 의미가 달리 해석될 수 있음을 알려주기도 한다. 지은이에 대한 소개를 하고 글의 유형에 대해 설명하며, 이전의 글에서 얻은 경험을 상기시키는 것 역시 교사가 학습자에게 글을 이해하는 데 필요한 지식을 제공하는 과정이다.

교사는 학습자들에게 의미 형성을 돕는 직접적인 지식 외에도 글을 다루는 방식에 대해서도 알려준다. 글의 의미를 정리하기 쉽도록 문단마다 번호를 붙이는 활동을 하게 하는 것, 연결어의 쓰임을 통해 내용에 중요성을 확인하는 것과 같이 글을 처리하는 것에 관련한 지식을 제공함으로써 학습자들이 글을 쉽게 이해할 수 있도록 돕는 것이다. 글을 읽어가면서 필요한 지식과 경험을 보충하고, 글을 처리하는 여러 가지 방법을 적용하는 것은 글의 장르나 글이 제시된 단원에 관계없이 글 자체를 읽는 과정에서 보편적으로 수행하는 활동이다. 이 과정은 기호로 제시된 글을 의미화하는 과정으로 이런 과정을 거쳐 글을 이해한 후에야 해당 교수 학습의 목표나 학습자의 의도, 상황 맥락에 따라 독해의 결과를 활용할 수 있다.

글을 해석하고 의미를 구성하는 활동들은 읽기 교수 학습 과정의 전반을 통해 교사와 학습자들이 함께 글을 읽는 과정마다 반복적으로 수행된다. 그리고 이 활동은 유능한 독자인 교사 자신이 글을 읽고 처리하는 과정을 보여주는 것이기 때문에 학습자들은 자연스럽게 교사의 읽기 행위를 관찰하고 답습하게 된다. 교사는 학습자들에게 유능한 읽기 모델로 제시되고, 학습자들은 읽기 모델의 행위를 반복적으로 관찰하고 답습함으로써 교사의 읽기 수행 과정을 익히게 되는 것이다.

읽기 교수 학습 과정에서 교사에 의해 제시되는 의미는 여러 가지 다양한 모습이 아니라 학습 주제에 알맞은 형태로 나타난다. 교사가 이미 능숙한 독자이기 때문에 교사에 의해 시범 보여지는 글의 의미는 글을 읽는 목적과 상황까지도 적절하게 고려한 최종적인 결과인 경우가 많기 때문이다. 따라서 교사는 동일한 글로부터 얻어질 수 있는 의미가 다양할 수 있다는 것을 보여주기 위해 자신이 먼저 글을 읽고 그 글의 의미를 확정하여 전달하는 대신 학습자들이 글의 의미를 설정하게 하고 그것에 대한 논평을 통해 읽기 상황에 맞는 글의 의미를 형성하는 방법을 시범보이기도 한다. 이런 교사의 교수 활동은 학습자들에게 읽기 행위가 의미를 형성할 뿐만 아니라 심화하는 과정을 통해 가장 적절한 의미를 형성해야 한다는 것을 보여준다.

2.1.2 과제 해결 과정

읽기 교수 학습 과정을 통해 교사가 지도하는 읽기 행위는 그 읽기가 행해지는 맥락에 따라 달라진다. 같은 글이라도 '메모하며 읽기' 단원에서 다뤄질 때와 '판단하며 읽기' 단원에서 다뤄질 때 두 글은 전혀 다르게 읽혀진다. 읽기 교수 학습 과정을 통해 지도하는 읽기 행위는 이런 맥락에 알맞은 행위를 해야 하므로 일종의 과제 해결 과정이다.

교수 학습 과정 전반에 영향을 주는 과제에는 교과서의 학습 목표, 평가 목표, 교사가 계획한 특정 활동 목표 등이 있다. 이는 차시별로, 단원별로 위계적으로 나타날 수도 있다. 교수 학습 상황이므로 매 번의 읽기 수업은 특정한 교수 학습 목표 아래 진행된다. 교사는 수업 시간 전반에 걸쳐 학습자들이 이 교수 학습 목표와 읽기 행위를 관련시켜서 활동할 것을 계속적으로 요구한다. 교과서 역시 그와 같은 교수 학습의 목표에 도달할 수 있는 활동들로 구성되어 있기 때문에 교사와 학습자는 지속적으로 교수 학습 목표의 영향을 받는다. 따라서 읽기 수업은 자연스럽게 교수 학습 목표와 같은 과제의 요구에 맞추어서 글의 의미를 선정하고 조절하는 과정이 된다.

과제 해결 과정으로서의 읽기 교수 학습 과정을 통해 능숙한 독자인 교사는 그들에게 부여된 과제에 따라 글을 읽고 적절하게 의미를 구성하는 바람직한 모범을 보여준다. [A], [B], [C] 세 교사 모두 교수 학습 과정 전반에 걸쳐 계속적으로 학습 목표를 상기시키고, 그러한 학습 목표가 어떤 효용을 갖는지를 설명하는데, 이는 학습 목표에 따라 글을 효과적으로 처리하는 방법을 제시하고 시범을 통해 그 방법의 적절성을 검증하는 모범을 보임으로써 학습자들에게 읽기 행위를 지도하는 것이다.

2.2 목적에 따른 읽기 교수 학습 과정

읽기 교수 학습은 읽기 행위에 대한 목적에 따라 학습을 위한 읽기와 독해를 위한 읽기로 나눌 수 있다. 내용 학습을 위한 읽기는 주어진 내용을 잘 이해하기 위한 읽기로서 국어가 다른 과목이나 학습의 도구가 된다는 관점에서 읽기를 보는 것이다. 반면에 방법 학습을 위한 읽기는 읽기 전략과 같이 읽기 행위에 동원하는 방법을 학습하기 위한 읽기이다. 실제 읽기 교수 학습 과정은 내용 학습을 위한 읽기와 방법 학습을 위한 읽기를 모두 포함하고 있다.

2.2.1 내용 학습을 위한 읽기 교수 학습 과정

내용 학습을 위한 읽기의 목적은 '읽기 행위'를 학습하는 것이 아니라 읽기 행위를 통해 글의 '내용'을 학습하는 것이다. 따라서 이 읽기 행위에서는 글로부터 다양한 의미를 형성하거나 자신의 의도나 목적에 적절한 내용을 선정하는 과정을 이해하는 것보다 글이 부각시킨 의미를 찾아내고 그것을 기억하는 중요하다.

학습을 위한 읽기는 '내용'에 대한 학습을 통해 학습자의 지식을 증가시키고자 하므로 독자는 읽기 과정을 통해 많은 '내용'을 체계적으로 얻고 그것을 지속적으로 확보할 수 있어야 한다. 다음에 제시된 변영계(2003)의 학습 전략으로서의 읽기 활동들은 지금까지 설명한 내용 학습

을 위한 읽기의 과정을 잘 보여준다[52]. 독자가 여기에 제시된 읽기 전, 읽기 중, 읽은 후의 활동을 통해 효과적인 읽기를 위한 준비와 수행 활동, 읽은 내용에 대한 완전한 학습과 기억 활동을 체계적으로 수행하면 그는 충분히 글의 내용을 구조적으로 정리하고 오랫동안 기억할 수 있을 것이다.

읽기 전 단계: 효과적인 읽기를 위한 준비	① 개괄하기 ② 개념과 단어 배우기 ③ 목적과 계획 세우기 ④ 교재의 구조 분석하기 ⑤ 평가 준거 확인하기
읽기 중 단계: 효율적인 읽기를 위하여 수행되는 여러 활동	① 노트하기 ② 개요 작성이나 시각화하기 ③ 교재에 대해 묻고 답하기 ④ 이해 점검하기 ⑤ 적절한 속도로 읽기
읽기 후 단계: 읽은 내용에 대한 완전한 학습과 기억	① 읽은 내용에 대하여 묻고 답하기 ② 요점 결정하기 ③ 자신의 말로 옮겨 쓰기 ④ 다른 사람에게 말하기

〈표 4〉 읽기의 각 단계와 세부 활동

이런 학습을 위한 읽기 행위는 내용 교과라고 하는 사회 교과, 과학 교과 등에서는 매우 중요한 학습 능력의 요소이다[53]. 이 내용 교과들은

52) 변영계(2003)에서는 학습 기술(study skill)의 하위 기술로 ①학습 환경과 자기 관리 기술, ②수업 청취 기술, ③노트하기 기술, ④읽기 기술, ⑤시험 치기 기술, ⑥쓰기 및 보고서 작성 기술, ⑦학습 동기 향상 기술, ⑧기억술 등이 제시되어 있다. 여기서의 기술은 훈련에 의해 획득되는 기능이라는 의미를 담고 있으므로 학습 전략에서의 '전략'의 개념과 거의 유사하다.

53) 임두순(1989)에서도 학습 전략을 '인지 전략의 한 하위 전략으로 학습자가 학습할 내용이나 과제를 효과적으로 학습하기 위해서 과제를 분석하고 기억 속에 저장되어 있는 정보와 관련지어 해석하며 의미를 부여함으로써 이해, 기억, 인출, 활용에 이르기까지의 학습 과정을 통제하는 과정 또는 방법'이라 하고, 독해 전략을 학습 전략의 하위 전략 중의 하나로 '학습 자료가 인쇄 등의 문자로 제시될

교과가 제공하는 지식을 완전하게 이해하고 기억하는 것이 곧 학습이기 때문이다. 그러나 이들 교과는 '내용'을 다루지, 이러한 내용 학습을 위한 '읽기 행위'를 지도하지는 않는다.

국어 교과가 도구 교과라고 하는 것은 국어 수업을 통해 학습자들에게 이런 내용 학습을 위한 읽기 행위를 지도하여 다른 교과의 학습에 사용할 수 있도록 도와주기 때문이다. 대부분의 읽기 교수 학습 과정은 내용 학습을 위한 읽기와 방법 학습을 위한 읽기를 같이 다룬다. 앞에서 다룬 '메모하며 읽기' 단원의 경우 내용 학습을 위한 읽기가 방법 학습을 위한 읽기의 선행 활동으로 다루어진다. '내나무'라는 글을 통해 '메모하기'를 교수 학습하려면 주어진 글로부터 메모할 가치가 있는 주요한 내용을 찾아낼 수 있어야 하기 때문이다. 즉 글을 읽으면서 글의 담고 있는 주요 내용인 '내나무'의 의미, '내나무 풍습의 의의' 등을 파악할 수 있어야 이런 주요 내용을 '메모하는' 활동을 할 수 있다. 이때 글을 읽고 글의 주요 내용을 파악하는 활동에 관련한 읽기 활동이 곧 '내용 학습을 위한 읽기'이며 '메모하기'를 적용해 가는 읽기는 '방법 학습을 위한 읽기'이다.

국어 교과에서 내용 학습을 위한 읽기가 주로 이루어지는 단원은 '국어 지식' 영역이다. 중학교 생활국어 1-1 교과서의 4단원 '국어 생활의 반성'에는 '(1) 외래어, 은어, 비속어, 유행어'와 '(2) 국어 생활 반성하기'라는 두 개의 소단원이 있다. 이 단원의 교수 학습은 첫 소단원에서 '외래어, 은어, 비속어, 유행어'에 대한 지식을 얻은 후, 두 번째 소단원에서 그러한 언어들을 사용하는 국어 생활을 반성하는 활동을 통해 국어 사용에 대한 바람직한 태도를 기르고자 한다. 이때, 학습자들

때 학습자가 읽고 그 의미를 파악하기 위해서 사용하는 전략'이라 규정하였는데, 이 때의 독해 전략 역시 학습의 과정으로 행해지는 전략이므로, 목표는 정보의 이해, 인출, 활용 등이라 할 수 있다.

이 첫 소단원은 읽는다는 것은 소단원의 내용을 학습하고 그 결과를 기억하기 위한 것이다. 즉 '외래어, 은어, 비속어, 유행어'와 같은 '내용'을 학습하기 위한 읽기 활동을 하는 것이다.

이런 내용 학습을 위한 읽기의 결과는 '내용'에 대한 기억이다. 글이 담고 있는 지식을 기억할 수 있어야 그 글을 읽은 것이 되기 때문이다. 따라서 사회 교과서를 읽고, 과학 교과서를 읽는 것은 그 내용을 기억하는 것이어야 한다. 마찬가지로 내용 학습을 위한 읽기 교수 학습 과정은 학습자들이 글의 내용을 정리하고 기억할 수 있는 방법을 제공해 준다.

2.2.2 방법 학습을 위한 읽기 교수 학습 과정

방법 학습을 위한 읽기의 목적은 글의 내용이 아니라 글을 읽는 방법을 이해하는 것이다. '메모하며 읽기' 단원의 '내나무'라는 글을 방법 학습을 위해 읽는다면 학습자는 '내나무'의 의미나 '내나무 풍습의 의의' 같이 글이 담고 있는 내용의 의미보다 '왜 메모를 하는지', '어떻게 메모를 할 수 있는지' 이해하고 '다양한 메모의 예와 활용 양상'을 이해하고 실제 '메모하기 연습'과 같이 메모하기의 방법을 익히고 이를 실제 적용할 수 있어야 한다.

읽기 교수 학습 과정이 전략 지도 중심의 과정이라고 할 때 읽기 교수 학습이 다루는 것은 방법 학습을 위한 읽기를 지도하는 것과 같다. 교사는 글의 특성에 대한 지식이나 특정 장르의 글을 다루는 읽기 전략, 그 전략들의 작용에 대한 지식과 사례, 해당 전략의 습득을 위한 반복 훈련 등과 같이 읽기 행위에 동원되는 여러 방법들을 익힐 수 있도록 지도한다. 방법 학습을 위한 읽기 교수 학습 과정의 경우, 읽기 과정에 동원될 수 있는 다양한 읽기 방법이나 전략 중에서 한두 가지를 중심으로 교수 학습이 일어난다.

이경화(2001: 392-393)에서 제시된 독자의 읽기 전략에서 볼 수 있듯이 읽기 과정에서 동원되는 읽기 전략은 매우 다양하다. 독자는 읽기 과정에서 이 모든 전략을 다 사용할 수도 있겠지만, 글을 이해하는 데 도움이 되는 몇 가지 방법을 중심으로 읽기 행위를 하게 된다. 방법 학습을 위한 읽기 교수 학습 과정은 학습자들이 읽기 과정에 동원할 수 있는 읽기 방법을 학습하게 하는 것이므로 학습자들이 유용하게 사용할 수 있는 전략들을 중심으로 진행된다.

읽기 전 →
① 읽기 과제와 읽기 목적 분석하기
② 미리 보기
③ 사전 지식 활성화하기
④ 읽기의 목적 설정하기
⑤ 예상하기
⑥ 질문 생성하기

읽는 중 →
⑤ 예상하기
⑥ 질문 생성하기
⑦ 중요 개념과 관련 개념 예측하기
⑧ 추론하기
⑨ 읽기 점검하기
⑩ 교정 전략 사용하기
⑪ 문맥적으로 낱말 이해하기
⑫ 사전 지식과 새 정보 통합하기
⑬ 담화에 대해 반응하기

읽은 후 →
⑫ 사전 지식과 새 정보 통합하기
⑬ 담화에 대해 반응하기
⑭ 개념, 사건, 관련성의 재구성하기
⑮ 요약하기
⑯ 읽기 목적에 관련시켜 반성적 사고하기

〈그림 1〉 독자의 읽기 전략

방법 학습을 위한 읽기 활동의 결과는 글을 읽는 새로운 '방법'의 획득이다. 메모하기를 사용할 수 있게 되는 것, 비판하며 읽기를 사용할 수 있게 되는 것이 그 결과물이라고 할 수 있다. 따라서 방법 학습을 위한 읽기 교수 학습 과정은 학습자들이 새로운 읽기의 '방법'을 효과적으로 획득할 수 있도록 돕는 과정이다.

지금까지 읽기 교수 학습 과정을 '내용' 학습을 위한 읽기 교수 학습 과정과 '방법' 학습을 위한 읽기 교수 학습 과정을 구분하여 논의하였지만 실제 읽기 교수 학습 과정에서는 이 두 과정이 동시에 나타난다. 국어 교육에서 읽기 영역의 본령이 글의 이해가 아니라 그 글을 효과적인 읽기 위한 읽기 전략, 읽기 방법의 획득을 통한 독해력의 신장으로 설정할 때, 읽기 영역의 교수 학습은 방법 학습을 위한 읽기 교수 학습 과정에 무게를 두게 된다.

제4장 읽기 교수 학습의 문제와 해결

1. 읽기 교수 학습 과정의 문제

읽기 교수 학습 과정의 문제는 읽기 수행에 대한 문제와 읽기 교수 학습 활동의 문제로 나누어 생각할 수 있다. 읽기 수행의 문제는 읽기 교수 학습 과정에서 읽기 행위를 다룰 때 야기되는 문제들이다. 읽기 교수 학습 활동의 문제는 교사의 교수 과정에서 혹은 학습자의 학습 과정에서 야기되는 문제들이다.

1.1 읽기 수행의 문제

1.1.1 읽기 수행에 대한 정보

읽기 행위는 글을 통해 의미를 형성하고 상황에 따라 적절하게 그 의미를 심화하는 과정이다. 읽기 교수 학습 과정에서는 학습자가 이런 읽기 행위를 통해 의미의 형성하고 심화하는 과정을 다루어져야 한다. 즉 학습자에게 주어진 글이 다양하게 해석될 수 있으나 읽기가 일어나는 상황을 고려하여 적절한 의미로 심화할 수 있어야 한다는 것이 제시되어야 한다. 교사가 글을 읽고 의미를 형성하는 과정을 시범보일 경우에도, 같은 문장, 같은 글에서도 어떻게 다양한 의미를 형성할 수 있는지, 그 다양한 의미들로부터 어떤 방식으로 적절한 의미를 찾아내는가에 대한 충분한 정보를 제공해야 한다. 또 여러 학습자들이 구성해 내는 의미들로부터 타당성 있는 의미를 가려내는 것에 대해서도 충분히 설명되어야 한다. 이 과정을 통해 학습자들은 여러 가지 가능한 의미들로부터 상황에 맞는 적절한 의미를 추출해 내는 방법을 이해할 수 있고, 스스로 추출할 수 있는 능력을 기를 수도 있다.

그러나 실제 읽기 교수 학습 과정에서 읽기 행위가 다루어질 때는 이러한 의미 구성 과정에 대한 안내가 부족하다. 읽기 과정을 통해 어떻게 적절한 의미를 확정하는지를 보여주기보다는 교사 자신이 확정한 의미를 일방적으로 전달하는 데 그치는 경우가 많다. 이렇게 되면 학습자들은 교사의 지시나 도움이 없을 때는 자신이 생각하는 의미가 타당한지를 스스로 판단할 수 없기 때문에 제시된 글로부터 의미를 추출하고 확정하는 것을 두려워하거나 스스로는 할 수 없다고 생각하게 된다.

읽기 교수 학습 과정에서 교사가 능숙하게 글을 읽고 의미를 구성하는 시범을 보이는 것은 매우 중요하다. 학습자들은 이 시범을 통해 읽기 과정을 이해하고 그것을 자신의 읽기 행위에 도입하여 글을 처리할 수 있는 기준과 방법을 익히기 때문이다. 그러나 교사가 자신이 글을 읽은 결과로서의 의미만 전달하는 데 그치는 시범을 보인다면 학습자가 읽기 과정을 이해하고 그것을 익히는 데 도움을 줄 수 없다. 즉 글을 읽고 글의 의미를 형성하는 과정을 드러내지 못하고 결과만을 일방적으로 전달하는 데 그치는 시범은 교재의 내용을 학습자들에게 쉽게 전달할 수는 있지만 학습자들이 이 과정을 통해 읽기에 필요한 전략을 배우거나 그것을 적용하는 조건을 이해하는 데로 나아가지는 못한다.

1.1.2 읽기 학습자의 능동성

읽기 행위를 수행하는 과정에서 독자는 의미 구성의 능동적인 주체이다. 학습이 교사의 일방적인 전달이 아니라 학습자와 교사가 함께 하는 구성적인 상호 작용 과정이라고 한다. 이런 구성적 과정에서 학습자로서의 독자는 주체적이고 능동적인 존재로 다루어져야 한다. 교수 학습 과정에서 교사가 학습자의 능동성을 배려한다는 것은 학습자가 형성하는 의미를 중요하게 다루고 이런 활동을 촉진해야 한다는 것이다. 교사가 자신이 생각하는 의미보다 학습자가 구성하는 글의 의미를 수용하고 이를 우선적으로 다루면 학습자는 교수 학습 과정에 더 적극적으로 참여하게 된다. 학습자의 적극적인 참여는 학습자가 교수 학습 과정을 통해 읽기 행위를 연습할 기회가 더 많아지는 것을 의미하므로 더 능숙하게 읽기 수행을 할 수 있게 된다. 학습자 혹은 독자의 능동성을 고려하는 데 있어서 브룩스와 브룩스(Brooks & Brooks, 1999: 97-123)에서는 교수의 맥락에서 학습자의 학습을 평가할 것을 제안한다. 교사의 질문에 학습자들이 교사가 찾고 있는 정교한 답을 얘기하지 못할 경우 '아니야'라는 반응 대신 학습자들이 그 과제를 성공적으로 수행하기 위해 얼마나 많은 도움을 필요로 하는가를 관찰하면 교사는 학습자의 인지적 기능, 학습자의 성향, 그리고 교사와 학습자의 상태를 동시에 검토할 수 있게 된다. 이렇게 학습자에게 의미를 구성할 수 있도록 도움을 제공하는 것은 교사에게 학습자가 새로운 이해와 새로운 기능을 구성하고 획득하게 하기 위한 개입이다. 이런 역할을 수행하는 교사는 학습자들의 능동적 행동을 촉진함으로써 교수 학습 상황을 구축하게 된다.

그러나 이 연구가 관찰한 읽기 교수 학습 과정에서 교사는 학습자를 능동적으로 의미를 구성하는 주체가 아니라 교사가 전달하는 의미를 받아들이기만 하는 수동적인 존재로 다루는 경향이 있었다. 교사가 글의 의미를 질문하고도 그 대답을 듣지 않고 자신이 생각하는 의미를 제공하거나, 학습자들의 대답에 충분한 설명을 제공하지 않는 것은 시간은 단축할 수 있을지 몰라도 학습자들이 의미를 구성할 기회를 주지 않는 것이다.

1.1.3 읽기 교사의 구조적 매개

구성주의적 교육에서는 교사를 감독자나 관리자의 개념 대신 촉진자, 안내자, 공동참여자라는 개념으로 그 역할을 규정한다(Woolfolk, 2001: 416). 이 구성주의적 교사들은 학습자들이 다른 사람의 논리를 따르거나 수동적으로 받아들이게 하는 대신, 학습자 스스로가 자신의 이해를 추구하도록 돕는다. 읽기 교수 학습 과정에서 읽기 수행을 다룰 때 교사는 이런 구성주의적 교사로서 역할하여야 한다.

그런데 이런 구성주의적 교사의 역할을 수행하는 것은 실제로는 지식을 전달하는 입장에서 교수 학습을 관리하는 것보다 훨씬 어려운 일이다. 교사 스스로가 교수 학습의 내용과 과정을 제대로 이해하고 있지 못하면, 학습자들의 이해를 촉진하는 것도 수용하는 것도 어렵다. 교수 학습 과정 전체를 통해 학습자들에게 학습을 할 시간을 부여하고, 학습이 일어나도록 끊임없이 자극을 제공함으로써 학습자가 스스로 지식을 구성하면서 학습을 수행할 수 있도록 돕기 위해서는 현재 학습이 일어나는 상황을 전체적으로 이해하고 적절하게 조정해 나가야 하기 때문이다. 이런 방식으로 교수 학습을 관리하는 것은 학습자에게 일방적으로 명제적인 지식을 제공하고 그것의 획득을 확인함으로써 교수 학습을 완료하는 것보다 더 많은 통찰력과 인내를 필요로 한다. 이런 어려움 때문에 읽기 교수 학습 과정에서 교사는 학습자의 읽기 수행을 관찰하고 적절하게 조정하는 노력을 하기보다는 글의 의미를 일방적으로 전달하는 교사 주도의 수업을 진행하는 것이다.

읽기 교수 학습 과정에서 교사는 교수 학습 과정에 학습자들과 함께 참여하고 학습자들의 반응을 촉진하고, 먼저 나아가 다음 단계를 안내하는 것뿐만 아니라 교수 학습 장면 전체를 구조적으로 설계하고, 그 구조 속에서 학습자들이 자신의 학습을 수행하도록 격려하는 구조적 매개자로서 역할해야 한다. 구조적 매개자라는 것은 교사가 학습자들과 같은 속도로 교수 학습을 진행하기도 하여야 하지만, 그 진행이 그 교수 학습의 목표에 도달하도록 끊임없이 중간 역할을 해야 한다는 것을 의미한다.

읽기 교수 학습의 경우, 읽기 교사는 학습자들과 함께 글을 읽거나 그 시범을 보이는 것으로만 수업을 진행할 수는 없다. 실제로 글을 읽는 것을 보여주는 것은 학습자들이 익히게 하려는 특정한 읽기 전략, 혹은 읽기에 관련한 지식을 제공하기 위한 것이다. 그 과정을 통해 학습자들이 가지고 있는 지식이 변화하고, 새로운 방법을 익히고, 읽기에 즐겁게 참여하면서 자신의 읽기 능력을 신장시키려는 의욕을 가지게 해야 하는 것이다. 읽기 교육의 일반적인 목표와 해당 읽기 교수 학습의 특수한 목표를 잘 조정하여 실현하는 것 역시 교사가 학습자들이 읽기 행위를 능동적으로 완성할 수 있게 하는 중요한 활동이다.

1.2 읽기 교수 학습 활동의 문제

1.2.1 교과 지식

읽기 교수 학습 과정을 수행하는 과정에서 교사는 자신의 읽기 과정을 소리내어 말하는 방식으로 학습자들에게 시범을 보이고, 그 과정을 학습자들이 학습하고 훈련함으로써 실제 전략을 사용하는 방법을 익히게 한다. 이 때 교사가 학습자들에게 보여주는 읽기 행위는 학습자들에게는 모방할 수 있는 모델이 된다. 이 모델은 학습자들에게 교사의 읽기 행위를 그대로 드러내 보이는 것이라고는 해도 실제로는 학습자가 쉽게 이해할 수 있도록 읽기 행위를 전체로서 또는 세분하여 보여주기도 하고, 그 과정에서 그것들이 어떻게 의미를 구성하게 되는지를 분석적으로 설명해 보이기도 하는 것으로 단순한 읽기 과정의 재현이 아니다. 그렇기 때문에 읽기 교수 학습 과정에서 교사가 시범보이는 읽기 전략의 작동 양상은 교사가 자신이 평소처럼 글을 읽고 의미를 구성하는 과정을 보여주는 것이 아니라 해당 교수 학습 상황에서 요구되는 읽기 행위를 의도적으로 연출해 보여주는 것이라 할 수 있다.

그러나 교사가 이상적인 모델로서 자신의 읽기 행위를 시범보이기 위해서는 교사 스스로가 바람직한 읽기 행위와 그 행위의 구체적인 단계, 또 그것의 작동 기전, 효과 및 부작용 등에 대하여 충분한 지식을 가지고 있어야 한다. 이런 지식은 읽기 행위에 대한 교과 교육적 지식이라고 할 수 있다. 읽기 교사들은 이런 교과 교육적 지식을 충분히 지녀서 읽기 교수 학습 과정을 통해 자신의 시범과 함께 읽기 행위와 관련된 지식을 제공할 수 있어야 한다. 그런 점에서 지금의 읽기 교수 학습 과정을 이끌어가고 있는 교사들은 학습자들에게 제공해 줄 만큼의 읽기 행위에 대한 교과 교육적 지식을 지니고 있지 못하다. 또 교과서나 교사용 지도서 등 교사가 참고할 만한 자료들에도 이과 같은 읽기 행위에 대한 교과 지식은 제대로 제공되고 있지 못하다. 이 때문에 교수 학습 과정에서 보여주는 교사의 시범은 읽기 행위의 재현에 그치고 말며 학습자들은 교사의 시범을 보아도 그 의미를 이해하지 못하고, 교사의 읽기 행위를 모방하여 자신의 읽기 행위에 도입하는 활동도 제대로 하지 못한다.

1.2.2 읽기 행위의 연결

읽기 과정은 여러 하위 과정들을 유기적으로 수행하고 결과적으로 읽기 전체 과정을 성공적으로 완성하는 총체적인 과정이다. 여러 단계의 하위 과정에서 일어나는 행동들은 그것보다 더 높은 수준의 행동 혹은 이해, 인식에 도달하기 위한 것이며, 작은 과정을 성공적으로 수행하는 것이 전체적인 수행에서 성공하는 것이다. 읽기 과정에서 작은 단위의 의미를 결정하는 데에는 더 큰 단위의 의미들이 관여한다. 읽기 교수 학습 과정에서 교사는 학습자들에게 이런 하위 과정들과 상위의 과정들이 어떻게 연결되어서 글 전체의 의미를 형성하는지에 대한 정보를 제공해 줄 필요가 있다.

이 연구가 관찰한 읽기 교수 학습 과정에서는 문장 단위의 해석, 문단 단위의 해석에 치중한 나머지, 이 과정을 통해 어떤 식으로 의미가 구축되고 있는지 등에 대한 설명을 충분히 제공하지 못하고 있었다. 대부분의 읽기 교수 학습 과정을 통해 교사는 지나치게 하위 단위 위주의 의미만을 제공하는 데 치중하였다. 이러다 보면 결국은 하위 과정을 통해 만들어지는 부분적인 의미들을 전체적인 의미와 연결시키지 못하여 전체 내용에 대한 설명은 적절하게 도출하지 못하는 상황이 일어난다. 실제 읽기 행위를 수행하는 과정에서는 부분적인 의미들을 이해하다보면 자연스럽게 전체적인 의미를 파악할 수 있게 되기도 하고, 의도적으로 부분의 의미들로부터 전체적인 의미를 추론해 내기도 한다. 그러나 교수 학습 과정에서는 부분적인 의미들에 대한 이해가 자연스럽게 전체적인 의미를 드러내게 된다고 할 수는 없다. 교사는 의도적으로 부분적인 의미가 어떻게 전체적인 의미를 구성해 낼 수 있는지에 대해 체계적으로 설명하지 않으면 학습자들은 부분적인 의미만을 단편적으로 이해하는 데 그치게 되며 그것은 결국 단편적인 지식의 제공과 같은 결과를 초래할 수 있다.

1.2.3 교재의 활용

읽기 교수 학습 과정에서 교재는 교사의 교수 활동을 도와 학습자가 학습할 수 있게 하는 자료로 활용된다. 교재에는 교수 학습 과정에서 이루어지는 여러 활동들이 체계적으로 제시되어 있다. 특히 교과서는 교육 과정의 의도를 체계적으로 반영하고 있어 실제 교실에서의 교수 학습 활동은 교과서를 중심으로 이루어진다. 앞에서 살펴본 것처럼 교과서에서는 학습 내용을 순환 반복적으로 구성하고 있으며, 직접 교수법과 같은 특정 교수법을 활용할 수 있도록 내용이 짜여져 있기도 하다. 학습자들이 읽기 영역을 통해 익혀야 할 바람직한 읽기 행동이나 지식은 매우 방대하기 때문에 수 년 간에 걸쳐 체계적인 과정을 통해 교수학습 되도록 되어 있다.

교과서가 체계적이고 구조화된 내용을 담고 있기 때문에 교사가 교과서를 위주로 교수 학습 과정을 수행한다면 교과서가 지니고 있는 의도를 수업에 충분히 반영할 필요가 있다. 단원 시작 활동, 소단원, 보충 심화와 같은 활동들이 일련의 교수 학습 과정에서 모두 한 단원을 단위로 각기 다른 역할을 하도록 구성되어 있기 때문이다.

그러나 실제 교수 학습 상황에서는 교사에 따라 교과서의 활용 양상이나 정도가 다르다. 교과서만을 활용하고 교재 내용을 충실히 다루는 경우도 있고, 교과서 대신 자신이 만든 교재를 사용하는 경우도 있다. 교과서에 지나치게 의존하는 경우에도 교과서의 의도를 잘 반영하여 수업을 진행하기도 하지만 교재의 내용만을 해석해 주는 정도에서 그치기도 한다. 이 경우 교사의 교수 활동은 제시된 글의 번역, 해석 수준에 머무르고 실제 그 교재를 통해 이루어져야 할 읽기 활동은 생략되는 상황이 벌어지기도 한다. 교과서 대신 자신이 만든 교재를 활용하는 경우, 교과서보다 더 구조적이고 체계적으로 교수 학습 내용을 담고 있는 경우도 있지만 한 단원을 필요한 내용만을 요약적으로 제시하기도 한다. 이 경우 교수 학습 활동의 전체적인 틀이 무시되고, 교사가 시도하는 단편적인 활동이나 내용 위주로 교수 학습이 진행되면서 체계적인 이해나 연습을 할 수 없을 수도 있다.

실제로는 교수 학습 과정에서 교사가 교재를 사용할 때는 교재가 담고 있는 내용을 이해하게 하는 것보다 교재를 통해 전달하려는 기능이나 능력을 신장시키는 데 도움이 될 수 있어야 한다. 따라서 교사는 교과서를 비롯하여 교재를 활용하는 데 있어 읽기 교수 학습의 전체적인 틀을 고려해 바람직하게 활용할 수 있어야 할 것이다.

1.2.4 교육 과정 체제의 반영

앞에서 읽기 교수 학습 과정을 수행하는 과정에서 교사는 학습자들에게 교육과정 전체 체제 및 해당 단원의 지위에 대한 설명을 충분히 제공하지 못하고 있어 학습자들이 자신의 학습 내용을 총체적으로 이해하지 못한다고 지적하였다. 이는 교재 활용의 부적절함과도 관계가 있지만 교사 스스로가 현재의 교수 학습 내용이 교육과정과 같은 학습자의 전체 학습 구조에서 어떤 식으로 관련되는지를 이해하지 못하고 있기 때문이기도 하다.

매 차시, 매 단원의 읽기 교수 학습은 학습자들이 초등학교, 중학교, 고등학교 또는 1학년부터 12학년까지 전체적인 교육과정의 한 부분을 수행하는 것이다. 따라서 교사가 읽기 교수 학습 과정을 계획할 때 실제 다루어야 하는 내용은 전체적인 교육과정의 일부이므로 필연적으로 해당 교수 학습 과정 전후의 교수 학습 내용과 방법을 연결시켜야 한다. 이는 단순한 선수 학습의 확인 차원이 아니라, 지금까지 학습자들에게 제시된 읽기 교수 학습 내용과 새롭게 제시될 내용을 구조적으로 잘 연결시키고 다음 단계로 순조롭게 진행할 수 있는 바탕을 마련하는 것이며, 여러 하위 과정을 순차적으로 학습함으로써 전체 과정을 순조롭게 수행할 수 있을 것으로 기대하는 교육과정의 구조적 논리를 따르는 것이다.

그러나 실제 수업에서 교수 학습의 내용과 방법을 전체적인 시각에서 연결짓고, 체계적으로 설명하면서 수업을 진행하는 경우는 드물다. 이렇게 된 이유 중의 하나는 읽기, 쓰기, 말하기, 듣기, 문학, 국어지식과 같은 여러 영역을 한 학기나 한 학년과 같은 한 단위의 교수 학습 과정에서 빠뜨리지 않고 진행해야 하는 영역 구성 방식 때문이다. 두 번째 이유는 교과서 제작 과정에서 비롯하는 문제 때문이다. 교육과정이 바뀔 때마다 교과서는 한 학기 단위로 제작되어 학교로 배부된다. 따라서 새 교과서의 내용은 이전에 나온 교과서의 내용과 비교하여 검토할 수 있지만 이후에 나올 교과서의 내용과는 관련시킬 수 없다. 교육과정이 제시되어 있다고는 하여도 교육과정의 교수 학습 내용이 그대로 교과서로 구체화되지는 않으므로 교과서를 통해 내용의 연결 관계를 확인하는 것과는 같지 않다. 이런 문제는 읽기 교육과정을 구성할 때, 또 이를 바탕으로 읽기 교과서와 같은 읽기 교재를 제작할 때 사전에 충분히 논의되고 준비되어 제시되어야 하는 부분이다. 세 번째 이유는 교사 스스로가 자신이 수행하는 교수 학습 과정을 전체적인 교육과정에 연결시켜서 파악하지 않기 때문이다. 앞에서 논의한 것처럼 교사가 읽기 교수 학습의 총체적인 면을 인식하고, 교수 학습을 적절하게 계획하여 수행하는 것은 매우 전문적인 지식과 능력을 요구하는 활동이다. 따라서 교사가 자신의 교수 활동이 요구하는 전문성을 갖추지 못하였거나 혹은 그 전문성을 제대로 발휘하지 못하는 문제일 수 있다.

2. 읽기 교수 학습 문제의 교수 전략적 해결

2.1 문제 해결 방안으로서 읽기 교수 전략

읽기 수행이나 읽기 교수 학습 활동에서 제기된 여러 문제들은 읽기 행위에 대한 연구가 충분하지 못하거나 읽기 행위를 교수 학습하는 과정에서 요구되는 지식과 방법에 대한 연구가 부족하거나 교사 스스로가 읽기 교수 학습 과정을 이해하지 못하거나 해서 발생한 것이다. 따라서 이들 문제를 해결하기 위해서는 관련 연구 성과가 축적되어야 하며, 그 과정을 통해 검증된 정보들이 교사에게 제공되어야 한다.

그러나 그 모든 것이 갖추어진다고 하여도 실제 읽기 교수 학습을 수행해야 하는 교사들은 여러 가지 문제에 부딪히게 될 것이다. 교사들은 교수 학습 과정에서 만나는 이런 문제들을 적절한 교수 전략을 개발하고 활용함으로써 해결할 수 있다. 교수 전략을 개발 활용한다는 것은 교사가 자신의 교수 학습 과정을 개선하기 위해서 문제를 파악하고 이를 해결하는 데 필요한 전략적인 교수 행동을 개발하여 적용하는 것이다. 여기에서는 교사들이 읽기 교수 학습 과정에서 제기되는 문제를 해결하고 자신의 읽기 수업을 개선할 수 있는 방안을 제시하고자 한다.

2.1.1 읽기 교수 전략의 의의

교수 전략은 교수 학습 과정에서 교사가 학습자의 학습 촉진을 위해 또는 교수 학습의 목표를 달성하기 위해 수행하는 일련의 의도적인 행동이라고 할 수 있다. 교수 전략은 학습에 영향을 미치는 학습자의 개인적 특성, 학습자 개인의 사회 경제적 배경, 교사의 교수 활동 등과 같은 요소들 중에서 학교 교육에 직접적인 영향을 미칠 수 있다는 점에서 교육적인 의미가 있다. 특히 교수 학습 상황을 설계하고, 그것을 수행하는 교사가 자신의 교수 학습 목표를 위해 의도적으로 수행하는 일련의 행위라는 점에서 교사들의 바람직한 교수 전략의 활용은 학습자들의 학습에 긍정적인 영향을 미칠 수 있다[54].

이에 비해 학습 전략은 학습자가 자신의 학습의 촉진을 위해서 의도적으로 수행하는 일련의 행동이라고 할 수 있다. 교수 전략이 교수 학습 과정, 혹은 수업을 전제로 수행하는 전략인데 비하여, 학습 전략은 반드시 교수 학습 과정이나 수업을 전제로 하지 않는다. 학습자는 다양한 상황에서 다양한 방법을 통해서 학습할 수 있기 때문이다.

교수 학습 과정은 매우 복합적인 상황 아래에서 수행되기 때문에 교사는 성공적으로 교수 행위를 하기 위해서는 교수 학습이 일어나는 상황을 조정하고 학습을 유도할 수 있는 적절한 기술과 전략을 구사하여야 한다[55].

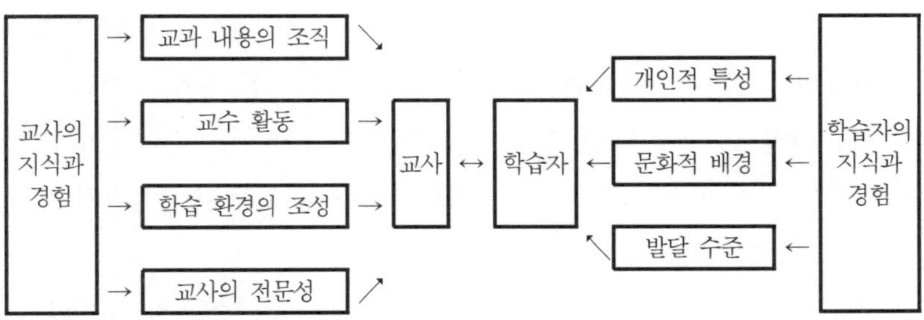

〈그림 2〉 교수 학습의 상황 변인

읽기 교수 학습 과정 역시 매우 복합적인 상황에서 실행되고 있기

54) 교수 전략(teaching strategy)은 교수법(teaching method)과 다르다. 교수법은 대체로 교수 학습이 일어나는 전체적인 상황을 조직하는 것과 관련된다. 교수법은 학습 내용에 대한 접근 방법, 교수 계획, 교수 과정 모두를 포괄하는 것으로 구두청각 교수법, 의사소통 중심 언어교수법, 전신 반응교수법, 침묵교수법 등이 있다. 교수 전략은 교수법의 '교수 과정'에서 교사에 의해 사용되는 전략이다.

55) <그림 2>는 드위예(Dwyer, 1993: 원효헌, 2002: 17)에서 인용하였다.

때문에 여러 가지 문제가 나타난다. 앞에서 논의한 것처럼 읽기 교수 학습 과정에서 가장 문제가 되는 것은 읽기 교사가 읽기 행위의 특성을 제대로 살리지 못하고 있다는 것, 읽기 교수 학습 활동들이 체계적인 조직으로 구조화되어 있지 못하다는 것 등이다.

읽기 교수 전략은 이런 읽기 교수 학습이 제기하고 있는 문제를 해결하기 위한 유용한 방법이 될 수 있다. 읽기 교수 학습의 전 과정을 주도적으로 수행하는 이는 교사이므로 교사가 자신의 읽기 수업을 개선하기 위해 전략적으로 접근할 수 있다면 읽기 교수 학습의 문제를 해결하는 데 큰 효과를 얻을 수 있다. 교사들에게 유용한 읽기 교수 전략을 제공하고 이를 활용하게 함으로써 교사가 읽기 교수 학습의 개선을 위해 주도적인 역할을 하게 할 수 있다.

2.1.2 읽기 교수 전략의 유형

가네(Gagné, 1993: 520-541)는 교수 전략을 관리 전략과 수업 전략으로 나누었다. 관리 전략이란 학습자으로 하여금 수업 자료에 접하여 많은 시간 동안 그 자료와 함께 하도록 하는 데 요구되는 전략들이다. 반면에 수업 전략이란 교사는 수업 자료로부터 학습을 촉진시키기 위해 사용하는 전략이다.

가네는 관리 전략을 교사와 학습자가 만나는 첫 몇 주의 활동과 숙제 점검 행위를 통해서 설명한다. 첫 몇 주 동안 교사가 학습자의 행동에 어떤 보상이나 제약을 하는지, 학습자의 행동에 대해서 어떻게 언어적, 비언어적으로 반응하는지를 통해 이후의 교수 학습의 관리가 쉬워질지 그렇지 않을지가 결정되므로 전문적인 교사는 첫 몇 주를 효율적으로 관리하는 전략을 지니고 있다.

교수 학습 과정에서 많은 노력과 시간을 요구하는 숙제 점검 활동 역시 전문적인 교사는 유연한 행동 전략을 통해 빠른 시간에 효과적으로 수행한다. 수업 전략은 명료성과 피드백의 효율성, 시기의 적절성 등으로 전략의 효과를 설명할 수 있다. 전문적인 교사의 수업 전략은 이런 특성을 모두 가지고 있다. 교수 학습을 성공적으로 수행한다는 것은 이 관리 전략과 수업 전략을 더 잘 조직하여 적시에 활용한다는 것이며, 이런 점에서 교사에게 효과적인 교수 전략을 제공하는 것이 필요하다.

신종호(1999: 85-87)에서는 읽기 교수 학습과 관련하여 크게 학습자들의 어휘력 향상을 위한 교수 전략, 독해력 증진을 위한 교수 전략, 학습자들의 지속적 학습 동기 유발을 위한 교수 전략, 그리고 학습자들의 진전도를 평가하는 형성 평가 교수 전략으로 교수 전략을 구분한다[56]. 이 전략들은 대부분 수업 전략으로 읽기 교수 학습 과정에서 학습자들이 읽기 행위를 수행하게 하는 데 필요한 전략들이다.

교수 전략의 구분	구체적인 내용
어휘력 교수 전략	· 새로운 단어에 대한 의미를 설명하기 · 새로운 단어에 대한 단순한 정의 내리기 · 새로운 단어의 동의어나 반의어 찾기 등
독해력 증진 교수 전략	· 관련 지식 자극하기 · 질문하기 · 심상 만들기 등
효과적인 학습 동기 유발 교수 전략	<내재적 동기 요인> · 글의 내용에 대한 관심 · 새로운 내용에 대한 호기심 · 글 속에 숨어 있는 복잡한 암시나 해결책 모색 · 책의 내용에 대해 이야기하기 등을 통한 친구들과의 대화 참여 욕구

56) 신종호(1999)는 또 이들 교수 전략들이 학습자들의 읽기 능력 발달에 미치는 영향을 실험하였는데, 이 전략 중에서 학습자들의 읽기 능력을 신장하는 데 가장 관계가 깊은 전략은 형성 평가 교수 전략이라고 한다. <표 5>는 신종호(1999: 87)에서 인용한 것이다.

	<외재적 동기 요인> · 교사의 요구에 순응하기 · 교사로부터 인정받기 · 친구들과 경쟁하기 등
형성 평가 교수 전략	· 학습자의 수행 정도를 지속적으로 평가하고 그 결과를 수업 계획에 반영하기

〈표 5〉 읽기 교수 전략의 분류

교사가 수업을 한다는 것은 수업 내용만을 가르치는 것이 아니다. 수업의 내용도 가르쳐야 하지만 교수하는 내용에 대한 학습이 잘 일어날 수 있도록 주변 여건을 조정하는 것도 중요하다. 교수 전략은 교수 학습의 내용을 다룰 때 사용되는 전략과 교수 학습의 상황을 조정할 때 사용되는 전략으로 교수 전략으로 구분하는 것이 보편적이다. 교수 학습 과정을 관리한다는 것은 적절한 교수 학습이 일어나도록 상황 여건을 조정하는 것을 의미한다.

앞에서 C 교사가 학습자들에게 경고를 주거나, 벌로써 수필을 쓰게 하는 것은 그의 독특한 교수 학습 관리 전략이라고 할 수 있다. 교수 학습을 수행하는 전략은 교수 학습 내용을 지도할 때 사용되는 전략이다. B 교사가 단원의 학습을 시작하기 전에 그 단원 첫 페이지의 그림에 대한 설명으로 시작하여 해당 단원의 모든 내용을 훑어 가면서 전체적으로 수업 내용과 과정을 이해하도록 설명해주는 것은 교수 학습의 과정을 수행하는 전략이라고 할 수 있다. 이들 전략은 각각 관리적 교수 전략, 수행적 교수 전략으로 이름지을 수 있다. 관리적 교수 전략은 교수 학습을 관리하는 데 동원되는 교수 전략으로 규칙 정하기, 기준에 따라 보상과 벌칙 제공하기, 질문과 대답의 기준 정하기, 숙제 처리하기 등이 있다. 수행적 교수 전략은 내용 훑어보기, 문단 설명하기, 사전 준비시키기, 필기를 위한 기호 정의하기, 상위 인지 촉구하기 등이 가능하다.

읽기 교수 학습 과정에서 수행적 교수 전략은 읽기의 과정에 따라서 혹은 읽기 행위 구성 요소에 따라서 여러 가지 형태로 개발할 수 있다. 다음에 제시된 것처럼 구체적인 교수 전략은 학습 전략을 교사의 입장에서 새로이 해석하여 제시할 수도 있다. 이 때 재해석된 전략들은 학습자의 논리가 아니라 교사의 논리에 의해 변용되어야 한다[57].

<수행적 교수 전략의 예>

① 읽기 단계에 따른 교수 전략

ⓐ 읽기 전 단계에서의 수행적 교수 전략

- 읽기 목적 설정하기, 주요 어휘 지도하기, 사전 지식 환기시키기, 과제 확인시키기, 전체 훑어보기

ⓑ 읽기 단계에서의 수행적 교수 전략

- 내용 학습을 위한 교수 전략: 어휘, 문장, 문단 단위별로 설명하기, 요약하여 제시하기, 부연 설명하기, 기억을 위한 질문하기, 관련 정보 제공하기
- 방법 학습을 위한 교수 전략: 설명하기, 시범 보이기, 연습 기회 제공하기, 연습 결과 평가하기 등

ⓒ 읽기 후 단계에서의 수행적 교수 전략

- 소감문 쓰게 하기, 내용 이어가게 하기, 읽은 결과 평가하기, 읽기 목적 확인하기 등

② 독자 조정을 위한 교수 전략

ⓐ 스키마 관련 수행적 교수 전략

57) 이것은 교수 학습을 주도하는 교사의 입장에서 교수 활동이 계획적으로 도입되어야 한다는 것이다. 다수의 학습자를 대상으로 하는 교수 학습 과정에서 교사는 모든 학습자의 요구를 충족시킬 수 없다. 따라서 교수 학습의 과정에서 교사의 행위는 최선의 행위가 아니라 최적의 행위여야 한다. 가네는 이를 학습의 최적화로 설명한다(Gagné, 1993: 522).

- 관련 지식 제공하기, 관련 단원 환기시키기, 유사한 글 제시하기

ⓑ 읽기 전략 관련 수행적 교수 전략

- 전략의 개념 설명하기, 전략의 용도 설명하기, 전략 적용 과정 보여주기, 유사 전략과 비교하기, 상위 인지 활용하기

ⓒ 읽기 태도 관련 수행적 교수 전략

- 흥미 유발하기, 필요성 유발하기, 반복을 통해 습관 형성하기

읽기 교수 학습 과정에서 교사는 다양한 교수 전략을 개발하여 적용할 수 있으나 효과적인 교수 전략이 되기 위해서는 몇 가지의 기본적인 조건이 필요하다. 가네는 이것을 명료성과 피드백의 효율성, 시기의 적절성 등으로 설명한다(Gagné, 1993: 528-537). 명료성은 학습자들에게 혼란을 줄여주고 목표에 빠르고 순조롭게 도달할 수 있도록 돕는다. 교수 학습 과정에 특정 교수 전략을 도입할 때에도 교사가 학습자에게 관련 지식, 획득의 방법, 결과에 대해서 분명한 설명을 제공하면, 학습자들은 쉽게 이해하고 빠르게 익힐 수 있다. 학습 목표 설명을 명료하게 하여 쉽게 기억하게 하면 학습자들은 교수 학습 과정 내내 자신이 학습하는 내용을 다루는 준거를 쉽게 기억하고 적용할 수 있는 것이다.

피드백은 학습자들의 학습을 촉진할 뿐만 아니라 완성하게 할 수 있다. 그러나 피드백이 효과적으로 사용되려면 무엇을 어떻게 피드백하여야 하는가가 분명해야 한다. 읽기 전략을 지도하는 과정에서 피드백은 학습자가 전략의 개념과 적용 단계에 대해 명확하게 인식하고 활용하게 하는 것이기 때문이다. 요컨대, 교수 전략을 활용하는 데 있어서 투입 시기가 적절해야 한다. 읽기 전 단계에서 사용할 교수 전략을 읽기 단계에서 사용하게 된다면 학습자에게 혼란을 주게 된다.

2.2 읽기 교수 전략의 개발과 적용

2.2.1 문제 해결 과정으로서 읽기 교수 전략의 개발 및 적용

읽기 교수 학습 과정에서 야기되는 문제를 해결하기 위해 적절한 교수 전략을 개발하고 이를 적용하는 과정은 문제 해결의 과정이라고 할 수 있다. 문제 해결 과정은 문제의 확인, 목표 정의, 해결안 탐색, 적용, 평가와 같은 단계적인 과정을 거친다. 브랜스포드와 스테인(Bransford & Stein, 1993)은 이 다섯 단계를 IDEAL이라는 다섯 개의 약자로 나타냈다. 읽기 교수 전략 개발 및 적용 과정은 이 다섯 단계에 따라 다음과 같이 설명할 수 있다.

I	문제를 발견하기 : 문제의 발견

첫 단계인 문제 발견 단계는 교사가 읽기를 지도하면서 문제에 직면하게 되고 이 문제를 해결하기로 결정하는 단계이다. 읽기 교수 학습 과정을 수행하면서 교사는 여러 가지 문제에 직면한다. 교재에 따라 단원의 학습 내용을 지도하였으나 학습자들이 그 단원이 설정하고 있는 목표 행동에 도달하지 못한다면 교사는 이를 문제로 설정할 것이다. 또 수업 시간에 제공되는 활동은 열심히 하였으나 학습한 내용을 제대로 이해하지 못하였다면 이것이 문제가 될 것이다. 특정 읽기 전략을 지도하는 경우에 학습자들이 이 읽기 전략에 대해 이해하고 이를 내면화하여 스스로 이 전략을 사용하여야 하는데 전략에 대해 이해는 하지만 읽기 과정에 적용하지 않는 것도 역시 문제가 될 것이다.

D	목표를 정의하기: 목표의 정의

두 번째 단계인 목표 정의의 단계는 발견한 문제를 해결하였을 때 도달하게 되는 상태 즉 문제 해결의 목표를 설정하는 단계이다. 교사가 교수 학습 과정에서 일어난 문제를 해결하기로 결정하게 되면 그 문제를 어떻게 해결할 것인가에 집중하게 된다. 이 때 교사는 문제를 해결한 바람직한 상태가 무엇인지를 결정하고 이에 따라 문제를 새롭게 표상해야 한다. 학습자들이 학습 목표에 도달하지 못하는 것이 문제가 된다면 교사는 '학습 목표 도달'을 문제 해결의 목표로 설정하고 이를 위한 행동 방식을 탐색하기 시작하는 것이다. 활동만 열심히 하고 내용은 제대로 이해하지 못한다면 '내용을 이해하면서 활동하기'가 목표가 되고 이를 위한 해결안을 탐색하게 된다.

E	가능한 여러 전략을 탐색하기: 가능한 해결 전략의 탐색

세 번째 단계는 목표 달성을 위한 해결 전략을 탐색하는 단계이다. 지금까지 문제를 발견하고 목표를 정의하는 단계를 거치면서 교사는 목표에 도달하기 위한 여러 가지 해결 방법들을 검토하게 된다. 문제를 해결할 수 있는 방법은 문제의 성격이나 문제 발생의 상황에 따라 달라질 수 있으며 유일한 해결책만 있는 것은 아니다.

문제 해결 과정 연구에서는 문제를 해결하기 위한 해결 전략을 탐색하는 방식으로 '연산법'과 '발견법'이 유용하다고 한다. 연산법은 목표를 달성하기 위해 목표와 관련되는 행위를 단계적으로 실천해 나가는 방법이다. 글 읽기와 같은 목표는 기호 해독하기, 의미 구성하기와 같은 하위 단계를 통해 이루어지므로 연산법에 의해 접근할 수 있는 예가 된다. 발견법은 목표에 도달하기 위해 필요한 행위들을 단계적으로 설정할 수 없는 경우에 활용될 수 있는 것이다. 이런 발견법에는 수단-목표 분석, 후진 작업 전략, 유추에 의한 사고 등이 활용될 수 있다. 수단-목표 분석은 목표를 여러 하위 목표로 분할한 후 이 하위 목표를 해결하는 수단을 모색하여 하위 문제를 해결함으로써 전체 문제를 해결하려는 것이다. 후진 작업 전략은 목표에서 시작하여 문제가 해결되지 않은 처음 상태로 문제를 거꾸로 접근하는 것이다. 유추에 의한 사고는 현재의 문제 상황과 유사한 상황에 국한시켜 해결안을 찾는 것이다.

읽기 교수 학습 과정에서 발생하는 문제도 그 문제의 성격이나 문제 발생의 상황에 따라 적절한 해결 방안 탐색 방법을 사용할 수 있다. '단원의 학습 목표 도달하기'가 목표가 된다면 수단-목표 분석에 의해 학습 목표 도달 행위를 몇 개의 하위 목표로 나누고 이 하위 목표를 달성하게 함으로써 전체 목표를 달성하게 할 수 있다. 이를테면 '메모하며 읽기'를 달성하기 위해서는 교사가 이 목표를 구성하는 하위 행동을 분석하여 '글을 읽고 주요 내용 파악하기', '주요 내용을 요약적으로 표현하기'와 같이 하위 목표를 제시하고 이를 해결하게 함으로써 '메모하며 읽기'라는 전체 목표를 달성하게 할 수 있다.

A	결과를 예상하고 전략을 실행하기: 전략의 적용

네 번째 단계는 해결책을 실제로 적용해 보는 단계이다. 문제를 발견하고 해결책을 탐색하였다 하여도 이 방법을 곧바로 문제 상황에 적용하지는 않는다. 탐색된 여러 해결책을 문제 상황에 적용한 결과를 예상해 보고 가장 적절한 해결책을 선택해야 한다. 이 과정을 거쳐야 비로소 최종적으로 선택된 해결책을 문제 상황에 실행할 수 있다. '메모하며 읽기'를 할 수 있도록 목표-수단 분석에 의해 '글을 읽고 주요 내용 파악하기'와 '주요 내용을 요약적으로 표현하기'로 나누어 해결하는 것이 '메모 따라 해보기', '메모 수집해보기' 같은 다른 해결책보다 더 효과적이라는 판단이 서면 교사는 이 방법을 교수 학습 과정에 적용한다.

L	결과를 되돌아보고 학습하기: 검증

마지막 단계는 문제 상황에 적용한 방법이 과연 효과적인 방법이었는지를 확인하는 단계이다. 그 방법이 효과적이었다면 그 문제는 해결이 되겠지만 그렇지 못했다면 새롭게 해결안을 찾는 과정을 반복해야 한다. 교사가 '메모하며 읽기'를 하는 데 하위 행동들을 익히게 하는 것이 도움이 되었다면 이는 적절한 해결이 되었겠지만, 여전히 학습자들이 스스로 메모를 할 수 없다면 다른 해결안을 찾아야 한다.

문제 해결 과정에 대한 연구에서는 전문가의 지식은 문제 해결 과정에서 문제를 빠르게 표상하는 것뿐만 아니라 해결안을 찾는 과정도 풍부한 경험과 지식에 의해 매우 빠르고 정확하게 이루어진다고 한다. 읽기 교수 학습 과정에서의 문제를 해결하는 데에도 교사의 전문적 지식은 같은 역할을 한다. 좀더 전문적이고 유능한 교사는 문제를 파악하고, 해결안을 모색하고 적용하는 데 있어서 빠르고 정확한 행동을 하게 된다.

2.2.2 읽기 교수 전략의 개발과 적용 과정

여기서는 읽기 교수 학습 과정에서 교수 전략이 어떻게 개발되고 적용되는지를 실제 읽기 수업을 중심으로 살펴보고자 한다[58]. 이 수업을 담당한 교사는 앞에서 제시한 문제 해결 과정에 따라 문제를 제기하고 이에 대한 해결책을 마련하여 자신의 수업에 적용하고 그 효과를 검증해 보았다.

---

58) 이 내용은 2003년 9월 서울 시내 중학교에서 연구자와 해당 학교 국어 교사(L 교사)가 함께 읽기 수업에서의 문제를 제기하고 이를 해결한 과정을 중심으로 제시한다.

가. 문제의 발견

L 교사는 읽기 수업이 다양한 읽기 전략을 학습자들에게 제공하지만 학습자들은 이 읽기 전략을 충분히 제대로 익히거나 제대로 활용하지 않는 것을 문제로 지적했다. 그리고 이 문제가 나타나는 원인을 학습자들이 읽기 전략에 대한 지식을 익히기는 하지만 이를 활용할 수 있는 조건이나 상황에 대한 이해가 되어 있지 않기 때문이라고 보았다.

나. 목표의 정의

L 교사는 자신이 발견한 문제를 해결한 결과로서 문제 해결의 목표를 '학습한 읽기 전략을 능동적으로 활용하기'로 설정하였다.

다. 가능한 해결 전략들의 탐색

L 교사가 설정한 목표를 달성할 수 있는 해결 전략들은 다양하게 제시될 수 있었다. '재미있는 글 제공하기', '수업 참여 태도를 점수화하기', '모든 교수 학습 과정을 컴퓨터 프로그램으로 제공하기'처럼 다양한 해결책이 가능하다.

여러 가지 접근에 의해 다양한 해결책이 가능하였지만 L 교사는 학습자들이 스스로 읽기 전략을 읽기 과정에 도입할 수 있도록 지도함으로써, 학습자들이 읽기 단원을 학습할 때마다 혹은 읽기를 할 때마다 유용하게 쓸 수 있게 지도하고 싶어했다.

L 교사는 학습자들의 수업 태도와 지금까지의 수업 방식 등을 점검하여 학습자들이 읽기 전략과 같은 유용한 지식을 배워도 그것을 능동적으로 사용하지 못하는 것은 그 전략을 언제, 어떻게 사용해야 하는지, 또 자신이 그런 과정을 제대로 수행하고 있는지를 점검하고 그에 따라 적절하게 조정하는지를 제대로 알지 못하기 때문이라고 보았다.

이 때문에 학습자들은 수업을 통해 익힌 전략이나 지식을 내면화하여 능동적으로 사용하지도 못하는 것으로 진단했다. 따라서 L 교사는 학습자들의 읽기 전략의 활용도를 높이기 위해 전략에 대한 인지적 지식뿐만 아니라 전략 사용에 대한 상위 인지적 활동을 증가시키는 해결안이 학습자들에게 능동적으로 읽기 전략을 사용하게 하는 해결책이 될 것으로 파악했다.

라. 전략의 적용

읽기 교수 학습 과정에서 전략의 적용 단계는 문제 해결책을 결정하여 이를 교수 학습 과정에 적용하는 과정이다. 그런데 이 단계는 의사결정이 중시되는 앞의 세 단계와 달리 전략을 적용할 수 있는 준비를 하고 이를 실제 적용해야 하므로 수업 계획과 수업 진행이 모두 포함되는 과정이다.

지금까지 L 교사는 읽기 교수 학습에서의 문제를 설정하고 이를 해결할 수 있는 해결책으로 교수 학습 과정에서 학습자들에게 상위 인지를 활용하도록 지도하기로 결정하였다. 그런데 단지 상위 인지를 활용하도록 지도하는 것만으로는 충분한 효과를 얻기 어려우므로 교사는 이 과정을 체계적으로 준비할 필요가 있다. 우선 L 교사는 학습자들에게 상위 인지를 활용하게 하려면 먼저 교수 학습 과정에서 활용할 상위 인지에 대해 이해해야 한다. 그리고 그것이 어떤 방식으로 작용하는지를 검토하여 교수 학습 과정에 도입할 수 있는 적절한 형태로 조정하는 과정도 거쳐야 한다.

L 교사와 연구자는 교수 학습 과정에 도입할 상위 인지를 활용한 원리를 다음과 같이 구안하였다[59]. 상위 인지는 인지 행위에 대한 확인과

59) 연구자의 도움 없이 교사가 스스로 문제 해결을 위한 지식이나 방법을 모색하는 경우라면 교사는 상위 인지의 기본적인 성격인 '점검'과 '조정'만을 주요 원리로 설정하여 자신의 교수 학습의 설계 과정에 도입할 수 있다.

조정 역할이 기본적인 성격이므로 상위 인지를 읽기 교수 학습 과정에 적용시키기 위해서는 이런 상위 인지의 특성을 활용할 수 있어야 한다. 상위 인지를 구성하는 지식과 행동에 해당하는 상위 인지적 지식과 상위 인지적 조정이라는 두 측면으로부터 자율적 점검, 상황 맥락의 인식, 지식 기반 활용, 읽기 행위 조정이라는 네 가지의 상위 인지 활용의 원리를 도출하였다.

먼저 '자율적 점검의 원리'는 인지적 점검, 모니터링에 해당하는 것으로 독자는 자신의 읽기 행동을 대상화하여 점검하고 개선해 나갈 수 있어야 한다는 원리이다. 이는 교수 학습 과정에서 교사가 학습자에게 계속하여 자신의 읽기 과정을 점검하도록 강조하고 또 그렇게 할 수 있는 방법적 지식을 적극적으로 제시하는 것이다.

두 번째 '상황 맥락의 원리'는 읽기 목적, 독자, 필자와 같은 상황 맥락에 대한 인지가 바탕이 되어야 한다는 원리이다. 읽기 행위는 여러 하위 행위들에 의해 전략적으로 이루어지므로 이러한 하위 행위들이 읽기 목적, 독자의 요구, 필자의 의도 등과 같은 읽기 상황에 따라 적절하게 초점화, 정교화되어야 한다. 교사는 교수 학습 과정에서 지속적으로 학습자에게 자신의 읽기 상황에 대한 인식을 강조하고 그 상황에 타당한 행위를 선정하여 적용할 것을 안내할 필요가 있다.

세 번째는 '지식 기반의 원리'로 읽기 행위가 독자의 사전 지식, 읽기 과정 및 읽기 전략에 관한 지식 등을 바탕으로 이루어지는 것이며, 이런 지식의 질과 활용의 효율성에 따라 읽기 결과가 달라진다는 원리이다. 이 원리에 따르면 교사는 학습자에게 읽기 행위를 위해 적절한 지식을 선정하고 그것을 활용할 수 있는 방법을 제시하여야 하며, 읽기 교수 학습 과정에서도 이에 대한 고려해야 한다.

마지막으로 '읽기 행위 조정의 원리'는 앞에서 말한 여러 가지 읽기 원리들이 결국은 학습자 혹은 독자가 실제 자신의 읽기 과정에 도입하여 적절하게 사용하여야 한다는 원리이다. 이 과정에서 교사는 학습자에게 적극적으로 자신의 읽기 행위를 수행하도록 여러 가지 지식이나 방법을 제공하는 것 못지 않게 학습자에게 자신의 읽기 행위를 개선하기 위해 노력하게 하고 이를 위한 실천적 의지를 고양하는 것이 필요하다.

L 교사와 연구자가 함께 이상의 상위 인지 활용할 원리는 구안한 후, L 교사는 '중학교 국어 1-2, 1. 능동적으로 읽기' 단원에 이 상위 인지 활용 원리를 적용하기로 하였다. 다음은 읽기 단원에 이 원리를 적용하여 교수 학습 과정과 내용을 설계하고 이를 수행하는 과정이다.

① 교수 학습 설계

앞에서 제시한 상위 인지적 교수 전략의 기본 원리를 활용하여 L 교사는 교수 학습 계획을 세우기 위해서 해당 단원의 지도 내용과 교과서 체제를 분석하고 이를 바탕으로 상위 인지를 적극적으로 활용하는 교수 학습 계획을 설계하였다. 이 과정에서 교사는 연구자와 함께 상위 인지를 활용하는 교수 전략을 적용할 수 있게 읽기 교수 학습의 구체적인 내용과 방법을 논의하였다. 그리고 해당 단원에 대한 기존의 학습 내용을 최대한 반영해야 한다는 L 교사의 의도를 존중하여 교과서를 실제 수업에 적용할 수 있는 형태로 다시 재구성하였다.

먼저 L 교사와 연구자는 해당 단원의 학습 내용을 기본 구조로 학습자들에게 실제 읽기 전략에 대한 지식과, 그것의 적용, 또 그러한 지식과 적용을 고양하는 것을 기본 의도로 하는 교수 학습 계획을 세웠다. 이것은 앞에서 언급한 상위 인지적 교수 전략의 기본 원리를 반영하는 것이기도 하였다. 이 과정을 통해 이 단원의 학습 내용은 다음과 같이 결정되었다.

1 학습할 내용

1. 능동적으로 글을 읽어야 하는 이유는?
2. 능동적으로 글을 읽는 방법
 ① 글의 내용을 파악하며 읽기
 ② 숨어 있는 내용을 추리하거나 상상하면서 읽기
 ③ 글의 내용과 관련되는 질문을 만들고 그 질문에 대한 답을 찾으면서 읽기
 ④ 중요한 곳에 밑줄을 긋거나 중요한 내용을 정리하면서 읽기
3. 읽기 과정에 따른 능동적인 읽기 방법

<읽기 전에>

 ① 맥락 확인하기 - 독자, 텍스트, 상황
 ② 독서 목적 설정하기
 ③ 독서 방법 결정하기
 ④ 동기 유발하기

<읽는 중에>

 ① 글의 내용을 파악하면서 읽기-단어, 문장, 문단, 글 전체를 이해하면서 읽기 등
 ② 숨어 있는 내용을 추리하거나 상상하면서 읽기- 다음 내용을 알 수 있는 단서를 이용하면서 읽기, 글쓴이가 드러내지 않은 내용 상상하면서 읽기 등
 ③ 글의 내용과 관련되는 질문을 만들어 보고 그 질문에 대한 답을 찾으면서 읽기 -글의 중심 내용, 지은이의 의도 등을 파악하기 위한 질문을 만들어 보고 답하기 등
 ④ 중요한 곳에 밑줄을 긋거나 중요한 내용을 정리하면서 읽기- 내용을 잘 파악할 수 있는 방법 생각하며 읽기, 기억해 두거나 공부하기 위해서 읽기

<읽은 후에>

① 자유 회상하기
② 질문하기
③ 토론하기
④ 독해 심화하기

이 교수 학습의 내용을 바탕으로 교과서의 글을 내용으로 새롭게 교재를 재구성하여 아래와 같은 교수 학습 활동을 설계하였다. 이 교수 활동들은 해당 단원의 단원 목표를 중심으로 담당 교사가 지니고 있는 교과와 단원에 대한 지식을 활용하여 계획되었다. 이 수업은 모두 6시간에 걸쳐 진행되도록 계획되었으며 전체 교수 학습 과정은 직접 교수법의 진행 과정을 따랐다.

차시	구분		교수 학습 활동
1, 2	단원의 길잡이		· 단원 목표 안내 · 능동적으로 읽기 방법의 현시적 설명 → 단원의 길잡이와 그에 해당하는 예시문 설명하기
3, 4	소단원 (1)	읽기 전 활동	· 소단원 (1)을 읽기 전, 읽는 중, 읽기 후로 나누어 읽기를 계획하고, 계획대로 실천하면서 읽어가기 → 교과서 내용을 활용하면서 상위 인지를 활용하는 교사의 시범과 보조가 계속됨 → 학습지와 교과서를 활용하며, 학습 활동은 확인 정도로 끝냄 (이미 학습 활동에서 요구하는 활동은 실제 내용 이해 중에 완성함. 특히 학습자 스스로 독해를 완성할 수 있도록 유도됨)
		읽기 중 활동	
		읽기 후 활동	
5	소단원 (2)	읽기 전 활동	· 소단원 (2)를 읽기 전, 읽는 중, 읽기 후로 나누어 읽기를 계획하고, 계획대로 실천하면서 읽어가기 → 가능한 학습자 스스로 할 수 있도록 하면서 교사는 학습자들의 활동을 촉진하는 도움 → 교사는 학습자들이 교과서 내용을 학습하면서 상위 인지를 활용하는 활동을 강화할 수 있도록 독려
		읽기 중 활동	
		읽기 후 활동	
6	생각 넓히기		· 제시된 학습지를 이용하여 내용을 학습자 스스로 읽기 과정을 능동적으로 수행하도록 함

	보충 심화	→ 가능한 학습자 스스로의 판단에 의해 독해를 이끌어 가도록 함
	이 단원을 마치며	

〈표 6〉 L 교사의 교수·학습 활동 계획

② 교수 학습 과정으로 수행

위에서 제시한 계획에 따라 학습지가 마련되었고 L 교사는 계획대로 6시간에 걸쳐 이 단원을 지도하였다. 먼저 1, 2차시에는 능동적으로 읽기에 관한 지식을 학습하면서 L 교사의 전략 활용에 대해 현시적인 설명을 실시하였다. 학습자들이 읽기 전략에 대해 충분히 이해할 수 있도록 단원의 길잡이에 해당하는 부분을 충분히 다루도록 하였다. 특히 교사의 상세한 설명이 필요한 첫 번째 연습 과정에서는 소단원 (1)이 직접 들어가는 것이 적절하지 않다고 보아 난이도가 다른 글 3편을 먼저 교재로 사용하였다. L 교사는 첫 번째 연습을 통해 글의 읽을 때 어떤 방식으로 접근하는지, 그 접근 과정에서 어떤 일들을 해야 하는지와 같은 전략 활용에서의 초인지적 지식과 조정에 관련된 설명을 중점적으로 제공하였고, 전략 활용의 중요성, 상황 등에 대해서도 충분히 언급하였다.

3, 4차시에는 두 번째 연습 과정으로 소단원 (1)을 교수 학습하였다. 소단원 (1)을 읽기 전, 읽는 중, 읽기 후로 나누어 다루는 과정에서 상위 인지를 활용하는 것에 대해 L 교사의 시범과 보조가 계속되었다. 이 과정은 학습자 스스로가 독해를 완성할 수 있도록 교사의 도움을 점차 제거하는 방식으로 수행되었다.

5차시는 세 번째 단계인 소단원 (2)가, 6차시에는 보충 심화의 글들이 교수 학습되었다. 이 과정에서는 가능한 교사의 도움 없이 학습자 스스로 학습할 수 있도록 하였다. L 교사는 학습자들의 활동을 촉진하는 정도의 도움만을 제공하였지만 학습자들이 요청하는 경우처럼 필요하다면 언제라도 학습자들에게 읽기 과정에 대한 정보와 시범을 반복하여 제공하였다. L 교사가 실제 수업을 진행하는 모든 과정에서의 설명이나 예시 같은 교수 행동은 사전에 연구자와 교사가 함께 논의하였다.

마. 검증

L 교사가 자신의 읽기 수업에서 문제를 제기하고 이를 해결하기 위해 교수 전략을 수립하여 이를 수업에 적용한 이상의 과정에서 교사는 비교적 만족스러운 결과를 얻었다. 이 결과는 다음의 '읽기 교수 전략의 효과성 검증'에서 자세히 다루어질 것이다.

2.2.3 읽기 교수 전략의 효과성 검증

연구자는 앞에서 논의한 상위 인지적 교수 전략을 개발하고 적용하는 과정의 효과성을 검증하기 위해 이 교수 학습 과정을 집단 간 비교 실험의 형태로 진행하였다. 이는 L 교사가 교수 학습 과정에서 활용한 교수 전략의 효과성을 증명하기 위한 과정이다[60].

가. 실험 설계

L 교사가 학습자들이 읽기 전략을 능동적이고 자기 주도적으로 사용할 수 있도록 하기 위해서 상위 인지를 활용하게 하는 교수 전략을 적용하는 것이 필요하다고 목표를 세웠으므로 이 실험의 가설은 다음과

---

60) 현장에서 교사가 문제를 해결하기 위해 교수 전략을 수립하고 이를 적용할 경우, 이 연구에서와 같은 실험의 절차를 거치지는 않는다. 실험 집단과 비교 집단을 두고 그 효과를 확인하기보다는 전략을 적용하는 과정에서 자신이 지니고 있는 경험과 교사로서의 전문성에 의해 교수 전략을 선택하여 자신이 담당하고 있는 모든 수업에 적용하는 것이 보통이다. 이때 교수 전략의 적용에 대한 평가는 스스로의 반성과 점검에 의해 이루어지며 차후의 교수 활동에 피드 백된다.

같이 설정하였다.

가설 : 상위 인지를 활용하는 교수 전략은 학습자들의 읽기 능력 신장에 유의미한 영향을 끼칠 것이다.

이 가설은 교사에게 상위 인지를 활용하는 교수 전략을 개발하고 이를 교수 학습 과정에 적용하게 함으로써 학습자들이 읽기 전략을 능동적, 주도적으로 사용하게 하여 읽기 능력을 의미 있게 향상시킬 수 있다는 것을 의미한다. 이 실험에서 L 교사가 학습자들에게 상위 인지를 활용할 수 있도록 교사의 설명과 시범을 설계하여 실제 수업에 적용하였으므로 교사의 교수 전략이 주요 변인이 된다. 이에 따라 이 교수 전략의 효용을 검증하는 실험은 다음과 같이 계획되었다.

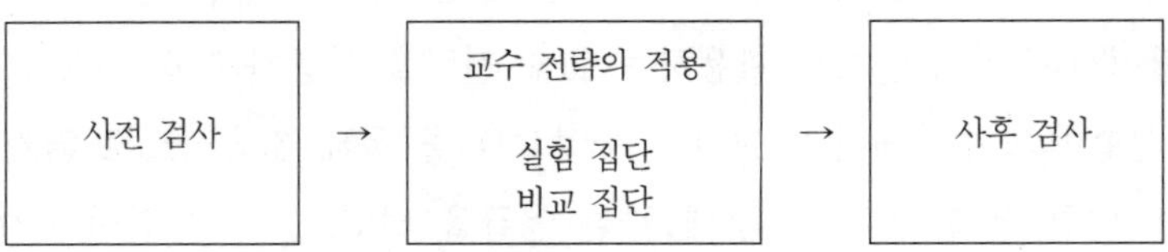

〈그림 3〉 실험 설계

나. 실험 과정

실험 집단과 비교 집단에게 적용된 내용은 다음과 같다. 실험 전체에 소요된 시간은 8차시였으나 사전 검사와 사후 검사를 제외하면 실험 집단이나 비교 집단 모두 6차시만에 해당 단원에 대한 교수 학습을 종료하였다. 이 실험은 사전 검사와 사후 검사를 모두 포함하여 약 2주 정도(2003년 9월 15일부터 2003년 10월 3일까지)의 기간이 소요되었다[61].

61) 상위 인지를 활용하여 읽기 과정을 수행하는 것은 학습자의 읽기 태도와 습관과도 밀접한 관계가 있기 때문에 이를 익히기 위해서는 충분한 시간이 필요하다. 이 실험은 비교적 짧은 기간에 수행되었기 때문에 이 교수 전략의 결과가 학습자들에게 충분히 내면화되지 않았을 수 있다는 한계를 가진다.

차시	실험 집단	비교 집단
1	사전 검사	사전 검사
2	교사의 설명 위주의 수업(1) 학습지-①	단원의 길잡이
3	교사의 설명 위주의 수업(1) 학습지-②	소단원(1)
4	교과서 (1)	소단원 (1)
5	교과서 (1)	소단원 (2)
6	교과서 (2)	소단원 (2)
7	보충 심화	보충 심화
8	사후 검사	사후 검사

〈표 7〉 실험 집단과 비교 집단의 교수 학습 진행 과정

실험 과정에서 L 교사는 비교 집단에서는 기존의 수업 방식을, 실험 집단에서는 상위 인지를 활용하는 교수 전략을 사용하게 하였다. 그 결과 실험반의 수업에서 L 교사는 수업 시간을 통해 지속적으로 읽기 과정에 대한 예측, 점검, 조정에 관한 언급을 하였고, 그에 관련된 여러 가지 읽기 기술(tactics)을 설명하고자 노력하였다. 따라서 L 교사는 자신의 수업을 통해 학습자들이 자신의 상위 인지를 적극적으로 활용하며 읽기 전략을 학습하고 적용하게 지도하는 교수 전략을 수행하였다고 할 수 있다.

이 실험에 사용된 사전 검사와 사후 검사는 동일한 문항을 사용하는 동형 검사였다. 또 문항의 내용은 학습 목표와 관련된 것과 일반적인 읽기 능력에 관한 것들이 함께 제시되었다. 일반적인 읽기 능력을 측정하려는 문항과 단원의 학습 목표에 관련된 문항 모두 학습자가 자신의 읽기 전략을 상황에 맞추어서 적극적으로 사용하게 된다면 결과가 더 좋아질 수 있는 문항이었다.

> ※ 다음 글을 읽고 물음에 답하시오.
>
> 청개구리는 1인치도 안 되지만, 그 크고 맑은 목소리는 1마일 밖에서도 들린다. 그 놈이 가까이 앉아 있을 때조차도 그 소리의 위치를 찾아내기가 힘들다. 아마도 아주 작은 이 동물을 보는 사람보다 소리를 듣는 사람이 더 많을 것이다. 성숙한 수놈만이 울 수 있으며, 이 놈이 노래 부르는 것을 구경하는 것은 멋진 일이다.
>
> 청개구리는 뒷발로 걸치고 앉아 몸을 젖히고 노래를 부른다. 흰 목구멍은 불어나서 막 터질 것 같은 물거품처럼 보인다. 입을 다물고, 개구리는 두 음색으로 된 네 마디의 가락을 토해낸다. 그러고 나면 턱밑에 있는 기낭은 축 늘어진 가죽의 주머니가 된다. 다시 노래를 부르기 위해 그 놈은 다시 숨을 들이쉰다. 잠시 동안의 찬 날씨가 한동안 개구리를 침묵시킬는지 모르지만 다시 따뜻한 봄밤이 찾아오면 그는 다시 노래를 부를 것이다.
>
> *기낭: 일종의 공기 주머니
>
> 9. 이 글을 통해 분명히 알 수 있는 청개구리의 특성은?
> ① 추운 곳을 좋아한다.
> ② 목소리가 처량하다.
> ③ 바닷가에서 흔히 볼 수 있다.
> ④ 몸집이 무척 크다.
> ⑤ 성숙한 수놈만이 노래를 부른다.
>
> 10. 이 글을 요약하여 한마디로 말한다면?
> ① 청개구리의 서식지
> ② 청개구리의 종류
> ③ 청개구리의 울음
> ④ 청개구리의 성장 과정
> ⑤ 청개구리의 겨울잠

〔일반적인 읽기 능력에 관한 문항의 예〕

이 문항의 경우, 학습자들이 글을 읽고 글에 나온 내용을 사실적으로 이해하고 있는지를 묻는 문제와 전체적인 내용을 이해하고 있는지를 묻는 것으로 일반적인 읽기 능력과 태도를 보여주는 것이라 할 수 있다.

다음 문항은 이 단원의 학습 목표[62]와 관련이 깊은 것으로 글을 읽으면서 문제를 제기하고 이를 해결하는 것에 관한 것이다.

62) 이 단원은 학습 목표인 '능동적으로 읽기'를 학습하는 방법으로 소단원마다 학습자가 글을 읽으면서 스스로 질문하게 하고 이에 대한 대답을 찾아보게 하는 학습 활동을 제시하고 있다.

※ 다음 글을 읽고 물음에 답하시오.

인구의 지나친 팽창은 지구 전체의 자연 환경을 파괴한다. 해마다 엄청나게 늘어나는 세계의 인구가 제대로 먹고 입고 편하게 살아가려면, 인구가 늘어나는 만큼 식량과 공산품을 더 많이 생산해야 한다. 식량의 증산을 위해서는 더 많은 농토를 개발하고, 더 많은 비료와 살충제를 뿌려야 한다. 그런데 비료와 살충제의 사용은 산과 들의 숲을 파괴하고, 땅과 강을 오염시킨다. 그리고 공산품 생산에는 막대한 에너지 자원이 사용되는데 에너지 자원의 지나친 사용은 엄청난 공해를 발생시킨다. 이러한 공해도 지구를 황폐화하고 기후를 변화시킨다.

21. 이 글에서 제기하고 있는 문제점으로 가장 알맞은 것은?
① 공산품의 부족
② 식량 부족
③ 자연환경의 파괴
④ 비료와 살충제의 사용
⑤ 자원 부족

22. 이 글에 덧붙여 쓰게 될 해결책으로 적절하지 못한 것은?
① 대체 식량을 개발하자.
② 인구의 증가를 막을 수 있는 정책을 수립하자.
③ 태양열 에너지를 활용하자.
④ 맑은 공기를 마시기 위해 공기정화기를 사용하자.
⑤ 땅을 오염시키지 않는 농사법을 개발하자.

〔학습 목표 관련 문항의 예〕

다. 실험 결과

이 실험의 결과를 검증하기 위해 두 집단에 사전 검사와 사후 검사를 실시하고 두 검사의 평균에 대해 t 검증을 실시하였으며, 그 결과는 다음과 같다.

<table>
<tr><th rowspan="3"></th><th colspan="5">대응차</th><th rowspan="3">자유도</th><th rowspan="3">유의
확률
(양쪽)</th></tr>
<tr><th rowspan="2">평균</th><th rowspan="2">표준
편차</th><th rowspan="2">평균의
표준오차</th><th colspan="2">차이의
95% 신뢰 구간</th></tr>
<tr><th>하한</th><th>상한</th></tr>
<tr><td>비교 전</td><td>61.5172</td><td rowspan="2">17.4988</td><td rowspan="2">3.2494</td><td rowspan="2">-10.3803</td><td rowspan="2">2.9320</td><td rowspan="2">28</td><td rowspan="2">.261</td></tr>
<tr><td>실험 전</td><td>65.2414</td></tr>
<tr><td>비교 전</td><td>61.9355</td><td>8.6898</td><td>1.5607</td><td>-2.5745</td><td>3.8003</td><td>30</td><td>.697</td></tr>
</table>

비교 후	61.3226						
실험 전	65.5484	8.8534	1.5901	-7.1184	-.6235	30	.021
실험 후	69.4194						

〈표 8〉 실험의 결과

이 결과를 해석하면 실험 집단과 비교 집단은 사전 검사 결과를 통해 보았을 때 특징적인 차이를 보이지 않는 동질 집단이라고 할 수 있다. 이는 95% 신뢰 수준 즉 0.05를 기준으로 보았을 때, 이들 집단의 평균 차이는 유의 확률 0.261로 0.05보다 큰 값이므로 이 값은 유의 확률에 속한다고 할 수 없기 때문이다. 그리고 비교 집단의 사전 검사와 사후 검사의 검증에서도 사전 검사와 마찬가지로 유의미한 결과를 보이지 않는다. 따라서 비교 집단은 사전 검사와 사후 검사를 통해 의미 있는 변화를 했다고 말하기 어렵다.

그러나 실험 집단의 사전 검사와 사후 검사의 평균은 의미 있는 차이를 보인다. 신뢰 수준 0.05를 기준으로 보았을 때 0.021은 95%의 신뢰 구간을 벗어나는 유의 확률을 보이므로 이 실험이 설정한 가설이 유의하다는 것을 보여준다. 이것으로 이 연구가 설정한 가설이 성립한다는 것을 의미한다. 즉, 상위 인지를 강조하는 교수 전략이 학습자의 읽기 전략의 활용을 촉진하고 읽기 능력을 신장시킬 수 있다는 것이다.

제5장 결론

읽기는 새로운 정보를 획득하고 사고를 확장하여 인간이 가진 가능성을 실현하게 하는 활동이다. 읽기를 잘한다는 것은 단순히 글을 잘 읽는다는 것을 의미하는 것이 아니라 글에서 지식을 얻고 사고를 확장하며 세계를 이해하고 스스로 성장할 수 있다는 것을 의미한다. 따라서 읽기 교육은 학습자들에게 읽기를 잘할 수 있는 방법과 지식을 가르쳐서 학습자들의 읽기 능력을 신장시키려 한다. 이 읽기 교육의 의도는 읽기 교육과정과 읽기 교과서를 통해 구체화되어 교실의 읽기 교수 학습 과정에 적용된다.

지금까지의 읽기 교육 연구는 읽기 교육과정, 읽기 교과서에 많은 변화를 가져왔다. 그런데 이 변화는 궁극적으로 교사의 교수 활동을 통해 학습자들의 읽기 능력을 신장시키는 것이어야 한다. 실제 읽기 교육 연구가 이러한 변화를 이루어내고 있는지를 규명하기 위해서는 현재의 읽기 교육이 어떻게 이루어지고 있는지, 실제로 학습자들의 읽기 능력을 신장시키는 데 도움이 되는 활동들이 이루어지고 있는지에 대한 실제적인 근거가 제시되어야 한다. 이를 위해 읽기 교육에 대한 연구들은 실제 교실에서 일어나는 읽기 수업을 대상으로 읽기 교육이 어떻게 실현되고 있는지를 살펴볼 필요가 있다.

이 연구는 학습자들의 읽기 과정과 교실에서의 읽기 교수 학습 과정을 관찰하여 읽기가 어떻게 일어나고 있으며, 읽기 교수 학습 과정에서는 이를 어떻게 다루고 있는가를 살펴보고자 하였다. 그리고 이 과정에서 읽기 교수 학습 과정이 읽기 행위나 읽기 교수 학습 활동을 다루는 데 있어서 발생할 수 있는 문제를 제기하고 이를 해결할 방안을 마련하고자 하였다.

이를 위해 이 연구는 읽기 교수 학습이라는 입장에서 학습자들의 읽기 수행을 관찰하였다. 분석 결과 읽기 행위를 통해 학습자들은 다양한 의미를 구성할 수 있지만 모든 의미를 동등한 가치를 지닌 것으로 수용할 수 없다는 것을 인식하고 자신의 읽기 상황에서 수용될 수 있는 의미를 구성한다는 것을 밝혔다. 이 연구에서는 이 현상을 의미의 형성과 심화의 과정으로 설명하였다. 의미의 형성은 학습자가 글로부터 다양한 의미를 형성할 수 있다는 것이며, 의미의 심화는 다양한 의미를 읽기 상황에서 수용될 수 있도록 조정하는 것이다. 의미를 심화하기 위해서 학습자는 의미를 내적으로 연계시킬 뿐만 아니라 외적으로 용인될 수 있는지를 고려한다. 의미를 내적으로 연계시킨다는 것은 단어나 문장과 같은 작은 단위들의 의미로부터 문단이나 글 전체와 같은 큰 단위의 의미들까지 서로 관련을 맺을 수 있도록 의미를 조정하는 것이다. 또한 의미가 내적으로 연계되어 있다는 것은 읽기를 수행하는 과정에서 학습자의 읽기 행위의 일관성을 유지하기 위해서 스키마나 읽기 전략과 같은 자원들을 적절히 조절하는 것이다. 의미를 외적으로 용인될 수 있게 한다는 것은 읽기를 통해 형성된 의미가 교수 학습 상황이 수용할 수 있는 의미로 조정하는 것이다. 이 때의 교수 학습 상황은 읽기가 일어나는 맥락에 따라 교실, 사회, 가정, 개인 공간 등으로 다양할 수 있다. 학습자가 내적인 연계와 외적인 용인을 고려하면서 의미를 조정하여 구성해내는 최종적인 의미는 질적인 판단이 가능하다. 따라서 읽기 교수 학습 과정은 학습자가 내적으로나 외적으로 우수한 의미를 생성할 수 있도록 돕는 과정이라 할 수 있다.

이 연구는 실제 읽기 수업을 관찰하여 읽기 교수 학습을 구성하는 변인들의 역할과 읽기 교수 학습이 형성되는 과정을 기술하였다. 읽기 교수 학습 과정은 읽기 교사, 읽기 학습자, 읽기 교재, 읽기 상황과 같은 읽기 변인에 의해 이루어진다. 읽기 교수 학습 과정에서 읽기 교사는 학습자들에게 능숙한 독자로서 역할 모델이 될 뿐만 아니라, 읽기 행위에 대한 해설자, 교수 학습의 매개자, 촉진자가 되었다. 읽기 학습자는 능동적인 참여자로 교수 학습 과정을 주도하는 이였다. 읽기 교사는 읽기 학습자의 능동성을 신장시킴으로써 읽기 학습에 더 적극적으로 참여하게 할 수 있었다. 읽기 교재는 교사의 교수 활동이 구체화할 수 있는 매개물로 제시되었다. 읽기 교수 학습이 일어나는 시간, 공간, 환경 등 읽기 교수 학습의 맥락은 읽기 학습자와 읽기 교사의 의식과 행동에 영향을 주는 요소였다. 읽기 교사는 이들 맥락을 적절하게 관리하고 조정함으로써 학습자들의 학습을 도울 수 있었다. 읽기 교수 학습에서 활동, 차시, 대단원과 같은 단위는 단계적으로 구성된다. 대단원의 교수 학습 과정은 몇 개의 차시로 구성되고 한 차시의 교수 학습 과정은 몇 개의 활동으로 구성된다. 읽기 교사는 이 활동의 교수 학습 과정, 차시의 교수 학습 과정, 대단원의 교수 학습 과정을 유기적으로 연결하면서 하나의 단원이 제시하는 일련의 읽기 전략, 읽기 학습 목표를 달성하였다.

이 연구는 이상과 같이 읽기 교수 학습 과정이 학습자들에게 의미를 형성하고 심화하는 읽기 수행을 다루는 과정이며 특정 과제를 중심으로 제공되는 과제 해결 과정이라는 것을 밝혔다. 또 읽기 교수 학습 과정은 읽기의 목적에 따라 내용 학습을 위한 과정과 방법 학습을 위한 과정으로 구분될 수 있으며 각 과정에서 학습자들에게 전달되어야 하는 읽기 교수 학습의 내용은 구별이 되지만 실제 이 두 유형의 읽기 교수 학습 과정이 혼재한다는 것도 밝혔다.

학습자들의 읽기 수행과 읽기 교수 학습 과정을 기술하는 과정에서 몇 가지 문제를 발견할 수 있었다. 먼저 읽기 교수 학습에서 읽기 수행을 다루는 것과 관련하여 교사들은 읽기 수행을 통해 의미를 적절하게 형성하고 심화하는 것에 대한 정보를 충분히 제공하지 않았으며 읽기 학습자의 능동성을 배려하지도 못하였다. 또 학습자의 읽기 수행 과정에서 교사가 구조적인 매개자로 역할해야 함에도 그렇게 하지 못하였다. 이러한 읽기 수행에 관련된 문제들은 학습자들이 읽기 교수 학습 과정을 통해 읽기 행위를 이해하고 연습하는 데 비효율적이다. 그리고 교수 학습 활동을 수행하는 데 있어서도 교사들은 교과에 대한 지식이 충분하지 못하여 읽기 수행을 학습자들에게 제대로 제시하고 설명하지 못하였으며, 읽기 교수 학습 과정을 통해 읽기를 통해 형성되는 의미를 다른 여러 층위의 의미들과 연결짓도록 지도하는 활동도 부족하였다. 교재 활용 역시 체계적으로 접근하는 노력이 부족하였고, 읽기 교수 학습 과정 전반에 걸쳐 교수 학습 활동을 교육과정 등에 관련시켜 설명하지 못하였다. 이런 점들은 읽기 교수 학습 과정을 효율적이고 체계적으로 수행하지 못하게 하였다. 이 연구는 읽기 교수 학습 과정에서 일어나는 문제를 교사 스스로 해결하는 방법으로 교수 전략을 제안하고 교수 전략을 개발·적용하는 과정을 제시하고 실험을 통해 그 효과를 검증하였다.

이 연구에서 제시된 문제들은 연구자가 관찰한 읽기 수업을 분석하는 과정에서 도출된 것이므로 현재 실행되고 있는 모든 읽기 수업이 이와 같은 문제를 지닌다고 할 수는 없다. 그러나 연구자의 관찰 연구에 참여한 교사들이 현행 읽기 교수 학습 과정에서 요구하는 읽기 교사로서의 전문성과 자질을 충분히 지니고 있다는 점과 이들의 수업이 객관적으로도 부족한 수업 혹은 완성도가 떨어지는 수업은 아니라는 점을 고려할 때, 이런 문제를 교사의 자질이나 관찰한 읽기 수업의 특수성으로 설명하는 것은 바람직하지 않다. 이러한 문제들이 앞으로의 읽기 교육 연구에 요구되는 연구 과제로 인식할 필요가 있다.

이 연구의 성과는 다음과 같은 분야에 활용될 수 있을 것으로 기대한다. 먼저 연구 내용에 있어서 이 연구는 학습자들이 읽기 행위를 통해 의미의 형성 및 심화의 과정을 거쳐서 상황에 적절한 의미를 만들려고 노력한다는 것을 밝혔다. 이를 통해 읽기 교사는 학습자들에게 읽기를 통해 구성되는 의미의 적절성을 판단할 수 있는 근거를 제시할 수 있다. 이렇게 읽기 과정에 의미 판단의 준거를 적용하게 함으로써 읽기 교육은 상황에 따라 학습자의 읽기 수준을 높일 수 있는 방법을 제공할 수 있다. 사실적인 읽기, 비판적인 읽기, 감상적인 읽기와 같은 읽기의 여러 유형에 있어서도 학습자에게 자신의 읽기의 결과를 판단하고 조정할 수 있는 방법과 내용을 제공할 수 있다. 읽기 교수 학습 과정이 내용 학습과 방법 학습이라는 읽기의 목적에 따라 달라질 수 있다는 이 연구의 결과는 읽기 교재를 제작하거나, 읽기 프로그램을 구성할 때 유용하게 활용될 수 있다. 또한 읽기 교사에게도 자신의 수업에서 요구되는 읽기 교수 내용과 교수 행위를 결정하는 데에도 활용될 수 있다.

이 연구는 읽기 수행과 읽기 교수 학습 과정에 대한 관찰을 통해 읽기 교육의 문제를 제기하고 이를 해결할 방법으로 교사가 적절한 교수 전략을 수립하고 실현할 수 있어야 한다는 것을 제안하였다. 이는 교사 양성 과정의 내용과 방법을 개선하는 데 활용될 수 있다. 교사 양성 과정에서 읽기 교사 혹은 국어 교사에게 제공되어야 하는 교과 지식에 교과 교육 이론과 함께 그것을 활용할 수 있는 방법적 지식이 포함되어야 한다. 이 연구가 제안하고 있는 것과 같이 문제 해결을 위해 교수 전략을 개발하고 적용하는 것은 이런 방법적 지식의 한 예가 된다.

다음으로 연구 방법에 있어서 이 연구에서 사용한 교실 관찰과 읽기 프로토콜 생성, 읽기 인터뷰와 같은 연구 기법들은 읽기 영역뿐만 아니라 쓰기, 듣기, 말하기, 문학과 같은 국어 교육의 다른 영역에서도 유용한 연구 기법으로 활용될 수 있다. 특히 교실 관찰은 교육과정이 최종적으로 실현되는 과정을 다루는 것으로 이론 적용의 효율성을 검증하는 것 외에도 실제 교육 현장의 문제와 요구를 국어 교육 연구로 연결할 수 있는 계기를 제공해 줄 수 있다.

지금까지 우리 나라에서 이루어진 읽기 교육에 관한 연구들은 실제 우리 읽기 교육의 현황을 바탕으로 논의하기보다는 외국 이론을 도입하거나 외국 이론을 검증하는 데 치중한 것이 사실이다. 이 연구는 우리의 현실에서 읽기가 어떻게 다루어지고 있으며, 읽기 교수 학습이 어떤 방식으로 이루어지고 있는가에 대해 논의함으로써 읽기 교육이 교육 현장에 적용될 때의 문제를 제기하고 이의 해결을 도모할 수 있는 계기를 제공하였다.

이 연구가 좀더 실제성을 지니기 위해서는 읽기 교육과정의 교실 실현 과정, 읽기 교사의 교수 행동 분석과 같이 읽기 교실을 분석하고 이 과정에서의 교육 내용, 교수 행동 등의 의미를 밝히는 연구가 더해져야 할 것이다. 또 읽기 교과서나 읽기 교재의 체제 및 활동을 실제 읽기 수업이나 교수 활동과 관련하여 그 의미를 밝히는 연구 역시 필요하다. 이런 연구들을 통해 응용 학문으로서의 읽기 교육이 학습자들의 읽기 능력을 신장시킨다는 본래의 목적에 더욱 충실히 기여할 수 있을 것이다.

부록

가. 수업 전사본

[B] 교사의 [나] 수업 1차시

: 중학교 국어 1-1 4. 메모하며 말하기 (2003년 4월 30일)

나. 프로토콜

[마] 학습자 : 최현배의 '사주오 두부 장수' (2003년 9월 초)

다. 읽기 인터뷰

[A] 학습자 : 중학교 1학년 (2003년 2월 6일)

가. 수업 전사본

2003년 4월 30일 [B] 교사의 [나]반 1차시 수업

(0:15)시작 종침

S- 선생님 ○○○ 어디 갔어요?

B- 응?

S- 어디 갔어요? 아까?

자리에 앉아라 거기, 빨리 종쳤잖아.

B- 거기 앉아라. ○○○ 어디 갔냐?

S- 갔어요.

B- (0:41) 여기 줄 여기 줄 넣어 놨냐? ○○아, 여기 줄 못 봤냐? 아까 썼던 연결 줄

S- 못 봤는데요

B- 너 없어, 우리 반에? 우리 반에 없어?

S- 안녕하세요.

B- 우리 반에 없어? 자리에 앉아. 너 왜 울어? 너 성범이 때렸어? 자 빨리 앉자.

SS- (계속 떠듦.)

B- (1:39)자 얘들아, 반장, 인사.

S- 차려, 경례.

SS- 안녕하세요.

B- 안녕하세요. 자 여러분 오늘 책 검사한다고 그랬죠? 책 없는 사람 있어요? 책 없는 사람? 자 보자. 여기 옆에 누구야? 자 혹시 빌리더라도요. 꼭 가져 오세요, 책. 앞으로. 왜냐하면 이건 책에 표시하면서 해야 하는 단원이기 때문에 책이 없으면 안돼요. 자 그러면, 연결선이 없어서,(2:35)자 오늘부터 4과 한다고 그랬죠? 4과 자 메모하

며 읽기. 다 펴 보세요. 뒤 뒷문 좀 닫을래? ○○야. ○○야. 뒤, 뒷문 좀. 자 우리 새로운 단원 시작할 때마다 항상 뭐했어요?

S- 단원의 길잡이

B- 응? 기억 안 나요? 단원의 길잡이 읽기 전에 선생님이 항상 뭐했더라? 우리? 그림 봤었죠, 그죠? 그림. 자 그러면 115페이지. 단원 제목 밑에 그림 한번 봅시다. 이번에는 그림이 추상적인 게 아니라 정말로 실제적으로 나왔어요. 자 단원 제목이 뭐야? 다같이!

SS- 메모하며 읽기.

B- (3:19)응, 자 그래서 우리가 글을 읽을 때 메모하면서 읽는 방법에 대해서 나온 단원인데요. 실제로 그 단원 그림 밑에도요 메모하는 예가 나왔죠? 자 그럼 메모를 할 때 어떤 식으로 할 수 있는지 여러분이 할 수 있는 방법을 다 찾아 보세요. 찾아서 선생님처럼 이건 어떤 식으로 했고, 이건 네모를 치고 이건 동그라미 치고, 이건 밑줄 치고 이런 식으로 한번 다 써 볼까? 이렇게 메모를 해 보세요. 예를 들면 호수라는 시가 나왔죠? 거기 시에는 얼굴에 동그라미 쳐놓고 눈에 동그라미 쳐놨어, 이렇게 핵심단어에 동그라미 칠 수도 있죠. 그 다음에 '호수만한'이 거기에 밑줄이 쳐 있죠? 그 다음에 자기 생각, 얼마나 보고 싶으면 호수만하다고 했을까, 이런 식으로 자기 생각도 써 놨죠? 자 이런 식으로, 여러분 다 찾아봐. 뭐야, 너네, 수업에 늦고. 자 또, 뭐 찾았어요? 뭐 찾았어요? 예를 들면, 거기 형광펜 보여요? 오른쪽에

S- 이거요?

B- 응, 오른쪽에 그림 색 그림 문자 이런 데 빨간색 형광펜으로 줄쳐 놨죠? 그 다음에 9페이지에 파란색으로 친 건 뭘 것 같애? 색연필로 쳐 놓은 거야. 이런 식으로 눈에 더 잘 보이게, 그냥 연필로 찍 해놓은 게 아니라, 눈에 돋보이게 예쁘게 정리하려고 색연필도 치고, 그

다음에 문장의 역사, 그림문자, 표의 문자 이런 식으로, 거기 뭘 붙였어?

SS- 포스트 잇.

B- 응, 포스트 잇을 붙여서 더 눈에 잘 띄고 정리하려고 칸이 모자랄 땐, 이런 식으로 해도 되죠? 그 다음에 왼쪽 위에 있는 책 보세요? 어떤 식으로 메모했어? 프로그래밍 언어의 종류 그 책에 보면?

SS- 저급 언어…….

B- 응, 저급 언어, 고급 언어 이런 식으로 도표를 만들어서 내용의 구조도를 그렸죠? 이런 식으로 메모를 할 수도 있는 거야. 자기 생각을 적을 수도 있고, 또 밑줄도 쳐 놓고, 네모도 쳐놓고, 화살표도 하고 이런 식으로 굉장히 다양한 방식으로 눈에 띄도록 내용을 정리하고, 또 내용에 대한 생각을 정리하고 그런 식으로 메모를 할 수 있는데요. 이런 거는 어려운 게 아니라, 여러분이 다 해 왔던 거예요. 한번 앞에 단원 쫙 봐봐. 쭉 넘겨 봐라. 책이 하얀 사람은 수업 시간에 열심히 안한 사람, 내용 이해를 못한 사람이고. 와, 어떤 사람은 색깔펜으로 막 쳐 놓고요, 형광펜으로 쭉 쳐 놓고, 네모도 쳐 놓고 선생님이 수업 시간에 했던 거, 정리도 해 놓은 사람이 많아요. 보니까, 그죠? 와, 어때? 보람 있어요? 자기가 옛날에 했던 걸 보니까? 하하

SS- 아, 대단하지, 대단…….

B- 아우, ○○○ 자랑하는 것 좀 봐라.

SS- (학습자들 계속 자기들의 책에 대해서 이야기한다)

B- 자 그래서(5:55)

S- (한 학습자가 들어와서 교사에게 이야기를 한다,) 열쇠를 그 선생님한테 줬어요, 그래서요

B- 그럼, 우리 반에 들어 있어, ○○○?

S- ????

B- 들어 있어. 선생님 보니까. 자 이거 열쇠 가져와.

S- 어디서요? 저 집에 있어요. 오늘 컴퓨터 안 하는 줄 알고 안 갖고 왔는데

B- 매일 가져와야지, 그럼 ○○○한테 그 조교 선생님한테 받아 가지고, 그것 좀 빌려달라고. 해. 없으면 수업 못하거든?

S- 예.

B- 미리 미리 준비를 해야지. (학습자 나가고 수업 재개)(6:28)자 됐죠? 그럼 우리, 여러 가지 방식으로 자기도 한 걸 살펴봤는데, 이번엔 단원의 길잡이를 읽으면서 이 단원에서 중요한 게 뭔지 한 번 살펴봅시다. 선생님이 그 단원, 공부할 때, 초점 맞출 때 항상 단원의 길잡이 보고 뭐가 중요한지 파악한 다음에, 시험 공부하라고 그랬죠 자, 그럼 단원의 길잡이 학습 목표를 보면 뚜렷하게 알 수 있어요. 다같이 한번 읽어 볼까? 단원의 길잡이 학습 목표, 시작!

SS- (교사와 함께 단원의 길잡이 학습 목표를 읽는다). 글의 주요 내용을 메모하며 읽을 수 있다. 생각이나 느낌을 메모하며 읽을 수 있다.

B- 자, 이 문장 안에도 메모를 하고 동그라미를 칠 수 있어요. 어떤 걸 메모하라고? 주요 내용을 메모할 수도 있고, 또 동그라미 한 번 쳐 봐 봐. 생각이나 느낌을 메모할 수도 있고. 메모하기 종류도 여러 가지 방법인데요, 어떤 걸 좀더 생각을 많이 해야할까요?

S- 생각이나 느낌…….

B- 응, 생각이나 느낌. 글에 대한 자기의 생각이나 느낌이니까 내용도 알아야 되고, 또 자기가 느낀 점도 적어야 되겠죠? 그래서 우리 이제 세 단원, 소단원 세 개를 배울 텐데요, 이런 것들을 하면서 한번 실제로 해보겠어요. (8:36) 자 그럼 단원의 길잡이를 한번 읽어보겠는데요, 아 누구 읽을 차렌가? 기억나요? 저번에 현이의 연극 누구까지 읽었니?,

S- ○○○

B- ○○까지 읽었다, 맞다. 오우! 그러면 ○○ 다음이 34번, 응, ○○, 자 그럼 ○○가 단원의 길잡이 읽는 동안에 여러분은 직접 한번 메모를 해보세요. 책에 밑줄도 쳐 보고요, 그 문단의 … 어, 내용을 요약할 수 있으면, 단어로 요약도 해 보고. 거기 예 나오는 문단에는 줄 안치죠? 그 다음에, 예 바로 밑에 있는 문단부터 문단이 몇 개 있나 확인해보자, 만일 이게 첫 번째 문단이라면, 그 다음이?

SS- 메모하기는

B- 응, 메모하기는 그 다음에 문단은?

SS- 글을 읽을

B- 응, 글을 읽을 때에도. 자 번호표 한번 매겨 보세요. 자, 다음에 메모를 하며 나오죠. 어, 그 다음에 이 단원에서는 이런 것들이 나오는데요. 지금 한 세 개 정도 문단이 나오네요. 선생님이 말하기를 한 문단에는 중심 생각이 몇 개가 들어 있다고 그랬어요?

SS- 한 개

B- 한 개씩 들어있다고 그랬죠? 그럼 한 문단에 자기가 중요한 내용 한 문장을 줄 친다 생각하고 읽어 보세요. 중요한 부분이 있으면 동그라미도 쳐 보고. 자 그럼 ○○가 읽을 동안 각자 활동 해 보세요. 자, 읽어봐, 응.

SS- (9:00) ○○ 일어나서 읽고, 학습자들 활동하기 시작한다. 교사는 다니면서 학습자가 읽는 것을 본다.

B- (○○가 예 문단을 다 읽었을 때쯤 돌아다니면서 주변 아이들에게,) 자 여기부터 한번 줄쳐봐.

SS- …….

B- (11:34) (읽는 사이에 모든 학습자들에게 이야기한다) 여기에 글을 읽을 때 메모하는 종류가 두 가지 나오는데, 한번 번호 매겨 보세요.

첫 번째 방법, 두 번째 방법. (○○에게) 어, 계속 읽어봐.

SS- …….

B- (12:14) (또 끼어 들어서 전체 학습자들에게) 메모하며 글을 읽을 때 좋은 번, 좋은 것이 두 가지가 나오거든요. 또 한번 발견해 보세요. 1번, 2번 해서.

SS- (○○ 계속 해서 읽는다)

B- (12:44) 응, 여기까지 그 다음에는 선생님이 직접 보면서 단원 소개를 해줄게요. 자 그러면 여러분이 얼마만큼 줄쳤는지, 선생님과 함께 비교를 해 보면서 봅시다. (컴퓨터 조작하기 시작) 그 뒤에 불 좀 끌래? 불 좀 꺼. 앞에 커텐도 좀 치고.

SS- (학습자들 준비한다)

B- (13:28) 자 그럼, 보면 여기 예가 하나 나왔는데요. 누구와 누구의 예가 나 왔어?

SS- 상호, 지연이요.

B- 상호하고 지연이가 나왔는데, 누가 잘난 척을 한 애지?

S- 상호.

B- 어, 상호가 난 다 외울 수 있어, 그걸 왜 다 적냐? 이런 식으로 하고 잘난 척을 했는데, 결국은 어떻게 된 거야?

SS- …….

B- 어. 잘 기억이 안 났다. 이렇게 된 거죠. 그러면 이 예는요, 뭘 알려주기 위해서 이 예를 썼을까요?

SS- 메모하며 읽기, 메모하면

B- 메모하면 어떻다?

SS- …중요하다

B- 어, 중요하다. 왜 중요해? 뭐에 도움이 될까?

S- 곤란한 상황에 처했을 때

B- 곤란한 상황에 처했을 때, 어떤 곤란한 상황?

SS- ?? 기억 ??

B- 어. 기억이 잘 안 나. 잊어버려. 그래서 이런 생활 속에서 메모하기는 기억하기 쉬우라고 혹시 잊어버릴까봐 그걸 방지하기 위해서 이 메모를 하죠? 자 그러면, 이제 그런 내용이 나왔는데, 두 번째 부분은 여기에 대한 설명이 나와요. 자, 그래서 선생님처럼... 선생님이 여기에 직접 줄을 쳐볼게요, 중요한 부분에. 자 그래서 실수를 줄이, 메모를 할 때 좋은 점, 여기 여러분 찾았어요? 그 문단에서? 메모를 해두면 뭐가 좋다? 중요한 일을 잊어버리지 않을 뿐더러 자기 거랑 한번 비교를 해보세요. 어, 기억할 필요가 없기 때문에 다른 일에 집중할 수가 있다. 그랬죠? 자 그래서 메모하기, 메모하면 좋은 점, 메모의 중요성에 대해서 이야기를 하고 있어요. (메모하는 모습을 실제로 보여준다)이런 식으로 선생님은 읽을 때, 메모를 하면서 읽는다. 너네도 이런 습관을 들이면 공부할 때, 어려운 책을 읽을 때, 처음 보는 책을 읽을 때 아주 도움이 돼. 그래서 요번 단원은 이런 메모하는 방법 그런 것만 잘 배워도요 다른 과목에 다 적용할 수도 있고, 학년이 올라가서도 다 적용을 할 수가 있어요. 그래서 이번에 한번 열심히 적극적으로 한번 해보세요. (15:14) 자, 그래서 그럼 이런 메모하기가 어려운 게 아니라는 것을 알려주기 위한 문단이에요, 그 뒤에 부분은. 그럼 엇다 줄을 칠까, 응? 메모하기는 우리 생활 곳곳에서 이루어진다. 나머지는 다 예죠. 밑에 쫙 예가 나오죠? 자 예를 들면 여러분, 수첩에 전화 번호를 적거나, 달력에 가족 생일을 표시하거나 또 신문잡지를 읽을 때 적을 때라든가, 또 친구한테 쪽지를 남기거나, 여러 가지, 여러 가지 메모를 한다. 그런 얘기죠. 선생님도 사실은 여러분이 보기에 선생님 첫 인상이 꼼꼼하고 좀 그러지 않았어요? 꼼꼼하고 차분하고 막 그럴 것 같죠? 선생님은 시장

갈 때 잊어버리잖아요. 그래 잊어버리지 않기 위해서 매일매일 한 일주일정도, 일주일만에 시장을 가면 이주일전부터 하나씩 하나씩 써요, 시장에서 필요한 것들을 쪽지 하나에다가.

S- 근데 그걸.

B- 그래서 다 모아.

SS- 그걸 잃어버려.

B- 그래, 그걸 안 가져가고, 마지막에. 그래서 항상 평소에는 차분한데, 결정적일 때 덜렁거려 가지고 시장 가서도 아 뭐였지, 뭐였지 그러면서 맨날 빠뜨리고 오는 경우가 많았는데, 그래도 우리가 그렇게라도 써보면요 평소에 그렇게 썼던 기억이 있기 때문에 시장 가서도 기억이 조금씩 나거든요, 그러니까 여러분도 평소에 생활 속에서 메모하는 습관을 들이면 잊어버리지 않고 잘 기억하는 데 도움이 된다. 그런 얘기죠. (16:36) 자 그럼 메모하기가 이런 것만 있는 것이 아니다. 두 번째 진짜 하고 싶은 얘기를 뒤에다 놨죠? 자 그러면 메모할 때, 이 책에서 하고 싶은 이야기는 뭐냐? 글을 읽을 때 메모를 할 수 있다. 요 부분에 일단 줄을 쫙 쳐 줘야죠? 자 그래서 아까 선생님이 글을 읽을 때 메모하는 방법 두 가지 찾아보라고 그랬죠? 첫 번째는 뭘 정리해?

SS- 내용이나 생각

B- 내용을 간단히 정리할 수도 있고요.

SS- 떠오르는 생각을

B- 응, 그렇지. 두 번째는 선생님처럼 동그라미도 쳐보고 그러면 눈에 잘 보여요. 두 번째는 생각이나 느낌을 자유롭게 적어볼 수도 있다. 그래서 선생님은 이 문단에다가 제목을 이렇게 적었어요. (실제 적는 것을 보여주면서) 아, 메모하기 방법이다. 아, 메모하기의 종류. 떠오르는 생각이나 느낌을 전화 번호 적을 때 같이 쓰지는 않잖아

요. 좀더 차원 높게 글을 읽을 때는 이런 식으로 더 깊이 생각하면 도움이 된다. 그런 얘기야. 그래서 뒤에 문단을 보면 뭐가 나오냐, 어떤 점에서 도움이 된다고 선생님이 두 가지 보라고 그랬죠?

SS- 메모하면서 읽으면 그냥 읽을 때보다 글의 내용에 집중

B- (학습자들과 함께 읽으면서) 메모하면서 읽으면 그냥 읽을 때보다 글의 내용에 집중을 하게 된다. 그죠? 그래서 우리가 어디에 줄을 쳐야될까? 집중을 하면서 읽게 되고, 그 다음에?

SS- 자기의 생각이나…….

B- 응, 또라는 게 나오면요. 같은 자격으로 이어주는 것이기 때문에 요 부분에 하나 더 줄을 쳐야 되죠. 두 번째는 글에 대한 자기의 생각이나 느낌도 적기 때문에 읽은 내용에 대해서 특히 적극적으로, 적극적으로 생각해보게 된다. 그런 얘기예요. 그래서 선생님은 요 문단에다가 아 이 문단은 어떤 내용이다? 응?

SS- …….

B- 메모하기의 좋은 점이죠, 메모하기의 이점, 도움이 되는 점, 이로운 점. 이렇게 한번 적어봤어요. 그래서 우리가 단원의 길잡이를 쭉 한번 훑어보면 우리가 생활 속에서 메모하기도 있지만, 특히 글을 읽으면서 메모할 때 아주 도움이 된다. 그래서 특히 글을 읽을 때에는 메모하기의 두 가지 종류, 내용에 대해서 메모할 수도 있고, 느낀 점 생각에 대해서 메모할 수도 있는데, 이렇게 하면 좋은 점이 뭐냐? 내용에 집중을 하고 그 다음에 적극적으로 글을 읽게 된다. 이러한 흐름으로 되어 있는 거예요. (19:00) 그래서 우리가 이런 기본 지식을 가지고 내 나무라는 것을 한번 해보겠는데, 자 우리 항상 단원 들어갈 때요, 한 단원 한 단원만 집중적으로 본 게 아니라 한 단원 전체적으로 쭉 훑어봤죠? 그 구성이 어떻게 되어 있나. 오늘도 한번 해 보겠어요. 일단 내 나무에는 여러분, 내 나무라는 것 들어

봤어요? 배운 사람도 있고 처음 들어보는 사람도 있을텐데요. 자 거기 나무 그림도 나오고 그랬죠? 자 119페이지 봐봐. 119페이지. 누가 막 써놨어요, 교과서 만들 때부터. 파란색으로 막 메모를 해 놨죠? 뒤에 넘겨 봐 봐. 120페이지에도 메모가 아주 잘 되어 있어요. 그죠? 학습 활동도 보니까 답이 막 적혀 있어요. 자 이런 것 보는데, 이에 비해서요. 메모하는 예를 직접 보여준 거야. 이 단원을 봐봐. 제목이 뭐예요? 하회 마을이야. 이 단원 제목만 보니까 이 단원 내용이 뭘 것 같에요?

SS- 하회 마을???

B- 하회 탈춤에 대해서 나올 것 같에요? 또.

SS- 하회 마을 설

B- 하회 마을 설명도 나왔을 거고. 읽기 전에 활동을 보면 조금 짐작할 걸? 123페이지 읽기 전에 보니까. 여행 애기가 막 나와. 그러면 어떤 애기가 써졌을 것 같에?

SS- 하회마을 ????

B- (학습자들의 말을 받으면서) 하회 마을의 관광지, 여행을 한 사람이 여기 이런 것, 여기 여기 가보면 좋다. 그래서 쭉 넘겨 보니까 124 페이지 보니까 메모가 막 돼 있지? 125 페이지는 진짜 막 자세히 메모가 잘 돼 있어요, 또박 또박. 근데 봐봐. 126 페이지. 어때요? 하나도 없죠.

SS- 하나도 없

B- (학습자의 대답과 거의 동시에) 하나도 없죠? 어떤 의밀까, 이게?

SS- 자기가 해봐

B- 그렇지. 자기가 해봐라. 앞에 배운 걸 바탕으로 자기가 직접 해 봐라. 선생님이 도와줄게요. 그러면 128 페이지 목표 학습 이런 것도 여러분이 해보는 활동이죠. 129 페이지에는 3 단원 가정 교육의 어

제와 오늘이 있는데요. 자 이거 봐라. 130 페이지 보면 메모가 있어요?

SS- 없어요.

B- 하나도 없죠? 처음부터 끝까지. 자 이건 여러분이 처음에, 앞에 두 단원에서 배운 걸 바탕으로 한번 실습을 해봐라, 그런 의미야. 그런데 그렇게 걱정할 것 없어요. 왜? 모든 글을 이렇게 누가 메모를 하는 게 아니라, 자기가 메모를 하는 거거든. 그래서 글을 읽으면서 여러분이 중요하다고 생각하는 부분, 줄 치는 것부터 시작해요, 메모는 . 어려운 게 없어. 중요한 데 줄 치고 그것을 요약해서 자기가 한번 써 보고. 거기에 받은 느낌 같은 것도 써 보고. 그런 방식으로 점점 발전하다보면은 다른 어려운 글들도 쉽게 읽을 수 있어요. 137 페이지 봐봐. 생각 넓히기 나오는데, 여러분 글 써야 되겠죠? 뭐 대해서 써야돼? 137페이지.

S- 체벌에 대한 자기 생각.

B- 체벌에 대한 자기 생각을 쓰는데 이 부분은 어떠한 부분에 이어서 쓰는 걸까? 1단원 내나무였고, 2단원 하회 마을,

SS- 3단원 가정교육의 어제

B- 어. 3단원 가정교육의 어제 오늘에 이어서 체벌에 대한 생각을 쓰는 거죠. 가정에서뿐만 아니라 요즘 학교에 체벌이 여러 가지 문제가 되고 있는데, 거기에 대해서 여러분 의견도 한번 써보고 들어보고 할 거예요. 발표도 하고. 그 다음 139페이지 보충심화 보면 1번은 유비에 관해 메모하며 읽는 게 쭉 나오고요, 142페이지에는 바보의 사 이야기. 제목도 흥미롭죠? 자 그래서 요거에 대해서도 한번 읽어보고 자 마지막으로 쉼터에 십자말 풀이가 있는데 이건 시간 있으면 한번 해 보겠어요(22:22). 자 그럼 지금은 하지 말고. 자, 이제 우리 내나무로 돌아옵시다. 118페이지 자 118페이지 내나무. 읽기 전

에 활동을 해보겠는데요. 여러분의 메모 습관을 체크하는 거야. 자 여기 둘, 네, 여섯, 일곱 가지 메모 습관이 나오는데 자기 습관에 해당되는 거 동그라미 쳐보세요. 몇 개 정도 자기가 메모하는 습관을 가지고 있을까?(학습자들 하는 것을 보면서 다니다. 한 학습자에게) 연필 없어, 사인펜으로 하게? ……. 자 자기는 몇 가지 돼요?

SS- 두 개.

SS- 하나

B- 두 개, 네 개, 하나. 선생님은 두 개 쳤는데. 자 여기 메모하기에 대해서 두 가지 크게 방법이 나와요. 첫 번째는 읽으면서 메모하는 게 나오고, 두 번째는 들으면서 메모하는 게 나오는데, 읽으면서에 해당되는 게 뭘까?

SS- 신문

B- 신문이나 잡지를 보면서, 또?

SS- 시집이나 소설책

B- 그렇지. 소설책을 읽으면서, 이렇게 읽으면서 메모하기도 있고요. 들으면서 메모하기, 전화, 선생님 설명, 이야기, 노래, 이런 것 가사 같은 것 적을 때, 그런 메모하기도 있는 거죠. 그리고 밑에 두개는 생각하다가, 생각이 이제 잊어버리지 않기 위해서 메모하는 그런 것도 있는데, 이렇게 우리가 생활 속에 메모하기가 있는데, 요번 단원은 읽으면서 메모하기를 한번 본격적으로 배워보겠어요. (23:58) 자 그럼 읽기 전에 밑에 두 번째 문제, 내 나무에 대해 들어본 적이 있는가? 내나무가 무엇을 의미하는가? 뭘 것 같에요? 내 나무?

SS- 내가 심은

B- 내가 심은 나무, 태어날 때 심은 나무. 태어날 때 심은 나무는 내가 못 심죠? 또 뭐 있을 까? 또 나무 이름일 수도 있지 않을까? 나무 이름은 아닌 것 같에요?

SS- 맞아요. 선물로

B- 아무튼 여러 가지가 있을 수 있을 텐데. 우리가 뒤에 내나무 글을 읽으면 알게 되겠지만, 여러분 세 개 중에 뭘 것 같애? 나무 이름, 태어날 때 심는 나무, 내가 심은 나무?

SS- 태어날 때 심는 나무…….

B- 아무래도 태어날 때 심는 나무 같지? 여기에 얽히 사연이 있어요. 우리 학교에 근무하던 선생님 중에 다른 학교로 가신 선생님 중에 남자 선생님이 있으세요. 그분이 ○○대학교를 나오셨는데,

SS- ????

B- 어, 그래 아들하고 딸을 낳는데 아들이 태어날 때 나무를 ○○대학교에 심은 게 아니라, 아기 태어날 때 탯줄, 탯줄을 끊잖아요. 태어나서 일주일쯤 되면 탯줄이 말라 가지고 떨어지거든요. 그 탯줄 선생님도 아직 보관하고 있는데, 그 선생님은 자기가 집에 보관하고 있는 게 아니라, 나무 밑에 심었대요, 애기 탯줄을. 왜 그랬을 것 같애?

SS- ????

B- ○○대학교에 심어져 있는 나무 밑에다가 파고서는 그걸 심었대요. 왜 그랬을 것 같애?

SS- 애기도, ○○대학교

B- 응, 그래. 자기 애기도 ○○대학교에 들어가라고 지극 정성으로 심었다는데 지금 애기가 초등학교쯤 됐어요. 근데, 그 선생님이 그 장소에, 그 나무 밑에 파보면 아직도 탯줄 있을 거라고 막 그러더라고요. 그런, 이제 그런 부모의 정성이라든가, 바램 이런 것 다 담고 있는 경우가 있고요. 선생님 집에도 이제 화단이 없으니까 화분에다가, 나무를 심은 게 아니라, 샀어요. 화분에 심어져 있는 나무를. 애기가 태어났을 때 사지는 않았고, 그 무렵에 샀거든요. 근데 너무

커져 가지고 보기가 싫어서 주체를 할 수가 없는 거야. 물 줄 때 그걸 낑낑 들어가지고 내놓고 그래야 돼서 힘들어 가지고 선생님이 그 거를 작은 화분 두 개로 바꾸자고 그랬어요, 돈주고. 그랬더니, 선생님 남편이 절대로 안 된대. 그 나무를 우리 애기, ○○가 시집갈 때 그 나무 줄 거래요. 혼수품으로. 그래서 절대로 바꾸면 안된대. 되게 정성을 들이거든요. 선생님은 한번도 물 줘본 적이 없는데 자기가 맨날 일주일에 한번씩 꼭 줘요. 애기 안고 애기랑 물 준다. 이건 니나무야, 막 그러면서 물 주는데, 과연 그게 선생님 애기가 시집갈 때까지 클지 죽을지는 모르겠지만, 하여튼 잘 컸으면 좋겠어요. 하여튼 그 나무가 자라는 것을 보면 애기들이 자라는 것도 그런 것도 잘 알 수가 있는데, 서울 우유 광고, 앙팡 광곤가, 그것 본 적 있지?

SS- 거기 나무 위에…….

B- 응, 나무 막 심으면 애기들이 쑥쑥 커 가지고 어린이가 되잖아요, 애기에서. 그 선전 참 잘 만들었더라. 나무 성장하는 과정과 애기 크는 과정을 같이 잘 표현했는데, 이 내나무라는 우리나라 풍속도요, 그런 바램이 다 들어 있었어요. (26:52) 그런데 글을 읽으면서 어떤 식으로 메모하면서 읽을 수 있을까 초점을 맞추는데, 글을 ○○가 ○○○가 읽는 동안에 너네는 문단 번호를 매겨봐. 문단 번호 매기고 책에 있는 메모하고 상관없이 너네가 중요하다고 생각하는 거에다 밑줄도 치고 동그라미도 치고 자기 생각도 정리해보고 내용 정리도할 수 있는 사람 한번 해보세요. 선생님 나중에 읽은 다음에 확인해볼게요. 자 그럼, 일단 문단 번호 매길 때, 1번 어릴 적에 이것 1번으로 하고요. 밑에는 예니까 번호 매기지 말고 나무 타령은 여기를 2번으로 매겨. 119페이지 아래쪽에 보이지? 거기를 2번으로 하세요. 그리고 나머지는 여러분이 한번 해보세요. 몇 문단, 짧죠? 자 지

운이 읽어봐라.

SS- (○○○ 읽기 시작.)

B- (중간에 끼어들어서) 자 지금 나무 이름들이 나오는데, 나무 이름을 아주 재밌게 해석했어요. 왜 그런지 생각하면서 읽어봐 봐. 선생님이 있다가 해석해줄게. 응.

SS- (○○가 읽고 다른 학습자들 활동)

B- (돌아다니면서 읽는 학습자에게 응응하고 대꾸도 하고) 나하고 나하고 살아? 하하.

SS- (○○이 읽고 다른 학습자들 활동)

B- (돌아다니고) 동그라미, 이런 거, 밑줄 치고 싶은 사람은 치세요. 응. 3번 문단 번호 쓰고.

B- (30:47) 자 이 글을 누가 썼는지 볼까요?

SS- 이규태.

B- 이규태라는 사람 못 들어봤죠? 혹시 조선일보 보는 사람, 손들어봐. 조선일보, 집에. 몇 명 있죠? 한번, 오늘 집에 가서요, 쭉 뒤져보세요. 조선일보 가운데쯤에 쪼그맣게 이규태 코너라는 데가 있거든요. 거기에 우리나라 풍속이나 문화에 대해서 이 사람 굉장히 지식이 많아요. 그래서 거기에 대해서 문화를 이야기하고 요즘 현대 모습에 대해서 이야기하고 자기 생각 같은 것 얘기하고 그런 식으로 글을 쓰는 코너 같은 게 있는데요, 이것도 그런 일종이라고 보면 돼요. 자 그러면 선생님이 어떤 식으로 어제 글을 처음 읽었거든요. 읽으면서 어떤 식으로 했는지 직접 보여 줄 테니까 자기가 한 거하고 책에 써 있는 거하고 같이 한번 비교해 보세요. 이게 정답이라는 게 없거든, 메모하며 읽기하는 거는. 각자 개인의 개성에 따라서 다르게 할 수 있는데 여러분이 여러분도 한번 비교해 보세요. (31:51) 처음에는 어릴 적에 부르는 동요에 나무 타령이라는 게 있었다. 이걸

보고 이 노래의 제목이 뭐죠? 나무 타령이죠. 이걸 보고 이렇게 네모를 한번 쳐 봤어요. 그리고 뭐라고 메모를 했냐며는 우리가 글을 쓸 때 여러 가지 방식이 있는데, 이 글의 제목이 뭐였어요?

SS- 내나무

B- 내나무잖아. 여러분이 내나무에 대해서 쓰라고 그러면 어떤 사람은 내나무란 내가 태어나서 죽을 때까지 같이 한 나무다 이런 식으로 시작할 수도 있고, 내나무란 풍속이 있었다. 이런 식으로 소개하면서 시작할 수도 있는데, 이 사람은 어떤 식으로 시작을 했어요?

SS- 노래

B- 응, 노래를 소개하고 있죠. 그래서 선생님이 뭐라고 했느냐면 처음 부분에 노래를 소개해서 어떻게 했다? 이렇게 노래로 시작하면 어떤 점이 좋을까?

SS- 흥미로워

B- 어, 그렇죠. 독자의 흥미를 끌었다. 자 이렇게 메모를 해 놨어요. (메모한 것을 보여준다)이렇게 메모를 써 놓고 나면 글을 쓸 때, 처음부터 딱딱하게 하는 것이 아니라 독자들의 입장 그런 거 생각하면서 독자들의 흥미를 어떻게 끌 수 있을까 이런데 집중을 할 수 있다는 거예요. 자. 그러면 각각 나무 이름을 밑줄을 한번 쳐보겠어요. 그런데 나무 심는 날이 언제야?

SS- 식목일

B- 4월 5일 식목일이잖아. 그런데 옛날에는 식목일이 정해진 게 아니라 청명이나 한식 이런 절기에 4, 5월 절기거든요. 이 때 나무를 많이 심었어요. 나무 심는 종류, 이름이 나왔어요. 자 한번 봅시다. 선생님이 어떻게 했나? 이렇게 표시하면서 읽으니까 재밌더라. 자 오리나무는 왜 오리나무예요?

SS- 십 리의 절반

B- 어. 십리의 절반, 십의 절반이니까 오죠. 이렇게 한번 생각을 해봤어요. 스무나무는 왜 스무나무야?

S- 갑절

B- 응. 열의 갑절, 갑절이라는 건 두 배다. 모르는 사람은 이렇게 메모도 하고, 열의 갑절 스무나무. 밤나무는 먹는 밤으로 안 보고 무슨 나무로 봤어요?

SS- 저녁에

B- 응, 대낮에 반대말 밤으로 봤죠. 자 이런 식으로. 그 다음에 뽕은 왜 뽕이예요?

SS- 방귀

B- 응, 방귀 소리. 이건 재미있는 것 같애, 진짜. 가래,

SS- 가래.

B- 오자마자, 가래. 응? 그지, 너무 야박해, 그런 말이죠? 해서 나무 앞에까지 연결을 해야 뜻이 더 잘 통해요. 그 다음에, 구기자 왜 그런지 아는 사람 있어요?

SS- 깔고 앉아

B- 그렇지, 이것도 나무 앞에까지 연결하면 재밌어요. 깔고 앉아 구겨버려라. 그런 뜻이야. 깔고 앉아 구기자. 참 재밌죠? 아주 창의적이야. 그 다음에 참나무는 왜 참이야?

SS- 거짓의

B- 그래, 거짓의 반대말. 아까처럼 밤, 대낮말고

SS- 그렇다고 치자

B- 그렇지, 이거 나무 앞에까지 끊으면 돼요. 그렇다고 치자. 그래 그렇다고 쳐. 니말이 맞아, 맞다고 치자. 그 다음에 피나무는 왜 피야? 칼로 베면 피가 나오니까 그죠? 이 나무가 원래 껍질 핀데, 이 나무 껍질이 한약으로 좋은가봐요. 그런데 이 나무는 껍질로 안하고 피부

할 때 그런 피부 안 하고 사람이 흘리는 피로 했어요. 그 다음에 내편, 네 편 양편에 양편이 똑같은 양편 나무, 그 다음에 입맞춰 쪽? 이거는 아까 방구 뽕처럼 소리로 한 거고, 그렇죠? 그 다음에 이거 재밌죠?

SS- 너하고 나하고 살고

B- 그렇죠. 너하고 나하고 살구. 이렇게 나무 앞에까지 끊었어요.. 그 다음에 내 밭두렁에는 드디어 내나무, 내나무가 드디어 등장을 했는데, 이 사람이 이 내나무라는 걸 얘기하기 위해서 재미 있는 동요를 소개한 거죠? 자 뒷부분에 내나무에 대해서 나왔는데, 어딨어요? 우와, 밝은 것보다가 이걸(책) 보니까 눈이 안 보여.(책을 뒤지면서) 이것 맞나? 이게 아닌데, 선생님이 문단 번호를 써볼게요. 여러분은 다 썼어요? 3번, 이것 3번인가?

SS- 2번

B- 3번, 아닌가?

SS- 2번이요.

B- 응 2번, 이게 2번. 선생님이 2번을 하자고 그랬죠? 여기에 3번. 자 그러면 나무 타령에 내나무가 뭔지 그 부분은 이제 궁금증을 유발하는 그런 내용이 나왔는데요. 책에 맨 아래 보세요. 119페이지. 어 내나무는 없어?

SS- 책에 /// 식물도감.

B- 그렇죠. 식물도감에 없어. 이 말은 무슨 말이냐면 내나무가 나무 이름이 아니라는 얘기죠. 나무 이름이 아냐. 그래서 나는 내나무가 없는 데도 있는 이유가 있다 이런 말을 했는데, 이게 무슨 말이에요? 말이 돼요, 이게? 말이 안 되잖아. 그래서 여기다가 좀더 뭘 추가하면 말이 더 잘 돼요?. 문맥이 더 잘돼. 내 나무가 어디에 없는데

SS- 내나무가

B- 내 나무가 어디에 없는데도, 아까 어디 찾아봤어요?

SS- 식물 도감.

B- 그래, 식물 도감에, 식물 도감을 찾아 봤는데도 없다고 그랬지? 내나무가 추가로 메모를 해보세요, 메모를 하면은 더 뜻이 잘 통해. 책에다가. 내나무가 식물 도감에 없는데도 있는 이유가 있어. 어디에 있어?

S- 실제로.

B- 그렇지 실제로 있는 이유가 있어. 실제로 나오죠, 여기? 그래서 실제로 있는 이유가 있다. 위에 다 있기 때문에 밑에는 생략을 한 거야. 내나무가 식물 도감에는 없는데도 실제로는 있는 이유가 있다. 왜냐? 그게 우리나라 풍속이었기 때문이다. 그런 흐름으로 나가고 있어요. 자 여러분 뒤에 페이지 넘겨보세요. 뒤에 넘기면 자, 자기 책에 한번 보면 내나무의 뜻이 뭐예요? 내 나무 뜻?

S- 자기가 태어났을 때…….

B- 어, 그렇지. 책에 줄쳐 볼게, 내 나무 뜻에 해당하는 거. 여러분은 메모를 하세요.

SS- 아이가 태어나면

B- 그렇죠, 아이가 태어나면 줄이 쳐졌으니까 메모만 해봐. 아이가 태어났을 때 심는 나무죠? 내나무가. 그러니까 내 나무의 뜻이야. 내나무의 의미 이렇게 선생님이 책에다 메모를 했어요. 여러분도 메모를 해보세요. 내 나무의 의미. 그런데 책을 읽었더니 이게 내나무가 남녀가 똑같은 나무가 아니라, 딸은 어떤 나무를 심어?

S- 오동나무.

B- 응, 오동나무를 심어. 자 그래서 선생님 이렇게 화살표를 했어요(오동나무와 딸을 화살표로 연결한다) 오동나무를 심었어요. 아들은 어떻게 해? 소나무와 잣나무를 심었어요. 어! 이거 남녀 차별이다. 왜

이렇게 했을까? 선생님은 그래서 여기에 선생님의 생각을 써 봤거든요? 뭐라고 썼을까?

S- 남녀 차별이 심하다.

B- 응? 남녀 차별이 심하다 이렇게 안 쓰고 뭐라고 썼냐면, 왜 성별에 따라 다른 나무를 심는 걸까? 그러면 그 뒤에 정답이 나와요, 해답이.

SS- ????

B- 어, 그래서 일단, 어, 여기 내 나무의 의미 한번 더 나오는데, 밑줄 엇다 쳐야 할까, 여러분? 탄생과 더불어 심은 나무가 그 아이에게 있어서 내 나무인 것이다. 이 말하고 이말하고 같은 거죠. 그래서 이 말하고 이 말하고 같은 거예요, 그죠?(앞에 밑줄 그은 부분과 연결시켜 보여준다) 같은 거예요. 이 문단 전체의 뜻은, 의미는 요약을 하면 내 나무의 의미에 대해 알려준 문단이라고 하면 되겠죠? 이 문단 전체의 요약이 바로 내 나무의 의미예요. 앞에 한번 나오고, 강조, 정리하기 위해서 뒤에 한번 나오고. 그래서 이제 그렇다면 이제 뒤에 질문에 대답을 해야지. 그렇다면 왜 남녀에 따라서 다르게 했을까? 자 그러면 딸한테는 무얼 주기 때문에

SS- 가구

B- 자 그렇지 농짝이나 반닫이 등의 가구를 만들어줬어요. 언제? 혼례치를 날을 받으면, 즉 결혼할 때 딸한테는 가구를 해줬다는 거죠? 그러면 가구에 가장 어울리는 나무가 바로 무슨 나무라고?

SS- 오동나무.

B- 그렇지. 바로 오동나무로 가구를 만들어요. 그래서 오동나무로 만든 가구는요, 비틀어지지도 않고 오랫동안 은은하고 그 색이 예쁜가 봐요. 아들인 경우에는 어떻게 한다고요? 언제?

SS- 죽을 때.

B- 그렇지. 나무를, 나무를 베 버리는 게 아니라 나무를 계속 놔 둬요. 주인이 죽을 때가지 계속 계속 자라게 둬요. 그래서 어떻게 ?

SS- 관을

B- 그렇지 관을 짜는데. 그래서 아들은 관을 짜. 어떤 나무로 관을 짜요?

SS- 소나무나 잣나무.

B- 어, 그렇지. 소나무나 잣나무. 이걸로 관을 짠대요. 아, 아까 선생님이 의문 사항이 뭐였죠? 어떤 질문을 했어요?

S- 왜 성별에 따라

B- 그렇죠. 왜 성별에 따라 다른 나무를 심을까? 답이 그거야. 바로 나무에 따라서 다른 용도로 쓰이기 때문이야. 그래서 이 문단의 제목을 뭐라고 하면 좋을까요?

SS- 쓰임새.

B- 어, 그래서 (쓰면서) 내 나무의 쓰임새, 쓰이는 용도. 잘 했어요. 내 나무의 용도. 나무의 종류에 따라서 각각 다르게 쓰이기 때문에 성별에 따라서 각각 다른 나무를 심는다는 거야. 남녀 차별이 아니라. 응? 각각 다 조상들의 지혜가 담겨 있다는 거야. 그래서 마지막, 마지막. 자 여러분이 어디에 줄을 쳐야 될 것 같애? 책을 보지 말고 한번 여기를 봐봐.(실물 환등기를 통해 보이는 내용을 보게 한다) 줄이 안 쳐져 있다고 하면 내나무의 의미에 대해서 줄을 치면 되겠죠? 뭔 것 같애?

SS- 내 나무는 이처럼

B- 내 나무는. 이처럼이라는 말은요, 선생님이 전에 얘기했지만 그러므로하고 같은 자격으로 정리해주는 말이에요. 앞 부분 정리, 앞 내용 정리해 주는 말이에요. 그래서 이처럼 다음에는 대개 결론이 많이 나와요. 그래서 여기에는 줄 치는 게 좋아요. 책을 읽을 때. 그래서

내 나무는 나의 탄생과 더불어 나와 숙명을 같이 하고 죽을 때는 더불어 묻히는 존재였다. 무슨 말이죠? 숙명이란 뭐야, 운명하고 좀 비슷한 말이죠? 주인이 만약에, 딸을, 딸을 낳어. 이 딸이 만약 부잣집으로 시집을 하면 이 오동나무가 더 좋은 오동나무가 필요할 거고. 끝까지 대대로 물려줄 건데, 만약에 가난한 집으로 갔어. 그래도 불평하지 않고 그 사람의 처지에 따라서 주인을 따라서 간다는 거야. 집이 좁으니까 작은 물건들을 만들어서 가겠죠. 관도 마찬가지야. 주인이 만약에 오랫동안 백 살을 살아. 옛날엔 백 살이 없었겠지? 평균 수명이 오십 몇 살이었을 거니까, 하여튼 주인이 아주 특이해 가지고 백 살까지 커지는 거예요. 그런데 주인이 금방 죽었어. 전쟁에 나가갔고 30대에 죽었어. 그러면 30년어치의 관을 짜는 거야. 그래서 주인에 따라서 주인의 운명, 그 사람이 받은 숙명 이거하고 같이한다는 거죠. 그래서 우리나라에서는, 자 여기서 다른 색깔로 줄쳐 볼게요. 중요한 말이 나와서.(붉을 색으로 밑줄을 그으며) 자연과 인생이 밀접한 동반 관계를 맺고 있다는 이런 말이야. 즉 주인과 운명을 같이하는 것을 동반 관계로 본 거예요. 자연과 인생, 자연이라는 게 뭘까, 여기서?

SS- 내나무

B- 그렇죠. 내 나무죠. 내나무. 그 다음에 인생은 뭘까? 응? 주인이죠, 주인. 사람. 그러니까 자연과 인생이 끝까지 함께 한다는 점에서 동반 관계를 맺고 있다. 우리나라 풍습이 그렇게 좋다, 그런 얘기죠? 그런데 이 사람이 아쉽게 생각하는 이유가 뭐야? 그런데 그렇게 좋은 풍속, 이 말을 한 의도는 뭐야? 우리 나라 풍속이 , 내 나무 풍속이 내 나무 풍속의 좋은 점이죠(44:31 수업 마침 종이 친다). 내 나무 풍속의 의의야. 의의라는 건 뭐야? 의미하고는 약간 차이가 있죠? 그러니까 좋은 점, 의미 있는 점 그런 말이죠? 자 그래서, 그렇

게 좋은데 어떻게 됐다?

SS- 사라졌다.

B- 사라진 풍속 중의 하나가 되고 말았다. 여기서 느끼는 지은이의 심정이 어떨까요? 응? 좋은 풍속인데 사라졌으니까?

SS- 안타까워요

B- 그래, 안타까워, 좋아요. 안타까움. 또?

SS- 아쉬움.

B- (거의 같이) 아쉬움 이런 것 느끼겠죠? 그러니까 그런 우리 좋은 풍속을, 이 사람이 글을 쓰는 스타일이에요. 우리나라의 좋은 풍속을 소개해 주고 거기에 대해서 현재는 어떻게 생각한다, 이렇게 쓰거든요. 이렇게 우리가 메모하면서 읽는 방법 한번 살펴 봤는데, 내일은 학습 활동하면서 좀더 심화해서 살펴보겠어요. (45:15) 반장!

S- 차려. 경례!

SS- 안녕히 가세요.

B- 응, 안녕. (45:53)

나. [마] 학습자의 프로토콜

사 주오 두부 장수<두부 장수의 이름이 사주오는 아닐 테고 사주오 라고 외치고 다니는 두부 장수의 이야기일 듯. 두부 장수가 소재인 수필일 것 같은 예감이 드는데……>

최 현 배 <국어책에서 들은 듯한 작가인데…… 아닌가?>

서울의 명물, 아니 진경의 하나는 확실히 행상들이 외는 소리이다.<글 쓴 때가 언젠지는 모르겠지만, 지금은 이런 풍경을 흔히 볼 수 없어서 진경 중에 하나일 것 같은데……>

조석으로 이 골목 저 골목에는 혹은 목소리로, 혹은 타목으로, 또 남성(男聲)으로 혹은 여성(女聲)으로 제각기 제 가진 물건들을 사 달라고 외친다.<행상들이 많이 존재했던 모양이네, 요즘은 그런 소리를 시장에서나 간혹 들을 수 있으려나.>

이 소리에 귀가 닳은 서울 사람들에게는 아무 신기할 것이 없겠지마는 처음으로 서울로 올라온 시골 사람의 귀에는 이 행상들의 외는 소리처럼 이상야릇한 서울의 진풍경은 없는 것이다.<이상하네……. 오히려 시골에서 장이 설 때나 방물 장수 등의 보따리 장수를 더 많이 볼 수 있었을 것 같은데……. 아니면 저 때 행상들이 처음 생겨서…… 신기하게 느껴진 걸까?>

오늘에서 돌이켜 생각하면 30년 전의 일이다.<지금도 들을 수 없는 소리라서…… 신기하지……>

내가 시골서 백여 리를 걸어서 겨우 경부선 물금역에서 생전 처음 보는 기차를 타고 공부차로 서울에 와 잡은 주인집은 관훈방 청석골 정 소사의 집이었다.<작가가 시골 출신이고 공부하러 서울로 올라온 모양이네. 관훈방 청석골은 어디를 말하는 것일까?>

같이 온 동무도 있었거니와, 이 주인 집에 묵는 학생들은 고향 친척도 있고, 또 영남 학생들이기 때문에, 오는 날 당장에는 그리 설다는 느낌이 일어나지 아니하였다.<작가가 영남 출신이네. 주변 사람 때문에 낯설지 않았나 보군.>

하룻밤을 자고 나서 그 이튿날 이른 아침에 들창 밖에서 들려오는 각종 행상들의 외치는 소리는 참으로 어린 시골내기의 귀를 찔러 놀라게 하였다.<오히려 사람보다 행상들의 외치는 소리가 낯설었다니..진짜 서울의 명물이었나보다.>

"생선 비웃들 사려오!"<비웃이 뭘까?>

"무으드렁 사려!"<무으드렁은……>

"마짓는 새우젓 사오!"<맛있는…… 인데……. 들큰한 행상들의 목소리가 옆에서 들리는 듯하네.>

어느 소리나 하나 귀에 익은 게 없다. 모두 신기 그것이다. 갓 온 시골내기는 먼저 온 영남 친구더러 그 외침의 뜻을 물으면서 서로 보고 웃었다.<좀 더 먼저 왔다고…… 친구에게 물어보다니. 내가 대학 때 서울 처음 올라 왔을 때가 생각나는데……. 많은 사람과 복잡한 교통 때문에 난 그것이 신기했었는데…… 이 사람에겐 저 소리가 신기했구나……>

이것은 다 지난 옛날 이야기의 한 토막이거니와,<옛날 이야기를 바탕으로 나이 들어서의 이야기를 쓰려고 하는 것 같은데?>

서울 거리의 도부 장수[行商]의 외치는 소리는 예나 이제나 별로 다름이 없이 아침마다 저녁마다 거리거리의 공기를 울려난다.<두부 장수가 아니라 도부 장수? 도부 장수가 뭐지? 공기를 울려난다는 표현이 특이하네.>

나는 서울로 이사온 뒤부터 열 해가 넘도록 이 행촌동(杏村洞)에 살아온다.<그러면 지금 작가가 몇 살이지? 행촌동은 어디?>

우리 집이 이 동네로 이사온 때로부터 행촌동 거리에는 아침저녁으로 여러 가지의 식료품 파는 도부 장수가 가지가지의 음색으로 가지가지의 어법으로 외치고 지나간다.<앞에서 잘못 표현했다고 했는데…… 내가 잘못 생각한 것이었고. 이런 어휘가 있었군. 나만 모르고 있었나?>

그 중에도 두부 장수, 두부 장수 중에도 한 두부 장수가 있어 남다른 어법으로, 또 남다른 어조로 특색 있게 아침 저녁으로 외치며 도부친다(행상한다).<아~ 앞에서 생각했지만…… 사주오 두부 장수가 주인공이고. 그 사람에 대한 이야기라는 확신이 드네. 그리고 도부친다는 말이 행상한다는 뜻이었구나. 이 사람이 어떻게 독특하게 외치는지 궁금해지는데…….>

여느 두부 장수들은 "두부 사려오!"<요즘엔 이렇게 외치지 않고, 트럭에서 두부 팔 때 가끔 종을 치는 소리는 들어봤는데.>

라고 하거나 그렇잖으면 "두부나 비지 사려!"<두부 만들고 난 찌꺼기인 비지로 만든 찌개가 생각나는데……. 먹어본 지 오래되었어…….>

하는 것이 보통인데, 이 특색 있는 한 두부 장수는 반드시 "두—부, 사아 주오!"<왠지…… 사아주오 간곡하게 부탁하는 듯……. 말을 길게 늘려서 외치는 것 같은데……. 어법은 특이한 것 같지만……. 어조는 직접 들어보지 않아서 모르겠는데? 작가가 특이하다고 하니 믿어보는 수밖에…….>

라고 외친다. 듣는 사람마다 이상히 여겨 불러서 사준다.<그럴 만도 하네.>

우리 집에서는 한 번, 두 번 사주다가 나중에는 아주 붙박이 단골이 되었다.<처음엔 특이해서 사줬지만……. 꼭 그 이유만은 아닐 듯……. 두부의 맛이 좋거나 단골이 되기까지는 다른 이유가…… 있지 않을까?>

그래서 그 외침이 들리기만 하면, 아이들이 "어머니! 사 주오가 가아요!"하고 두부 사기를 묻는 것이 버릇이 되다시피 하였다.<그래서 사주오 두부 장수라고 이름 붙여졌구나, 독특하게 외치기 때문에 기억하고. 이 동네의 같이 사는 이웃처럼 느껴졌을 것 같아..>

이 '사 주오'는 거의 날마다 우리 집 문 앞에 지게를 받치고서 두부 한 모, 두 모를 주고는 분필로 판장(板墻)에다 한 금, 두 금씩 긋고 가는 터이다.<지게 받치고 두부 파는 풍경은 특이해 보이고……. 분필로 표시만 하고 돈은 받지 않았을까? 받았겠지…….>

그러므로 만약 그저 지나게 되는 때에는 그 두부 장수 자신도 섭섭하려니와, '사 주오'를 부르지 못하고 만 아이들의 마음은 더욱 섭섭한 느낌이 생기는 것이다.<아……. 어떤 느낌인지 알 것 같아……. 날마다 오는 사람이 안 오고…… 날마다 하는 행동을 안 하면 무슨 일이 생겼나…… 궁금해하는데. 그로 인한 섭섭함, 허전함일 듯…….>

'사아 주오'라고까지 하는데, 그것 하나 못 사 주다니?하는 생각이 절로 드는 모양 같았다.<맞아. 간곡하게 부탁하는 말투……. 왠지 하나 사 줄 수 있을 것 같은데…….>

그래서 월말에는 그 판장에 그어 놓은 분필의 흔적을 따라 두부 값을 갚는데,<한꺼번에 계산하였구나.>

그 '사 주오'는 거저 두부를 한 모나 두 모를 더 주는 것이 상례였다. <이러기가 쉽지 않은데……. 요즘엔 이런 일 생각할 수 없는데……. 참 인심 좋은 두부 장수 같아.>

더구나 세말(歲末) 같은 때에는 더 많이 거저 주고 가는 것이었다.<와~ 살림이 넉넉하지 않을텐데……. 앞에서 말했다시피 확실히 또 다른 이유가 있었어. 이 사람의 인심이 후하고 두부맛도 좋고 그래서…… 계속 찾아주는 것일 거야.>

그럴 적마다 그 두부를 받는 사람은 그만 두라 하고, 주는 장수는 들여가시라고 서로 세우는 것이 예사였다.<사는 사람은 더 달라고, 파는

사람은 남는 게 없다고 말하는 게 보통인데…… 주변에 이런 일이 보기 드물기 때문에 '과연 이랬을까?' 하는 생각이 드는데…….>

그러다가 어느 해 섣달 대목쯤해서<대목이면 설날?>

그 '사주오' 두부 장수가 그만 오지 아니하게 되었다.<무슨 일이 있나 봐…….>

대목이 다 되어도 종내 두부값을 받으러 오지도 않았다. 그 두부값을 못 갚은 우리 집에서는 온 식구가 처음에는 이상히 생각하다가 나중에는 걱정하기 시작하였다.<아프거나 집안에 무슨 일이 있는 것 아닐까? 걱정될 만해…….>

식구들이 저녁을 먹고 앉으면 "그 사 주오가 왜 안 오는가?" "아마도 그 찬바람 쐬면서 외치고 다니다가 감기가 들었는 게지." 하고 서로 문답하는 것이 종종이었다.<필자의 가족들도 마음씨가 따뜻한 것 같다……. 다른 사람 걱정도 해주고…….>

그러면서도 얼마면 설마 오겠지 하고 기다리는 마음을 놓지 아니하였다. 그러나 그 '사주오' 두부 장수는 정월이 가고, 2월이 다 가고, 봄철이 지나고, 여름이 지나도록 종내 그 특색 있는 외침의 소리를 행촌동 골목에 울리지 아니하였다.<와~ 대목 때부터 안 온 거면……. 6개월 동안 안 온 건데. 무슨 큰 일이 있지 않고서야…… 걱정이 되는데……. 사람들은 궁금증이 생기면 나름대로 생각하면서 확대 해석하기도 하고 의심하기도 하는데. 마찬가지일듯…….>

이렇게 날이 가고, 달이 가고, 또 드디어 해가 가도 우리 내외는 그 두부값 갚지 못한 '사 주오' 두부 장수를 잊어버리지 못하고, 간간이 조용할 때에는 무슨 글티기를 타서 그 '사 주오' 두부 장수를 생각하는 것이었다.<이 글에서는 글티기를 타서 라는 어휘처럼 순 우리말이 많이 쓰이는 것 같은데……. 이것이 이 글의 매력인 거 같아. 너무 어휘를 잘 몰라서 한심해……. 내가……. 국어 사전을 찾아봐

야겠어.>

“참, 그 두부 장수가 그만 죽었는가 봐요?”<최악의 상황인 죽음까지 생각하네…….>

“글쎄요, 아마 그렇기에 도무지 오지 않는 게지요.” 이러한 문답이 우리 집의 밥상 물린 자리에 일어나는 것이었다. 두부값을 못 갚으니 속에 꺼림하기도 하고,<남들 같으면 좋다고 생각할텐데…….>

그 두부 장수가 그만 죽었는가 하니 가엾기도 하였다. 어느 날 저녁 저자였다.<시장에서 일어난 일인 듯…….>

내가 독립문 밖 푸성귀장에서 배추를 사려고 하니까,<필자 남자분인데. 시장에서 배추도 사고. 성격이 자상하고 남들 잘 챙겨주는 성격일 것 같아.>

어떤 사람이 나를 보고 그저 머리를 꾸벅하면서 목례를 하고 간다.<왠지 ‘어떤 사람’이 두부장수일 것 같아…….>

나는 머리로 그의 인사를 받았으나, 그가 누구인지 확실히 깨치지 못하였다.<얼굴을 보지 못했다니……. 얼굴 좀 보았으면……. 내가 더 답답하네…….>

나중에야 생각하니, 아무래도 그가 그 전에 죽었다고 생각하던 ‘사 주오’ 두부 장수인 것 같았다.<확인을 했어야지…….>

의복도 깨끗이 입었고 그 누른 얼굴도 훨씬 부해졌지마는,<복권에 당첨되거나 좋은 일이 일어난 것 아닐까? 그래서 두부 장수도 그만둔 게 아닐까?>

그 전형(典型)이 ‘사 주오’두부 장수임이 틀림없었다. 그래서 나는 집에 오자마자 마누라를 보고 그 이야기를 하였다.

마누라는 나의 말을 듣고 그 두부 장수가 살아 있다는 것, 더구나 우리 집 가까이 살아 있다는 것을 믿으려하면서도 참내 믿기 어려워하였다.<내 생각엔 이 필자 부부에게는 두부 장수가 죽지 않았을까 의심

하면서도 꼭 살아 있었으면 하는 바람이 더 컸던 것 같아..그래서 필자는 확인은 못했지만. 두부장수라고 확신을 하는 게 아닐까? 한편으로는 부인은 두부장수의 달라진 모습 때문에 믿지 못하고.>

그래서 이 '사 주오'가 오랜만에 다시 우리 집 식구들의 화제가 되었으며, 나는 그 때에 그에게 "당신이 그 두부 장수하던 이요?":라고 다져 보지 못한 것만을 유감으로 생각하였다.<나도 유감이야…….>

그 뒤에 여러 달이 지나서 우리 마누라가 관동(館洞) 갔다가 오더니, <관동? 요즘의 어디지?>

자기가 그 두부 장수를 만났다고 반가이 시원스럽게 이야기한다.<얼마나 반가웠을까? 정말 반가웠을 것 같아>

그 이야기의 내용은 대략 이러하다. 그가 관동에서 그 사람을 만났는데, 분명히 그 '사주오' 두부 장수라, 어디 살며, 무엇을 하고 사는가를 물으니, 그는 옛날부터 살아오던 관동에 여전히 사는데, 두부를 쑤어 도매만 하고, 거리로 도부치는 일은 바빠서 못한다고 대답하였다.<잘 된 것 같아……. 도매업하고 바쁘다는 것으로 보아……. 사업이 잘 되어서 그런 게 아닐까? 죽었다고 생각했는데. 이렇게 두부 장수의 생활이 좋아져서 글을 읽는 나 역시 다행이라고 생각되네.>

그래서 마누라가 왜 두부값은 안 받으러 오는가 하니, 그는 다만 "예, 인제 받으러 가지요." 하였다. 그래서 마누라는 오라고 여러 번 부탁하였다.<부탁까지 할 필요야…….>

그러나 그 '사 주오'는 종내 오지 아니하며, 우리도 아직 그 두부 값을 갚지 못하고 지낸다.<와…… 정말……. 이 두부 장수는 바빠서 여태 못 간 건 핑계인 것 같고. 인심이 후해서 행촌동 사람들에게 선물로 두부를 주신 것 같아. 필자의 가족들도 두부 값 못 갚은 걸 꺼림칙하게 여기고, 두부 장수를 생각하는 데서 따뜻한 마음씨를 가진 사람들 같아. 트럭에서 채소 등을 확성기를 가지고 팔러 다니는 분들

을 어렸을 때 본 적 있는데, 요즘은 그런 모습을 본 적이 드문 것 같고. 요즘은 아파트에서 그런 소리가 시끄럽다고 내쫓기도 하는데 글 속의 이야기는 이것과 반대되는 모습인 것 같아. 그래서 새롭게 느껴져. 또 메밀묵 찹쌀떡 사라고 외치고 다니는 소리가 그리워지네. 요즘에는 마트 등에서 바코드로 정찰제인 가격을 계산하므로 파는 사람과 사는 사람의 교류가 없어진 것 같아. 그리고 가격을 깎거나 덤으로 준다라는 개념이 사라진 것 같고, 정이 느껴지지 않는 현실이 안타까워……. 또한 이웃집에 무슨 일이 있었는지도 모르고 사는 현실 속에서, 이 글에서 엿보이는 따뜻한 인심을 많은 사람들이 읽고 느껴보았으면 하는 생각이 들어……. 요즘엔 이런 일들이 낯설게 느껴지는 시점이라서 보다 새로웠고 마음이 따뜻해지는 글이야……. 또한 앞에서도 생각했지만 사소한 어쩌면 지나쳐 버릴 수 있는 한 두부 장수 이야기에 의미를 부여하고 작가가 생활에서 느끼는 감정을 적은 수필이 맞았어……. 작가가 글 쓰는 필체가 시간순으로……. 그리고 우리말 표현이 많아서 좋았고, 필자의 가족들의 따뜻한 마음씨가 느껴지는 글이었던 것 같아.>

다. A 학습자에 대한 읽기 인터뷰

R- 신데렐라가 사라질 때까지는 같이 했었나?

A- 예.

R- 사주오 두부 장수는 안 했었지, 그지.

A- 예.

R- 자, 한번 훑어봐. 사 주오 두부 장수부터 하는데, A가 읽고 생각하는 것을 죽 나한테 같이 이야기를 해 주면 되고, 내가 중간 중간에 이것저것 물보고 그렇게 할 거거든. 그러면은 너도 필요하면 줄을 긋거나 표기를 해 가면서 하면 돼. 사주오 두부 장수 하자. 나중에 하다 보면 내용에 대해서 네가 더 잘 읽고 싶은 것도 있고, ……그러면 자연스럽게 이야기를 하면 돼. 전에 했던 것처럼. 그럼 내가 중간 중간에 물어보고 그렇게 할 거고. 자 그러면은 이제 시작을 해 보자. 사주오 두부 장수.

A- (눈으로만 읽으려 한다)

R- 아니야, 소리내서 읽어야지.

A- [서울의 명물, 아니 진경의 하나는 확실히 행상들이 외는 소리이다.](다시 한번 훑어보고 다음을 읽으려 한다)

R- 니가 금방 이렇게 (눈으로 훑어보며) 다시 읽었잖아? 왜 다시 읽었어?

A- 진경이라는 말의 뜻을

R- 진경이라는 말의 뜻을 몰랐어?

A- '행상들이 외는 소리'라는 말도요, 정확한 뜻을 모르겠어요.

R- 응, 그렇게 뜻을 모르게 되면 단어를 다시 한번, 머뭇거리게 되니?

A- 예.

R- 그런데 그렇게 머뭇거리면은 무슨 소리인지 좀 분명하게 이해가 돼?

A- 단어가요, 처음 읽을 때보다는 좀 분명하게.

R- 어, 그래. 자 읽자.

A- [조석으로 이 골목 저 골목에는 혹은 목소리로, 혹은 타목으로, 또 남성으로 혹은 여성으로 제각기 제 가진 물건들을 사 달라고 외친다.] (또 한참을 머뭇거린다.)

R- 무슨 생각하고 있어?

A- 이 장면에서요, 시장이라는 생각을…….

R- 시장이라는 단어가 떠올랐어?

A- 예. [이 소리에 귀가 닳은 서울 사람들에게는 아무 신, 아무 신기할, 것이 없겠지마는 처음으로 서울로 올라온 시골 사람의 귀에는 이 행상들의 외는 소리, 처럼 이상야릇한 서울의 진풍경은 없을, 없는 것이다.]

R- 응, 다 읽었어? 뭘 생각했어?

A- (특별한 게 없다는 듯)…….

R- 응, 그 다음에 해 볼까?

A- [오늘에서 돌이켜 생각하면 30년 전의 일이다. 내가 시골서 백여, 백여 리를 걸어서 겨우 경부선 물금 역에서 생전 처음 보는 기차를 타고 공부차로 서울에 와 잡은 주인집은 관훈방 청석골 정 소사의 집이었다.]

R- 무슨 생각해?

A- (역시 대답이 없다)…….

R- 쉽게 읽어. 또 읽어 봐.

A- [같이 온 동무도 있었거니와, 이 주인 집에 묵는 학생들은 고향 친척도 있고, 또 영남 학생들이기 때문에, 오는 날 당장에는 그리 설다는 느낌이 일어나지 아니하였다.]

A- (한참 들여다보다가) '설다'가 뭔지…….

R- 응, 이해가 안 되나 보구나. 그래, 계속 읽어봐.

A- [하룻밤을 자고 나서 그 이튿날 이른 아침에 들창 밖에서 들려오는 각종 행상들의 외치는 소리는 참으로 어린 시골내기의 귀를 찔러 놀라게 하였다.]

R- 응, 보통 이렇게 문단이 이렇게 나눠져 있지, 그지? 문단이 이렇게 나눠져 있으면 읽는데 도움이 되니?

A- 읽을 때는요, 그냥 문단 같은 것 생각하지 않고 그냥 읽는 것 같.

R- 읽는 것 같애? 응, 그리고 지금까지 죽 읽었는데, 이까지 좀 읽으면 대체로 내용을 좀 정리해 보거나 지금까지 무슨 말이 있었지 하는 것 한번 떠 올려봐?

A- 아니요.

R- 안, 그러지……. 응. 읽자.

A- ["생선 비웃들 사려오!"](한참을 머뭇거린다.)

R- (웃으면서) 후후후, 전혀 이해 안 되는 말이 나왔구나.

A- 예. (비웃을 가리킨다.)

R- 비웃? 응, 그래. 그냥 읽어봐.

A- ["무으드렁 사려!"](계속 뭔가 의심스러운 듯)

R- 응.

A- ["마짓는, 새우젓 사오!"](이상하게 생각하고 있다.)

R- 응. '마짓는 새우젓 사오' 그것 틀린 말인가 싶은가 보구나?

A- 예.

R- 어, 그 틀린 말 아냐. 어떤 걸까? 이게 틀린 말이 아니라면 이게 뭐야?

A- (자신 없게) 방언

R- (학습자의 말을 그대로 받아서) 방언. 그래. 서울 사람들, 서울 방언이다, 그지? 지금은 거의 듣기 힘든 소리다, 그지?

A- 예.

A- (계속 읽는다.) [어느 소리나 하나 귀에 익은 게 없다. 모두 신기 그 것이다.]

R- 응. (한참이나 글을 보고 있는 학습자에게) 무슨 말인가 싶어?

A- 예. 저도 처음 듣는 소리라…….

R- 응, 그래.

A- [갓 온 시골내기는 먼저 온 영남 친구더러 그 외침의 뜻을 물어보, 물으면서 서로 보고 웃었다. 이것은 다 지난 옛날 이야기의 한 토막, 이거니와, 서울 거리의 도부 장수[行商]의 외치는 소리는 예나 이제나 별로 다름이 없이 아침마다 저녁마다 거리거리의 공기를... 울려 난다.]

R- 응, (한참 있다가, 학습자가 계속 읽지 않자...) 그래, 여기까지 읽으면서 특별하게 떠올리거나, 하는 풍경 없이 그냥 글자만 죽 읽어가니?

A- 아니요, TV에서요, 드라마 같은 것 하는. 그런 것.

R- 아, 그런 광경을 떠올려?

A- 예.

R- 그럼 책 같은 걸 읽으면서 그렇게 이미 알고 있는 텔레비전이든, 영화든 이런 데서 본 것들 잘 떠올리는 편이야?

A- 예.

R- 응, 많이 그래?

A- 예.

R- 왜 그래?

A- 제가 집에 컴퓨터가 없어 가지고요, TV를 다른 사람보다 많이 봐요.

R- 어, 하하, 그래서 TV를 통해서 정보를 얻는 게 많아?

A- 예.

R- 그런 것들이 글 읽는 데 도움이 돼?

A- 예. 이런 글을 읽을 때는요, 떠올리는 장면 같은,.

R- 어, 니가 읽은 글하고, 니가 텔레비전 같은 데서 본 장면 같은 것들을 관련시키면서 읽는구나.

A- 예.

R- 계속 읽자.

A- [나는 서울로 이사온 뒤부터 열 해가 넘도록 이 행촌동(杏村洞)에 살아온다. 우리 집이 이 동네로 이사온 때로부터 행촌동 거리에는 아침저녁으로 여러 가지의 식료품 파는 도부 장수가, 장수가 가지가지의 음색으로 가지가지의 어법으로 외치고 지나간다.] (한참을 계속 읽지 않고 살펴보고 있다.)

R- 왜 여기서 한참을 머뭇거려? 뭐가 잘못 되어 있는 것 같애? 잘못 되어 있다면, 잘못 쓴 게 아닌 것 같으면 응, 물어봐.

A- 도부 장수가,

R- 도부 장수가, 뭔지 전혀 모르겠어? 가르쳐 줄까?

A- 예.

R- 물건 들고 다니면서 장사하는 사람. 근데, 지금 여기까지 죽 보면은 니가, 요즘에 풍경하고는 좀 전혀 다르지?

A- 예.

R- 응. 그리고 이 아저씨가 말하는 어투도 좀 많이 다르지?

A- 예.

R- 그런 게 느껴져?

A- 예.

R- 응. 그래서 그런 걸, 그런 걸 느끼게 되니까, 보통 우리가 책이나 이런 데서 평범하게 쓰는 문투, 말투 이런 게 아니면 어떻게 읽을 때 좀 긴장이 되니?

A- 예.

R- 응, 그리고 또, 어떤 생각을 하게 돼?

A- 그냥 읽다 보면은요, 말이요 헷갈릴 때도 있어요.

R- 음, 그러면 자꾸 다시 읽게 돼, 멈추고?

A- 예.

R- 음, 그럼 이제, 어떻게 해서 의미를, 그 의미인가하고 생각을 하게 돼?

A- 읽다 보면 갑자기 떠오르는 생각이

R- 아, 읽다 보면 갑자기 떠올라? 다른 어떤 실마리나 힌트 없이도?

A- 예.

R- 응. 읽다 보면 그냥 떠올라. 니가 특별하게, 그 의미를 찾기 위해서 특별하게 하는 방법 같은 것 없어?

A- 예. 읽고…….

R- 읽기만 하면 돼?

A- 예.

R- 응, 그래. 또 읽자. 자.

A- [그 중에도 두부 장수, 두부 장수 중에도 한 두부 장수가 있어 남다른 어법으로, 또 남다른 어조로 특색 있게 아침저녁으로 외치며 도부 친다, 행상한다.]

R- 어, 내가 가르쳐 줄 필요 없었네?

A- 예.

R- 이런 경우 많지, 글에서?

A- 예. (계속 읽는다) [여느 두부 장수들은 "두부 사려오!" 라고 하거나 그렇잖으면 "두부나 비지 사려!" 하는 것이 보통인데, 이 특색 있는 한 두부 장수는 반드시 "두—부, 사아 주오!" (또박또박 읽는다) 라고 외친다.]

R- 응, 무슨 생각했어?

A- TV...

R- 응, TV 속에서? 응, 사주오 하는 것?

A- 예.

A- (계속 읽는다) [듣는 사람마다 이상히 여겨 불러서 사준다. 우리 집에서는 한 번, 두 번 사주다가 나중에는 아주 붙박이 단골이 되었다. 그래서 그 외침이 들리기만 하면, 아이들이 "어머니! 사 주오가 가아요!"하고, 두부 사기를 묻는 것이 버릇이 되다시피 하였다. 이 '사, 사 주오'는 거의 날마다 우리 집 문 앞에 지게를 받, 치고서 두부 한 모, 두 모를…… 주고는 분필로 판장(板墻)에다 한 금, 두 금씩 긋고 가는 터이다.] (한참을 머뭇거린다)

R- 이거, 이 모습 생각하고 있구나.

A- 판장이 뭔지…….

R- 판장이 뭔지 잘 모르겠어? 전혀 짐작이 안가?

A- 그러니까, 칠판 같은 거…….

R- 응, 그런 것 같애. 그래.

A- (계속 읽는다) [그러므로 만약 그저 지나게 되는 때에는 그 두부 장수 자신도 섭섭하려니와, '사 주오'를 부르지 못하고 만 아이들의 마음은 더욱 섭섭한 느낌이 생기는 것이다. '사아 주오'라고까지 하는데, 그것 하나 못 사 주다니?하는 생각이 절로 드는 모양 같았다. 그래서 월말에는 그 판장에 그어 놓은 분필의 흔적을 따라 두부값을 갚는데, 그 '사 주오'는…… 거저 두부를 한 모나 두 모를 더 주는 것이 상례였다. 더구나 세말 같은 때에는 더 많이 거저 주고 가는 것이었다.]

R- 응, 모르는 단어가 없어?

A- 세말…….

R- 세말……. 세말 보니까…… (옆에 병기되어 있는 한자를 가리키며) 그 한자 못 읽어?

A- …….

R- 진짜 몰라?

A- 예.

R- 여기서 한자어로 세는 해 세, 연년 세세할 때 그 세. 이건 끝 말이거든, 끝. 그래, 이해가 돼?

A- 예.

R- 그러면?

A- 연말

R- 응, 맞아. 연말에. 그 정도면 이해가 돼.

A- 예. [그럴 적마다 그 두부를 받는 사람은 그만 두라 하고, 주는 장수는... 들여가시라고 서로 세...우는 것이 예사였다. 그러다가 어느 해 섣달 대목쯤해서 그 '사주오' 두부 장수가 그만 오지 아니하게 되었다……. 대목이 다 되어도 종내 두부 값을 받으러 오, 오지도 않았다. 그 두부값, 을 못 갚은 우리 집에서는 온 식구가 처음에는 이상히, 생각하다가 나중에는 걱정하기 시작하였다. 식구들이 저녁을 먹고 앉으면 "그 사 주오가 왜 안 오는, 안 오는가?" "아마도 그 찬바람 쐬면서 외치고 다니다가 감기가 들었는 게지." 하고 서로 문답하는 것이 종종이었다. 그러면서도 얼마, 면, 설마 오겠지 하고 기다리는 마음을 놓지 아니하였다. 그러나 그 '사주오' 두부 장수는 정월이 가고, 2월이 다 가고, 봄철이 지나고, 여름이 지나도록 종내 그 특색 있는 외침의 목소리, 소리를 행촌동 골목에 울리지 아니하였다. 이렇게 날이 가고, 달이 가고, 또 드디어 해가 가도 우리 내외는 그 두부 값을, 두부 값 갚지 못한 '사 주오' 두부 장수를 잊어버리지 못하고, 간간이 조용할…… 때에는 무슨 글티기를 타서 그 '사 주오'

두부 장수를 생각하는 것이었다.]

A- (한참 있다가) 글티기…….

R- 글티기를 모르겠어?

A- 예.

R- 알 수도 있겠지. 읽어보자.

A- ["참, 그 두부 장수가 그만 죽었는가 봐요?" "글쎄요, 아마 그렇기에 도무지 오지 않는 게지요." 이러한 문답이 우리 집, 의, 밥상 물린 자리에 일어나는 것이었다. 두부값을 못 갚으니 속에 꺼림하기도 하고, 그 두부 장수가 그만 죽었는가 하니 가엾기도 하였다. 어느 날 저녁 저자였다……. 내가 독립문 밖 <푸성, 귀장에서> 배추를 사려고 하니까, 어떤 사람이 나를 보고 그저 머리를 꾸벅하면서 목례를 하고 간다. 나는 머리로 그의 인사를 받았으나, 그가 누구인지 확실히 깨치지 못하였다. 나중에야 생각하니, 아무래도 그가 그 전에 죽었다고 생각하던 '사 주오' 두부 장수인 것 같았다. 의복도 깨끗이 입었고 그 누른 얼굴도 훨씬 부해졌지마는, 그 전형이 '사 주오' 두부 장수임이 틀림없었다. 그래서 나는 집에 오자마자 마누라를 보고 그 이야기를 하였다. 마누라는 나의 말을 듣고 그 두부 장수가 살아 있다는 것, 더구나 우리 집 가까이 살아 있다는 것을 믿으려 하면서도... 참내 믿기 어려워하였다. 그래서 이 '사 주오'가 오랜만에 다시 우리 집 식구들의 화제가 되었으며, 나는 그 때에 그에게 "당신이 <그 두부 장수, 두부 장수하던 이요?">라고 다져 보지 못한 것만을 유감으로 생각하였다. 그 뒤에 여러 달이 지나서 우리 마누라가 관동(館洞) 갔다가 오더니, 자기가 그 두부 장수를 만났다고 반가이 시원스럽게 이야기한다. 그 이야기의 내용은 대략 이러하다. 그가 관동에서 그 사람을 만났는데, 분명히 그 '사주오' 두부 장수라, 어디 살며, 무엇을 하고 사는가를 물으니, 그는 옛날부터 살아오던 관

동에 여전히 사는데, 두부를 쑤어 도매만 하고, 거리로 도부치는 일은 바빠서 못한다고 대답하였다. 그래서 마누라가 왜 두부 값은 안 받으러 오는가 하니, 그는 다만 "예, 인제 받으러 가지요." 하였다. 그래서 마누라는 오라고 여러 번 부탁하였다. 그러나 그 '사 주오'는 종내 오지 아니하며, 우리도 아직 그 두부 값을 갚지 못하고 지낸다.]

R- 응. 여기 이제 다 읽었는데, 보통 이렇게 한 편의 글을 다 읽고 나면 뭘 하니?

A- (한참 있다가…….) 전체를 생각하고…….

R- 응. 이것 전체 내용은 어때?

A- 두부 장수가요, 두부를 팔다가 바빠서 그만 두…….

R- 그만 뒀다고? 응. 이건 그렇고, 이것 전체를 우리가 앞에서부터 차근차근 읽어가잖아, 그지?

A- 예.

R- 차근차근 읽어 가면, 앞의 내용이 차근차근 쌓이면서 내용이 정리가 돼, 머리 속에?

A- 예.

R- 지금까지 대체 무슨 이야기였고, 무슨 이야기였고, 다 정리가 돼?

A- 얼만큼.

R- 얼만큼. 어떻게 그렇게 돼?

A- (대답이 없다.)

R- 의도적으로 네가 그렇게 하려고 하는 거야? 아니면 무슨 이야기고, 무슨 이야기고 하는 것이 저절로 이렇게 정리가 되는 것 같애?

A- 저절로 되는 것…….

R- 저절로 되는 것 같애?

A- 예.

R- 지금 이 내용 같은 걸 만약에 이런 걸 읽고 나면, 보통 선생님들은 어떤 문제를 내시니, 이에 대해서?

A- …….(역시 대답이 없다).

R- 교과서 같은 데 이거 나올 만하잖아, 그지? 교과서에 이런 내용이 나오게 되면 보통 무얼 물어보게 되지, 선생님들?

A- (좀더 생각한 후,) 이 글이 왜 그런지, 교훈적인 것, 분명하지 않은 점들

R- 교훈적인 것들 분명하지 않은 점이 왜 그런가하는 것을 물어볼 것 같애?

A- 예.

R- 응, 수업 시간에 그런 것들을 선생님들이 설명을 많이 해 주면 이해가 쉽지?

A- 예.

R- 그런데 너는 의도적으로 이 글을 읽으면서 선생님들이 무슨 생각을 하실까, 무슨 질문을 하실까 하는 것들 생각해 본 적이 있니?

A- 학교에서 수업 시간에요, 선생님이 그런 것 많이 안 물어보시는데...

R- 응, 선생님이 안 물어보시는 편이야?. 그러면 선생님들이 의도적으로 물어보면 너도 거기 따라서 좀 다르게 읽어야 되겠구나?

A- 예.

R- 만약에 네가 생각하기에, 나 같으면 막 물어볼 것 같지?

A- 예.

R- 하하, 그러면은, 그렇다면 내가 이렇게 뭘 물어볼 것 같애? 일단 네가 이제 여기 저기 왜 그런지 물어볼 것 같다고 그랬고……. 또 무얼 물어볼 것 같애?

A- 전체 내용..

R- 응, 전체 내용이 무엇인가, 주제라든가 중심 내용이라든가, 이런 걸

물어볼거라고 왜 그렇게 생각해?

A- 그냥.. 지난번부터 읽기할 때…….

R- 응, 읽기 자료? 거기 대체로 중심 내용이 뭔가 이런 거 물어봤으니까 이것도 역시 중심 내용에 대해 물어볼 것 같애?

A- 예

R- 선생님들마다 네가 국어 선생님들이라든가, 초등학교 때부터 국어를 배워오면서, 여러 선생님들이 계시잖아, 그렇지?

A- 예.

R- 선생님들마다 국어를 가르쳐 주시는 방법이 다 다르지?

A- 예.

R- 다 다른 것에 대해서 어떻게 생각해?

A- 괜찮아요.

R- 괜찮다고 생각해? 왜?

A- 예. 여러 가지.. 여러 가지 수업을 할 수 있고,

R- 좀 다양한 방법으로 접근할 수 있기 때문에…. 그런데, 그렇게, 이제, 선생님들은 다양한 방법으로 너희들을, 선생님들마다 각자 개성적인 방법을 쓰시는 거고, 그지? 너희들은 그런 개성적인 선생님들을 만나다보니까 다양한 방법을 접하게 되고, 그런 거잖아?

A- 예.

R- 근데, 그런 다양한 방법을 접하게 될 때, 너희들한테 어떤 점이 도움이 돼? 아니면, 그렇게 다양한 방법을 접하는 것 자체가 도움이 돼?

A- 예?

R- 응, 어떻게 도움이 돼?

A- 한 부분을 배워도요, 선생님들은요 가르쳐 주시는 방법이 다르기 때문에요, 다 필요해요.

R- 응. 앞으로 만나는 국어 선생님들한테 좀 바랄 게 있다면 그런 것

없어?

A- 뭐, 국어는요, 교과서만 읽는 것 말고요, 다른 글도 많이 읽었으면 좋겠어요.

R- 이런 글도? 왜 교과서 이외의 글을 읽어야 돼?

A- 교과서는요, 학원에서도 배울 수 있으니까요……. 다른 글은 학교에서

R- 학원에서는 시험 문제 생각해 가지고 배우잖아.

A- 예.

R- 시험 문제 풀기 위해서 배우는 국어하고, 이런 글 읽는 국어하고 좀 다르지?

A- 이런 글 읽을 때는요. 그냥 자기가 생각하는 것대로 읽고 지나가는데요. 교과서 배울 때는요 이런 것 다 필기하고……,

R- 응, 단어나 문장 밑에다가 줄긋고, 필기하고 이러면서 배워?

A- 예.

R- 응, 그게 힘들어?

A- 힘들지는 않은데요, 그냥 읽다가 끊으면요…….

R- 읽다가 끊기면,

A- 재미가…….

R- 재미가 없어져?

A- 예.

R- 교과서가 재미가 없는 게, 그런 방법들 때문일 수도 있겠구나…….

A- 예.

R- 네가 생각하기에는 이제 내가 여러 번 읽기라는 게 무엇인가에 대해서 물어보기는 했었는데, 니가 생각하기에는 그러면, 국어책을 이렇게 그런 식으로 끊어 읽고 하나 하나의 단어나 문장 같은 거에다 밑줄 긋고 쓰고 이렇게 읽는 것이 나으니? 국어 공부에서 읽기라는

것을 좀 낫게 하려면 금방 이런 글 읽듯이 전체를 죽 읽고 생각하고 너 생각을 생각하고 하는 이런 식으로 하는 게 나으니?

A- 일단은요, 전체적으로 읽고 생각하고, 공부를 하는 데에는요 적는 것도 괜찮아요.

R- 국어 공부를 하는 데에는 좀더 적는 것, 부분적인 것들을 명확하게 하는 이런 것들이 필요하구나...

A- 예.

R- 그래? 시험에 그렇게 나오니까?

A- 예.

R- 만약에, 시험을, 시험 문제를 줄 그어서하는 것 말고, 전체적으로 내주면서 거기서 무엇을 생각했는가, 왜 그렇게 생각했는가 하는 것을, 이런 식으로 막 쓰는 것을 내주면 어떻게 해?

A- (대답이 없다)

R- 지난번에 읽기 자료를 보면, 뒷부분에 가면, 주제를 찾아내는 데 필요했던 단어를 써 보세요.라든가, 주제 써보세요. 지은이는 무슨 의도로 썼느냐, 이런 것들 막 물어 봤었잖아? 아예 그런 것들로 문제를 내면은 너희들 국어 공부하는 방법이 확 바뀌어 버릴 것 같니?

A- 예.

R- 그래, 근데, 너희 생각에는 두 개 중에서 어느 것이 더 국어 공부 방법으로써 맞는 방법인 것 같아? 국어 공부를 한다면, 두 가지 다 시험에 그렇게 낼 수도 있고, 그지? 지금처럼 줄긋고 하는 것도 있는데, 너희 생각에, 국어 공부라는 거는 밑줄 긋고 학원에서 하는 것처럼 단어나 문장에 집중하는 거야, 아니면 전체적으로 이해하기 위해서 여러 가지 단서를 찾아내거나, 이해한 내용을 잘 정리해서, 표현하거나. 어느 쪽인 것 같애?

A- 전체적으로 이해하는…….

R- 이해하거나 표현하는 것…….

A- 예.

R- 그러면 학교 수업이 좀, 너희 생각에도 조금 다르네? 맞아?

A- 예.

R- 그래서 재미없나? 재미없지, 좀?

A- 예.

R- 후후후, 그래서 더 재미없구나.

A- (대답이 없다)

R- 좀 바뀌면 좋겠어?

A- 지금도 괜찮은데요. 좀더 좋아질 수 있다면 바뀌어도…….

R- 그래. 그러면 이제 이거는 여기까지하고.

참고 문헌

곽영순, 김주훈(2002), "좋은 수업 방법에 대한 질적 분석-과학과를 중심으로", 교육과정평가연구 5-1, 교육과정평가학회.

교육부(1997), 제7차 교육과정, 국어과 교육과정, 교육부.

권동근(1992), "학습자의 인지 양식의 특성, 사정 및 그 교육적 적용의 문제", 교육학연구30-2, 한국교육학회.

권태욱(2001), "상호 점검전략 훈련이 아동의 읽기 능력신장에 미치는 효과", 한국교원대학교 교육대학원 석사 학위 논문.

김경주(2003), "독자에 따른 읽기 전략의 활용 양상", 국어국문학 133, 국어국문학회.

김경주(2003), "읽기 수업에 나타난 교사의 교수 담화", 우리말글 27, 우리말글학회.

김대행(1995), 국어교과학의 지평, 국어교육연구소 연구총서 5, 서울대학교출판부.

김도남(2002), "상호 텍스트성을 바탕으로 한 읽기 지도 방법 연구", 교원대학교 대학원 박사 학위 논문.

김봉순(1996), "텍스트 의미 구조의 표지 연구", 서울대학교 대학원 박사 학위 논문.

김봉순(2002), 국어교육과 텍스트 구조, 서울대학교 출판부.

김상희(1995), "국어과 수업 담화 분석을 통한 교수 전략 연구-말하기 듣기 언어 영역을 중심으로", 서울대학교 대학원 석사 학위 논문.

김아영(2000), 관찰연구법, 교육과학사.

김영채(1990), 학습과 사고의 전략, 교육과학사.

김영채, 박권생(1992), 사고력 교육을 위한 학습 전략, 교육과학사.

김영천(1997), "질적 연구의 지적 전통과 그 예: 문화기술지에서 포스트모더니즘까지", 교육학연구 35-1, 한국교육학회.

김영천(1997), "학교 교육 현상 탐구를 위한 질적 연구의 방법과 과정", 교육학연구 35-5, 한국교육학회.

김옥기(1988), "초인지, 인지 전략과 수행과의 관계", 중앙대학교 대학원 박사 학위 논문.

김원석(1996), "질문 생성전략이 논술과제 수행 능력에 미치는 효과", 한국교원대학교 석사 학위 논문.

김정원(1997), "초등학교 수업에 관한 참여관찰 연구", 서울대학교 대학원 박사 학위 논문.

김종문 외(1998), 구성주의 교육학, 교육과학사.

김창원(1995), "읽기 교재의 체계화와 그 적용 연구", 한국초등국어교육 11, 한국초등국어교육학회.

김혜숙(2001), "논리적 사고력 신장을 위한 토의학습 방법 연구-읽기 활동을 중심으로-", 한국교원대학교 대학원 석사 학위 논문.

김혜정(2002), "텍스트 이해의 과정과 전략에 관한 연구-'비판적 읽기' 이론 정립을 위한 학제적 접근", 서울대학교 대학원 박사 학위 논문.

노명완(1994), "읽기 관련 요인과 효율적인 읽기 지도", 국제화 시대의 이중 언어 교육, 이중언어학회지 11호, 이중언어학회.

노명완(2001), "국어 교육학의 학문적 정체성과 그 탐구과제", 국어교과교육연구1, 국어교과교육학회.

노명완(2001), "중등교사의 수업 전문성", 한국교사연구 18-1, 한국교사교육학회.

노명완, 박영목, 권경안(1988), 국어과 교육론, 갑을출판사.

문선모(1994), "학습 방략의 발달과 학업 수행", 교육학연구 32-5, 한국교육학회.

박성익(1988), "학습 전략의 탐구 동향", 이용걸 교수 정년 기념 저서-학교 학습 탐구, 교육과학사.

박수자(1993), "읽기 전략 지도 교재의 구성에 관한 연구", 서울대학교 대학원 박사 학위 논문.

박수자(1995), "독해 전략의 유형과 지도에 관한 연구", 국어교육 89, 한국국어교육연구회.

박수자(1998), "텍스트 유형별 읽기 수업 설계에 관한 연구", 한국초등국어교육 15, 한국초등국어교육학회.

박수자(2000), "독서교육의 방향과 미래", 어문학교육 22, 한국어문교육학회.

박수자(2001), 읽기 지도의 이해, 서울대학교 출판부.

박승호, 이문옥, 이옥선(1998), 초등학교 읽기 교과 교육을 위한 초인지 중심의 교수 학습 자료 개발 연구, 한국교원대학교 교과교육연구소 연구보고 RR 96-1.

박영목(1995), "독서 능력 신장 방안 연구", 국어교육 89, 한국국어교육연구회.

박영목(1996), 국어 이해론-독서 교육의 기저 이론-, 법인문화사.

박영목(1997), "국어과 교육 내용의 구조화와 수준 결정의 준거", 한국교육개발원 학술 세미나 논문집.

박영목, 이인제, 김양희(2001), 창의적 학습 능력 신장을 위한 효과적인 독서 지도 모형 개발 연구, 홍익대학교 창의적 학습 능력 신장을 위한 독서 지도 모형 개발 연구회. 교육인적자원부 정책 과제 번호 정책 2001-3.

박영목, 한철우, 윤희원(2001), 국어과 교수 학습론, 교학사.

박용익(2003), 수업 대화의 분석과 말하기 교육, 대화분석 연구 총서3, 도서출판 역락.

박인기(2000), "제 7차 국어과 교육과정의 목표에 대한 검토", 한국 초등국어교육 16, 한국초등국어교육학회.

박인우(1998), "학교 교육에 있어서 구성주의 원리의 실현 매체로서의 인터넷 고찰". 박성익, 강명희, 김동식 편, 교육공학 연구의 최근 동향. 교육과학사.

박종훈(1996), "메타 커뮤니케이션의 분석을 통한 국어 교수-학습 내용 탐구- 소집단 토론 담화를 중심으로", 서울대학교 대학원 석사 학위 논문.

백순근(2000), 교육 연구를 위한 자료 분석 및 SPSS 사용법, 서울대학교 두뇌 한국21 아시아 태평양 교육 발전 연구단.

변영계(1993), "중 · 고교 학생들의 학습 기술 훈련에 관한 연구", 교육학연구 31-3, 한국교육학회.

변영계, 강태용(2003), 학습 기술- 공부를 잘 하는 방법, 학지사.

서현석(2002), "국어교육에서 질적 연구 방법의 의미", 한국어문교육 11, 한국교원대학교 한국어문교육연구소.

송영주(1996), "읽기에 관한 아동의 상위 인지- 글에 대한 이해 점검과 상위인지 지식을 중심으로", 연세대학교 대학원 박사 학위 논문.

신기술(1995), "사고력 신장을 위한 초인지 전략의 활용", 청람어문학 13, 청람어문학회.

신기술(1996), "자기 점검 전략의 훈련이 아동의 읽기 능력에 미치는 효과", 한국교원대 석사 학위 논문.

신용진(1995), 영어 교육공학Ⅳ-영어 독해력 향상을 위한 지도 전략, 한국문화사.

신용진(1997), 영어 교육공학Ⅱ, 한국문화사.

신종호(1999), "교수 전략이 초등학생의 읽기 능력 발달에 미치는 효과 연구", 초등교육연구13, 광주교육대학초등교육연구소.

신헌재 외(1993), 독서 교육의 이론과 방법, 서광학술자료사.

신혜숙(1987) "학급 수업 과정의 문화기술적 분석-언어적 상호 작용을 중심으로", 서울대 대학원 석사 학위 논문.

심후섭(1997), "인지적 독해 전략 훈련이 초등학생의 독해 자료 학습에 미치는 효과", 대구효성카톨릭대학교 대학원 박사 학위 논문.

원효헌(2002), 수업평가의 이해와 적용, 교육과학사.

윤여각(2000), "교육연구에서 질적 접근의 논리와 방법", 교육학연구 38-3, 한국교육학회.

윤희원, 김경주, 강민경(2003), "중학교 '생활 국어' 수업에 대한 미시기술적 연구", 교과교육학연구 6-2, 교과교육학회.

이경화(1991), "독해 점검 전략의 상보적 수업을 통한 아동들의 독해력 향상에 관한 연구", 숙명여자대학교 대학원 박사 학위 논문.

이경화(1996), "전략 중심 읽기 수업 모형의 비판적 고찰", 국어교육 91, 한국국어교육연구회.

이경화(2001), 읽기 교육의 원리와 방법, 도서출판 박이정.

이경화, 이신동(2002), "초인지 독해 전략의 상보적 교수 활동이 중학생 학습 부진아의 독해력과 독해 전이에 미치는 영향", 교육심리연구 16-4, 한국교육심리학회.

이기우(1992), "학습 전략 훈련과 상위 인지가 아동의 독해 학습에 미치는 효과", 중앙대학교 대학원 박사 학위 논문.

이대규(2001), 국어교육론, 교육과학사.

이미숙(2002), "국어과 수업의 실제에 반영된 '읽기의 힘'에 대한 일 고찰-초등학교 국어과 수업에 대한 질적 접근을 중심으로", 열린 교육연구 10-2, 열린교육학회.

이삼형(1999), "인지적 읽기 모델의 비판적 고찰- 스키마 이론의 독해관과 읽기 지도 모델을 중심으로", 독서연구 4, 한국독서학회.

이삼형, 김중신, 김창원, 이성영, 정재찬, 서혁, 심영택, 박수자(2000), 국어 교육학, 소명출판.

이선영(2002), "토론의 논증 구성과 사회적 상호 작용에 관한 연구", 서울대학교 대학원 석사 학원 논문.

이성은(1994), 총체적 언어 교육- 교실 적용의 이론과 실제, 창지사.

이성은(1997), 국어과 열린 교육, 교육과학사.

이용숙 외(1998), 교육에서의 질적 연구, 교육과학사.

이용숙(1987), "교육 연구에 있어서 민족 과학 접근 방법의 적용", 한국교육 14-2, 한국교육개발원.

이용숙(1998), "교과서 연구의 질적 접근 방법", 교과서 연구 31호, 재단법인 한국 교과서 연구소.

이용숙, 김영천 편(1998), 교육에서의 질적 연구, 교육과학사.

이재승(1997), 국어교육의 원리와 방법-과정 중심의 국어교육-, 도서출판 박이정.

이정모 외(1999), 인지 심리학, 학지사.

이종각(1997), 교육인류학의 탐색, 도서출판 하우.

이차숙, 노명완(1994). 유아언어교육론, 동문사.

이창덕(2002), "수업 대화 분석 연구의 필요성과 그 과제". 박영순 편, 21세기 국어 교육학의 현황과 과제, 박이정.

이혁규(1996), "중학교 사회과 교실 수업에 대한 일상 생활 기술적 사례 연구", 서울대학교 대학원, 교육학 박사 학위 논문 .

임두순(1989), "독해 전략 훈련의 학습 효과 연구", 중앙대학교 대학원 박사 학위 논문.

임선하(1990), "상위 인지의 교육적 의미", 한국교육 17, 한국교육개발원.

장진호(2001), "사고구술을 통한 읽기 과정 연구", 한국교원대학교 대학원 석사 학위 논문.

전헌선, 윤정륜, 손기준, 이우언(1990), 학습과 사고의 전략-훈련 지침서, 교육과학사.

정승우(2000), "상위 인지적 읽기 학습 과정의 정교화 및 교재화에 관한 연구", 인천교육대학교 교육대학원 석사 학위 논문.

정인성, 나일주(1992), 최신 교수 설계 이론, 교육과학사.

정혜승, 노명완, 옥현진(2000), "창조적 지식 기반 사회를 대비한 국어과 교육의 목표와 내용", 교육과학연구 31-1, 이화여대 교육과학연구소.

조영달(2001), 한국 중등학교 교실 수업의 이해, 교육과학사.

조용환(1995), "교실 수업 사례 연구의 비판적 검토", 한양대 교육논총11, 한양대학교.

조용환(1995), "일상 세계의 복잡성에 대한 이해", 초등교육연구논총 7. 대구교육대학교.

조용환(1998), "질적 연구와 양적 연구". 이용숙, 김영채 편, 교육에서의 질적 연구, 교육과학사.

조용환(2001), 질적 연구-방법과 사례, 교육과학사.

천경록(1999), "독서 교육과 독서 평가", 독서연구 4호, 한국독서학회.

천경록(1999), "읽기 개념과 읽기 능력의 발달", 국어교육연구 11, 광주교육대학교.

천경록, 이재승(1997), 읽기 교육의 이해, 우리교육.

최영환(1995), "언어 사용 전략의 자동화와 초인지", 국어교육학연구 5, 국어교육학회.

최영환(1997), “기능과 전략 중심의 교육 과정 설계 방안”, 국어 교육 95, 한국국어교육연구회.

최영환(1997), “상위 언어적 능력의 국어교육적 의의”, 국어교육학연구 7, 국어교육학회.

최영환(1998), “국어교육에서 새로운 패러다임의 수용 방안”, 국어교육학연구 8, 국어교육학회.

최영환(2003), 국어교육학의 지향, 삼지원.

최현섭 최명환, 노명완, 신헌재, 박인기, 김창원, 최영환(1996), 국어 교육학 개론, 삼지원.

최현섭, 최명환, 신헌재, 노명완, 박인기(1995), 국어 교육학의 이론화 탐색, 일지사.

최혜실(1992), “문학교육에 있어서 배경 지식의 문제”, 국어교육 79 · 80, 한국국어교육연구학회.

충청남도 교육청 편(1994), 사고력을 기르는 국어과 교육, 대한교과서.

한상철(1997), “읽기 전략과 초인지 그리고 동기 요인이 교재 이해에 미치는 효과”, 교육학연구 35-1, 한국교육학회.

한철우(1990), “국어 교사의 전문성”, 교사교육 7, 한국교사교육학회.

한철우, 성낙수, 이인제(1993), 중학교 국어 교과의 수업 모형, 수업방법, 평가 방법 및 평가 도구 개발에 관한 연구, 한국교원대학교 교과교육연구소 연구보고 RR92-2.

한철우, 이삼형(1999), 독서 교육학 교재 개발 연구, 한국교원대학교 교과교육연구소.

황순자(1993), “읽기 메타 인지와 독해결과 구조화 수준의 발달 및 관계 분석”, 충남대학교 대학원 박사 학위 논문.

황애경(2003), “학교 학습에서 인지 전략 효과에 대한 메타 분석”, 서울대학교 대학원 석사 학위 논문.

황희숙(1993), “학습 전략 수업에 대한 고찰”, 부산교육학연구 6, 부산교육학회.

황희숙(1994), “초인지적 학습 전략 훈련이 학습 전략 사용 및 독해 과제 수행에 미치는 효과”, 부산대학교 대학원 박사 학위 논문.

황희숙(1997), “전략 중심의 독해 수업에 대한 비판적 고찰: 직접적 수업, 상보적 수업 및 교류적 수업을 중심으로”, 교육학연구 35-5, 한국교육학회.

Anderson(1995), 이영애 역(2000), 인지 심리학과 그 응용, 이화여자대학교 출판부.

Baker, L. & Anderson, R. I.(1980), *Effects of Inconsistent Information on Text Processing: Evidence for Comprehension Monitoring*, University of Maryland.

Barr, R. Kamil, M. L., Mosenthal, P. B., Pearson P. D. eds(1991), *Handbook of Reading Research Ⅱ*, Longman.

Baumann (ed.)(1986), 문선모 역(1995), 중심 내용의 이해와 수업, 교육과학사.

Biggs(1991), 조세현, 안지혜 역(2000), 인지 학습과 교수법, 민지사.

Borich(2000), 박승배, 부재율, 설양환, 이미자, 조주경, 최욱 역(2002), 효과적인 교수법, 프렌티스홀.

Bransford, J. D. & Stein, B. S.(1993), *The IDEAL Problem Solver: A Guide for Improving Thinking, Learning, and Creativity*(2nd ed.), Freemen.

Britton, B. K. & Grasser, A. C. eds(1996), *Models of Understanding Text*, Lawrence Erlbaum Associates Publishers.

Brooks & Brooks(1993), 추병완, 최근순 역(1999), 구성주의 교수 학습론, 백의.

Brown(2001), 권오량, 김영숙, 한문섭 역(2001), 원리에 의한 교수- 언어 교육에의 상호작용적 접근법, 롱맨.

Brown, J. S., Collins, A. & Duguid, P.(1989), Situated Cognition and the Culture of Learning, *Educational Researcher* 18-1.

Carrell, P. L. & Eisterrhold, J. C.(1983), Schema Theory & ESL Reading Pedagogy, *TESOL Quarterly* 17-4.

Chall, J. S.(1996), *Strategies of Reading Development* (2nd), Harcourt Brace.

Chambres, P., Izauts, M., Marescaux, P.(eds)(2002), *Metacognition-Process, Function, and Use*, Kluwer academic Publishers.

Cornoldi, C. & Oakhill, J. eds(1996), *Reading Comprehension Difficulties-Processes and Intervention*, Lawrence Erlbaum Associates Publishers.

Duffy, G. G. & Roehler, L, R.(1993) *Improving Classroom Reading Instruction: a Decision-Making Approach* (3rd Ed.), McGrowHill, INC.

Ericsson. K. A., & Simon, H. A.(1993), *Protocol Analysis: Verbal Reports as Data*, MIT press.

Flavell(1993), 정명숙 역(1999), 인지 발달, 나남출판.

Flood, J., Jensen, J. M, Lapp, D., & Squire, J. R. eds(1991), *Handbook of Research on Teaching the English Language Arts*, Macmillan Publishing Company.

Fry, H., S. Ketteridge, &. Marshal, S. l(1999), *A Handbook for Teaching & Learning in Higher Education*, Kogan Page.

Gagné(1974), 김인식, 권요한 역(1989), 수업 설계의 원리, 교육과학사.

Gagné(1985), 이용남, 박분희 역(1993), 인지 심리와 교수 학습, 교육과학사.

Garner, R.(1988), *Metacognition and Reading Comprehension*, Ablex

Publishing Corporation.

Hill, W.(1979), *Secondary School Reading: Process, Program, Procedure*, Allyn and Bacon INC.

Hills(1986), 장상호 역(1987), 교수 학습 그리고 의사 소통, 교육과학사.

Irwin & Baker(1989), 한철우, 천경록 역(1996), 열린 교육 토론 학습을 위한 독서 지도 방법, 교학사.

Irwin(1991), 천경록, 이경화 역(2003), 독서지도론, 도서출판 박이정.

Irwin, J. L.(1990), *Reading and the Middle School Student-strategies to Enhance Literacy*, Allyn and Bacon INC.

Kamil, M. L., Mosenthal, P. B., Pearson, P. D, & Barr, R. eds(2000), *Handbook of Reading Research III*, Lawrence Erlbaum Associates Publishers.

le Compte, M. D. etc eds(1993), *Ethnography and Qualitative Design in Educational Research* (2nd), Academic Press.

Manning, B. H. & Payne, B. D. (1996), *Self-Talk for Teacher and Students-Metacognitive Strategies for Personal and Classroom Use*, Allyne and Bacon.

McCormick, C. B., Miller, G. & Pressley, M. eds(1989), *Cognitive Strategy Research: from Basic Research to Educational Applications*, Springer -Verlag.

Metcalfe, J. & Shimamura, A. P. eds(1994), *Metacognition: Knowing about Knowing*, The MIT press.

Miles, M. B. & Huberman, A. M.(1994), *Qualitative Data Analysis*, SAGE.

Nisbet(1986), 이신동 이경화 역(2001), 학습 전략과 교육, 교육 과학사.

Palincsar(1986), 강영하 역(1993), 방략 학습과 방략 교수, 교육 과학사.

Pressley, M. & Woloshyn, V.(1995), *Cognitive Strategy Instruction that*

Really Improves Children's Academic Performance (2nd), Blooklin Books.

Pressley, M., Harris, K. R. & Guthrie, J. T. eds.(1992), *Promoting Academic Competence and Literacy in School*, Academic Press INC.

Richards & Rodgers(1988), 임병빈 역(1994), 언어 교수 방법론, 형설출판사.

Robinson(1962), 김영채 역(1983), 독서 방법론, 배영사.

Savery, J. & Duffy, T.(1995), Problem Based Learning: An Instructional Model and its Constructivist Framework, *Educational Technology* 35.

Schoenbach, R., Greenleaf, C., Cziko, C., & Hurwitz, L.(1999), *Reading for Understanding*, Jossey-Bass.

Simmons, D. C. & Kameenui, E. J. (1998), *Reading Research Tells Us About Children with Diverse Learning Needs, Bases and Basics*, Lawrence Erlbaum Associates Publishers.

Sotto(1994), 전성연, 이용운, 김남경 역(2002), 학습과 교수에 대한 이해-교사와 학생의 상호 작용, 교육과학사.

Stern(1983), 심영택 외 역(1995), 언어 교수의 기본 개념, 도서출판 하우.

Sternberg(1994), 김경옥, 김선, 김수동, 김정원, 이신동, 임혜숙 역(1997), 인지 학습과 문제 해결, 도서출판 상조사.

Tonjes, M. J., & Zintz, M. V. (1992), *Teaching, Reading, Thinking Study Skills in Content Calssroom* (3rd), Wm. C. Brown Publishers.

van Dijk, T. A.(1983), *Strategies of Discourse Comprehension*, Academic press Inc..

Wittrock, M. C.(1986), *Handbook of Research on Teaching* (3rd), Macmillan Publishing Company.

Wood, E. Woloshy, V., & Willoughby, T.(1995), *Cognitive Strategy*

Instruction for Middle and High schools, Blooklin Books.

Wood, O. (1992), *Becoming a Reader*, Allyn and Bacon.

Woolfolk(2001), 김아영, 백화정, 설인자, 정명숙 역(2003), 교육심리학, 박학사.

Wragg(1999), 박승배, 부재율, 안금희, 유현주, 이경한, 박병기 역(2003), 교실 수업 관찰, 교육과학사.

김경주

1969년 11월 부산에서 태어났다. 부산대학교 사범대학 국어교육과에서 학사를 서울대학교 대학원 국어교육과에서 석박사 과정을 끝냈다. 서울시 중등학교 교사, 서울대학교 교육종합연구소 연구원을 거쳐, 현재 서울대학교 국어교육연구소 선임연구원으로 있다. 서울대학교, 이화여자대학교, 한양대학교, 상명대학교, 공주교육대학교, 경인교육대학교 등에서 국어교육과 읽기 교육 관련 강의 및 서울시 교육연수원을 비롯하여 각 지역 교육연수원에서 교사 연수 강의를 하고 있다. 최근에는 교사 대상의 전국 규모의 원격 연수 프로그램의 전담 개발자로도 활동하였다. 독자의 읽기 행위와 국어 교사의 교수 행위와 관련하여 교실 수업을 관찰, 분석하는 연구가 주된 관심사이다.

국어 사용과 국어 교육 탐구

초판 1쇄 인쇄 • 2009년 1월 21일
초판 1쇄 발행 • 2009년 1월 28일

지은이 • 김 경 주
펴낸이 • 박 성 복
펴낸곳 • 도서출판 月印
서울특별시 강북구 휜구름길 19-3(수유2동 252-9)
등록 • 제6-0364호 / **등록일** • 1998년 5월 4일
대표전화 • (02) 912-5000 / **팩스** • (02) 900-5036
http://www.worin.net

ISBN 978-89-8477-413-1 93710

값 16,000원